W0281094

Markus Keller | Andreas Buttler

Einführung in die betriebliche Altersversorgung

Markus Keller | Andreas Buttler

Einführung in die betriebliche Altersversorgung

10. Auflage

Verlag Versicherungswirtschaft

Bibliografische Information der Deutschen Nationalbibliothek

Die Deutsche Nationalbibliothek verzeichnet diese Publikation in der Deutschen Nationalbibliografie; detaillierte bibliografische Daten sind im Internet über http://dnb.d-nb.de abrufbar.

© 2021 Verlag Versicherungswirtschaft GmbH & Co. KG, Karlsruhe

Das Werk einschließlich aller seiner Teile ist urheberrechtlich geschützt. Jede Verwertung, die nicht ausdrücklich vom Urhebergesetz zugelassen ist, bedarf der vorherigen Zustimmung der Verlag Versicherungswirtschaft GmbH & Co. KG, Karlsruhe. Jegliche unzulässige Nutzung des Werkes berechtigt die Verlag Versicherungswirtschaft GmbH & Co. KG zum Schadenersatz gegen den oder die jeweiligen Nutzer.

Bei jeder autorisierten Nutzung des Werkes ist die folgende Quellenangabe an branchenüblicher Stelle vorzunehmen:

© 2021 Verlag Versicherungswirtschaft GmbH & Co. KG, Karlsruhe

Jegliche Nutzung ohne die Quellenangabe in der vorstehenden Form berechtigt die Verlag Versicherungswirtschaft GmbH & Co. KG zum Schadenersatz gegen den oder die jeweiligen Nutzer.

Beachten Sie bitte stets unseren Aktualisierungsservice auf unserer Homepage unter: **vvw.de → Service → Ergänzungen/Aktualisierungen**
Dort halten wir für Sie wichtige und relevante Änderungen und Ergänzungen zum Download bereit.

Gleichstellungshinweis
Zur besseren Lesbarkeit wird auf geschlechtsspezifische Doppelnennungen verzichtet.

ISBN 978-3-96329-355-9

Vorwort zur 10. Auflage

Das Betriebsrentenstärkungsgesetz (BRSG), das letzte große „Reformwerk“ in der betrieblichen Altersversorgung, ist zwar bereits 2018 in Kraft getreten. Gesetzgeber, Verwaltung und Gerichte sorgen jedoch auch weiterhin für einen stetigen Nachschub an Neuerungen. Diese werden in der vorliegenden „Jubiläumsausgabe“ aufgegriffen. Um einige Beispiele zu nennen: Für Versorgungsbezüge wurde ein neuer Freibetrag in der gesetzlichen Krankenversicherung geschaffen, die „versicherungsförmige Lösung“ wurde vereinfacht, bestimmte Pensionskassen wurden in die gesetzliche Insolvenzsicherung über den Pensionssicherungsverein aufgenommen und die Voraussetzungen für die Geringverdienerförderung wurden „nachgeschärft“. Aber auch abseits gesetzlicher Neuerungen gibt es viele Praxisfragen und -entwicklungen: Viele Arbeitgeber müssen noch den gesetzlichen Arbeitgeberzuschuss zur Entgeltumwandlung für Bestandsfälle umsetzen. Und aufgrund des Niedrigzinsniveaus wird die beitragsorientierte Leistungszusage von einigen Produktanbietern neu interpretiert, um auch weiterhin eine attraktive Verzinsung in den versicherungsförmigen Durchführungswegen sicherstellen zu können.

In der nun vorliegenden zehnten Auflage wurden die bewährte Struktur sowie die Inhalte des Buches weitgehend beibehalten. Der gesamte Inhalt wurde auf Aktualität überprüft und entsprechend angepasst. Um die Praxisnähe weiter zu verbessern, wurden noch zahlreiche weitere Beispiele zu einzelnen Themenbereichen aufgenommen. Auch ausgewählte „Randthemen“, wie die neue Grundrente, finden Erwähnung. Mit der Überarbeitung ist das Buch nun wieder auf dem aktuellen Rechtsstand von Januar 2021.

Grasbrunn, im Januar 2021

Die ideale Ergänzung zum Buch: Die febs Akademie für betriebliche Altersversorgung!

Die febs Akademie bietet Ihnen hochaktuelle Praxisseminare zu einem hervorragenden Preis-Leistungs-Verhältnis, z.B.

- Einführung in die betriebliche Altersversorgung:

  Der ideale Einstieg oder Wieder-Einstieg in die bAV, inklusive Praxistraining.
- Betriebliche Altersversorgung für Fortgeschrittene:

  Das Ergänzungsprogramm für alle, die tiefer einsteigen wollen.
- Ausbildung zum geprüften Fachberater für betriebliche Altersversorgung:

  An insgesamt zwölf Präsenztagen zzgl. Selbststudium erwerben Sie genau das Wissen, das Sie für Ihren Erfolg in der bAV benötigen.
- Aktuelle bAV-Herausforderungen:

  Das regelmäßige Update-Seminar für alle bAV-Berater und bAV-Verkäufer.

- Tagesaktuelle Online-Updates zu wichtigen Neuerungen in der bAV und bei Zeitwertkonten

Alle Seminare werden laufend aktualisiert und ausschließlich von unseren eigenen erfahrenen Referenten geleitet.

Alle Infos unter www.febs-consulting.de/akademie.

Inhaltsverzeichnis

1 Einführung

1.1 Der Begriff „betriebliche Altersversorgung"

1.1.1 Definition

Unter betrieblicher Altersversorgung versteht man alle Leistungen, die einem Arbeitnehmer zur 1

- Altersversorgung,
- Hinterbliebenenversorgung und/oder
- Invaliditätsversorgung

von seinem Arbeitgeber aus Anlass des Arbeitsverhältnisses zugesagt worden sind (§ 1 Abs. 1 BetrAVG). Eine genauere Definition enthalten weder das Betriebsrentengesetz (BetrAVG) noch andere Gesetze. Das führt in der Praxis immer wieder zu der Frage, ob einzelne Leistungen als bAV-Leistungen anzusehen sind oder nicht. Die Antwort hängt davon ab, um welches Rechtsgebiet es sich handelt. Denn aus steuerlicher Sicht sind andere Anforderungen an eine bAV zu stellen als im Arbeitsrecht oder im Sozialversicherungsrecht.

Arbeitsrechtliche Abgrenzung des Begriffes

Arbeitsrechtlich liegt eine bAV i.S.d. BetrAVG vor, wenn vom Arbeitgeber bestimmte Versorgungsleistungen zugesagt werden und die versorgungsberechtigte Person dem Geltungsbereich des BetrAVG unterliegt.

Das BetrAVG gilt gem. § 17 Abs. 1 BetrAVG für Arbeitnehmer, also Arbeiter und Angestellte einschließlich Auszubildender. Es gilt aber auch für Personen, die nicht Arbeitnehmer sind, wenn ihnen Leistungen der Alters-, Invaliditäts- oder Hinterbliebenenversorgung aus Anlass ihrer Tätigkeit für ein Unternehmen zugesagt worden sind. Voraussetzung ist allerdings, dass die Tätigkeit für ein fremdes Unternehmen erfolgt. Der Unternehmer selbst ist ausgeschlossen, da er für sein eigenes Unternehmen tätig wird. Eine Ausnahme gilt dann, wenn der Unternehmer – z.B. in einer GmbH – im Rahmen eines Arbeitsverhältnisses beschäftigt wird. Dann kann auch ihm eine bAV gewährt werden.

Aus arbeitsrechtlicher Sicht kann somit auch ein Handelsvertreter eines Unternehmens, ein freiberuflicher Mitarbeiter oder auch ein beliebiger Dienstleister des Unternehmens (z.B. der Steuerberater) eine bAV vom Unternehmen bekommen und hierfür den Schutz des BetrAVG erhalten.

Arbeitsrechtlich liegen Versorgungsleistungen i.S.d. BetrAVG nur dann vor, wenn deren Zweck die Versorgung des Arbeitnehmers (bzw. dessen Hinterbliebener) beim Ausscheiden aus dem Arbeitsleben aufgrund eines biologischen Ereignisses ist (Tod, Invalidität, Alter). Es werden also „biometrische Risiken" abgesichert. Zur Qualifikation als bAV ist bereits die Absicherung eines biometrischen Risikos, wie z.B. des Alters („Langlebigkeitsrisiko"), ausreichend, der Arbeitgeber muss nicht – aber kann – alle genannten Risiken durch Versorgungsleistungen abdecken.

Die versprochenen Leistungen können als einmalige Kapitalzahlungen oder als regelmäßige (i.d.R. monatliche) lebenslange Rentenzahlungen geleistet werden. Vereinzelt wird das bei Rentenbeginn vorhandene Kapital auch in z.B. zehn Jahresraten ausgezahlt.

In der Praxis wird ein Arbeitgeber mit der Einrichtung einer bAV neben dem Versorgungszweck auch andere Zwecke verfolgen, etwa die Belohnung von Betriebstreue oder besonderen Leistungen. Tritt dadurch allerdings der Versorgungsgedanke in den Hintergrund, so handelt es sich nicht mehr um eine bAV.

Treueprämien und Jubiläumsgaben sind deshalb i.d.R. nicht als bAV anzusehen. Vorrangiges Ziel dieser Leistungen ist nicht die Versorgung, sondern die Belohnung der Betriebstreue des Arbeitnehmers. Ebenso zählen z.B. Übergangsgelder bzw. Überbrückungshilfen, die Arbeitnehmer bei vorzeitigem Ausscheiden in Rentennähe bekommen, nicht zur bAV. Das Gleiche gilt auch für Gewinnbeteiligungen, die eine Belohnung für die Leistungen der Arbeitnehmer darstellen. Wird eine Gewinnbeteiligung jedoch nur als Aufwand für eine Zusage auf bAV verwendet, so überwiegt wiederum der Versorgungsgedanke und es handelt sich um eine bAV. Auch das Weihnachtsgeld, das Rentnern regelmäßig gewährt wird, zählt zu den Leistungen der bAV. Selbst regelmäßige Sachleistungen für Rentner können als bAV qualifiziert werden.

Häufig besteht der Wunsch, die Höhe der bAV an die individuelle Leistung des Arbeitnehmers zu koppeln. Hierin liegt jedoch die Gefahr, dass der Versorgungsgedanke zugunsten einer individuellen Leistungsentlohnung verdrängt wird. Es sollte auch beachtet werden, dass bei der Formulierung der Leistungsanforderungen nicht gegen andere gesetzliche Vorschriften verstoßen wird. So dürfte eine Regelung, mit der die Höhe der bAV von der Anzahl der Krankheitstage des Arbeitnehmers abhängig gemacht wird, gegen das Lohnfortzahlungsgesetz verstoßen. Durchaus üblich sind aber Regelungen, mit denen die bAV von der Höhe des Gehalts des einzelnen Arbeitnehmers oder von der Gewinnsituation des Unternehmens abhängig gemacht werden.

Steuerliche Abgrenzung des Begriffes

Aus steuerlicher Sicht fehlt bisher eine eindeutige gesetzliche Definition des Begriffes der bAV. Im BMF-Schreiben vom 6.7.2017 finden sich jedoch detaillierte Ausführungen zu einer steuerlich anerkannten bAV (siehe Rn. 137). Die Finanzverwaltung setzt dabei deutlich engere Grenzen für die Anerkennung einer bAV als im Arbeitsrecht. Offensichtlich soll dadurch verhindert werden, dass Arbeitgeber für allzu beliebige Leistungen für Arbeitnehmer die Steuervorteile einer bAV nutzen.

2 Immer wieder taucht die Frage auf, ob auch Pflegeversicherungen oder „Dread-Disease-Leistungen“ (Leistung bei Diagnose einer schweren Erkrankung, wie z.B. Krebs oder Multiple Sklerose) als Invaliditätsleistungen unter den Begriff der bAV fallen. Dies wird von der Finanzverwaltung bisher abgelehnt: Das BMF hat bereits 1996 mit Bezug auf § 1 BetrAVG die Anerkennung von Pensionsrückstellungen für Dread-Disease-Leistungen verweigert. Zu Pflegeversicherungen bzw. -renten hat sich das BMF im gleichen Jahr (BMF-Schreiben vom 15.1.1996) ebenfalls ablehnend geäußert.

Nichtsdestotrotz hat sich der steuerliche Invaliditätsbegriff in jüngerer Vergangenheit gelockert: Den Änderungen bei der Erwerbsunfähigkeitsrente der gesetzlichen Rentenversicherung folgend kommt es nun auch bei der betrieblichen Invaliditätsversorgung nicht mehr auf den Grad der Invalidität an (BMF-Schreiben vom 6.12.2017, Rn. 3). Ein vollständiges Ausscheiden aus dem Erwerbsleben ist damit offensichtlich nicht mehr zwingend Voraussetzung für die steuerliche Anerkennung von Invaliditätsleistungen als bAV.

Das folgt auch aus dem BMF-Schreiben vom 19.2.2019, welches auch sog. Grundfä- 3
higkeitenversicherungen steuerlich als bAV anerkennt. Denn auch der Verlust einer Grundfähigkeit (z.B. Stehen, Sehen, Hören) führt laut BMF zum Eintritt eines Invaliditätsgrades. Dabei muss der Leistungsfall nicht zusätzlich daran geknüpft werden, dass der Arbeitnehmer tatsächlich durch den Eintritt des Invaliditätsgrades in seiner Berufsausübung beeinträchtigt ist. Eine längerfristige Arbeitsunfähigkeit hingegen stellt gemäß BMF keine Absicherung des biometrischen Risikos Invalidität dar und ist damit auch keine steuerlich anerkannte bAV.

Praxistipp

In den letzten Jahren wurde im Rahmen einer bAV-Zusage häufig nur das Risiko der Berufsunfähigkeit (= Invalidität) durch Abschluss einer entsprechenden Direktversicherung abgesichert (sog. selbstständige BU-Direktversicherung, siehe zur Definition der Direktversicherung Rn. 13). Anspruch auf die Berufsunfähigkeitsleistung entsteht i.d.R. dann, wenn ein Arbeitnehmer zu mindestens 50 % und für voraussichtlich mindestens sechs Monate nicht mehr in der Lage ist, seine berufliche Tätigkeit auszuüben (übliche Voraussetzung, die jedoch im Detail von Versicherern unterschiedlich geregelt werden kann). Das kann beispielsweise auch aufgrund von psychischen Erkrankungen der Fall sein. Da statistisch gesehen das Risiko einer Berufsunfähigkeit höher ist als das Risiko des Verlusts von Grundfähigkeiten, sind BU-Direktversicherungen vergleichsweise teuer und für viele Berufs- bzw. Einkommensgruppen z.B. im Rahmen einer Entgeltumwandlung nicht finanzierbar. Diese Versorgungslücke füllen die neuen Grundfähigkeiten-Direktversicherungen, die für vergleichsweise geringe Beiträge wenigstens bei Verlust von Grundfähigkeiten eine Invaliditätsleistung bieten.

1.1.2 Zusagearten

Jeder bAV liegt eine Zusage des Arbeitgebers auf Versorgungsleistungen zugrunde. Dabei unterscheidet man jedoch im Detail, ob der Arbeitgeber bestimmte Leistungen verspricht oder beipielsweise nur verspricht, Beiträge in z.B. eine Direktversicherung einzuzahlen, die dann wiederum Leistungen an den Arbeitnehmer auszahlt. Man unterscheidet daher in der Praxis zwischen verschiedenen Zusagearten. Eine der nachfolgenden im BetrAVG definierten Zusagearten muss vom Arbeitgeber bei Erteilung seiner Zusage gewählt werden, da ansonsten keine arbeitsrechtlich anerkannte bAV vorliegt.

Leistungszusagen

4 Bis einschließlich 1998 enthielt das BetrAVG keinerlei Hinweise oder Beschränkungen zur Ausgestaltung von Zusagen. Das Gesetz ging lediglich von „Leistungen der betrieblichen Altersversorgung" aus (§ 1 Abs. 1 S. 1 BetrAVG). Die einzelnen Vorschriften waren so ausgestaltet, dass sie nur dann problemlos anwendbar waren, wenn der Arbeitgeber in seiner Zusage die spätere Leistung auch konkret benannt hatte, d.h., wenn er eine sog. Leistungszusage erteilt hatte. Bei einer reinen Leistungszusage wird die Leistung unabhängig vom erforderlichen Finanzierungsaufwand für die einzelnen Versorgungsfälle konkret benannt. Das kann entweder in Form eines festen Betrages (z.B. 1.000 € monatliche Altersrente) oder z.B. eines bestimmten Prozentsatzes des letzten Gehaltes vor dem Rentenbeginn (gehaltsabhängige Leistungszusagen; z.B. 1 % des letzten Gehalts vor Rentenbeginn pro vollem geleisteten Dienstjahr bis Rentenbeginn) erfolgen. Auch Gesamtversorgungszusagen, die eine fest definierte Leistung unter Anrechnung von z.B. gesetzlichen Rentenversicherungsleistungen vorsehen, sind Leistungszusagen. Im englischsprachigen Raum verwendet man für Leistungszusagen übrigens den Begriff „Defined Benefit".

Praxistipp

Leistungszusagen wurden in der Vergangenheit in großer Zahl gewährt und sind deshalb insb. in großen Unternehmen und bei GGF in GmbHs sowie Vorständen und Führungskräften nach wie vor anzutreffen. Allerdings werden schon seit vielen Jahren für Neuzusagen nur noch sehr selten Leistungszusagen genutzt, da der Arbeitgeber das volle Finanzierungsrisiko trägt. So bestehen z.B. bei vielen vor Jahren erteilten Leistungszusagen an GGF große Finanzierungslücken, da die zur Rückdeckung der versprochenen Leistungen abgeschlossenen Versicherungen aufgrund der Niedrigzinsphase nicht die ursprünglich prognostizierten Leistungen bringen und damit das Leistungsversprechen nur unzureichend abdecken. Mit besonderen Risiken sind zudem gehaltsabhängige Leistungszusagen verknüpft, deren Höhe vom Gehalt vor Rentenbeginn abhängt. Da dieses Gehalt nicht bekannt ist bzw. bis zum Rentenbeginn steigen kann, kann die Höhe der Leistung und damit das notwendige Kapital zur Ausfinanzierung erst bei bzw. kurz vor Rentenbeginn bestimmt werden. Auch hier sind oft hohe Einmalaufwendungen bei Rentenbeginn erforderlich, um die versprochenen Leistungen möglichst auszufinanzieren. Über die Jahre haben daher die nachfolgend beschriebenen beitragsorientierten Leistungszusagen die Leistungszusagen weitgehend abgelöst.

Beitragsorientierte Leistungszusagen

Im Laufe der Zeit entwickelte sich die bAV aber mehr und mehr von einer Zusatzbelohnung für erbrachte Betriebstreue zu einem Entgeltbestandteil. Dementsprechend wurde es auch immer üblicher, Zusagen nicht auf konkrete Leistungen abzustellen, sondern sich am dafür zu erbringenden Aufwand zu orientieren. Da das Gesetz dies aber lange Zeit nicht ermöglichte, legten die Arbeitgeber häufig zunächst den zu erbringenden Aufwand für eine bAV fest und berechneten anschließend die daraus finanzierbare Leistung. Diese Leistung wurde dann formell zugesagt, um den Anforderungen des Gesetzes zu genügen.

Zum 1.1.1999 reagierte der Gesetzgeber erstmals auf diese Entwicklung in der Praxis 5
und nahm die sog. beitragsorientierte Leistungszusage ins Gesetz auf. Seit diesem Zeitpunkt liegt bAV auch dann vor, wenn der Arbeitgeber sich verpflichtet, bestimmte Beiträge in eine Anwartschaft auf Alters-, Invaliditäts- oder Hinterbliebenenversorgung umzuwandeln. Allerdings hatte diese Ergänzung des Gesetzes nur deklaratorische Wirkung.

Erst mit der Novellierung des Betriebsrentengesetzes zum 1.1.2001 wurden für die beitragsorientierte Leistungszusage eigene Vorschriften (insb. zur Unverfallbarkeit) eingeführt, wodurch die Unterscheidung zur Leistungszusage weiter an Bedeutung gewann. In der Praxis ist es allerdings häufig schwierig, zwischen diesen beiden Zusagearten zu unterscheiden. Denn schon allein aus wirtschaftlichen Gründen wird kein Arbeitgeber eine Leistungszusage erteilen, ohne sich vorher zumindest Gedanken über den hierfür zu erbringenden Aufwand bzw. Beitrag gemacht zu haben. Die Unterscheidung kann sich also nur danach richten, ob die Orientierung am Beitrag in der Zusage dokumentiert wurde oder nicht.

Beispiel

Bei der beitragsorientierten Leistungszusage sagt der Arbeitgeber den Arbeitnehmern z.B. zu, jeden Monat einen Beitrag i.H.v. 100 € in eine Direktversicherung einzuzahlen, und verspricht als Leistung die aus diesen Beiträgen resultierenden (Garantie-)Leistungen der Direktversicherung. Diese werden im Versicherungsschein ausgewiesen, von dem der Arbeitnehmer eine Kopie erhält. Dabei können die 100 € Beitrag sowohl arbeitgeberfinanziert sein als auch aus einer Entgeltumwandlung des Arbeitnehmers stammen.

Eine beitragsorientierte Leistungszusage ist aber auch ohne Bezugnahme auf eine bzw. Nutzung einer Versicherung möglich. So kann der Arbeitgeber z.B. auch einen monatlichen Beitrag i.H.v. 100 € versprechen, die er anhand einer fest definierten Verzinsung bzw. anhand von „Altersfaktoren" in eine Altersleistung umrechnen kann. Solche beitragsorientierten Leistungszusagen findet man oft bei größeren Unternehmen im Rahmen des Durchführungswegs der Pensionszusage (siehe Rn. 183). Die gesetzlichen Anforderungen an eine beitragsorientierte Leistung sind auch hier erfüllt: Es wird sowohl ein Beitrag als auch eine daraus resultierende Leistung versprochen. Wie der Arbeitgeber dann die sich aus den Beiträgen ergebenden Leistungen finanziert, bleibt ihm überlassen.

Unter anderem aufgrund der arbeitgeberfreundlicheren Gestaltung der Vorschriften zur Unverfallbarkeit und insb. durch die Verlagerung des Finanzierungsrisikos auf den Arbeitnehmer hat die beitragsorientierte Leistungszusage die Leistungszusage weitgehend verdrängt.

§ 1 Abs. 2 Nr. 1 BetrAVG: Beitragsorientierte Leistungszusage

(2) Betriebliche Altersversorgung liegt auch vor, wenn

1. der Arbeitgeber sich verpflichtet, bestimmte Beiträge in eine Anwartschaft auf Alters-, Invaliditäts- oder Hinterbliebenenversorgung umzuwandeln (beitragsorientierte Leistungszusage),

[…]

Achtung

Aufgrund der anhaltenden Niedrigzinsphase wird es für die Versicherungsbranche immer schwieriger, eine Garantieverzinsung und zusätzlich attraktive Überschüsse zu erwirtschaften. Viele Versicherer versprechen daher im Rahmen einer beitragsorientierten Leistungszusage zum Rentenbeginn nur noch ein Garantiekapital, das unterhalb der Summe der bis zum Rentenbeginn in die Versicherung eingezahlten Beiträge (= Beitragssumme) liegt. So wird z.B. aus einem Beitrag i.H.v. 1.000 € nur noch ein Garantiekapital bei Rentenbeginn i.H.v. 900 € (90 %-Garantie). Das soll den Versicherern ermöglichen, Beiträge in größerem Umfang in Kapitalanlagen anzulegen, die zwar risikoreicher sind, aber auch eine höhere Rendite versprechen. So sollen höhere Gesamtleistungen (Summe aus garantierter Leistung zzgl. nicht garantierter Überschüsse) erreicht werden, was im Sinne der Arbeitnehmer wäre. Wenngleich höhere Gesamtleistungen durchaus wahrscheinlich sind, lässt sich dies jedoch nicht garantieren und schlimmstenfalls steht bei Rentenbeginn tatsächlich nur die 90 %-Garantie zu Buche. Fraglich ist allerdings, ob sich für Arbeitgeber bei Erteilung einer beitragsorientierten Leistungszusage ein Nachhaftungsrisiko ergeben könnte, wenn bei Rentenbeginn nicht mindestens die Beitragssumme zur Verfügung steht.

Zunächst: Im Verhältnis Versicherer – Arbeitgeber spricht nichts gegen eine solche Gestaltung. Außerdem sollten arbeitgeberfinanzierte Zusagen unkritisch sein, schließlich werden diese allein durch den Arbeitgeber getragen (siehe zu den Finanzierungsmöglichkeiten Rn. 8). Aber bei einer Entgeltumwandlung handelt es sich letztlich um Geld des Arbeitnehmers. Nach mittlerweile h.M. kann man bei der beitragsorientierten Leistungszusage tatsächlich Garantieleistungen bzw. ein Garantiekapital unterhalb der Beitragssumme zusagen, denn nach § 1 Abs. 2 Nr. 1 BetrAVG muss lediglich ein Zusammenhang zwischen Beitrag und Leistung bestehen. Das bestätigt auch die Rechtsprechung (vgl. BAG vom 30.8.2016 – 3 AZR 361/15). Und ein Zusammenhang zwischen Beitrag und Leistung besteht auch dann, wenn die Leistung hinter der Beitragssumme zurückbleibt. Letztlich lässt sich aber – wie die kontroverse Literaturmeinung zeigt – wohl trotzdem nicht völlig ausschließen, dass im Falle eines Rechtsstreits der Arbeitgeber für die Differenz zur Beitragssumme in Haftung genommen wird. Der Gesetzgeber könnte durch eine entsprechende Neudefinition der beitragsorientierten Leistungszusage für Klarheit sorgen.

Eine Nachhaftung des Arbeitgebers kann sich grundsätzlich auch dadurch ergeben, dass er seine Arbeitnehmer nicht oder unzureichend über wesentliche

Aspekte seiner bAV informiert. Daher sollte sich in der Entgeltumwandlungsvereinbarung ein Hinweis finden, der über die Garantie unterhalb der Beitragssumme im Rahmen einer beitragsorientierten Leistungszusage aufklärt, bevor der Arbeitnehmer seine Unterschrift unter die Vereinbarung setzt.

Beitragszusagen mit Mindestleistung

Mit dem AVmG wurde mit Wirkung ab 1.1.2002 die sog. Beitragszusage mit Min- 6
destleistung ins BetrAVG eingefügt. Eine solche liegt vor, wenn der Arbeitgeber sich verpflichtet, Beiträge an einen Pensionsfonds, eine Pensionskasse oder eine Direktversicherung zu zahlen, und der Arbeitnehmer die sich daraus ergebende Versorgungsleistung erhält (eingezahlte Beiträge zzgl. Erträge daraus). Zusätzlich muss der Arbeitgeber die Garantie übernehmen, dass zur Altersversorgung mindestens die Summe der zugesagten Beiträge zur Verfügung steht. Bei der Summe der Beiträge sind keine Zinsen zu berücksichtigen und Beitragsteile, die zur Finanzierung vorzeitiger Risiken (Todesfall oder Berufsunfähigkeit) verwendet werden, sind von der Mindestleistung abzuziehen. Der Arbeitgeber haftet also nur für die Summe der Beiträge, die zur Finanzierung der Altersleistung verwendet werden.

§ 1 Abs. 2 Nr. 2 BetrAVG: Beitragszusage mit Mindestleistung

(2) Betriebliche Altersversorgung liegt auch vor, wenn […]

[…]

2. *der Arbeitgeber sich verpflichtet, Beiträge zur Finanzierung von Leistungen der betrieblichen Altersversorgung an einen Pensionsfonds, eine Pensionskasse oder eine Direktversicherung zu zahlen und für Leistungen zur Altersversorgung das planmäßig zuzurechnende Versorgungskapital auf der Grundlage der gezahlten Beiträge (Beiträge und die daraus erzielten Erträge), mindestens die Summe der zugesagten Beiträge, soweit sie nicht rechnungsmäßig für einen biometrischen Risikoausgleich verbraucht wurden, hierfür zur Verfügung zu stellen (Beitragszusage mit Mindestleistung),*

[…]

Achtung

Die Beitragszusage mit Mindestleistung ist gesetzlich nur für Pensionsfonds, Pensionskassen und Direktversicherungen vorgesehen. Bei unmittelbaren Pensionszusagen und Unterstützungskassen existiert diese Möglichkeit nicht.

Die Beitragszusage mit Mindestleistung führt außerdem dazu, dass bei Direktversicherung und Pensionskasse das versicherungsvertragliche Verfahren (siehe Rn. 83 ff.) bei unverfallbarem Ausscheiden nicht möglich ist.

Der Begriff „Beitragszusage mit Mindestleistung“ verleitet fälschlicherweise zu der Annahme, dass der Arbeitgeber ausschließlich für den Erhalt der gezahlten Beiträge, also für eine Verzinsung mit 0 % Zins, haften muss. Das stimmt allerdings nicht bei der Zusage für lebenslange Renten. Denn bei einer Beitragszusage muss der Arbeitgeber zu Rentenbeginn lediglich das Versorgungskapital in Höhe der Beiträge zzgl. Erträge, mindestens die Summe der Beiträge, zur Verfügung stellen. Die Beitragszusage endet also in diesem Zeitpunkt, nicht aber die Zusage des Arbeitgebers auf lebenslange Rentenzahlung. Wurde eine lebenslange Rente zugesagt, so trägt der Arbeitgeber ab Rentenbeginn zusätzlich das Risiko der Langlebigkeit. Außerdem muss er zur Umrechnung des Versorgungskapitals in eine lebenslange Rente einen Rechnungszins festlegen, den er dadurch ebenfalls garantiert. Selbst wenn er das Zinsrisiko und das Risiko der Lebenserwartung auf einen externen Versorgungsträger überträgt, haftet er formell immer noch dafür.

Die Frage der Zusageart gewinnt v.a. an Bedeutung, wenn ein Arbeitnehmer vor Eintritt des Versorgungsfalles mit sog. „unverfallbaren Ansprüchen" ausscheidet (siehe Rn. 76 ff.). Denn die Höhe der Ansprüche kann in Abhängigkeit von der Zusageart sehr unterschiedlich sein. Deshalb empfiehlt es sich dringend, bereits bei Einrichtung der Versorgung auch die gewünschte Zusageart festzulegen.

Beispiel: Zusagearten

Ein Arbeitgeber schließt ohne besondere schriftliche Vereinbarung für seinen Arbeitnehmer die folgende Direktversicherung ab:

Monatsbeitrag	100 €
Garantierte Monatsrente	170 €

Der Arbeitnehmer erhält aus der Versicherung sowohl die genannte Leistung als auch die Überschüsse.

Es ist nicht eindeutig bestimmbar, welche Zusageart vorliegt. Da in der Versicherungs-Police sowohl der Beitrag als auch die Leistung genannt werden, spricht einiges für eine beitragsorientierte Leistungszusage. Andererseits wird die Leistung nicht vollständig betragsmäßig genannt, da die Höhe der Überschüsse erst bei Vertragsablauf feststeht. Der Arbeitgeber könnte also auch beabsichtigt haben, dem Arbeitnehmer lediglich den monatlichen Beitrag und alle sich daraus ergebenden Leistungen zu versprechen. Das wiederum wäre eine Beitragszusage mit Mindestleistung, wobei im Beispiel die Mindestleistung in Höhe der Versicherungssumme vermutlich mehr als die Summe der Beiträge ausmachen würde.

Die Frage der beabsichtigten Zusageart ist in der Vergangenheit insb. bei der fondsgebundenen Direktversicherung intensiv diskutiert worden. Mit Schreiben vom 5.2.2002 hat der Gesamtverband der Deutschen Versicherungswirtschaft (GDV) die Auffassung vertreten, dass eine fondsgebundene Direktversicherung auf jeden Fall dann als Beitragszusage anzusehen ist, wenn der Arbeitgeber sich nur zur Zahlung von Beiträgen verpflichtet, das Kapitalanlagerisiko aber dem Arbeitnehmer vollständig aufbürdet.

Praxistipp

Um dem Arbeitgeber das Haftungsrisiko der Mindestleistung bei der Beitragszusage mit Mindestleistung abzunehmen, bieten Versicherer i.d.R. Tarife an, die zumindest die eingezahlten Beiträge bei Rentenbeginn garantieren. Aber Achtung: In manchen Fällen gilt diese Beitragserhaltungsgarantie nur für den regulären Rentenbeginn und nicht für vorzeitige Altersrenten. Außerdem greift die Garantie i.d.R. nur dann, wenn die Beitragszahlung ununterbrochen bis zum planmäßigen Rentenbeginn erfolgt. Auch das ist sehr häufig in der Praxis nicht der Fall, z.B. wegen Elternzeiten oder unverfallbaren Ausscheidens des Arbeitnehmers. Es verbleibt in diesen Fällen somit ein Restrisiko, für das im Zweifel der Arbeitgeber geradestehen muss. Abgesehen davon bedeutet die Verwendung eines solchen Tarifes nicht zwingend die Erteilung einer Beitragszusage mit Mindestleistung. Denn auch die Summe der Beiträge kann als feste Leistung gewertet werden, die der Arbeitgeber im Rahmen einer beitragsorientierten Leistungszusage (zzgl. Überschüsse) verspricht. Daher gilt stets: Ein Arbeitgeber sollte die Zusageart ausdrücklich definieren und zudem den verwendeten Versicherungstarif dahingehend prüfen, dass in jedem denkbaren Szenario die Beitragsgarantie bei Rentenbeginn (abzüglich etwaiger Risikobeiträge) greift. Das kann zu einem Ausflug ins „Kleingedruckte" der Versicherungsbedingungen führen.

Tarifvertragliche Beitragszusage

Mit dem BRSG hat der Gesetzgeber zum 1.1.2018 die Möglichkeit einer reinen Beitragszusage eingeführt (§§ 21 ff. BetrAVG). Hier schuldet der Arbeitgeber dem Arbeitnehmer ausschließlich die Zahlung eines Beitrags (im englischsprachigen Raum deshalb als „Defined Contribution" bezeichnet). Alle anderen Ansprüche des Arbeitnehmers richten sich direkt an die Versorgungseinrichtung. Eine Leistung bzw. eine bestimmte Höhe derselben ist ausdrücklich nicht garantiert, es wird nur eine „Zielrente" in Aussicht gestellt. Theoretisch ist auch denkbar, dass sich aus dem Beitrag gar keine Leistung ergibt. Der Arbeitgeber trägt auch keine Subsidiärhaftung, falls die Versorgungseinrichtung die in Aussicht gestellte Zielrente nicht erbringt. Aus Arbeitgebersicht ist die reine Beitragszusage sehr attraktiv. 7

Zum Schutz der Arbeitnehmer hat der Gesetzgeber allerdings festgelegt, dass diese Zusageart ausschließlich im Rahmen von Tarifverträgen Anwendung finden darf. Zusätzlich gibt es zahlreiche Vorschriften zur Ausgestaltung des Tarifvertrags und des Finanzierungsproduktes (siehe hierzu ausführlich Rn. 288).

Obwohl bereits 2018 geschaffen, gibt es zu Beginn des Jahres 2021 gibt es immer noch keine „flächendeckenden" Beitragszusagen in Deutschland. Lediglich in einzelnen Unternehmen wurde die Beitragszusage mit Hilfe eines Haustarifvertrags bereits eingerichtet.

1.1.3 Finanzierungsmöglichkeiten

Finanzierung durch den Arbeitgeber

In ihrer ursprünglichen Form war die bAV eine zusätzliche Sozialleistung des Arbeitgebers. Die zunehmende Orientierung der Arbeitgeber am Aufwand für die Versorgung sowie die Betrachtung der betrieblichen Altersversorgung als Entgeltbestandteil machen den Begriff „Arbeitgeberfinanzierung" allerdings mehr und mehr überflüs- 8 sig. Denn es ist offensichtlich, dass ein Arbeitgeber den Aufwand für die bAV bei den Gesamtkosten des Arbeitsplatzes berücksichtigen muss, z.B. durch die Zahlung eines geringeren Barlohnes bereits bei Beginn des Arbeitsverhältnisses.

Aufgrund der unterschiedlichen Behandlung zwischen „Arbeitgeberfinanzierung“ und „Arbeitnehmerfinanzierung“ im BetrAVG und in der Sozialversicherung ist es trotzdem zwingend notwendig, eine klare Abgrenzung zu finden. Von einer Finanzierung durch den Arbeitgeber ist immer dann auszugehen, wenn bereits bei Abschluss des Arbeitsvertrages eine bAV zugesagt wird oder wenn eine bAV ohne Veränderung der vertraglich vereinbarten Vergütung später eingerichtet wird.

Finanzierung durch Entgeltumwandlung

Bei der Entgeltumwandlung verzichtet der Arbeitnehmer für die Zukunft auf Entgeltansprüche und erhält dafür eine wertgleiche Versorgung. Durch die Entgeltumwandlung geht der Anspruch des Arbeitnehmers auf Zahlung des Lohnes endgültig unter und wird durch einen Versorgungsanspruch ersetzt. Der Arbeitgeber haftet für die Versorgung und muss diese auch finanzieren.

Im Jahr 1999 hat der Gesetzgeber die Entgeltumwandlung im BetrAVG erstmals erwähnt und seit 1.1.2001 gibt es auch gesonderte Vorschriften (insb. zur Unverfallbarkeit) hierfür. Das wiederum macht es notwendig, in jedem Einzelfall festzustellen, ob es sich um eine arbeitgeberfinanzierte Versorgung oder um eine Entgeltumwandlung handelt. Zum 1.1.2002 wurde rentenversicherungspflichtigen Arbeitnehmern das Recht eingeräumt, von ihren Arbeitgebern die Einrichtung einer Entgeltumwandlung zu verlangen (siehe hierzu Kapitel 2.1).

Eine besondere Bedeutung kommt der Entgeltumwandlung nicht zuletzt deshalb zu, weil bestimmte Fälle wie eine Entgeltumwandlung behandelt werden. Wird z.B. eine Versorgung im Rahmen des § 4 BetrAVG vom alten auf einen neuen Arbeitgeber übertragen, gelten für die Anwartschaft beim neuen Arbeitgeber die Regelungen zur Entgeltumwandlung entsprechend.

§ 1 Abs. 2 Nr. 3 BetrAVG: Entgeltumwandlung

(2) Betriebliche Altersversorgung liegt auch vor, wenn

[...]

3. künftige Entgeltansprüche in eine wertgleiche Anwartschaft auf Versorgungsleistungen umgewandelt werden (Entgeltumwandlung) [...]

Entgeltumwandlung im Rahmen von Opting-out

9 Eine besondere Form der Entgeltumwandlung ist das sog. Opting-out nach § 20 Abs. 2 BetrAVG. Hierbei wird über einen Tarifvertrag für tarifgebundene Arbeitnehmer eine automatische – man könnte auch sagen: zwangsweise – Entgeltumwandlung eingerichtet. Der Arbeitnehmer hat allerdings eine Widerspruchsmöglichkeit, d.h. er kann gegen diese Entgeltumwandlung „optieren“. Man kehrt also die übliche Systematik um, bei der ein Arbeitnehmer sich aktiv für eine Entgeltumwandlung entscheiden muss.

Damit soll ein deutlich höherer Verbreitungsgrad der Entgeltumwandlung in Unternehmen erreicht werden. Außerdem sollen die erforderlichen Beratungs- und Vertriebskosten zur Erreichung einer hohen Durchdringung im Unternehmen deutlich reduziert werden.

Bis zur Verabschiedung des BRSG gab es keine gesetzlichen Grundlagen für Opting-out. Deshalb wurde in der Praxis davon ausgegangen, dass solche Systeme im Rahmen von Betriebsvereinbarungen eingerichtet werden können, wenn den betroffenen Arbeitnehmern insb. angemessene Fristen für einen Widerspruch eingeräumt werden. Seit dem 1.6.2017 ist dies nicht mehr möglich. Zuvor eingerichtete Systeme genießen allerdings nach § 30j BetrAVG Bestandsschutz und unterliegen nicht den Regelungen des § 20 Abs. 2 BetrAVG.

Opting-out-Modelle sind nur noch rechtlich möglich, wenn die folgenden Voraussetzungen erfüllt sind:

- Opting-out kann nur per Tarifvertrag geregelt werden. Der Tarifvertrag kann allerdings auch die Möglichkeit vorsehen, die Details in einer Betriebsvereinbarung zu regeln. Nicht tarifgebundene Arbeitgeber können sich an einen einschlägigen Tarifvertrag anlehnen. Einschlägig ist der Tarifvertrag, der gelten würde, wenn der Arbeitgeber tarifgebunden wäre.
- Der Arbeitgeber muss dem Arbeitnehmer mindestens drei Monate vor der ersten Umwandlung ein schriftliches Angebot vorlegen und dem Arbeitnehmer eine mindestens einmonatige Widerspruchsfrist einräumen. Widerspricht der Arbeitnehmer nicht, so gilt das als Zustimmung.
- Der Arbeitnehmer muss die Möglichkeit haben, die Entgeltumwandlung jederzeit mit einer Frist von einem Monat zu beenden.

Praxistipp

Das Opting-out nach § 20 Abs. 2 BetrAVG zielt insb. darauf ab, Arbeitnehmer zur Entgeltumwandlung zu bewegen, die bereits seit langer Zeit im Unternehmen sind und bis dato keine Entgeltumwandlung nutzen („Bestandsarbeitnehmer"). Allerdings steht es jedem Arbeitgeber frei, abseits der Regelungen des § 20 Abs. 2 BetrAVG mit neu ins Unternehmen eintretenden Arbeitnehmern eine Entgeltumwandlung zu vereinbaren, denn niemand kann verbieten, die Entgeltumwandlung bereits im zu unterzeichnenden Arbeitsvertrag zu verankern. Wenn dies der Arbeitnehmer nicht wünscht, muss die Entgeltumwandlung eben aus dem Vertrag herausgestrichen werden. Auch auf diesem Weg lässt sich die Teilnahmequote an der Entgeltumwandlung in einem Unternehmen sukzessive erhöhen. Bestenfalls gibt es bei Neueintritt eines Arbeitnehmers im Zuge des sog. „Onboarding-Prozesses" auch ein Beratungsgespräch zur Entgeltumwandlung.

Finanzierung durch Arbeitnehmer-Eigenbeiträge im laufenden Arbeitsverhältnis

10 Seit 1.7.2002 liegt eine bAV auch dann vor, wenn der Arbeitnehmer selbst Beiträge an einen Versorgungsträger zahlt und der Arbeitgeber sich bereit erklärt, die daraus resultierenden Leistungen in seine Versorgungszusage aufzunehmen. Der Unterschied zur Entgeltumwandlung liegt darin, dass bei der Entgeltumwandlung eine Umwandlungsvereinbarung abgeschlossen wird. Dadurch tritt an die Stelle des umgewandelten Entgelts ein Versorgungsanspruch gegen den Arbeitgeber. Bei Arbeitnehmer-Eigenbeiträgen hingegen liegt eine Lohnverwendungsabrede vor, d.h. der Arbeitgeber überweist aus dem Nettolohn einen Beitrag an eine externe Versorgungseinrichtung.

Arbeitnehmer-Eigenbeiträge gibt es qua Gesetz allerdings nur in den Durchführungswegen Direktversicherung, Pensionsfonds und Pensionskasse. Arbeitnehmer-Eigenbeiträge sind z.B. bei einigen branchenspezifischen Pensionskassen-Zusagen anzutreffen, haben aber ansonsten im Vergleich zur Entgeltumwandlung in der Praxis keine große Bedeutung.

§ 1 Abs. 2 Nr. 4 BetrAVG: Arbeitnehmer-Eigenbeiträge

(2) Betriebliche Altersversorgung liegt auch vor, wenn

[...]

4. der Arbeitnehmer Beiträge aus seinem Arbeitsentgelt zur Finanzierung von Leistungen der betrieblichen Altersversorgung an einen Pensionsfonds, eine Pensionskasse oder eine Direktversicherung leistet und die Zusage des Arbeitgebers auch die Leistungen aus diesen Beiträgen umfasst; die Regelungen für Entgeltumwandlung sind hierbei entsprechend anzuwenden, soweit die zugesagten Leistungen aus diesen Beiträgen im Wege der Kapitaldeckung finanziert werden.

11 Finanzierung durch Arbeitnehmer-Eigenbeiträge in entgeltlosen Zeiten

Gemäß § 1a Abs. 4 BetrAVG hat der Arbeitnehmer im Rahmen seines Rechtes auf Entgeltumwandlung auch das Recht, bei fortbestehendem Arbeitsverhältnis während entgeltloser Zeiten die Versicherung bzw. Versorgung mit eigenen Beiträgen fortzusetzen. Das betrifft in der Praxis insb. Arbeitnehmer, die während der Elternzeit ihre Versorgung aufrechterhalten möchten. Es sind hierfür zwingend die gesetzlichen Regelungen zur Entgeltumwandlung anzuwenden.

Entgeltlose Zeiten können aber auch bei lang andauernder Krankheit vorliegen oder bei einer Auslandsentsendung, wenn das inländische Arbeitsverhältnis während dieser Zeit weiterbesteht.

Eine entgeltlose Zeit kann nur so lange vorliegen, wie noch ein Arbeitsverhältnis besteht. Sobald das Arbeitsverhältnis beendet wurde, kann der Arbeitnehmer zwar z.B. eine Direktversicherung privat fortführen, aber bei den daraus resultierenden Leistungen handelt es sich dann nicht mehr um bAV. Der Arbeitgeber muss für diese Leistungen auch nicht einstehen, die Regelungen zur Entgeltumwandlung finden keine Anwendung mehr.

Der Gesetzgeber will mit dem Anspruch auf Arbeitnehmer-Eigenbeiträge erreichen, dass das mit der begonnenen Entgeltumwandlung verbundene Versorgungsziel auch dann erreicht werden kann, wenn zwischenzeitlich z.B. eine Elternzeit genutzt wird.

Achtung

Ob der Rechtsanspruch auf Arbeitnehmer-Eigenbeiträge in der Praxis bei entgeltlosen Zeiten genutzt wird, sollte man sich im Einzelfall gut überlegen! Es ist zunächst von Vorteil, wenn man die bAV wie geplant weiterführt. Dies gilt insb. für den Fall einer BU-Absicherung, die ansonsten bei einer Beitragsfreistellung im Rahmen einer entgeltlosen Zeit regelmäßig wegfällt. Demgegenüber steht ein großer Nachteil: Leistungen aus Arbeitnehmer-Eigenbeiträgen gelten ebenfalls als Versorgungsbezug, der in der gesetzlichen Kranken- und Pflegeversicherung verbeitragt werden muss (siehe Rn. 156) – und das, obwohl in entgeltlosen Zeiten der Arbeitnehmer-Eigenbeitrag aus dem Nettovermögen des Arbeitnehmers stammt, also quasi schon verbeitragt wurde.

Der Rechtsanspruch auf Arbeitnehmer-Eigenbeiträge besteht nur bei Entgeltumwandlung, nicht bei einer arbeitgeberfinanzierten bAV. Allerdings können im Einvernehmen aller Parteien auch Arbeitgeberbeiträge in entgeltlosen Zeiten durch Arbeitnehmer-Eigenbeiträge ersetzt werden.

§ 1a Abs. 4 BetrAVG: Anspruch auf betriebliche Altersversorgung durch Entgeltumwandlung

(4) Falls der Arbeitnehmer bei fortbestehendem Arbeitsverhältnis kein Entgelt erhält, hat er das Recht, die Versicherung oder Versorgung mit eigenen Beiträgen fortzusetzen. Der Arbeitgeber steht auch für die Leistungen aus diesen Beiträgen ein. Die Regelungen über Entgeltumwandlung gelten entsprechend.

1.2 Durchführungswege

Für die Einführung einer bAV bieten sich verschiedene Durchführungsformen an. Der Arbeitgeber kann grundsätzlich frei entscheiden, welchen Durchführungsweg er wählen will.

1.2.1 Pensionszusage

Bei der Pensionszusage – auch Direktzusage genannt – verspricht der Arbeitgeber seinem Arbeitnehmer die Zahlung einer Alters-, Berufsunfähigkeits- und/oder Hinterbliebenenversorgung. Bei Eintritt des Versorgungsfalles hat der Arbeitnehmer einen direkten Anspruch gegen den Arbeitgeber. Durch die Erteilung der Zusage entstehen „Schulden", die der Arbeitgeber beim Arbeitnehmer hat. Diese „Schulden" weist der Arbeitgeber in seiner Bilanz als Pensionsrückstellungen aus. 12

Die Bildung von Pensionsrückstellungen allein stellt bei Beginn der Altersrente das erforderliche Kapital nicht zur Verfügung. Sagt der Arbeitgeber auch vorzeitige Leistungen zu, z.B. im Todesfall an die Hinterbliebenen, so kann jederzeit ein hoher Liquiditätsbedarf entstehen. Um diese betriebsfremden Risiken abzusichern und um bei Eintritt des Versorgungsfalles das erforderliche Kapital zur Verfügung zu haben, empfiehlt sich der Abschluss einer Rückdeckungsversicherung. Ist z.B. nur eine Alterskapitalleistung zugesagt, kommen auch andere Kapitalanlagen wie z.B. Fonds als Rückdeckung infrage. Rückdeckungsversicherungen und z.B. Fonds können auch kombiniert genutzt werden.

Die Pensionszusage eignet sich aus steuerlichen Gründen nur für bilanzierende Unternehmen, also nicht für Kleinbetriebe und Freiberufler. Wegen des Verwaltungsaufwandes ist sie regelmäßig auch nicht für die Zusage niedriger Versorgungsleistungen an wenige Arbeitnehmer geeignet.

1.2.2 Direktversicherung

13 Die Direktversicherung ist eine Lebensversicherung, die der Arbeitgeber auf das Leben seines Arbeitnehmers abschließt und bei der der Arbeitnehmer und/oder seine Hinterbliebenen hinsichtlich der Leistungen des Versicherers ganz oder teilweise bezugsberechtigt sind. Versicherungsnehmer und Beitragszahler ist der Arbeitgeber. Im Versorgungsfall zahlt der Versicherer die Leistungen direkt an den Arbeitnehmer bzw. seine Hinterbliebenen aus.

Die Beiträge des Arbeitgebers gehören zum steuerpflichtigen Arbeitslohn des Arbeitnehmers. Innerhalb gewisser Grenzen und unter bestimmten Voraussetzungen bleiben die Beitragszahlungen aber steuerfrei oder werden (bei sog. Altzusagen) nur pauschal besteuert.

Die Direktversicherung ist neben der Pensionskasse die in Klein- und mittelgroßen Betrieben am weitesten verbreitete Form der bAV. Sie zeichnet sich v.a. auch durch ihre einfache Abwicklung bzw. steuerliche Behandlung aus.

1.2.3 Unterstützungskasse

14 Die Unterstützungskasse ist eine rechtlich selbstständige Versorgungseinrichtung, meist in der Rechtsform eines eingetragenen Vereins. Sie finanziert sich aus den Zuwendungen eines oder mehrerer Trägerunternehmen, die ihre bAV über die Unterstützungskasse abwickeln, sowie aus den Erträgen aus der Anlage ihres Vermögens. Die Unterstützungskasse gewährt den Arbeitnehmern ihrer Trägerunternehmen Versorgungsleistungen ohne Rechtsanspruch. Sie unterliegt deshalb nicht der Versicherungsaufsicht und ist auch in der Anlage ihres Vermögens frei. Die Art der Vermögensanlage einer Unterstützungskasse hat erhebliche Auswirkungen auf ihre steuerliche Behandlung. Deshalb werden in der Praxis häufig zwei Arten von Unterstützungskassen genannt, die sich formal aber nur durch ihre unterschiedliche Kapitalanlage unterscheiden.

Rückgedeckte Unterstützungskasse

Eine rückgedeckte Unterstützungskasse legt ihr Vermögen ausschließlich in Rückdeckungsversicherungen an. Jede einzelne Versicherung wird in der Praxis möglichst so abgeschlossen, dass mit ihr die dem Versicherten (= Arbeitnehmer) zugesagte Versorgung exakt finanziert wird. Meist wird die Zusage so formuliert, dass der Arbeitnehmer einen Versorgungsanspruch in Höhe der Versicherungsleistung hat. Die notwendigen Versicherungsbeiträge können vom Trägerunternehmen als Zuwendungen an die Kasse geleistet und steuerlich geltend gemacht werden. Somit wird eine vollständige Vorfinanzierung der späteren Versorgungsleistungen möglich.

Pauschaldotierte Unterstützungskasse

Die pauschaldotierte Unterstützungskasse legt ihr Vermögen nicht ausschließlich in Rückdeckungsversicherungen an, sondern in weitgehend beliebigen Kapitalanlagen. Eine weit verbreitete Anlageform ist die vollständige Vermögensanlage per Darlehensgewährung ans Trägerunternehmen. Hierdurch können im Einzelfall erhebliche Steuer- und Liquiditätsvorteile generiert werden. Die Zuwendungen für solche Kassen sind sehr pauschal geregelt und eng limitiert.

1.2.4 Pensionskasse

Die Pensionskasse ist ebenfalls eine rechtlich selbstständige Versorgungseinrichtung. 15
Im Prinzip handelt es sich um ein Versicherungsunternehmen, das ausschließlich Rentenversicherungen zum Zwecke der bAV anbietet. Dementsprechend haben die Arbeitnehmer einen Rechtsanspruch auf die Leistungen in Form von Bezugsrechten und die Finanzierung erfolgt durch Beitragszahlungen des Arbeitgebers. Die marktüblichen Tarife von Pensionskassen entsprechen weitgehend denen von Direktversicherungen.

Pensionskassen waren in der Vergangenheit v.a. in Großunternehmen weit verbreitet und in Branchen, in denen die betriebliche Altersversorgung tarifvertraglich geregelt ist, z.B. im Baugewerbe. In 2002 wurden Beiträge an Pensionskassen im Rahmen des § 3 Nr. 63 EStG steuerfrei gestellt, was diesem Durchführungsweg zu einem enormen Boom verholfen hat. Seit dem 1.1.2005 wurde die Direktversicherung allerdings der Pensionskasse steuerlich nahezu gleichgestellt. Dadurch ebbte der Pensionskassen-Boom deutlich ab.

Achtung

In der Praxis unterscheidet man bei Pensionskassen zwischen sog. regulierten und deregulierten Pensionskassen. Deregulierte Pensionskassen sind aufsichtsrechtlich den Lebensversicherungen gleichgestellt. Es handelt sich dabei i.d.R. um die hauseigenen Pensionskassen von Versicherern, die auch der Sicherungseinrichtung der deutschen Lebensversicherer („Protektor Lebensversicherungs-AG“) unterliegen. Demgegenüber können nach § 233 VAG Pensionskassen auf Antrag auch „reguliert“ werden. Eine Voraussetzung dafür ist, dass die Satzung der Pensionskasse vorsehen muss, dass Versicherungsansprüche gekürzt werden dürfen. Die Regulierung ermöglicht dann u.a., höhere Garantiezinsen zu versprechen als Lebensversicherer bzw. deregulierte Pensionskassen. Genau davon wurde in der Vergangenheit Gebrauch gemacht. Aufgrund der Niedrigzinsphase waren mittlerweile aber schon viele Pensionskassen dazu gezwungen, Garantieleistungen zu kürzen. Für diese Leistungskürzungen steht dann wieder der Arbeitgeber ein (Subsidiärhaftung nach § 1 Abs. 1 S. 3 BetrAVG). Denn Arbeitgeber haben beitragsorientierte Leistungszusagen erteilt und den Arbeitnehmern dabei ursprünglich die von der Pensionskasse garantierten Leistungen zugesagt. Dies führt für viele Arbeitgeber zu unerwarteten zusätzlichen Belastungen.

1.2.5 Pensionsfonds

16 Der Pensionsfonds wurde zum 1.1.2002 als weiterer Durchführungsweg für bAV in Deutschland eingeführt. Es handelt sich ebenfalls um einen rechtlich selbstständigen Versorgungsträger, der seinen Versorgungsberechtigten einen Rechtsanspruch auf die Leistungen einräumt. Der Pensionsfonds unterliegt der Versicherungsaufsicht und ist daher mit der Pensionskasse oder einem Lebensversicherungsunternehmen vergleichbar. Auch die Beitragszahlungen an einen Pensionsfonds sind im Rahmen des § 3 Nr. 63 EStG von der Steuer befreit.

In der Praxis hat der Pensionsfonds v.a. Bedeutung erlangt, weil er mit einem höheren Zins kalkulieren kann, als es Versicherungsunternehmen erlaubt ist. Allerdings garantiert der Pensionsfonds diesen höheren Zins bzw. die daraus resultierenden Leistungen nicht. Ist der Zins nicht zu erwirtschaften, reduziert der Pensionsfonds seine Leistungen oder erhebt Nachfinanzierungsbeiträge vom Arbeitgeber. Aufgrund des höheren Kalkulationszinses und aufgrund einer steuerlichen Sonderregelung eignet sich der Pensionsfonds auch, bestehende Versorgungsverpflichtungen eines Unternehmens aus einer Pensionszusage gegen Zahlung eines hohen Einmalbeitrags auszulagern. Dies ist sogar steuerlich mit eigens für den Pensionsfonds geschaffenen Regelungen gefördert: So kann der Einmalbeitrag in bestimmten Grenzen vom Unternehmen als Betriebsausgabe angesetzt werden und ist aus Sicht des Arbeitnehmers nach § 3 Nr. 66 EStG steuerfrei.

Aufgrund seiner Freiheiten in der Kapitalanlage (bei fehlender Garantie) eignet sich der Pensionsfonds z.B. auch als Versorgungsträger für die tarifvertragliche Beitragszusage.

1.3 Die Bedeutung der betrieblichen Altersversorgung

1.3.1 Betriebliche Altersversorgung als Teil der Gesamtversorgung

17 Gemeinsam mit der gesetzlichen Rentenversicherung und der privaten Vorsorge soll die bAV zu einer angemessenen Gesamtversorgung des Arbeitnehmers (bzw. dessen Hinterbliebenen) beitragen, wenn der Arbeitnehmer aufgrund Alters, Invalidität oder Tod aus dem Arbeitsleben ausscheidet.

Gesetzliche Vorsorge

Die gesetzliche Rentenversicherung stellt für rentenversicherungspflichte Arbeitneh- 18
mer in Deutschland nach wie vor die Basis der Altersversorgung dar. Die gesetzliche Rente ist umlagefinanziert. Die aktuellen Einnahmen (Beiträge zzgl. Bundeszuschüsse) decken die laufenden Rentenzahlungen bzw. Ausgaben.

Allerdings kann die gesetzliche Rentenversicherung aufgrund der demografischen Entwicklung (immer mehr Rentner stehen immer weniger sozialversicherungspflichtig Beschäftigten gegenüber) das derzeitige Versorgungsniveau zukünftig nicht mehr aufrechterhalten, es sei denn, die Beiträge würden bis auf ca. 30 % des Bruttogehaltes und/oder das Renteneintrittsalter auf 70 Jahre erhöht werden. Die Politik versucht zwar in regelmäßigen Abständen durch verschiedene Maßnahmen die Finanzierbarkeit sicherzustellen (z.B. insb. durch Erhöhung der Regelaltersgrenze). Dem stehen aber auch sehr viele „Wahlgeschenke“ gegenüber, die die gesetzliche Rentenversicherung weiter belasten (z.B. abschlagsfreie Rente mit 63 Jahren, Mütterrente, Festschreibung des Rentenniveaus, Grundrente). Denn jede Verbesserung der Rente muss von der nachfolgenden Generation durch höhere Beiträge oder höhere Steuer bei gleichzeitig geringerer eigener Rentenerwartung finanziert werden.

Beispiel „Rentenformel“ der gesetzlichen Rentenversicherung

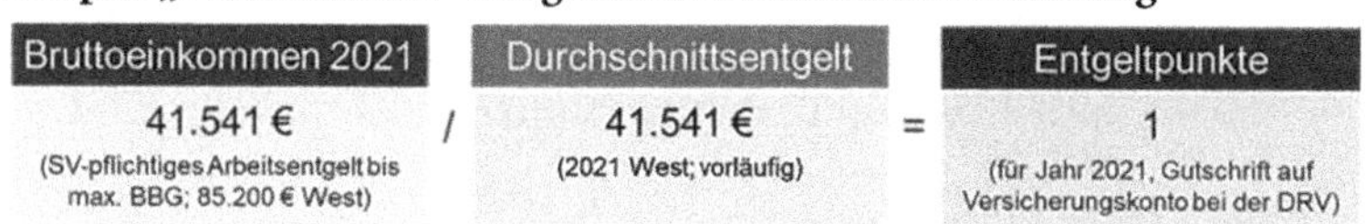

Abb. 1 Ermittlung der Entgeltpunkte in der gesetzlichen Rentenversicherung

Die Berechnung der gesetzlichen Rente[1] ist im Prinzip einfach: Zentrale „Währung“ der gesetzlichen Rentenversicherung ist der Entgeltpunkt. Wie viele Entgeltpunkte man in einem Kalenderjahr erwirbt, hängt vom sozialversicherungspflichtigen Einkommen ab, welches ins Verhältnis zum sog. Durchschnittsentgelt des jeweiligen Kalenderjahres gesetzt wird

Wer also genau das Durchschnittsentgelt verdient, erhält genau einen Entgeltpunkt. Die Entgeltpunkte werden auf dem Versicherungskonto der Deutschen Rentenversicherung gutgeschrieben.

Zu Beginn der Rente wird die Summe der Entgeltpunkte auf dem Versicherungskonto dann mit folgender Formel in eine monatliche gesetzliche Altersrente umgerechnet:

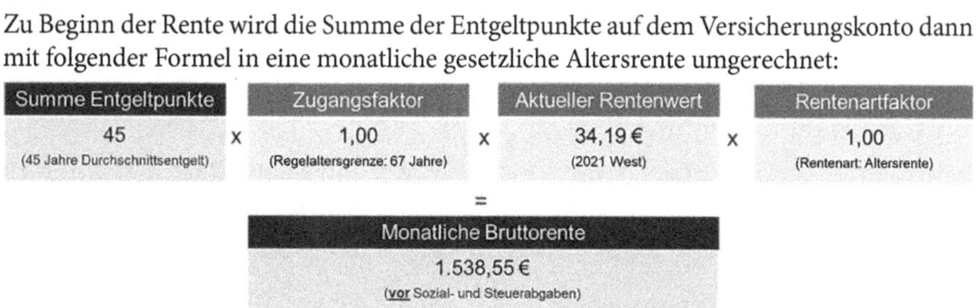

Abb. 2 Rentenformel zur Berechnung der Höhe der gesetzlichen Altersrente

1 Detailangaben zur gesetzlichen Rente: 41.541 € (West)/39.338 € (Ost) p.a. Durchschnittsentgelt für einen Entgeltpunkt (bis Beitragsbemessungsgrenze: 85.200 € (West)/80.400 € (Ost) p.a.). Rentenwert 34,19 € (West)/33,23 € (Ost). Stand: Januar 2021.

Ein weiterer wichtiger Berechnungsparameter neben den Entgeltpunkten ist der bei Rentenbeginn einschlägige Rentenwert, der die Höhe der monatlichen Rente pro Entgeltpunkt wiedergibt. Die beiden anderen Faktoren betragen bei einer Altersrente, die bei Erreichen der für den Rentner geltenden Regelaltersgrenze (67 Jahre, für Jahrgänge vor 1963 darunter) beginnt, einfach 1. Würde die Rente vorzeitig und mit Abschlägen in Anspruch genommen, würde sich dies im Zugangsfaktor wiederfinden (0,3 % Abschlag für jeden Monat vorzeitiger Inanspruchnahme). Ginge es um eine Hinterbliebenenrente wäre wiederum der Rentenfaktor ein anderer.

Wie das Beispiel zeigt, dürfte selbst für einen Durchschnittsverdiener, der jedes Kalenderjahr genau einen Entgeltpunkt erwirbt, die gesetzliche Rente bei weitem nicht ausreichen, um ab Rentenbeginn den gewohnten Lebensstandard beizubehalten. Denn von der gesetzlichen Rente werden auch noch Steuern und Sozialabgaben abgezogen (ab 2040 beginnende gesetzliche Renten sind voll steuerpflichtig, dazu fallen Beiträge in der gesetzlichen Kranken- und Pflegeversicherung an).

Um die Standardrente bzw. das Rentenniveau zu berechnen, greift man übrigens auf den sog. „Eckrentner" zurück. Das ist ein Rentner, der per Definition 45 Jahre gearbeitet und dabei stets das Durchschnittsentgelt verdient hat. Er hat demzufolge bei Rentenbeginn exakt 45 Entgeltpunkte (siehe § 154 Abs. 3a SGB VI bzw. Beispiel).

Neben der gesetzlichen Altersrente gibt es in der gesetzlichen Rentenversicherung noch weitere Leistungen, insb. Erwerbsminderungsrenten und Renten für Hinterbliebene.

Aktuelle gesetzliche Neuerungen: Grundrente

Seit 2021 ist die Grundrente in Kraft. Rentner, die eine „Grundrentenzeit" von mindestens 33 Jahren vorweisen können und während der „Grundrentenbewertungszeit" im Durchschnitt weniger als 40 % des Durchschnittsentgelts (also weniger als 0,4 Entgeltpunkte p.a.), aber wiederum mehr als 30 % (also 0,3 Entgeltpunkte p.a.) verdient haben, erhalten unter bestimmten Voraussetzungen einen Grundrentenzuschlag. Stark vereinfacht gesagt erhält ein Rentner zusätzliche Entgeltpunkte, die ihn – mit einem kleinen Abschlag – so stellen, als hätte er während der Grundrentenbewertungszeit 40 % des Durchschnittsentgelts verdient und damit 0,4 Entgeltpunkte p.a. Diese zusätzlichen Entgeltpunkte werden mit dem aktuellen Rentenwert multipliziert und ergeben den Grundrentenzuschlag.

Dieser Grundrentenaufschlag wird stufenweise gesteigert. Wer eine Grundrentenzeit von 35 Jahren oder mehr vorweisen kann und während der Grundrentenbewertungszeit nicht mehr als 80 % des Durchschnittsentgelts verdient hat (also weniger als 0,8 Entgeltpunkte p.a.), erhält demzufolge einen höheren Grundrentenzuschlag.

Die Grundrente ist für Rentner gedacht, die über viele Jahre wenig verdient haben und so trotz langjähriger Beschäftigung eine – nach politischer Definition – zu geringe gesetzliche Rente erhalten. Die Grundrente weicht somit von der Rentenformel ab, im Rahmen derer sich Entgeltpunkte aus dem sozialversicherungspflichtigen Einkommen und damit aus den Beitragszahlungen in die gesetzliche Rentenversicherung ergeben. Das kostet zusätzlich Geld. Laut Bundesministerium für Arbeit und Soziales soll die durchschnittliche Grundrente in etwa 75 € monatlich betragen. Auf die Grundrente wird ggf. steuerpflichtiges Einkommen teilweise oder vollständig angerechnet.

Für weitere Informationen kann sowohl auf die Homepage der Deutschen Rentenversicherung als auch des Bundesministeriums für Arbeit und Soziales verwiesen werden, die mit Hilfe von Broschüren über das im Detail durchaus komplexe Thema der Grundrente informieren.

Private Vorsorge

Um die Versorgung der Arbeitnehmer im Alter trotz der Einschränkungen bei der 19
gesetzlichen Rente einigermaßen aufrechtzuerhalten, hat die Bundesregierung bereits in 2002 eine umfassende steuerliche Förderung der privaten Vorsorge beschlossen. Die im Jahr 2002 eingeführte „Riester-Rente" wurde ab 2005 um die sog. „Rürup-Rente" (bzw. Basis-Rente) ergänzt. Beide sind allerdings in der Höhe der Förderung stark begrenzt und die Details der steuerlichen Förderung sehr komplex. Um insb. der kränkelnden Riester-Rente wieder zu mehr Schwung zu verhelfen, wurde die Grundförderung im Jahr 2018 auf 175 € angehoben.

Neben den beiden genannten Produkten wird auch die private Rentenversicherung weiterhin steuerlich gefördert. Die Beiträge müssen zwar aus voll versteuertem Einkommen aufgebracht werden, aber die späteren Renten sind nur mit ihrem sog. Ertragsanteil steuerpflichtig. Im Ergebnis bleiben dadurch sämtliche Erträge während der Ansparzeit vollständig steuerfrei, und die Erträge während der Rentenlaufzeit sind nicht in voller Höhe, sondern nur mit dem Ertragsanteil zu versteuern. So muss z.B. ein Rentner, der ab Vollendung des 67. Lebensjahres eine Rente i.H.v. monatlich 1.000 € aus einer privaten Rentenversicherung erhält, hiervon nur 17 % bzw. 170 € mit seinem individuellen Steuersatz versteuern.

Betriebliche Altersversorgung

Die Politik hat längst erkannt, dass die bAV sehr gut geeignet ist, um Versorgungslü- 20
cken der Arbeitnehmer zu schließen. Die Einführung des Rechts auf Entgeltumwandlung sowie der nachgelagerten Besteuerung über den § 3 Nr. 63 EStG hat der betrieblichen Altersversorgung durch Entgeltumwandlung einen enormen Schub verliehen. Seit 2018 greifen weitere gesetzliche Maßnahmen, die zu einer steigenden Bedeutung der bAV geführt haben bzw. führen sollen. Diese sind u.a.:

- Bei der Entgeltumwandlung ist der Arbeitgeber seit 2019 (bei Bestandsverträgen ab 2022) verpflichtet, einen Zuschuss i.H.v. 15 % zu zahlen, soweit er selbst durch die Entgeltumwandlung Sozialversicherungsbeiträge spart. Um sich von anderen Arbeitgebern abzugrenzen, gewähren viele Arbeitgeber auch höhere Zuschüsse zur Entgeltumwandlung.

- Beiträge zu einer Direktversicherung, einer Pensionskasse oder einem Pensionsfonds sind bis zu 8 % der Beitragsbemessungsgrenze der Rentenversicherung (West) im Rahmen des § 3 Nr. 63 EStG steuerfrei.
- Bei Geringverdienern, die im Alter in die gesetzliche Grundsicherung („Hartz IV“) fallen, wird eine zusätzliche Rente von bis zu 100 € monatlich nicht auf die Grundsicherung angerechnet. Darüber hinaus erfolgt eine Anrechnung nur z.T.
- Im Rahmen von Tarifverträgen können reine Beitragszusagen gewährt werden, die keinerlei Garantieleistungen beinhalten, um dadurch langfristig höhere Renditen zugunsten der Versicherten finanzieren zu können. Auch kann über Tarifverträge Opting-out eingerichtet werden, um mehr Arbeitnehmer zur Entgeltumwandlung zu bewegen.
- Arbeitgeber, die ihren Geringverdienern (Bruttogehalt bis 2.575 € monatlich) Arbeitgeberbeiträge i.H.v. mindestens 240 € p.a. und maximal 960 € p.a. in z.B. eine Direktversicherung einzahlen, erhalten 30 % des Arbeitgeberbeitrags als Lohnsteuerrückerstattung (maximal 288 € p.a.).

„Drei Säulen“ versus „Drei Schichten“

21 Im Rahmen der Neuregelung der Besteuerung der Alterseinkünfte wurde im Jahr 2005 das frühere Drei-Säulen-Modell durch das sog. Drei-Schichten-Modell ersetzt. Hierbei wird unterschieden zwischen:

- Basisversorgung (erste Schicht)
- Kapitalgedeckte Zusatzversorgung (zweite Schicht)
- Kapitalanlage (dritte Schicht)

Zur ersten Schicht, der Basisversorgung, gehören diejenigen Altersversorgungsprodukte, die ausschließlich lebenslange Rentenzahlungen gewähren (außer bei Waisenrenten). Die Rentenzahlungen bzw. Anwartschaften dürfen weder beleihbar, vererbbar, kapitalisierbar, veräußerbar noch abfindbar sein. Auch Hinterbliebenenleistungen an Lebensgefährten sind hier nicht möglich. Die Leistungen dürfen ausschließlich als Rentenzahlungen fällig werden. In die erste Schicht fallen die gesetzliche Rentenversicherung, berufsständische Versorgungen sowie private Basis-Rentenversicherungen. Die Beiträge zu diesen Produkten sind in 2021 zu 92 % steuerlich als Sonderausgaben abzugsfähig. Dieser Prozentsatz beträgt ab 2025 dann 100 %. Im Gegenzug steigt aber auch der zu versteuernde Anteil der späteren Rente je nach Rentenbeginnjahr („Kohortenprinzip“) stetig an. Ab 2040 beginnende Renten müssen voll versteuert werden.

22 Für die Produkte der zweiten Schicht gelten ähnliche Voraussetzungen für eine steuerliche Förderung. Hierzu gehören u.a. die Riester-Rente privat und betrieblich, Direktversicherung, Pensionskasse und Pensionsfonds. Anders als bei der ersten Schicht gibt es produktabhängige Ausnahmen von den strengen Regeln der ersten Schicht. So können z.B. Hinterbliebenenleistungen einer Direktversicherung auch an nicht eingetragene Lebensgefährten gezahlt werden oder anstelle einer lebenslangen Rente

kann kurz vor Rentenbeginn auch das Kapitalwahlrecht ausgeübt werden. Auch die Produkte der zweiten Schicht werden i.d.R. nachgelagert besteuert.

Alle Produkte, die nicht die Voraussetzungen der ersten und zweiten Schicht erfüllen, gelten seit 2005 nicht als Altersvorsorge, sondern als Kapitalanlage und sollen vorgelagert besteuert werden. 23

Die Durchführungswege Pensionszusage und Unterstützungskasse sind im „Drei-Schichten-Modell" völlig unberücksichtigt. Das liegt vermutlich daran, dass sich bei diesen Durchführungswegen die nachgelagerte Besteuerung bereits aus dem der Lohnsteuer zugrunde liegenden Zuflussprinzip ergibt. Da dem Arbeitnehmer während der Anwartschaft bei der Unterstützungskasse kein Rechtsanspruch zusteht und bei der Pensionszusage kein Anspruch auf Vermögenswerte, liegt auch kein steuerbarer Zufluss vor. Bei diesen beiden Durchführungswegen sind auch zukünftig reine Kapitalleistungen steuerunschädlich möglich.

1.3.2 Nutzen einer betrieblichen Altersversorgung

Auch heute noch richten viele Arbeitgeber eine bAV aus sozialer Verantwortung für ihre Arbeitnehmer ein. Es ist also durchaus so, dass sich viele Arbeitgeber ihrer besonderen Fürsorgepflicht bewusst sind. BAV ist aber nicht nur ein Geschenk an die Arbeitnehmer. Sie ist eins von zahlreichen Instrumenten, um sich auf dem Arbeitsmarkt für qualifizierte Fachkräfte als attraktiver Arbeitgeber zu positionieren. 24

Erfolgsbeteiligung des Arbeitnehmers

Die Einrichtung einer bAV ist eine Möglichkeit, den Arbeitnehmer am Unternehmenserfolg zu beteiligen und damit die Partnerschaft zwischen Unternehmen und Arbeitnehmern zu verdeutlichen. Allerdings macht es der Gesetzgeber den Unternehmen derzeit noch schwer, variable und erfolgsabhängige Beiträge in einfache Versorgungsmodelle zu investieren. Durch die Erweiterung des Fördervolumens im § 3 Nr. 63 EStG seit 2018 tritt hier eine deutliche Verbesserung ein. 25

Verringerte Fluktuationskosten

Wenn ein erfahrener Arbeitnehmer das Unternehmen verlässt, kostet die Neubesetzung der Stelle nicht selten bis zu einem Jahresgehalt – zusätzlich zu den organisatorischen Problemen durch den Weggang des Arbeitnehmers. bAV fördert als Teil der Unternehmenskultur die Verbundenheit der Arbeitnehmer mit dem Unternehmen und hilft dadurch, Fluktuationskosten zu sparen. Scheidet ein Arbeitnehmer dennoch innerhalb von drei Jahren (ab Ausscheidetermin 31.12.2020) wieder aus dem Unternehmen aus, so kann der Arbeitgeber die Versorgung widerrufen (siehe Rn. 67 ff.). 26

Lohnnebenkosten sparen

Gehaltserhöhungen kosten ein Unternehmen je nach Branche das 1,4- bis 2-fache des eigentlichen Erhöhungsbetrages. Der Arbeitnehmer erhält von seiner Gehaltserhöhung nach Abzug aller Abgaben vielleicht nur die Hälfte ausgezahlt. Anders stellt sich 27 dies bei bAV dar. Der Arbeitgeber hat bei richtiger Gestaltung nur minimale Nebenkosten. Dem Arbeitnehmer fließen die Aufwendungen des Arbeitgebers meist steuer- und sozialversicherungsfrei zu. Steuern und Sozialversicherungsbeiträge fallen erst bei der Auszahlung der Versorgungsleistungen an.

Bei der bAV durch Entgeltumwandlung ist die Ersparnis des Arbeitgebers seit 2019 stark begrenzt. Denn seit diesem Zeitpunkt ist er verpflichtet, bezogen auf den Umwandlungsbetrag des Arbeitnehmers bis zu 15 % Arbeitgeberzuschuss zu leisten, soweit er sich Arbeitgeberanteile am Gesamtsozialversicherungsbeitrag spart. Den maximal ca. 20 % Ersparnis des Arbeitgebers stehen damit 15 % Aufwand für den Zuschuss gegenüber. Da sich aber viele Arbeitgeber ohnehin nicht an der Entgeltumwandlung der Arbeitnehmer bereichern, sondern diese vielmehr mit höheren Arbeitgeberzuschüssen fördern wollen, spielt das Thema der Lohnnebenkostenersparnis bei der Entgeltumwandlung in den letzten Jahren allenfalls eine untergeordnete Rolle.

Attraktivität auf dem Arbeitsmarkt

28 Das Vorhandensein einer bAV gehört mittlerweile für viele Arbeitnehmer zu den wesentlichen Entscheidungskriterien bei der Wahl ihres Arbeitsplatzes. Vor allem auf dem Arbeitsmarkt für qualifizierte Fachkräfte stehen kleine und mittelständische Unternehmen immer häufiger im Wettbewerb mit Großbetrieben, die ihren Arbeitnehmern i.d.R. umfangreiche Versorgungsleistungen gewähren. Vor dem Hintergrund des Fachkräftemangels wird eine attraktive bAV zukünftig weiter an Bedeutung gewinnen.

Längerfristige Motivation

Die Motivationswirkung einer Gehaltserhöhung ist meist nur sehr kurzfristig. Schon nach einigen Monaten hat sich der Arbeitnehmer an sein höheres Gehalt „gewöhnt“ und erwartet schon bald eine neue Anhebung. Eine bAV jedoch kann so gestaltet werden, dass der Aufwand für den Arbeitgeber konstant bleibt oder sogar sinkt, während die Versorgungsleistungen für den Arbeitnehmer jährlich ansteigen. Somit kann dem Arbeitnehmer jedes Jahr wieder die Belohnung seiner Betriebstreue vor Augen geführt werden.

1.3.3 Wie kann der Arbeitgeber seinen Nutzen aus der bAV erhöhen?

29 Die Praxis zeigt leider immer wieder, dass zahlreiche Arbeitgeber hohe Beträge für die bAV ihrer Arbeitnehmer aufwenden, ohne die zuvor genannten Vorteile zu nutzen. Der Grund hierfür liegt meist in der fehlenden Vermarktung der gewährten Versorgungsleistungen. Die bAV muss den Arbeitnehmern auch richtig „verkauft“ werden. Hier einige Anregungen dazu:

Informationsveranstaltung bei Einführung

30 Umfragen haben ergeben, dass die bAV für viele Arbeitnehmer einen hohen Stellenwert hat. Gleichzeitig können aber nur die wenigsten genaue Angaben über die Art und Höhe ihrer Versorgungsansprüche aus der bAV machen. Wie soll aber ein

Arbeitnehmer den Wert einer Leistung richtig einschätzen können, wenn er die Leistung gar nicht genau kennt?

Bei Einführung einer bAV sowie während des laufenden bAV-Betriebs sollte dringend auf eine ausführliche Information der Arbeitnehmer Wert gelegt werden, z.B. im Rahmen einer einführenden Informationsveranstaltung für alle begünstigten Arbeitnehmer oder regelmäßiger Jahresveranstaltungen, in denen auch über etwaige Änderungen der bAV oder der gesetzlichen Rahmenbedingungen informiert wird. Hierbei ist es wichtig, dass die Unternehmensführung die Veranstaltung selbst begleitet und kommentiert und die Information nicht allein externen Fachkräften überlässt.

Vergleichsrechnungen aufstellen

Bei richtiger Gestaltung der bAV ergeben sich auch für die Arbeitnehmer erhebliche Steuerersparnisse und geringere Sozialversicherungsbeiträge. Den Arbeitnehmern sollten Vergleichsrechnungen präsentiert werden, die ihnen zeigen, um welchen Betrag ihr Gehalt höher ausfallen müsste, um die versprochenen Versorgungsleistungen privat zu finanzieren. 31

Beispiel: Vergleich Gehaltserhöhung und arbeitgeberfinanzierte Direktversicherung

Ein Arbeitnehmer erhält von seinem Arbeitgeber eine Direktversicherung mit 100 € monatlichem Beitrag. Um diese Versicherung selbst zu finanzieren, müsste der Arbeitnehmer bei einem Steuersatz von 30 % eine Gehaltserhöhung von 200 € monatlich erhalten:

notwendige Gehaltserhöhung	200 €
abzüglich Sozialversicherung (20 %)	40 €
abzüglich Lohnsteuer (z.B. 30 %)	60 €
verbleibendes Nettoeinkommen	100 €

Bei der Entgeltumwandlung wiederum empfiehlt es sich, für jeden Arbeitnehmer eine aktuelle Gehaltsabrechnung mit und ohne Entgeltumwandlung zu erstellen. Denn nur dann kann der Arbeitnehmer exakt feststellen, wie wenig sich sein Nettoeinkommen durch eine steuer- und sozialversicherungsfreie Entgeltumwandlung reduziert. Entsprechende bAV-Brutto-Netto-Vergleichsrechner bzw. Förderrechner sind im Internet frei verfügbar, z.B. auf der Internetseite www.ihre-vorsorge.de, einer Initiative der Regionalträger der Deutschen Rentenversicherung und der Deutschen Rentenversicherung Knappschaft-Bahn-See (Förderrechner Entgeltumwandlung).

Praxistipp

Die den Arbeitnehmern vorgerechneten Vorteile einer Entgeltumwandlung bzw. die Brutto-Netto-Vergleichsberechnungen haben jedoch einen Haken: Sie betrachten lediglich die Ersparnis von Steuern und Sozialversicherungsbeiträgen im Zeitpunkt der Umwandlung. Ob sich eine Entgeltumwandlung aus Arbeitnehmersicht unter dem Strich lohnt, zeigt sich erst, wenn die Leistung ausgezahlt wird. Denn diese Leistung ist steuerpflichtig und beitragspflichtig in der gesetzlichen Kranken- und Pflegeversicherung. Häufig ist vielen Arbeitnehmern nicht klar, dass die sozialversicherungsfreie Umwandlung von Entgelt aus Gehalt innerhalb der Rentenversicherungs-Beitragsbemessungsgrenze die gesetzliche Rente reduziert. Denn es wird nur das Entgelt nach Umwandlung zum Durchschnittsentgelt in Bezug gesetzt und damit in Entgeltpunkte umgewandelt (siehe zur Rentenformel Rn. 18). Auf eben diesen Umstand weisen in regelmäßigen Abständen auch kritische Presseberichte zur bAV-Entgeltumwandlung hin, was Arbeitnehmer verunsichert und von einer Teilnahme an der Entgeltumwandlung nicht selten Abstand nehmen lässt.

Schlussendlich stellt sich die Gretchenfrage: Macht eine Entgeltumwandlung aus Sicht eines Arbeitnehmers überhaupt Sinn? Wie so oft bei komplexen Themen lässt sich diese Frage nicht pauschal beantworten. Daher soll nachfolgend eine Entgeltumwandlung über eine nach § 3 Nr. 63 EStG geförderte Direktversicherung durch einen Durchschnitts-Arbeitnehmer mit einem Bruttogehalt innerhalb aller Beitragsbemessungsgrenzen und gesetzlicher Kranken- und Pflegeversicherung mit einer privaten Rentenversicherung verglichen werden. In beiden Fällen ist das Versorgungsziel eine lebenslange Altersrente und in der Praxis werden von Versicherern durchaus unmittelbar vergleichbare Tarife für private Rentenversicherungen und die bAV-Entgeltumwandlung angeboten.

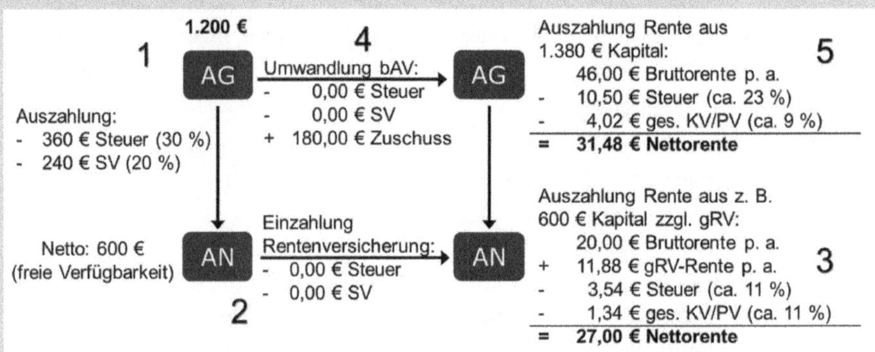

Abb. 3 Musterbeispiel

Musterbeispiel zur Veranschaulichung der Umwandlungseffekte, Werte gerundet (Steuer, SV-Beitragssätze etc.) und basierend auf diversen Annahmen und Vereinfachungen. Individuelle Betrachtung kann abweichen bzw. hängt von persönlichen (z.B. Familienstand, sonstige Einkünfte/Versorgungsbezüge im Alter etc.) sowie unbekannten zukünftigen Parametern ab. Umwandlung aus Gehalt innerhalb aller BBG. Aus Vereinfachungsgründen keine Verzinsung/keine Dynamiken berücksichtigt. Umrechnung Kapital in Jahresrente mit Quotient 30 („Rentenfaktor"). Verlust gRV-Rente aus Entgeltumwandlung: 1.200 €/41.541 € Durchschnittsentgelt gRV = ca. 0,0289 EP; 0,0289 x 34,19 € = ca. 0,99 € Monatsrentenverlust vor Steuer (Werte 01.2021, West). Grenzsteuersatz für weitere Einkommen von ca. 25 % für gRV-Rente, Rente aus privater Rentenversicherung und bAV, wobei SV-Abgaben auf bAV und gRV-Rente als Sonderausgaben vom zu versteuernden Einkommen abgezogen wurden; keine etwaigen Freibeträge berücksichtigt. Ein Gesamtbeitragssatz in der gesetzlichen KV/PV von ca. 9 % wird bei Versorgungsbezügen in Höhe von um die 250 € mtl. fällig (abhängig von z. B. individuellem Zusatzbeitrag etc.).

Zur Erklärung des Beispiels:

Ziffer 1.) Der Arbeitnehmer hat innerhalb eines Jahres z.B. eine Sonderzahlung in Höhe von 1.200 € (oder alternativ 100 € monatlich, was in etwa dem durchschnittlichen monatlichen Umwandlungsbetrag in Deutschland entspricht) zur Verfügung und kann diese per Entgeltumwandlung in einen bAV-Altersrentenanspruch umwandeln oder sich auszahlen lassen.

2.) Bei sofortiger Auszahlung bleiben von den 1.200 € nur mehr ca. 600 € netto. Diese kann er allerdings in eine private Rentenversicherung einzahlen, wobei keine Steuern und Sozialabgaben mehr anfallen. Außerdem sind durch die Verbeitragung der Sonderzahlung Entgeltpunkte in der gesetzlichen Rentenversicherung entstanden, die auch zu einer entsprechenden gesetzlichen Altersrente führen.

3.) Aus der privaten Rentenversicherung ergibt sich damit – der Einfachheit halber ohne eine eingerechnete Verzinsung – eine monatliche Nettorente in Höhe von ca. 27 €. Dabei ist auch die gesetzliche Rente berücksichtigt, die sich aus der Verbeitragung der Sonderzahlung ergeben hat. Auch hier greifen aber Steuern (Ertragsanteilbesteuerung der privaten Rentenversicherung sowie annahmegemäß volle Besteuerung der gesetzlichen Rente) und Sozialversicherungsbeiträge (hälftiger Krankenkassenbeitrag in der Krankenversicherung der Rentner sowie voller Pflegeversicherungsbeitrag auf die gesetzliche Rente, wobei diese Beiträge steuerlich angesetzt werden können).

4.) Wird die Sonderzahlung stattdessen umgewandelt, fallen keine Steuern und Sozialversicherungsbeiträge an. Außerdem gibt der Arbeitgeber noch mindestens 15 % Zuschuss nach § 1a Abs. 1a BetrAVG.

5.) Somit ergibt sich eine monatliche bAV-Nettorente in Höhe von ca. 31,50 €. Zwar fallen bei Auszahlung Steuern und Sozialversicherungsbeiträge an, aber die Belastung ist geringer als zum Umwandlungszeitpunkt. Dadurch und auch durch den Arbeitgeberzuschuss wird im Beispiel der Nachteil der fehlenden Entgeltpunkte in der gesetzlichen Rentenversicherung mehr als wieder aufgewogen.

Die bAV ist in obigem Beispiel also – unter fairen Annahmen bzw. Vergleichsbedingungen – für den Arbeitnehmer eindeutig von Vorteil. Die wesentlichen „Stellschrauben“ dabei sind die nachgelagerte Versteuerung und Verbeitragung mit niedrigeren Steuer- und Beitragssätzen als während der Anspar- bzw. Anwartschaftsphase. Wenn nun auch noch die Verzinsung der Direktversicherung aufgrund von üblicherweise gewährten Kollektivkonditionen des Versicherers mit niedrigeren Kosten als bei einem Einzelvertrag höher ausfällt als bei der privaten Rentenversicherung, vergrößert sich der Vorsprung der Entgeltumwandlung weiter. Wie das Beispiel zeigt, ist der Arbeitgeberzuschuss sehr wichtig. Je höher dieser ausfällt, desto vorteilhafter. Arbeitgeber können also die Entgeltumwandlung mit hohen pauschalen Zuschüssen zu einem sehr attraktiven Versorgungsmodell machen. Da jeder Euro mehr an Zuschuss den Vorteil einer Entgeltumwandlung weiter „hebelt“, sollte hier nicht an der falschen Stelle gespart werden.

Für Arbeitnehmer mit Gehältern jenseits der geltenden Rentenversicherungs-Beitragsbemessungsgrenze und privater Kranken- und Pflegeversicherung müsste es an sich eine Teilnahmepflicht geben, angesichts der mit der Umwandlung verbundenen Vorteile: Während des Arbeitslebens spart sich ein solcher Arbeitnehmer auf den Umwandlungsbetrag den Spitzensteuersatz. Verluste in der gesetzlichen Rentenversicherung entstehen nicht, wenn die Umwandlung aus Entgelt oberhalb aller Beitragsbemessungsgrenzen stattfindet. Gibt es dann noch einen Arbeitgeberzuschuss zur Entgeltumwandlung und ist der spätere Steuersatz auf die bAV-Leistung unterhalb des Spitzensteuersatzes, hat der Arbeitnehmer ein gutes Geschäft gemacht. Die Beiträge zur privaten Kranken- und Pflegeversicherung fallen mit oder ohne bAV an. Zu beachten ist dabei allerdings, dass der Arbeitgeber hier nicht zur Bezuschussung verpflichtet ist, da er sich durch die Umwandlung aus Bruttogehalt oberhalb der Beitragsbemessungsgrenzen keine Sozialversicherungsbeiträge spart. In den meisten Fällen bezuschussen Arbeitgeber jedoch pauschal, also ohne „spitze" Abrechnung einer Ersparnis.

Scharf nachrechnen müssen am ehesten Arbeitnehmer mit Entgeltumwandlung aus Bruttogehalt zwischen den Beitragsbemessungsgrenzen und gesetzlicher Kranken- und Pflegeversicherung und der Renten- und Arbeitslosenversicherung. Denn hier beträgt die Sozialversicherungsersparnis durch die Umwandlung nur mehr ca. die Hälfte, da bei Auszahlung der Sonderzahlung keine Kranken- und Pflegeversicherungsbeiträge anfallen würden. Trotzdem fehlen durch die Entgeltumwandlung Entgeltpunkte.

Für die Praxis ergeben sich folgende Heuristiken, die im Zweifel auch ohne komplizierte Berechnungen zur richtigen Lösung führen:

- Je höher der Arbeitgeberzuschuss und die Differenzen der Steuer- und SV-Sätze in Anspar- und Leistungsphase sind, desto vorteilhafter wird die bAV im Vergleich zur privaten Vorsorge.
- Am ehesten nachrechnen müssen Arbeitnehmer mit gesetzlicher Kranken- und Pflegeversicherung, die in der Ansparphase zwischen den oder oberhalb aller Beitragsbemessungsgrenzen Entgelt umwandeln, keinen oder nur einen Arbeitgeberzuschuss in Höhe der Sozialversicherungsersparnis des Arbeitgebers erhalten und die späteren Leistungen in der gesetzlichen Kranken- und Pflegeversicherung verbeitragen müssen.
- Die bAV hat gegenüber z.B. privaten Rentenversicherungen i.d.R. bereits einen Vorteil aufgrund von Kollektivkonditionen, die Versicherer in der Regel ab 10 versicherten Personen gewähren. Je größer das Unternehmen und der potentielle Kreis der Versorgungsberechtigten, desto eher sind Versicherer und auch Vermittler bereit, an der „Kostenschraube" zu drehen oder das Umwandlungsangebot qualitativ zu verbessern (z.B. durch Verzicht auf Gesundheitsfragen bei der BU-Absicherung).

- Auch für ältere Arbeitnehmer macht bAV Sinn! Denn wer bis einige Jahre vor Rentenbeginn noch nicht vorgesorgt hat und einem hohen Grenzsteuersatz unterliegt, der profitiert besonders von der nachgelagerten Besteuerung mit einem dann niedrigeren Steuersatz. Da spielt es dann auch keine große Rolle, wenn die Direktversicherung keine hohe Verzinsung mehr erwirtschaftet.
- Eine bAV-Entgeltumwandlung ist – zumindest in den meisten Fällen – besser als gar nichts zu tun!

Noch komplizierter werden Überlegungen zur Entgeltumwandlung übrigens dann, wenn man auch noch andere Vorsorge- bzw. Kapitalanlagemöglichkeiten zum Vergleich heranzieht. Mit Sicherheit sind in Einzelfällen eine Riester-Rente oder eine Basis-Rente besser als eine bAV. Ebenso ist denkbar, dass ein Arbeitnehmer durch eine Anlage in z.B. Aktien im privaten Bereich so hohe Renditen erwirtschaftet, dass auch die systemischen Vorteile einer Entgeltumwandlung für ihn zu Recht nicht von Interesse sind. Da ein Arbeitgeber und auch von diesem beauftragte Berater jedoch nicht über jede denkbare Vorsorge aufklären können, muss letztlich ein Arbeitnehmer selbst entscheiden, ob er an der Entgeltumwandlung teilnimmt oder nicht. Allenfalls die Riester-Rente ist ggf. in einem Beratungsgespräch noch zu berücksichtigen, nachdem Arbeitnehmer nach § 1a BetrAVG einen Rechtsanspruch auf diese Förderung im Rahmen einer bAV-Entgeltumwandlung haben.

Einzelberatung der Arbeitnehmer

Allen Arbeitgebern, die eine bAV einführen, ist dringend zu empfehlen, ihren Arbeitnehmern die Möglichkeit einer individuellen Beratung zu eröffnen. Dies gilt umso mehr, wenn der Arbeitgeber den Arbeitnehmern Wahlmöglichkeiten hinsichtlich der Durchführung bzw. genauen Ausgestaltung der bAV bietet, wie z.B. die Wahl zwischen einer fondsgebundenen oder klassischen Direktversicherung. Das unterstreicht die Arbeitnehmerorientierung des Arbeitgebers, führt zu einer deutlich höheren Teilnahmequote an der Entgeltumwandlung und zu einer stärkeren Anerkennung der bAV des Arbeitgebers. 32

Versorgungszertifikate und „Branding“

Die persönliche Aushändigung eines Versorgungszertifikates kann zusätzlich die Bedeutung der bAV fördern und die angestrebte Partnerschaft zwischen Unternehmen und Arbeitnehmer noch besser verdeutlichen. Auch wenn die bAV durch eine Betriebsvereinbarung oder Gesamtzusage geregelt wird, sollte jeder einzelne Arbeitnehmer eine schriftliche Mitteilung über seine Versorgungsleistungen erhalten. Das unterstreicht deren Individualität und die Verbindlichkeit des gegebenen Versorgungsversprechens. Bestenfalls ist das Versorgungszertifikat auch mit einem ansprechenden Layout entsprechend der „Corporate Identity“ eines Unternehmens versehen. Die eigene Namensgebung für eine bAV mit Bezug zum Unternehmen bietet ebenso einen echten Mehrwert. 33

Informationsmaterial – analog und digital

34 Bei der Anwerbung neuer Arbeitnehmer ist die bAV ein wichtiger Bestandteil der Gehaltsverhandlung. Es muss deutlich gemacht werden, dass die bAV ein zusätzlicher Entgeltbestandteil ist. Vielen Arbeitnehmern ist nicht klar, welchen zusätzlichen Aufwand die bAV für den Arbeitgeber bedeutet. Um den Wert der bAV besser verständlich zu machen und ihn auch nach dem Bewerbungsgespräch nicht in Vergessenheit geraten zu lassen, bietet es sich an, dem Bewerber eine Informationsbroschüre auszuhändigen. Einer solchen Informationsbroschüre stehen andere Informationsquellen gleich, bei den meisten Unternehmen wurden mittlerweile analoge durch digitale Informationsquellen, wie z.B. das Intranet oder eigene „Microsites“ zur bAV, ergänzt bzw. ersetzt.

Regelmäßige „Kontoauszüge“ und Zugriff auf bAV-Portal

35 Um die begünstigten Arbeitnehmer immer wieder an ihre Versorgung zu „erinnern“, empfiehlt es sich, regelmäßig (möglichst einmal jährlich) Kontoauszüge zu verteilen. Diese Auszüge sollten den aktuellen Versorgungsanspruch sowie den Zuwachs der Versorgung im vergangenen Jahr enthalten. Außerdem sollte dem Arbeitnehmer möglichst gezeigt werden, wie sich sein Anspruch weiterentwickeln kann, wenn er dem Betrieb treu bleibt. Einem Kontoauszug steht die Zugriffsmöglichkeit auf ein bAV-Portal gleich, welches dem Arbeitnehmer alle Details und seine Ansprüche aufzeigt. Immer mehr Versicherer gehen dazu über, ein solches Portal ihren Unternehmenskunden zur Verfügung zu stellen.

Beispiel: Kontoauszug für eine Direktversicherung

Versicherungsausweis-Nr.	001 362
Versicherungsnehmer	Firma Neureich GmbH
Versicherte Person	Max Altmann, geb. 7.8.1968

Sehr geehrter Herr Altmann,

wir freuen uns, Sie heute über den aktuellen Stand Ihrer Direktversicherung unterrichten zu können.

Der Stand Ihrer Direktversicherung zum 31.12.2021:

garantierte Versicherungssumme	50.000 €
zzgl. Überschussbeteiligung bis 31.12.2021	12.347 €
zzgl. Überschussbeteiligung für 2021	1.172 €
Gesamtleistung	63.519 €

Die zukünftige Entwicklung Ihrer Direktversicherung:

Wenn Sie bis zum Ablauf der Versicherung am 31.12.2034 in unserem Unternehmen beschäftigt bleiben, erreicht die Gesamtleistung Ihrer Direktversicherung einschließlich der voraussichtlichen Überschussbeteiligung einen Betrag i.H.v. 103.681 €.

Dieser Gesamtbetrag kann heute noch nicht garantiert werden. Er hängt v.a. von der tatsächlichen Entwicklung der Überschussbeteiligung Ihrer Direktversicherung ab.

Finanzielle Beteiligung der Arbeitnehmer

Unter Umständen kann die Bedeutung der bAV im Betrieb auch gestärkt werden, 36
wenn die Arbeitnehmer an den Kosten beteiligt werden. Es erhält dann nur derjenige eine Zusage auf Versorgungsleistungen, der auch bereit ist, einen Teil hiervon selbst zu finanzieren. Mit einer solchen Regelung kann erreicht werden, dass nur die Arbeitnehmer eine bAV erhalten, die deren Wert auch wirklich schätzen. Allerdings sollte die Kostenbeteiligung nicht zu hoch angesetzt werden, um nicht den Eindruck zu erwecken, der Arbeitgeber gäbe nur einen kleinen Zuschuss.

Beispiel

In der Praxis findet man z.B. „Matching-Modelle". Dieser Begriff beschreibt Modelle, bei denen der Umwandlungsbetrag des Arbeitnehmers um einen gleich hohen Arbeitgeberbeitrag ergänzt wird. Der Arbeitgeberbeitrag „matcht" also den Umwandlungsbetrag.

2 Die arbeitsrechtlichen Rahmenbedingungen

In der Vergangenheit konnten die Arbeitgeber bis auf wenige Branchen, in denen die bAV tarifvertraglich geregelt war, frei entscheiden, ob und in welchem Umfang sie eine betriebliche Versorgung gewähren wollten. Bis auf das in 2002 eingeführte Recht der Arbeitnehmer auf Entgeltumwandlung gilt dies auch heute noch. Entschließt sich jedoch ein Arbeitgeber zur Gewährung einer bAV, dann ist er an die Vorschriften des BetrAVG gebunden. Die Vorschriften des BetrAVG enthalten Mindestnormen zum Schutz der begünstigten Arbeitnehmer, von denen nicht zuungunsten der Arbeitnehmer abgewichen werden darf. Eine vertragliche Besserstellung der Arbeitnehmer über die gesetzlichen Normen hinaus ist aber jederzeit möglich. 37

Exkurs: Bedeutung der arbeitsrechtlichen Zusage 38

Jede bAV beruht auf einer arbeitsrechtlichen Zusage des Arbeitgebers. Das gilt für alle Durchführungswege, auch für die scheinbar einfache Direktversicherung durch Entgeltumwandlung. § 1 Abs. 1 S. 3 BetrAVG weist ausdrücklich darauf hin, dass der Arbeitgeber auch dann für die Erfüllung der zugesagten Leistungen haftet, wenn er diese über einen externen Träger, z.B. ein Versicherungsunternehmen, durchführt. Seit 2018 gibt es hiervon eine einzige Ausnahme: Bei der tarifvertraglichen Beitragszusage haftet der Arbeitgeber lediglich für die korrekte Abführung der Beiträge.

§ 1 Abs. 1 BetrAVG: Zusage des Arbeitgebers auf betriebliche Altersversorgung

(1) […] Die Durchführung der betrieblichen Altersversorgung kann unmittelbar über den Arbeitgeber oder über einen der in § 1b Absätze 2 bis 4 genannten Versorgungsträger erfolgen. Der Arbeitgeber steht für die Erfüllung der von ihm zugesagten Leistungen auch dann ein, wenn die Durchführung nicht unmittelbar über ihn erfolgt.

Vor dem Abschluss einer Direktversicherung durch Entgeltumwandlung steht immer die Vereinbarung der Entgeltumwandlung. Hierbei handelt es sich um einen schuldrechtlichen Vertrag zwischen Arbeitgeber und Arbeitnehmer (§ 311 BGB). Aus diesem Vertrag schuldet der Arbeitgeber – anders als in der Praxis häufig angenommen – nicht nur die Beitragszahlung zur Direktversicherung, sondern die Verschaffung einer Versorgung. Der Abschluss der Versicherung, die Beitragszahlung und die Leistungszahlung vom Versicherer an den Arbeitnehmer dienen lediglich der Erfüllung der eingegangenen Verpflichtung.

Abb. 4 Direktversicherung durch Entgeltumwandlung

Die Entgeltumwandlung ist somit eine arbeitsrechtliche Vereinbarung, die der Arbeitgeber seinen Arbeitnehmern anbietet. Trotzdem kümmern sich viele Arbeitgeber nicht um deren Inhalt, sondern verwenden ungeprüft die Musterformulare des gewählten Versicherers. Auch die Inhalte des Beratungsgespräches bis hin zur Auswahl der Produktdetails werden häufig ohne Kontrolle dem bAV-Vermittler überlassen. Dabei wird übersehen, dass der Arbeitgeber auch schon bei der Anbahnung der Umwandlungsvereinbarung verpflichtet ist, die Rechte und Interessen des Mitarbeiters angemessen zu berücksichtigen (§ 311 Abs. 2 BGB i.V.m. § 241 Abs. 2 BGB). Überträgt der Arbeitgeber die Vertragsanbahnung einem bAV-Vermittler, so haftet er auch für dessen eventuell unvollständige oder fehlerhafte Beratung. Denn nach § 278 BGB hat der Arbeitgeber ein Verschulden der Person zu vertreten, die er mit der Erfüllung seiner eigenen Beratungspflichten beauftragt. Das gilt auch, wenn der Erfüllungsgehilfe eine selbstständig tätige Person ist.

Da der Arbeitgeber für die Umwandlungsvereinbarung vorformulierte Texte verwendet, gelten diese als Allgemeine Geschäftsbedingungen i.S.d. §§ 305 ff. BGB. Der Arbeitgeber muss deshalb sicherstellen, dass keine überraschenden und nachteiligen Klauseln enthalten sind. Er muss darauf achten, dass der Arbeitnehmer über die Nachteile der Entgeltumwandlung informiert wird, z.B. über die Steuer- und Beitragspflicht im Alter, über den Verlust an gesetzlicher Rente durch die Sozialversicherungsersparnis in der Beitragsphase, über die fehlende Möglichkeit der freien Vererbbarkeit usw.

Praxistipp

Arbeitgeber sollten möglichst nicht die Umwandlungsformulare des Versicherers übernehmen, sondern sich ein individuelles Formular erstellen lassen, das genau zur angebotenen Versorgung passt und alle relevanten Hinweise für die Arbeitnehmer enthält. Dieses Formular kann oft auch eine individuelle Beratungsdokumentation ersetzen. Außerdem sollten Arbeitgeber sich für maximal zwei Tarifvarianten entscheiden. Diese sollten im Detail, inklusive zulässiger Überschussverwendungsvarianten, geprüft und verbindlich mit dem Versicherer vereinbart werden.

2.1 Recht auf Entgeltumwandlung

Seit 1.1.2002 kann der Arbeitnehmer von seinem Arbeitgeber die Einrichtung einer 39
bAV durch Entgeltumwandlung verlangen.

§ 1a BetrAVG: Anspruch auf betriebliche Altersversorgung durch Entgeltumwandlung

(1) Der Arbeitnehmer kann vom Arbeitgeber verlangen, dass von seinen künftigen Entgeltansprüchen bis zu 4 vom Hundert der jeweiligen Beitragsbemessungsgrenze in der allgemeinen Rentenversicherung durch Entgeltumwandlung für seine betriebliche Altersversorgung verwendet werden. Die Durchführung des Anspruchs des Arbeitnehmers wird durch Vereinbarung geregelt. Ist der Arbeitgeber zu einer Durchführung über einen Pensionsfonds oder eine Pensionskasse (§ 1b Abs. 3) oder über eine Versorgungseinrichtung nach § 22 bereit, ist die betriebliche Altersversorgung dort durchzuführen; andernfalls kann der Arbeitnehmer verlangen, dass der Arbeitgeber für ihn eine Direktversicherung (§ 1b Abs. 2) abschließt. Soweit der Anspruch geltend gemacht wird, muss der Arbeitnehmer jährlich einen Betrag in Höhe von mindestens einem Hundertsechzigstel der Bezugsgröße nach § 18 Abs. 1 des Vierten Buches Sozialgesetzbuch für seine betriebliche Altersversorgung verwenden. Soweit der Arbeitnehmer Teile seines regelmäßigen Entgelts für betriebliche Altersversorgung verwendet, kann der Arbeitgeber verlangen, dass während eines laufenden Kalenderjahres gleich bleibende monatliche Beträge verwendet werden.

(1a) Der Arbeitgeber muss 15 % des umgewandelten Entgelts zusätzlich als Arbeitgeberzuschuss an den Pensionsfonds, die Pensionskasse oder die Direktversicherung weiterleiten, soweit er durch die Entgeltumwandlung Sozialversicherungsbeiträge einspart.

(2) Soweit eine durch Entgeltumwandlung finanzierte betriebliche Altersversorgung besteht, ist der Anspruch des Arbeitnehmers auf Entgeltumwandlung ausgeschlossen.

[...]

2.1.1 Umfang des Rechtes

Das Recht des Arbeitnehmers auf Entgeltumwandlung besteht bis zu einem Betrag 40
i.H.v. jährlich 4 % der Beitragsbemessungsgrenze (BBG) in der allgemeinen Rentenversicherung. Im Jahr 2021 sind das 3.408 € jährlich. Dieser Betrag gilt einheitlich für die Rechtsgebiete Ost und West. Die Höhe des Umwandlungsanspruches ist auch nicht vom individuellen Gehalt des einzelnen Arbeitnehmers abhängig. D.h., auch ein

teilzeitbeschäftigter Arbeitnehmer hat das Recht, im Jahr 2021 bis zu 3.408 € aus seinem Entgelt umzuwandeln. Die Höhe des maximalen Umwandlungsanspruchs steigt jährlich mit der Entwicklung der BBG in der Rentenversicherung an.

Das Recht auf Entgeltumwandlung ist ein gesetzlicher Mindestanspruch, der im BetrAVG festgeschrieben ist. Deshalb kann der Arbeitnehmer auch nicht wirksam, z.B. durch vertragliche Vereinbarung mit dem Arbeitgeber, auf dieses Recht verzichten. Er kann lediglich (jederzeit widerruflich) auf die Ausübung des Rechtes verzichten. Vom Recht auf Entgeltumwandlung kann lediglich per Tarifvertrag (§ 19 Abs. 1 BetrAVG) abgewichen werden. Es ist allerdings umstritten, ob dem Arbeitnehmer per Tarifvertrag sein Recht auf Entgeltumwandlung genommen werden darf, obwohl dies nach § 19 Abs. 1 BetrAVG formell möglich erscheint. In der Praxis haben aber bisher ohnehin nur tarifvertragliche Vereinbarungen zur Ausgestaltung dieses Rechtes Bedeutung erlangt.

41 **Praxistipp**

Am 14.1.2014 (3 AZR 807/11) hat das Bundesarbeitsgericht (BAG) entschieden, dass ein Arbeitgeber nicht unaufgefordert über den Rechtsanspruch auf Entgeltumwandlung informieren muss. Zuvor hatte ein Arbeitnehmer auf Schadensersatz geklagt, weil er der Meinung war, der Chef hätte ihn über die Vorteile der Entgeltumwandlung aktiv informieren müssen. Die Richter sahen das anders. Weder aus der Fürsorgepflicht des Arbeitgebers noch aus § 1a BetrAVG ließe sich eine Informationspflicht des Arbeitgebers ableiten. Einem Arbeitnehmer sei es zuzumuten, sich selbst aus öffentlichen Quellen oder bei einem Versicherungsvermittler über das Recht auf Entgeltumwandlung zu informieren.

Auch die mittlerweile in § 4a BetrAVG geregelten Informationspflichten sehen eine solche aktive Information des Arbeitgebers nicht vor. Erst auf Verlangen des Arbeitnehmers sind bestimmte Auskünfte zu erteilen.

Recht auf Riester-Förderung

42 Der Arbeitgeber ist auf Wunsch des Arbeitnehmers auch verpflichtet, die Entgeltumwandlung so zu gestalten, dass dieser die steuerliche Förderung der privaten Vorsorge nach §§ 10a, 82 Abs. 2 EStG (Riester-Förderung) nutzen kann (§ 1a Abs. 3 BetrAVG). Das ist wiederum nur innerhalb der Durchführungswege Direktversicherung, Pensionskasse und Pensionsfonds möglich und nur dann, wenn der Arbeitnehmer die erforderlichen Beiträge aus individuell versteuertem Einkommen aufbringt. Auch von diesem Recht kann nur per Tarifvertrag abgewichen werden.

Viele Arbeitgeber befürchten insb. wegen der komplizierten Riester-Förderung einen erheblichen Verwaltungs- und Beratungsaufwand sowie die Gefahr einer Falschberatung, z.B. durch Arbeitnehmer der Personalabteilung. In der Praxis wird deshalb die Riester-Förderung nicht aktiv angeboten oder es wird versucht, die Riester-Förderung über kollektive Verträge zur Privatvorsorge mit attraktiven Konditionen für die

Arbeitnehmer anzubieten. Bei der Entgeltumwandlung spielt daher die Riester-Förderung in der Praxis zumindest bisher keine große Rolle.

Praxistipp

Mit dem BRSG wurden 2018 auch die Rahmenbedingungen für Riester-bAV verbessert: Die Grundzulage für Riester-Verträge nach § 84 Abs. 1 S. 1 EStG ist von 154 € auf 175 € gestiegen. Außerdem wurde die „Doppelverbeitragung“ beendet: Wer aus verbeitragtem Nettoeinkommen im Zuge einer Entgeltumwandlung eine Riester-bAV bespart, muss die späteren Leistungen daraus nach § 229 Abs. 1 S. 1 Nr. 5 SGB V nicht mehr als Versorgungsbezug in der gesetzlichen Kranken- und Pflegeversicherung verbeitragen. Dies war bis 2018 der Hauptgrund dafür, bei der Entgeltumwandlung nicht die Riester-Förderung zu nutzen. Trotz dieser Verbesserungen hat sich die Riester-Förderung in der bAV nach wie vor nicht flächendeckend verbreitet.

Folgen bei bestehender Entgeltumwandlung

Der Anspruch auf Entgeltumwandlung besteht nur, soweit nicht bereits (aus der Vergangenheit) eine durch Entgeltumwandlung finanzierte bAV existiert, egal in welchem Durchführungsweg. Entscheidend ist allein die Tatsache, dass es bereits eine Entgeltumwandlung gibt.

Eine bestehende Entgeltumwandlung liegt aber nicht vor, wenn der Arbeitgeber zwar schon eine Möglichkeit zur Entgeltumwandlung anbietet, der Arbeitnehmer sie aber bisher nicht nutzt. Die Begrenzung des Anspruches greift nur bei den Arbeitnehmern, die auch tatsächlich bereits an der Entgeltumwandlung teilnehmen.

Der Anspruch auf Entgeltumwandlung entfällt nur, soweit bereits eine Entgeltumwandlung besteht. Schöpft ein Arbeitnehmer die gesetzlichen Grenzen durch die bestehende Entgeltumwandlung nicht aus, so hat er in Höhe des Differenzbetrages noch einen zusätzlichen Rechtsanspruch auf Entgeltumwandlung.

Beispiel: Recht auf Entgeltumwandlung

Ein Arbeitgeber bietet seit Jahren eine bAV durch Entgeltumwandlung über eine Unterstützungskasse an. Arbeitnehmer A wandelt bereits seit einigen Jahren jährlich 2.000 € um. Arbeitnehmer B konnte sich bisher nicht zur Entgeltumwandlung entschließen. Aufgrund des Rechtes auf Entgeltumwandlung verlangen nun beide vom Arbeitgeber die Möglichkeit einer Entgeltumwandlung, bei der sie die Riester-Förderung nutzen können.

Da Arbeitnehmer A bereits 2.000 € jährlich in das bestehende Modell investiert, hat er 2021 nur noch einen Restanspruch aus seinem Recht auf Entgeltumwandlung i.H.v. 1.408 €. In dieser Höhe kann er auch eine Riester-Förderung verlangen. Arbeitnehmer B hat dagegen in voller Höhe von 3.408 € in 2021 noch einen Anspruch auf Entgeltumwandlung, einschließlich des Rechts auf Riester-Förderung.

Recht auf Eigenbeiträge in entgeltlosen Zeiten

43 Gemäß § 1a Abs. 4 BetrAVG hat der Arbeitnehmer bei der Entgeltumwandlung das Recht, bei fortbestehendem Arbeitsverhältnis während entgeltloser Zeiten die Versicherung bzw. Versorgung mit eigenen Beiträgen fortzusetzen. Ein Arbeitnehmer kann somit seine Versorgung aus Entgeltumwandlung z.B. während der Elternzeit durch eigene Beiträge aufrechterhalten. Allerdings muss er die Beiträge i.d.R. aus versteuertem Einkommen selbst aufbringen. Auch die privat gezahlten Beiträge werden arbeitsrechtlich wie eine Entgeltumwandlung behandelt. Dieser Rechtsanspruch gilt nur für die Durchführungswege Direktversicherung, Pensionskasse und Pensionsfonds.

Praxistipp

Wenn der Arbeitnehmer während entgeltloser Zeiten die Beiträge zu seiner bAV (z.B. Direktversicherung) privat zahlt, so erfolgen die Zahlungen aus voll versteuertem Einkommen. Der aus diesem Teil der Beiträge finanzierte Teil der späteren Rente muss deshalb nicht in voller Höhe, sondern nur mit dem Ertragsanteil versteuert werden. Deshalb muss der Versicherer unbedingt darüber informiert werden, dass der Beitrag aus versteuertem Einkommen gezahlt wurde. Hinsichtlich der privat gezahlten Beiträge ist außerdem zu beachten, dass die späteren Leistungen trotz privater Beitragszahlung als Versorgungsbezüge in der gesetzlichen Kranken- und Pflegeversicherung verbeitragt werden. Denn es handelt sich nach wie vor um bAV. Daher sollte man es sich in der Praxis gut überlegen, ob man vom Anspruch auf Eigenbeiträge während entgeltloser Zeiten Gebrauch macht.

2.1.2 Durchführung des Rechtes

Wahl des Durchführungsweges

44 Grundsätzlich können sich Arbeitgeber und Arbeitnehmer frei einigen, über welchen Durchführungsweg die Entgeltumwandlung umgesetzt werden soll. Bei Inanspruchnahme der Riester-Förderung kommen aber nur Direktversicherung, Pensionskasse oder Pensionsfonds infrage. Kommt eine Einigung nicht zustande, so kann der Arbeitgeber aus den o.g. Durchführungswegen einen beliebigen wählen. Wenn der Arbeitgeber von sich aus gar kein Angebot macht oder nur die Pensionszusage bzw. Unterstützungskasse als Durchführungsweg anbietet, kann der Arbeitnehmer eine Direktversicherung verlangen.

Der Arbeitgeber kann nicht nur den Durchführungsweg wählen, er entscheidet auch, mit welchem Produktanbieter, z.B. mit welcher Versicherungsgesellschaft, er zusammenarbeiten will. Die betroffenen Arbeitnehmer haben hierbei kein Mitspracherecht, solange der Arbeitgeber seine Entscheidung nach billigem Ermessen trifft. Selbstverständlich kann der Arbeitgeber seinen Arbeitnehmern auch mehrere Durchführungswege und Anbieter zur Auswahl stellen.

Praxistipp

Um den Verwaltungsaufwand langfristig im Griff zu haben, sollten Arbeitgeber möglichst nur mit einem Versicherer zusammenarbeiten und idealerweise auch nur ein Produkt zulassen. Auf keinen Fall sollte ein Arbeitgeber dem bAV-Vermittler völlig freie Hand bei der individuellen Auswahl des Produktanbieters und des Produktes für jeden einzelnen Arbeitnehmer lassen. Denn in der Praxis ist nicht selten zu beobachten, dass dann sämtliche Produkte bzw. Tarife eines oder mehrerer Versicherer unbeachtlich der damit eventuell verbundenen Risiken angeboten werden. Denn im Falle der Entgeltumwandlung erhöht dies letztlich die Teilnahmequote, wenn die Arbeitnehmer eine breite Auswahlmöglichkeit haben.

Seit Einführung des Rechtes auf Entgeltumwandlung wurden in zahlreichen Tarifverträgen bestimmte Durchführungswege und die Zusammenarbeit mit ausgewählten Produktanbietern festgeschrieben. Es ist jedoch rechtlich sehr umstritten, ob dies zulässig ist. Solche Tarifverträge sehen deshalb meist Regelungen vor, die es einem Arbeitgeber auch ermöglichen, andere als die tarifvertraglich festgelegten Durchführungswege oder Produktanbieter zu wählen, falls diese mindestens gleichwertige Leistungen in Aussicht stellen. Da in der Praxis ein objektiver Vergleich verschiedener Angebote in allen Aspekten kaum möglich ist, wählen tarifgebundene Arbeitgeber i.d.R. die „vorgeschriebenen" Wege.

Mindestumwandlungsbeträge

Der Arbeitnehmer ist nicht verpflichtet, die vollen 4 % der Beitragsbemessungsgrenze 45
(BBG) in der Rentenversicherung i.H.v. 3.408 € im Jahr 2021 zur Entgeltumwandlung auszuschöpfen. Um dem Arbeitgeber aber unnötige Verwaltungsarbeiten für sehr kleine Umwandlungsbeträge zu ersparen, hat der Gesetzgeber Mindestbeträge festgelegt. Die Entgeltumwandlung muss pro Jahr mindestens 1/160 der Bezugsgröße nach § 18 Abs. 1 SGB IV betragen. Das sind im Jahr 2021 246,75 € (monatlich 20,56 €). Bei monatlicher Umwandlung kann der Arbeitgeber verlangen, dass die Monatsbeträge während eines Kalenderjahres konstant bleiben.

§ 18 SGB IV: Bezugsgröße

(1) Bezugsgröße im Sinne der Vorschriften für die Sozialversicherung ist, soweit in den besonderen Vorschriften für die einzelnen Versicherungszweige nichts Abweichendes bestimmt ist, das Durchschnittsentgelt der gesetzlichen Rentenversicherung im vorvergangenen Kalenderjahr, aufgerundet auf den nächsthöheren, durch 420 teilbaren Betrag.

(2) Die Bezugsgröße für das Beitrittsgebiet (Bezugsgröße [Ost]) verändert sich zum 1. Januar eines jeden Kalenderjahres auf den Wert, der sich ergibt, wenn der für das vorvergangene Kalenderjahr geltende Wert der Anlage 1 zum Sechsten Buch durch den für das Kalenderjahr der Veränderung bestimmten Wert der Anlage 10 zum Sechsten Buch geteilt wird, aufgerundet auf den nächsthöheren, durch 420 teilbaren Betrag. Für die Zeit ab 1. Januar 2025 ist eine Bezugsgröße (Ost) nicht mehr zu bestimmen. […]

Entgeltumwandlung aus Tariflohn

46 Nach § 4 Abs. 4 TVG ist ein Verzicht auf tarifliche Rechte nur mit Billigung der Tarifparteien zulässig. Durch die Entgeltumwandlung verzichtet der Arbeitnehmer zugunsten eines Versorgungsanspruchs auf Gehalt und u.U. auf Ansprüche aus der gesetzlichen Rentenversicherung.

Deswegen hat der Gesetzgeber im BetrAVG ausdrücklich geregelt, dass Entgeltumwandlungen aus Tariflohn nur möglich sind, wenn dies durch den Tarifvertrag vorgesehen oder zugelassen ist (§ 20 Abs. 1 BetrAVG). Der Tarifvertrag muss also eine sog. Tariföffnungsklausel beinhalten, damit tarifgebundene Arbeitnehmer Tarifentgelt für die Entgeltumwandlung nutzen können.

Besteht keine entsprechende Öffnungsklausel, kann das Recht auf Entgeltumwandlung vom tarifgebundenen Arbeitnehmer nicht durchgesetzt werden, wenn er lediglich Tarifgehalt bezieht. Unabhängig davon können bei tarifgebundenen Arbeitnehmern über- bzw. außertarifliche Entgeltbestandteile umgewandelt werden. Diese Entgeltbestandteile unterliegen eben nicht der Tarifbindung.

Nicht tarifgebundene Arbeitnehmer können jederzeit Entgelt zugunsten einer bAV umwandeln. Das gilt selbst dann, wenn im Arbeitsvertrag eines solchen Arbeitnehmers auf die tariflichen Bestimmungen Bezug genommen wird. Denn allein durch die Bezugnahme auf den Tarifvertrag werden diese Entgeltbestandteile nicht zu Tariflohn.

In der Praxis taucht immer wieder die Frage auf, unter welchen Voraussetzungen eine Entgeltumwandlung diesem Tarifvorbehalt unterliegt. Ein Tarifvertrag gilt grundsätzlich für die beiderseitig Tarifgebundenen, d.h. für Arbeitnehmer, die Mitglied der tarifschließenden Gewerkschaft sind, und für Arbeitgeber, die Mitglied des tarifschließenden Arbeitgeberverbandes oder selbst Tarifpartner sind. In der Praxis ist aber nur die Frage relevant, ob der Arbeitgeber tarifgebunden ist. Es muss dann annahmegemäß davon ausgegangen werden, dass für alle Arbeitnehmer der Tarifvorbehalt zu beachten ist. Darüber hinaus ist ein Tarifvertrag auch für nicht Tarifgebundene wirksam, wenn dieser vom Bundesministerium für Arbeit und Soziales für allgemein verbindlich erklärt wurde.

Entgeltumwandlung ohne Tariföffnungsklausel

Vereinbaren Arbeitgeber und Arbeitnehmer trotz Fehlens einer Tariföffnungsklausel die Umwandlung von tariflichem Entgelt in eine bAV, so ist diese Vereinbarung unwirksam. Der Arbeitnehmer könnte seinen Barlohnanspruch auch nach der Entgeltumwandlung vom Arbeitgeber einklagen. Wesentlich problematischer sind aber die sozialversicherungsrechtlichen Folgen einer solchen „verbotenen“ Entgeltumwandlung. Denn die Sozialversicherungsträger erkennen diese nicht an und erheben auf den Umwandlungsbetrag (ggf. auch rückwirkend) Sozialversicherungsbeiträge.

Entgeltumwandlung aus Mindestlohn

Seit 1.1.2015 gilt – bis auf wenige Ausnahmen – der gesetzliche Mindestlohn von inzwischen 9,50 € pro Stunde (Stand: 2021). Daraus ergibt sich die Frage, ob dieser Mindestlohn durch eine Entgeltumwandlung unterschritten werden darf. Das Mindestlohngesetz enthält hierzu keinen Hinweis. Lediglich in der Gesetzesbegründung wird ausgeführt, dass eine Entgeltumwandlung auch bei Bezug von Mindestlohn möglich sein soll. Abgesehen davon handelt es sich aber beim BetrAVG um die „speziellere" Gesetzesnorm, so dass das Recht auf Entgeltumwandlung Vorrang vor dem Recht auf Mindestlohn haben dürfte. In der Praxis wird es bei dieser Frage ohnehin selten Probleme geben, denn Arbeitnehmer mit Mindestlohn werden nur im Ausnahmefall eine Entgeltumwandlung nutzen und wenn, dann werden sie vermutlich kaum anschließend dagegen klagen. 47

2.1.3 Arbeitgeberzuschuss zur Entgeltumwandlung

Seit 2019 ist der Arbeitgeber gesetzlich gezwungen, jedem Arbeitnehmer einen Zuschuss zur Entgeltumwandlung i.H.v. 15 % zu gewähren, soweit er durch die Entgeltumwandlung Sozialversicherungsbeiträge spart. Das gilt für alle ab 2019 neu vereinbarten Entgeltumwandlungen über Direktversicherung, Pensionsfonds und Pensionskasse. Vor 2019 bereits vereinbarte Entgeltumwandlungen müssen erst ab 2022 bezuschusst werden. 48

In der Praxis wirft die neue gesetzliche Regelung einige Zweifelsfragen auf. Denn die Höhe des Zuschusses ist zwar einerseits pauschal geregelt (15 %), soll aber andererseits davon abhängen, wie hoch die Sozialversicherungsersparnis des Arbeitgebers ausfällt. Laut Gesetzesbegründung soll mit der Pauschalierung des Zuschusses erreicht werden, dass der Arbeitgeber einen Teil des Verwaltungsaufwands durch teilweisen Einbehalt seiner Sozialversicherungsersparnis wieder refinanzieren kann.

Die sicherste und praktikabelste Lösung für Arbeitgeber ist, allen Entgeltumwandlungen einen Zuschuss von einheitlich 15 % (oder eines höheren Prozentsatzes) zu gewähren, unabhängig von der Höhe der Entgeltumwandlung und unabhängig davon, ob der Arbeitnehmer ober- oder unterhalb der jeweiligen Beitragsbemessungsgrenze der einzelnen Sozialversicherungszweige verdient.

Von einer individuellen Begrenzung des Zuschusses auf die Höhe der tatsächlichen Sozialversicherungsersparnis des Arbeitgebers (sog. „Spitzabrechnung") ist dagegen aus Aufwandsgründen abzuraten.

Praxistipp und Beispiel zur „Spitzabrechnung"

Da Versicherer i.d.R. nur konstante monatliche Beitragszahlungen erlauben, muss im Rahmen der Entgeltumwandlungsvereinbarung bei der Spitzabrechnung mit dem Arbeitnehmer vereinbart werden, dass der Umwandlungsbetrag und der Arbeitgeberzuschuss ohne weitere Vereinbarung vom Arbeitgeber automatisch angepasst werden dürfen. So kommt es bei der „Spitzabrechnung" also schlimmstenfalls zu monatlich schwankenden Umwandlungs- und Zuschussbeträgen und damit auch zu monatlich schwankendem Nettogehalt.

Dazu ein Beispiel: Ein Arbeitnehmer mit einem monatlichen Bruttogehalt i.H.v. 8.000 € wandelt 100 € monatlich zugunsten einer Direktversicherung um. Die Versorgungsordnung des Arbeitgebers sieht einen Zuschuss i.H.v. 15 % des Umwandlungsbetrages vor, maximal allerdings in Höhe der eingesparten Sozialversicherungsbeiträge. Da sich der Arbeitgeber durch die 100 € Entgeltumwandlung keine Sozialversicherungsbeiträge spart, weil die 100 € aus Gehalt oberhalb aller Beitragsbemessungsgrenzen im Jahr 2021 stammen, erhält der Arbeitnehmer auch keinen Zuschuss. Der Arbeitgeber überweist die 100 € in die Direktversicherung. Einige Monate später unterzeichnet der Arbeitnehmer eine Teilzeitvereinbarung (75 %) und erhält nur mehr 6.000 € monatliches Bruttogehalt. 100 € Entgeltumwandlung führen nun zu einer Ersparnis von 10,50 € für den Arbeitgeber (Renten- und Arbeitslosenversicherungsbeiträge; Arbeitgeber-Beitragssätze in Summe bei 10,5 %). Der Versorgungsbeitrag würde sich somit auf 110,50 € erhöhen. Auf Basis der Umwandlungsvereinbarung zur „Spitzabrechnung" kürzt der Arbeitgeber aber nun den Umwandlungsbetrag auf nur mehr 90,50 € und leistet darauf 9,50 € Zuschuss. Der Versicherer erhält weiterhin 100 € monatlich.

Bei Entgeltumwandlungen, die auf einer Entgeltumwandlungsvereinbarung mit Abschluss vor 2019 beruhen, muss der Zuschuss nach § 26a BetrAVG erst ab 2022 mindestens in gesetzlich vorgesehener Höhe geleistet werden. Zu geringe Zuschüsse müssen deshalb aufgestockt, fehlende Zuschüsse neu eingeführt werden.

Lässt der Versicherer zu, dass der Zuschuss als Erhöhungsbeitrag in den bestehenden Vertrag eingezahlt werden kann, steht der Bezuschussung von Bestandsverträgen nichts im Weg. Je nach Versicherer können jedoch bestehende Versicherungsverträge i.d.R. nicht mehr um den Zuschussbetrag erhöht werden. Denn viele Versicherer waren bzw. sind nicht dazu bereit, z.B. einen hohen Garantiezins eines Bestandsvertrags auch für den neu hinzukommenden Arbeitgeberzuschuss zu gewähren.

In diesem Fall besteht nur die Möglichkeit, den Versicherungsbeitrag konstant zu lassen und „intern" den Umwandlungsbetrag soweit zu kürzen, dass die Entgeltumwandlung und der darauf entfallende (Mindest-)Zuschuss in Summe dem bisherigen Entgeltumwandlungsbetrag entsprechen. Der Arbeitnehmer erhält im Ergebnis also den Arbeitgeberzuschuss als Bruttogehalt ausgezahlt und hat damit ein höheres Nettoeinkommen. Da diese Kürzung des Umwandlungsbetrags jedoch gesetzlich nicht vorgesehen ist und der Arbeitnehmer auf Basis der bestehenden Entgeltumwandlungsvereinbarung darauf bestehen kann, dass seine Entgeltumwandlung unverändert bleibt, muss diese „Einrechnung" des Arbeitgeberzuschusses mit den betroffenen Arbeitnehmern vereinbart werden – entweder durch Abschluss einer neuen Entgeltumwandlungsvereinbarung oder durch eine eigenständige „Einrechnungsvereinbarung".

Beispiel

Ein Arbeitnehmer wandelt seit 2015 monatlich 100 € Entgelt zugunsten einer Direktversicherung um. Der Arbeitgeber will spätestens 2022 den gesetzlichen Arbeitgeberzuschuss nach § 1a Abs. 1a BetrAVG umsetzen und 15 € (= 15 %) zusätzlich in die bestehende Direktversicherung einzahlen. Der Versicherer verweigert jedoch sowohl die Einzahlung in den bestehenden Vertrag als auch – wegen Unterschreitung der Mindestbeitragsgrenzen – den Abschluss eines Neuvertrags für die 15 € monatlichen Arbeitgeberzuschuss. Daher vereinbaren Arbeitnehmer und Arbeitgeber eine neue Entgeltumwandlung ab 2022 i.H.v. nur mehr 86,96 € (100 €/1,15). Dazu leistet der Arbeitgeber dann einen Zuschuss i.H.v. 13,04 €. Der Arbeitgeber überweist ab 2022 einfach weiterhin 100 € an den Versicherer.

Ein weiteres Praxisproblem taucht bei bestehenden Entgeltumwandlungen nach § 40b EStG a.F. auf. Hier trägt der Arbeitgeber häufig anstelle eines Zuschusses die Pauschalsteuer. Rechtlich handelt es sich dabei aber nicht um einen Zuschuss, denn der Arbeitgeber ist ohnehin der Schuldner der Pauschalsteuer. Um dem Gesetz zu entsprechen, sollten Arbeitgeber mit ihren Arbeitnehmern vereinbaren, dass diese zukünftig die Pauschalsteuer selbst übernehmen und der Arbeitgeber im Gegenzug einen entsprechenden Arbeitgeberzuschuss gewährt.

Praxistipps: Wichtige Fragen und Antworten rund um den Arbeitgeberzuschuss nach § 1a Abs. 1a BetrAVG

1. Wann ist die Voraussetzung einer Sozialversicherungsersparnis für den Arbeitgeber erfüllt?

   Das Gesetz spricht von der Zuschusspflicht von 15 % auf den Umwandlungsbetrag, „soweit" sich der Arbeitgeber durch die Entgeltumwandlung Sozialversicherungsbeiträge spart. Es ist jedoch auf Basis der Formulierung unklar, wann diese Voraussetzung erfüllt ist. Gemäß Rundschreiben der Spitzenverbände der Sozialversicherung vom 21.11.2018 (Beitragsrechtliche Beurteilung von Beiträgen und Zuwendungen zum Aufbau betrieblicher Altersversorgung) zählen zu den betreffenden Sozialversicherungsbeiträgen, die bei der Ersparnis zu berücksichtigen sind, neben den gesetzlichen Beiträgen zur Renten- und Arbeitslosen- sowie Kranken- und Pflegeversicherung auch der Arbeitgeberzuschuss zur Rentenversicherung an berufsständische Versorgungseinrichtungen sowie zur freiwilligen bzw. privaten Kranken- und Pflegeversicherung als auch Pauschalbeiträge für geringfügig entlohnte Beschäftigte (vgl. Ziff. 4.4 Abs. 2 des Schreibens). Eine Ersparnis z.B. in der gesetzlichen Unfallversicherung ist also nicht zu berücksichtigen, zumal es hier keine Beitragsbemessungsgrenze gibt und „Umlagen" statt Beiträge zu entrichten sind.

2. Ist die „Spitzabrechnung" mit dem Ziel eines pauschalen Zuschusses i.H.v. 15 % vereinbar?

   Nach Ausführungen des Bundesministeriums für Arbeit und Soziales (siehe BMF-Schreiben vom 6.12.2017, Fußnote zu Rn. 26) kann der Zuschuss mit der tatsächlichen Ersparnis verglichen und der niedrigere Wert als Zuschuss gewährt werden („spitz" abrechnen). Das widerspricht aber der Gesetzesbegründung, die von einer Weitergabe des Zuschusses in pauschalierter Form spricht. Danach könnte man an sich auch davon ausgehen, dass bei jeglicher Ersparnis ein Zuschuss i.H.v. 15 % geleistet werden muss. In der Praxis folgt man jedoch den Ausführungen des BMAS zur sog. „Spitzabrechnung", welche auch die Sozialversicherungsträger vertreten (vgl. Rundschreiben der Spitzenverbände der Sozialversicherung vom 21.11.2018, Ziff. 4.4 Abs. 3).

3. Bis zu welchem Umwandlungsbetrag muss der Arbeitgeberzuschuss geleistet werden?

   Das Gesetz begrenzt zwar die Zuschusspflicht nicht auf 4 % der Beitragsbemessungsgrenze in der Rentenversicherung. Aber da die Zuschusspflicht nur für Direktversicherung, Pensionskasse und Pensionsfonds gilt und nach der Sozialversicherungsentgeltverordnung (SvEV) in diesen Durchführungswegen Beiträge nur bis 4 % der Beitragsbemessungsgrenze in der Rentenversicherung p.a. sozialversicherungsfrei sind, müssen nach h.M. auch maximal Umwandlungen bis 4 % der Renten-BBG (West) bezuschusst werden. Außerdem findet sich die Zuschusspflicht in § 1a BetrAVG, der den Rechtsanspruch auf Entgeltumwandlung auf 4 % der Renten-BBG (West) p.a. beschränkt. Arbeitgeberbeiträge haben bei der Steuer- und Sozialversicherungsfreiheit zwar „Vorfahrt". Aber gemäß BMF-Schreiben vom 6.12.2017 (Rn. 26, 31) gilt der Zuschuss als Entgeltumwandlung, so dass sich keine „Vorfahrt" des Zuschusses ergibt. Auch die Sozialversicherungsträger sprechen sich gegen eine Zuschussminderung aus, sollte der Arbeitgeberzuschuss sozialversicherungspflichtig sein (vgl. Rundschreiben der Spitzenverbände der Sozialversicherung vom 21.11.2018, Ziff. 4.4 Abs. 3). Im Ergebnis kann der Arbeitnehmer in 2021 also 3.408 € umwandeln, darauf ist dann der Zuschuss zu leisten.

4. Ist die Umwandlung einer „Vermögenswirksamen Leistung" (VWL) zu bezuschussen?

   Vermögenswirksame Leistungen (VWL) sind ein Entgeltbestandteil, der u.a. auch zugunsten einer bAV umgewandelt werden kann. Damit sind auch die VWL zuschusspflichtig. Etwas anderes gilt allenfalls dann, wenn ausdrücklich geregelt ist, dass es sich um einen reinen Arbeitgeberbeitrag für die bAV handelt und der Arbeitnehmer gar nicht tätig werden muss, um den Betrag bzw. die daraus resultierende Versorgung zu erhalten.

5. Was ist, wenn sich bei „spitzer" Abrechnung nachträgliche Änderungen der Sozialversicherungsersparnis des Arbeitgebers ergeben?

   Eine „spitze" Abrechnung wird in der Praxis dadurch erschwert bzw. unmöglich gemacht, dass es aufgrund von Einmalzahlungen innerhalb eines Jahres zu rückwirkenden Änderungen bei der Einsparung von Sozialversicherungsbeiträgen kommen kann („anteilige BBG" nach § 23a Abs. 3 SGB IV). Die Sozialversicherungsträger vertreten die Auffassung, dass für die Berechnung der Sozialversicherungsersparnis auf den jeweiligen Umwandlungsmonat abzustellen ist (vgl. Rundschreiben der Spitzenverbände der Sozialversicherung vom 21.11.2018, Ziff. 4.4 Abs. 4). Ebenso sehen sie eine rückwirkende Korrektur des Arbeitgeberzuschusses für unzulässig an, da im Zeitpunkt der Leistung des Zuschusses dieser der Höhe nach auch korrekt war (vgl. Ziff. 4.4 Abs. 6).

6. Gilt ein schlechterer Tarifvertrag auch dann, wenn die Anwendung des Tarifvertrags nur einzelvertraglich vereinbart wurde?

   § 19 Abs. 2 BetrAVG regelt, dass die abweichenden Bestimmungen eines Tarifvertrags auch zwischen nichttarifgebundenen Arbeitgebern und Arbeitnehmern Geltung haben, wenn zwischen diesen die Anwendung der „einschlägigen" tariflichen Regelung vereinbart ist.

7. Besteht beim Arbeitgeberzuschuss ein Mitbestimmungsrecht des Betriebsrats?

   Nach § 87 Abs. 1 BetrVG besteht grundsätzlich keine Mitbestimmung, wenn tarifliche oder gesetzliche Regelungen bestehen. Wird also lediglich die gesetzliche oder tarifliche Zuschusspflicht innerhalb einer Betriebsvereinbarung aufgegriffen, hat der Betriebsrat kein Mitbestimmungsrecht. Entschließt sich aber beispielsweise ein nicht tarifgebundener Arbeitgeber dazu, einen höheren und damit vom Gesetz abweichenden Zuschuss zu leisten, dann kann sich daraus ein erzwingbares Mitbestimmungsrecht des Betriebsrats ergeben, denn der Arbeitgeber stellt ein über das Gesetz hinausgehendes Dotierungsvolumen für die bAV zu Verfügung, über deren Verteilung der Betriebsrat nach § 87 Abs. 1 Nr. 10 BetrVG mitbestimmen kann.

8. Besteht eine erhöhte Informationspflicht des Arbeitgebers zum Zuschuss-Recht?

   Da gemäß BAG-Urteil vom 21.1.2014 (3 AZR 807/11) keine Aufklärungspflicht zum Rechtsanspruch auf Entgeltumwandlung besteht, sollte dies auch für den Arbeitgeberzuschuss gelten. Um jedoch jegliche Nachhaftungsrisiken auszuschließen, sollten Arbeitgeber auf die Möglichkeit zur Entgeltumwandlung und den Arbeitgeberzuschuss hinweisen.

9. Was gilt hinsichtlich des Zuschusses bei Übertragung oder Übernahme von Direktversicherungsverträgen, die auf einer Entgeltumwandlungsvereinbarung vor 2019 basieren?

   Bei einer Übertragung nach § 4 Abs. 2 Nr. 2 BetrAVG wird nur das Deckungskapital in eine neue Direktversicherung übertragen und darauf aufbauend eine Neuzusage erteilt. Wenn der Arbeitnehmer auch beim neuen Arbeitgeber weiterhin Entgeltumwandlung betreiben will, dann ist auch eine neue Entgeltumwandlungsvereinbarung abzuschließen, die zum Zuschuss führt. Bei einer Übernahme nach § 4 Abs. 2 Nr. 1 BetrAVG ist es hingegen denkbar, dass der neue Arbeitgeber Versicherungsnehmer der Direktversicherung wird und im Rahmen der dreiseitigen Vereinbarung zwischen Arbeitnehmer und altem sowie neuem Arbeitgeber die bereits vor 2019 vereinbarte Entgeltumwandlungsvereinbarung unverändert fortgeführt wird. Hier wäre dann wohl auch kein Zuschuss zu entrichten. Im Zuge der Übernahme wird jedoch in der Praxis i.d.R. eine neue Entgeltumwandlungsvereinbarung beim neuen Arbeitgeber abgeschlossen, damit sollte auch ein Arbeitgeberzuschuss geleistet werden.

10. Muss der Zuschuss zwingend für Leistungen verwendet werden, die mit der zugrunde liegenden Entgeltumwandlung finanziert werden?

Das Gesetz sieht zwar vor, dass der Arbeitgeber den Zuschuss an den jeweiligen Versorgungsträger, also z.B. die Direktversicherung, „weiterleitet". Dabei kann allerdings auch ein neuer Vertrag abgeschlossen werden. In diesem Zusammenhang ist es dann auch möglich, andere Leistungen abzusichern als beim Vertrag, in den die Entgeltumwandlung fließt. Lässt sich der Altvertrag nicht um den Arbeitgeberzuschuss aufstocken, sind in der Praxis ohnehin ggf. die Tarife bzw. Leistungen nicht deckungsgleich.

11. Hat ein bereits vor der Verabschiedung des BRSG bestehender Tarifvertrag Vorrang vor dem gesetzlichen Arbeitgeberzuschuss?

Es bestehen nach wie vor sehr viele Tarifverträge, die bereits vor Verabschiedung des BRSG abgeschlossen wurden. Unterliegt ein Arbeitgeber einem solchen Tarifvertrag und wurde kein Folgetarifvertrag mit klarer Zuschussregelung abgeschlossen, stellt sich die Frage, ob die Zuschusspflicht qua Gesetz greift. Hier sind drei Fälle zu unterscheiden. Zunächst ist klar, dass für jede Entgeltumwandlung von Tarifentgelt ohne Tariföffnungsklausel auch kein Zuschuss geleistet werden muss. In diesem Fall ist die Entgeltumwandlung nichtig; vgl. § 20 Abs. 1 BetrAVG. In den meisten Fällen dürfte in einschlägigen Tarifverträgen eine Öffnungsklausel enthalten sein, jedoch keinerlei Zuschussregelung. Hier werden in der Literatur unterschiedliche Meinungen vertreten. Arbeitgeberverbände legen das Fehlen einer Zuschussregelung so aus, dass auch kein Zuschuss zu leisten ist. Gewerkschaften vertreten demgegenüber die Auffassung, dass ein Zuschuss aktiv ausgeschlossen werden muss. Es empfiehlt sich daher in der Praxis, mit dem Arbeitgeberverband Rücksprache zu halten bzw. sicherheitshalber den gesetzlichen Zuschuss zu leisten. Ebenso unklar ist die Lage dann, wenn ein bereits bestehender Tarifvertrag Zuschussregelungen beinhaltet, die aber hinter den gesetzlichen Zuschussvorgaben zurückbleiben (z.B. 10 % Zuschuss). Da in einem solchen Fall die Tarifvertragsparteien nachweislich bereits den Zuschuss verhandelt und vertraglich geregelt haben, überwiegt in der Praxis die Auffassung, dass kein Zuschuss zu leisten ist, zumal die Gesetzesbegründung zum BRSG regelt, dass bereits bestehende, schlechtere Tarifvertragsregelungen vorgehen. In tarifgebundenen Unternehmen sind i.d.R. auch „außertarifliche Mitarbeiter" beschäftigt, die aufgrund ihrer Beschäftigung nicht unter die Regelungen geltender Tarifverträge fallen. Da es somit an einer Tarifbindung fehlt, muss für diese Arbeitnehmer auch ein Zuschuss geleistet werden. Da diese Personen jedoch meist sehr gut verdienen, fällt mangels Sozialversicherungsbeitragsersparnis i.d.R. trotzdem kein Zuschuss an.

12. Sind Arbeitgeberbeiträge auf den gesetzlichen Arbeitgeberzuschuss anrechenbar?

Wurde bereits vor dem BRSG ein Arbeitgeberzuschuss zur Entgeltumwandlung aufgrund der Sozialversicherungsersparnis gewährt, ist ggf. nur mehr dessen Höhe anzupassen und eine sofortige Unverfallbarkeit herzustellen, um den gesetzlichen Anforderungen zu genügen. Bestenfalls wurde eine „Anrechnungsklausel" in der Versorgungsordnung verankert, die eine Anrechnung ausdrücklich vorsieht. Aber selbst ohne eine solche Klausel dürfte ein Arbeitgeberzuschuss von z.B. 20 % auf Umwandlungsbeträge anrechenbar sein, wenn erkenn- oder nachweisbar ist, dass damit die Sozialversicherungsersparnis weitergegeben werden sollten.

Echte Arbeitgeberbeiträge hingegen können nicht angerechnet werden. Wenn also z.B. ein Arbeitgeber jedem Arbeitnehmer einen monatlichen Beitrag von 100 € zur Verfügung stellt, hat dies nichts mit dem Ziel des Gesetzgebers zu tun, die Sozialversicherungsersparnis aus der Entgeltumwandlung weiterzugeben, zumal viele Arbeitnehmer auch keine Entgeltumwandlung betreiben dürften, den Arbeitgeberbeitrag aber trotzdem bekommen. Damit ergäbe sich eine Ungleichbehandlung.

Bei mischfinanzierten Systemen ist im jeweiligen Einzelfall genau zu prüfen, ob sich aus dem Kontext ergibt, dass der Arbeitgeber mit seinem Beitrag auch die Sozialversicherungsersparnis „mitgeben" wollte oder ob er sich zu einem fest definierten Arbeitgeberbeitrag entschlossen hat, den er unabhängig von einer Sozialversicherungsersparnis leisten möchte. Meist ist der gesetzliche Arbeitgeberzuschuss zusätzlich zu leisten.

2.2 Wie wird eine betriebliche Altersversorgung eingerichtet?

2.2.1 Mögliche Anspruchsgrundlagen bzw. „Rechtsbegründungsakte"

Leistungen der bAV müssen nicht zwingend schriftlich zugesagt werden. Das 49
BetrAVG nennt ausdrücklich auch die betriebliche Übung und den Grundsatz der Gleichbehandlung als Möglichkeit, eine bAV einzurichten. In der bAV spricht man von verschiedenen „Rechtsbegründungsakten", mit denen ein Anspruch auf bAV begründet werden kann.

Einzelvertragliche Zusagen, vertragliche Einheitsregelungen und Gesamtzusagen

Die Einrichtung einer bAV durch eine einzelvertragliche Zusage kommt zustande, in- 50
dem der Arbeitgeber einem Arbeitnehmer gegenüber eine entsprechende Erklärung abgibt. Hierfür ist grundsätzlich keine Schriftform notwendig, aber aus Nachweisgründen praxisüblich. Anstatt einer einseitigen Erklärung wird die bAV auch vielfach innerhalb des Arbeitsvertrags des Arbeitnehmers vereinbart. Gerade bei Führungs-

kräften bzw. Geschäftsführern und Vorständen, denen eine individuelle Versorgungszusage erteilt wird, findet sich die bAV im Arbeitsvertrag wieder. Dabei sollte unbedingt vermieden werden, dass die bAV nur mit einer kurzen Aussage verankert wird, ohne Details zu regeln. Dies ist in der Praxis nach wie vor anzutreffen und führt dann nicht selten zu Rechtsstreitigkeiten.

Es ist aber auch denkbar, dass der Arbeitgeber für alle Arbeitnehmer eine bAV „standardisiert", also mit identischem Wortlaut im Arbeitsvertrag verankert. Dann spricht man von einer sog. vertraglichen Einheitsregelung. Es handelt sich also gerade nicht um eine individuelle, sondern um eine für alle gleich lautende Versorgung, die dann auch leichter wieder geändert werden kann als eine echte einzelvertragliche Zusage.

Die Zusage muss allerdings nicht jedem Arbeitnehmer einzeln gegeben werden. Es genügt auch der Aushang einer Versorgungsordnung oder -richtlinie am „Schwarzen Brett", deren Verkündung anlässlich einer Betriebsversammlung oder die Veröffentlichung im Intranet des Arbeitgebers. Hierdurch werden die Regelungen über die Versorgung der Arbeitnehmer Bestandteil jedes einzelnen Arbeitsvertrages. Man spricht in diesem Zusammenhang von einer sog. Gesamtzusage. Trotz der „allgemeinen" Veröffentlichung handelt es sich rechtlich um einzelvertragliche Zusagen.

Gelegentlich kommt es zum Streit, ob der Arbeitgeber lediglich eine Versorgung in Aussicht stellen oder fest zusagen wollte. Nach der Rechtsprechung des BAG genügt es für das Vorliegen einer Versorgungszusage, dass sich der Arbeitgeber objektiv erkennbar hierzu verpflichten wollte. Es ist nicht notwendig, dass alle Regelungen ausführlich genannt wurden. So kann bereits in dem Versprechen anlässlich einer Betriebsfeier, eine bAV einzuführen, eine verbindliche Zusage gesehen werden. Bei Streitigkeiten hinsichtlich der Gestaltung einer solchen Zusage sind die Vorschriften des BGB zur Vertragsauslegung und im Streitfall die Arbeitsgerichte heranzuziehen. Es sollten deshalb dringend Aussagen gemieden werden, wie etwa „unsere betriebliche Altersversorgung wird in Anlehnung an die Versorgung … (des Branchenführers, der Branche, …) ausgestaltet werden". Auch die voreilige Nennung irgendwelcher Versorgungsgrundsätze (z.B. „wir werden alle Arbeitnehmer gleich versorgen") gilt es zu vermeiden. Derartige Aussagen werden Vertragsinhalt, wenn sie objektiv erkennbar als ernst gemeint anzusehen sind.

Praxistipp

Individuelle Versorgungszusagen innerhalb z.B. des Arbeitsvertrags sollten in der Praxis nur wenigen, ausgewählten Arbeitnehmern erteilt werden, denn sie lassen sich praktisch nur mit Zustimmung des Arbeitnehmers ändern bzw. verschlechtern. Gesamtzusagen und vertragliche Einheitsregelungen können nach Rechtsprechung des BAG (z.B. 10.3.2015 – 3 AZR 56/14; 23.2.2016 – 3 AZR 960/13 und 3 AZR 44/14; 11.12.2018 – 3 AZR 380/17) vom Arbeitgeber oder auch durch eine nachfolgende Betriebsvereinbarung wieder geändert werden, da sie für die Arbeitnehmer erkennbar änderungsoffen sind.

Betriebsvereinbarung

Neben der einzelvertraglichen Zusage auf Leistungen der bAV bietet sich in bestimmten Unternehmen auch der Abschluss einer Betriebsvereinbarung an. Die Betriebsvereinbarung wird zwar nicht Bestandteil der individuellen Arbeitsverträge, ihre Regelungen sind aber dennoch für alle Arbeitnehmer außer den leitenden Angestellten i.S.d. § 5 Abs. 3 BetrVG verbindlich. Durch eine entsprechende Vereinbarung mit dem Sprecherausschuss der leitenden Angestellten kann die Wirksamkeit der Betriebsvereinbarung auch für diesen Personenkreis erreicht werden. Der Abschluss einer Betriebsvereinbarung empfiehlt sich v.a. deshalb, weil zukünftige, eventuell notwendige Änderungen des Versorgungswerks dann leichter umzusetzen sind. 51

Tarifvertrag

Ansprüche auf bAV können sich auch unmittelbar aus dem Tarifvertrag ergeben. Zwar enthalten mittlerweile sehr viele Tarifverträge Regelungen zur bAV, häufig handelt es sich aber lediglich um Verpflichtungen des Arbeitgebers, seinen Arbeitnehmern eine bAV nach bestimmten Mindeststandards anzubieten. Einige Tarifverträge sehen für die Umsetzung dieser Verpflichtung auch Fristen vor. Bietet der Arbeitgeber bis zum festgelegten Zeitpunkt keine betriebliche Altersversorgung an, so können sich die Arbeitnehmer unmittelbar auf den Tarifvertrag berufen. Tarifvertragliche Regelungen zur bAV werden nicht Inhalt der einzelnen Arbeitsverträge. Deshalb ist auch eine Änderung des Versorgungswerks nur durch Kündigung und Neuabschluss eines Tarifvertrages möglich. 52

Praxistipp

Tarifverträge enthalten selten sämtliche notwendigen arbeitsrechtlichen Details einer Versorgung, sondern konzentrieren sich häufig auf das finanzielle Volumen oder auch die Tariföffnung für die Entgeltumwandlung. Den Betriebsparteien wird oft noch Spielraum gegeben, z.B. für eine ergänzende Betriebsvereinbarung, die dann die Versorgung im Detail regelt (z.B. Leistungen oder praktische Umsetzung der Entgeltumwandlung). Arbeitgeber sollten deshalb zur Umsetzung eines Tarifvertrags nicht nur Versicherungsverträge abschließen, sondern alle offenen Details in einer Versorgungsordnung oder – bei Bestehen eines Betriebsrats – einer Betriebsvereinbarung regeln (siehe Rn. 51).

Mit der Verabschiedung des BRSG hat der Gesetzgeber die Bedeutung von Tarifverträgen in der bAV deutlich gestärkt. Die neu eingeführte reine Beitragszusage nach §§ 21 ff. BetrAVG ist sogar ausschließlich im Rahmen von Tarifverträgen zulässig.

Betriebliche Übung

Eine besonders wichtige, oftmals unterschätzte Möglichkeit, Leistungen der bAV zuzusagen, ist die betriebliche Übung. Sie ist in § 1b Abs. 1 S. 4 BetrAVG ausdrücklich erwähnt und der Versorgungszusage gleichgestellt. 53

Ein Versorgungswerk beruht auf einer betrieblichen Übung, wenn der Arbeitgeber über längere Zeit durch gleichmäßiges Verhalten zu erkennen gegeben hat, dass er unter bestimmten Voraussetzungen Versorgungsleistungen zusagt oder dass er bei Eintritt eines Versorgungsfalles Leistungen gewährt. Zahlt z.B. ein Arbeitgeber seit vielen Jahren allen Arbeitnehmern, die in den Ruhestand treten, eine Altersrente, so haben auch die noch aktiven Arbeitnehmer bei Eintritt in den Ruhestand einen derartigen Anspruch.

Mit Urteil vom 16.2.2010 (3 AZR 118/08) hat das BAG in einem Streitfall zu einem Weihnachtsgeld für Rentner entschieden, dass eine betriebliche Übung sogar bereits nach dreimaliger vorbehaltloser Gewährung einer Leistung vorliegen kann.

Der Arbeitgeber kann die Entstehung einer betrieblichen Übung durch einen eindeutigen und ausdrücklichen Freiwilligkeitsvorbehalt vermeiden. Wendet z.B. ein Arbeitgeber jedes Jahr einen bestimmten Betrag für die bAV auf, so entsteht hieraus dann kein Rechtsanspruch aus betrieblicher Übung, wenn der Arbeitgeber jedes Jahr klar und unmissverständlich betont, dass sich aus der Zahlung kein Anspruch auf weitere Zahlungen ergibt. Eine solche Erklärung muss der Arbeitgeber gegenüber der Belegschaft oder den betroffenen Arbeitnehmern verkünden.

Eine betriebliche Übung entsteht ebenfalls nicht, wenn ein Rentner z.B. über Jahre hinweg versehentlich eine zu hohe Rente vom Arbeitgeber erhalten hat (BAG, Urteil vom 12.8.2014 – 3 AZR 194/12). Aus einem Berechnungsfehler oder einem Versehen kann keine betriebliche Übung entstehen, sofern der Arbeitgeber bei Aufdeckung des Fehlers nicht zu verstehen gibt, dass er die Rente weiterhin in der bisherigen Höhe leisten möchte. Ist der Rentner der Meinung, dass der Arbeitgeber bewusst eine höhere Rente zahlen wollte, so liegt die Beweislast auch beim Rentenempfänger.

Auch ein neu eintretender Arbeitnehmer kann sich auf eine bestehende betriebliche Übung berufen. Allerdings kann der Arbeitgeber neu eintretende Arbeitnehmer von der betrieblichen Übung ausschließen, wenn er dies vor Beginn des Arbeitsverhältnisses ausdrücklich erklärt.

Gleichbehandlung

54 Ansprüche auf Leistungen der bAV können sich auch aus dem Grundsatz der Gleichbehandlung ergeben. Allerdings handelt es sich hierbei weniger um Fragen der Einrichtung einer bAV als um die Frage, ob ein Arbeitnehmer aus der Tatsache, dass einem Kollegen eine bAV gewährt wird, auch für sich selbst einen Anspruch ableiten kann (vgl. hierzu Rn. 61).

55 **Praxistipp: Einrichtung einer bAV**

Häufig wird eine bAV einfach durch Abschluss der entsprechenden Versicherungs- oder Versorgungsverträge eingerichtet, ohne dass explizit auch Vereinbarungen zwischen Arbeitgeber und Arbeitnehmer schriftlich festgehalten werden. Die Versicherungsverträge binden aber nur den Arbeitgeber und den Versicherer. Das beinhaltet die Gefahr, dass sich insb. bei vorzeitigem Ausscheiden des Arbeitnehmer die Höhe seiner Ansprüche nach den allgemeinen Regeln des

BetrAVG richtet und nicht zwingend nach den im Versicherungsvertrag vorhandenen Vermögenswerten. Um Streitigkeiten zu vermeiden, sollte jede bAV exakt dokumentiert werden. Das gilt auch für Zusagen an einzelne Personen. Bei extern finanzierten Leistungen sollte darauf geachtet werden, dass die Definition der Versorgungsfälle exakt mit der Leistungspflicht des Versicherers übereinstimmt. Sonst könnte es z.B. passieren, dass ein Arbeitnehmer aus seiner Versorgungsordnung einen Anspruch auf eine Berufsunfähigkeitsrente gegen den Arbeitgeber hat, aus der entsprechenden Versicherung aber keine Leistungen fließen, weil die bedingungsgemäßen Leistungsvoraussetzungen des Versicherers nicht erfüllt sind.

Sofern es im Unternehmen einen Betriebsrat gibt, sollte generell eine Betriebsvereinbarung zur bAV abgeschlossen werden.

2.2.2 Mitbestimmungsrechte des Betriebsrates

Das BetrAVG enthält keine Vorschriften über die Mitbestimmungsrechte bei der Einrichtung einer bAV. Es gelten deshalb die Vorschriften des BetrVG, insb. des § 87 Abs. 1 Nr. 8 und 10 BetrVG. 56

§ 87 BetrVG: Mitbestimmungsrechte

(1) Der Betriebsrat hat, soweit eine gesetzliche oder tarifliche Regelung nicht besteht, in folgenden Angelegenheiten mitzubestimmen:

[...]

8. Form, Ausgestaltung und Verwaltung von Sozialeinrichtungen, deren Wirkungsbereich auf den Betrieb, das Unternehmen oder den Konzern beschränkt ist;

[...]

10. Fragen der betrieblichen Lohngestaltung, insbesondere die Aufstellung von Entlohnungsgrundsätzen und die Einführung und Anwendung von neuen Entlohnungsmethoden sowie deren Änderung;

Mitbestimmungsfreie Entscheidungen

Der Arbeitgeber entscheidet grundsätzlich allein, ob er eine bAV einrichten will oder nicht. Auch die Wahl des Durchführungswegs und des Produktanbieters sowie die Auswahl der begünstigten Arbeitnehmer geschieht ohne Beteiligung des Betriebsrats. Das Gleiche gilt für die Festlegung des Dotierungsrahmens, also des Gesamtaufwandes, den der Arbeitgeber im Zuge einer arbeitgeberfinanzierten Versorgung erbringen möchte. Selbst wenn der Arbeitgeber das Versorgungswerk zu einem späteren Zeitpunkt wieder schließen möchte, kann er dies (im Rahmen der gesetzlichen Möglichkeiten) ohne Zustimmung des Betriebsrats tun. 57

Praxistipp

Wenngleich der Arbeitgeber wie dargestellt die bAV weitgehend frei gestalten kann, wird in der Praxis trotzdem häufig eine freiwillige Betriebsvereinbarung z.B. zur Entgeltumwandlung abgeschlossen. Der Betriebsrat wird also trotz fehlender Mitbestimmungsrechte am Einrichtungsvorgang beteiligt und trägt damit auch zu einer Ausgestaltung im Sinne der Arbeitnehmer bei. Häufig führt dies bei der Entgeltumwandlung auch zu höheren Teilnahmequoten.

Mitbestimmung bei Unterstützungskassen

58 Unterstützungskassen, die ausschließlich Arbeitnehmer oder ehemalige Arbeitnehmer des eigenen Unternehmens bzw. Konzerns versorgen, unterliegen der Mitbestimmung nach § 87 Abs. 1 Nr. 8 BetrVG. Danach ist der Betriebsrat bei allen Fragen zu Form, Gestaltung und Verwaltung der Kasse hinzuzuziehen. Das Mitbestimmungsrecht beginnt bereits bei der Wahl der Rechtsform der Unterstützungskasse und deren organisatorischer Gestaltung. Aber auch bei der Verwaltung des Kassenvermögens ist der Betriebsrat hinzuzuziehen.

Besonders wichtig ist das Mitbestimmungsrecht bei der Gestaltung des Leistungsplanes einer Unterstützungskasse. Hier hat der Betriebsrat das Recht, an der Aufstellung der Grundsätze für die Verteilung des Dotierungsrahmens einer arbeitgeberfinanzierten bAV auf die verschiedenen Arbeitnehmergruppen beteiligt zu werden.

Bei einer Gruppenunterstützungskasse, über die mehrere Trägerunternehmen ihre bAV abwickeln, gelten nur die eingeschränkten Mitbestimmungsrechte des § 87 Abs. 1 Nr. 10 BetrVG. Da das einzelne Trägerunternehmen nur einen beschränkten Einfluss auf die Handlungen der Kasse hat, kann der Betriebsrat im Wesentlichen auch nur über das Abstimmungsverhalten seines Trägerunternehmens bei Entscheidungen der Kasse mitbestimmen.

Mitbestimmung bei Pensionsfonds und Pensionskasse

59 Die Mitbestimmung bei Pensionsfonds und Pensionskassen richtet sich ebenfalls nach § 87 Abs. 1 Nr. 8 BetrVG, soweit sie nur Arbeitnehmer oder ehemalige Arbeitnehmer des eigenen Unternehmens bzw. Konzerns versorgen. Das heißt, der Betriebsrat hat auch bei der Verwaltung des Pensionsfonds, also bei der Geldanlage, ein Mitbestimmungsrecht. Bei Pensionsfonds und Pensionskassen, die von mehreren Trägerunternehmen für die Durchführung der bAV genutzt werden, gelten wiederum nur die eingeschränkten Mitbestimmungsrechte des § 87 Abs. 1 Nr. 10 BetrVG. Der Betriebsrat kann auch in diesen Fällen nur bei der Verteilung des arbeitgeberfinanzierten Dotierungsrahmens, nicht aber bei der Verwaltung mitwirken.

Mitbestimmung bei Pensionszusage und Direktversicherung

60 Bei diesen beiden Durchführungswegen handelt es sich nicht um Sozialeinrichtungen im Sinne des BetrVG, weshalb nur die Mitbestimmung nach § 87 Abs. 1 Nr. 10 BetrVG zur Verteilung eines Dotierungsrahmens greift. Auf die Verwaltung des Ver-

mögens kann der Betriebsrat keinen Einfluss nehmen. Das gilt auch für die Auswahl des Versicherungsunternehmens, bei dem die Direktversicherungen oder ggf. die Rückdeckungsversicherungen im Rahmen der Pensionszusage abgeschlossen werden sollen.

2.3 Müssen alle Arbeitnehmer eine betriebliche Altersversorgung erhalten?

2.3.1 Gleichbehandlung

Grundsätzlich kann der Arbeitgeber bei der Einrichtung einer bAV frei entscheiden, 61
welche Arbeitnehmer versorgt werden sollen. Bei der Auswahl der Versorgungsberechtigten muss der Arbeitgeber allerdings das sog. Gleichbehandlungsgebot beachten. Dieser arbeitsrechtliche Grundsatz leitet sich aus Art. 3 GG ab. Er besagt, dass es einem Arbeitgeber nicht erlaubt ist, einzelne Arbeitnehmer ohne sachlichen Grund von begünstigenden Regelungen auszuschließen und schlechter zu stellen.

Selbst wenn im Einzelfall ein sachlicher Grund vorliegt, muss zusätzlich geprüft wer- 62
den, ob die Schlechterstellung der einen Gruppe und der sachliche Grund hierfür auch in einem angemessenen Verhältnis zueinander stehen.

Beispiele: Urteile zur Gleichbehandlung

BAG, Urteil vom 16.2.2010 - 3 AZR 216/09

Arbeiter dürfen bei Betriebsrenten nicht schlechter gestellt werden als Angestellte. Der bloße Statusunterschied rechtfertigt keine Ungleichbehandlung. Dies gilt auch dann, wenn sie aufgrund einer Betriebsvereinbarung erfolgt.

BAG, Urteil vom 15.1.2013 - 3 AZR 4/114

Arbeitnehmer, deren Arbeitsverhältnisse rechtswirksam befristet sind, dürfen von Zusagen auf Leistungen der bAV ausgenommen werden.

BAG, Urteil vom 17.6.2014 - 3 AZR 757/12

Bei unterschiedlichen Vergütungsstrukturen, die sich auf die Berechnungsgrundlagen der bAV auswirken, können gewerbliche Arbeitnehmer und Angestellte bei Betriebsrenten unterschiedlich behandelt werden.

Das Gleichbehandlungsgebot wird häufig dahingehend ausgelegt, dass einzelne Personen nicht bessergestellt werden dürfen als die übrigen Arbeitnehmer. Wird z.B. einem neu eingestellten Arbeitnehmer eine deutlich höhere Betriebsrente zugesagt (weil er gut verhandelt hat) als der übrigen Belegschaft, so wird oft befürchtet, dass auch die übrigen Arbeitnehmer einen Anspruch auf die höhere Versorgung geltend machen können. Mit Urteil vom 22.12.2009 (3 AZR 136/08) hat das BAG allerdings entschieden, dass dies nicht der Fall ist. Das Gleichbehandlungsgebot greift nur, wenn es im Unternehmen ein „generalisierendes Prinzip" für die Gewährung von Versorgungsleistungen gibt und ein einzelner Arbeitnehmer oder eine Gruppe von Arbeitnehmern hiervon ohne sachlichen Grund ausgenommen werden. Eine Besserstellung einzelner Personen ist dagegen jederzeit möglich.

Ausschluss von Teilzeitbeschäftigten

63 Auch eine verringerte Arbeitszeit ist allein kein Grund, einen Arbeitnehmer von der bAV auszuschließen. Allerdings dürfen Teilzeitkräfte eine geringere Versorgungsleistung bzw. einen geringeren Versorgungsbeitrag erhalten als Vollzeitarbeitnehmer.

Häufig ist in Versorgungsordnungen geregelt, dass Teilzeitkräfte nur anteilige Leistungen oder Beiträge erhalten, entsprechend dem Verhältnis ihrer vertraglichen Arbeitszeit zu der Arbeitszeit eines Vollzeitkollegen. Diese plausibel erscheinende Regelung ist jedoch alles andere als eindeutig, denn sehr häufig ändert sich der Teilzeitgrad mehrmals im Laufe eines Jahres. Es ist demzufolge genau zu regeln, wie sich die Leistung bzw. der Beitrag für Teilzeitkräfte berechnet. Bei klassischen Leistungszusagen wird z.B. ein durchschnittlicher Teilzeitgrad über die gesamte relevante Dienstzeit ermittelt.

Beispiel

Eine Versorgungsordnung sieht für jeden Arbeitnehmer einen jährlichen Direktversicherungsbeitrag i.H.v. 1.000 € vor, zahlbar im Dezember eines jeden Jahres. Teilzeitkräfte erhalten einen anteiligen Beitrag. Ein Arbeitnehmer ist seit November 2021 nur noch zu 50 % in Teilzeit tätig. Welcher Beitrag muss für ihn am 1.12.2021 gezahlt werden?

- Aus Sicht vieler Versicherer wird der Jahresbeitrag am 1.12.2021 für die Zeit von Dezember 2021 bis einschließlich November 2022 fällig. In dieser Zeit ist der Arbeitnehmer nur zu 50 % beschäftigt. Also wäre ein Beitrag von 500 € für ihn aus Sicht des Versicherers „gerecht".
- Aus Sicht des Arbeitnehmers wird mit dem Dezemberbeitrag die Betriebstreue des ablaufenden Jahres 2021 belohnt, in dem der Arbeitnehmer zehn Monate zu 100 % und zwei Monate zu 50 % beschäftigt war, durchschnittlich also zu 91,66 %. Entsprechend erwartet der Arbeitnehmer einen Beitrag von 916,67 €.
- Aus Sicht des Arbeitgebers ist der Beschäftigungsgrad im Beitragsmonat Dezember relevant, also 50 % und somit ein Beitrag von 500 €. Auch das klingt einleuchtend. Diese Argumentation würde aber auch dazu führen, dass ein Arbeitnehmer, der nur einen Monat im Jahr (nämlich im Dezember) in Vollzeit arbeitet, jedes Jahr den vollen Beitrag erhalten würde.

Das Beispiel zeigt, dass es in der Praxis meist wesentlich einfacher ist, eine monatliche Beitragszahlung zu wählen und für die Höhe der Beitragszahlung die Verhältnisse z.B. am Letzten des Vormonats zugrunde zu legen. Das ist einfach und führt aufgrund der geringen Höhe der Monatsbeiträge zu „hinnehmbaren Ungerechtigkeiten" bei der Beitragsermittlung.

2.3.2 Gleichberechtigung

64 Die Diskriminierung aufgrund des Geschlechtes war in der bAV schon immer ein heikles Thema. So ist es unmöglich, für alle männlichen Mitarbeiter eine bAV einzurichten, für die weiblichen nicht. Eine solche Bestimmung würde gegen das Lohn-

gleichheitsgebot des Art. 157 AEUV verstoßen. Die Rechtsprechung geht aber noch weiter.

Unterschiedliche Altersgrenzen

Im sog. Barber-Urteil hat der EuGH schon vor Jahren entschieden, dass die Vereinbarung unterschiedlicher Altersgrenzen für Männer und Frauen bei der bAV gegen das Lohngleichheitsgebot verstößt. Allerdings gilt dies in Deutschland nur für Leistungen, die auf Beschäftigungszeiten nach dem 17.5.1990 beruhen. 65

Allgemeines Gleichbehandlungsgesetz (AGG)

Das am 18.8.2006 in Kraft getretene AGG verbietet u.a. auch jede Benachteiligung von Arbeitnehmern aufgrund ethnischer Herkunft, Geschlecht, Alter oder sexueller Identität. Ausnahmen hiervon sind nur in sehr engen Grenzen möglich, wenn es dafür objektive Gründe gibt und der Grundsatz der Verhältnismäßigkeit gewahrt bleibt. In § 2 Abs. 2 AGG ist ausdrücklich geregelt, dass für die bAV das BetrAVG gilt. 66

Hierzu hat das BAG am 11.12.2007 (3 AZR 249/06) entschieden, dass § 2 Abs. 2 AGG als sog. Kollisionsregel zu verstehen ist. Das heißt, immer dann, wenn das BetrAVG Sachverhalte explizit regelt, die grundsätzlich auch vom AGG erfasst werden, gelten die Regelungen des BetrAVG. Das ist z.B. bei der Unverfallbarkeit der Fall. Hier nimmt das BetrAVG eine Unterscheidung aufgrund des Alters beim Ausscheiden eines Arbeitnehmers vor. Allerdings ist diese Ausnahme auch ausdrücklich in § 10 Nr. 4 AGG genannt.

Ausschluss von gleichgeschlechtlichen Lebenspartnern/Ehegatten

Der Ausschluss gleichgeschlechtlicher eingetragener Lebenspartner (bzw. gleichgeschlechtlicher Ehegatten auf Basis des am 1.10.2017 geltenden Gesetzes zur Einführung des Rechts auf Eheschließung für Personen gleichen Geschlechts) von einer Hinterbliebenenversorgung ist nicht erst seit Einführung des AGG verboten, sondern bereits für Dienstzeiten ab 2005 nicht mehr möglich. Das hat das BAG mit Urteil vom 14.1.2009 entschieden. Sind Hinterbliebenenleistungen auch für nicht verheiratete Lebensgefährten zugesagt, muss diese auch gleichgeschlechtlichen Lebensgefährten gewährt werden.

Ungleichbehandlung aufgrund des Alters

Viele Versorgungsordnungen sehen Regelungen vor, bei denen für einzelne Versorgungsberechtigte Nachteile aufgrund ihres Alters entstehen können. Hierzu gehören z.B.:

- Mindestalter für die Aufnahme in die Versorgung
- Höchstalter für die Aufnahme in die Versorgung
- anrechenbare Dienstjahre erst ab einem bestimmten Alter oder nur bis zu einem bestimmten Alter

- Ausschluss einer Witwenrente, wenn die Witwe mehr als zehn Jahre jünger ist als der verstorbene Arbeitnehmer (Altersdifferenzklausel)

§ 10 Nr. 4 AGG erlaubt ausdrücklich die Festlegung von Altersgrenzen in der bAV, wenn diese objektiv, angemessen und durch ein legitimes Ziel gerechtfertigt sind. Da diese Festlegung sehr ungenau ist, kommt es immer wieder zu Rechtsstreitigkeiten.

Beispiele: Urteile zu Altersgrenzen

BAG, Urteil vom 12.11.2013 - 3 AZR 356/12

Eine pauschaldotierte Unterstützungskasse sah vor, dass Arbeitnehmer nicht aufgenommen werden, wenn sie bei Betriebseintritt bereits das 50. Lebensjahr vollendet haben. Das BAG hielt diese Regelung nicht für eine unzulässige Benachteiligung wegen des Alters.

BAG, Urteil vom 17.9.2013 - 3 AZR 686/11

Die Betriebsvereinbarung zur Neuordnung und Verbesserung einer bAV sah vor, nur Arbeitnehmer bis zum Alter 62 Jahre in die verbesserte bAV zu überführen. Auch das akzeptierten die Richter mit der Begründung, dem Arbeitgeber müsse bei freiwilligen zusätzlichen Leistungen ein erweiterter Gestaltungs- und Ermessensspielraum zustehen.

BAG, Urteil vom 18.3.2014 - 3 AZR 69/12

Hier waren Arbeitnehmer von der bAV ausgeschlossen, die nach zehnjähriger Wartezeit das 55. Lebensjahr bereits vollendet hatten. Betroffen waren somit alle Arbeitnehmer, die bei Betriebseintritt schon 45 Jahre alt waren. Diese Grenze hielten die Richter für unangemessen.

BVerfG vom 23.7.2019 - 1 BvR 684/14

Der Leistungsplan einer Unterstützungskasse beinhaltete eine Altersgrenze von 50 Jahren für die Aufnahme in die arbeitgeberfinanzierte Versorgung. Eine Arbeitnehmerin klagte aufgrund unzulässiger Benachteiligung wegen des Alters und des Geschlechts. Das BVerfG sah die Altersgrenze jedoch nach § 10 AGG als gerechtfertigt an. Arbeitnehmer hätten genug Zeit, beim Vorarbeitgeber oder anderweitig vorzusorgen.

Zu zahlreichen denkbaren Unterscheidungen nach dem Alter gibt es noch keine höchstrichterliche Rechtsprechung. Deshalb sollte mit derartigen Regelungen sehr vorsichtig umgegangen und jeweils überlegt werden, ob es für einen Ausschluss sachliche Gründe gibt. Bei einer Unterstützungskassen-Versorgung war in der Vergangenheit sicherlich die Versagung des Betriebsausgabenabzugs für Arbeitnehmer unter 27 Jahren ein sachlicher Grund, Arbeitnehmer erst ab 27 Jahren in die Versorgung aufzunehmen. Nachdem aber mittlerweile bereits ab 23 Jahren Betriebsausgaben geltend gemacht werden können, ist dieser sachliche Grund für die Aufnahme erst ab 27 Jahren entfallen. Bestehende Versorgungswerke mit einem Aufnahmealter von 27 Jahren mussten überarbeitet werden.

Unterschiedliche Leistungshöhen für Männer und Frauen

Bereits mit Urteil vom 22.12.1993 hat der EuGH entschieden, dass bei Leistungszusagen in der bAV keine Unterscheidung der Leistung nach dem Geschlecht zulässig ist.

Daraus ergeben sich zwingend unterschiedliche Beitragszahlungen für Versicherungen für Männer und Frauen, mit denen diese Leistungen finanziert werden sollten.

Bei beitragsorientierten Leistungszusagen oder bei Beitragszusagen mit Mindestleistung steht jedoch der zu zahlende Versorgungsbeitrag im Vordergrund. Dieser durfte auch für Versicherungen, die vor der Einführung der Unisex-Tarife (21.12.2012) abgeschlossen wurden, für Männer und Frauen nicht unterschiedlich hoch sein. Die daraus resultierenden Versorgungsleistungen dürfen für Männer und Frauen nur dann unterschiedlich sein, wenn dies aus versicherungsmathematischen Gründen gerechtfertigt ist. Das ergibt sich aus § 33 Abs. 5 AGG sowie aus Art. 9 Abs. 1 EU-Richtlinie 2006/54/EG.

§ 33 Abs. 5 AGG

(5) Bei Versicherungsverhältnissen, die vor dem 21.12.2012 begründet werden, ist eine unterschiedliche Behandlung wegen des Geschlechts im Falle des § 19 Absatz 1 Nummer 2 bei den Prämien oder Leistungen nur zulässig, wenn dessen Berücksichtigung bei einer auf relevanten und genauen versicherungsmathematischen und statistischen Daten beruhenden Risikobewertung ein bestimmender Faktor ist. Kosten im Zusammenhang mit Schwangerschaft und Mutterschaft dürfen auf keinen Fall zu unterschiedlichen Prämien oder Leistungen führen.

Art. 9 Abs. 1 EU-Richtlinie 2006/54/EG

(1) Dem Grundsatz der Gleichbehandlung entgegenstehende Bestimmungen sind solche, die sich unmittelbar oder mittelbar auf das Geschlecht stützen und Folgendes bewirken:

[...]

h) Gewährung unterschiedlicher Leistungsniveaus, es sei denn, dass dies notwendig ist, um versicherungstechnischen Berechnungsfaktoren Rechnung zu tragen, [...] wenn die Ungleichheit der Beträge darauf zurückzuführen ist, dass bei der Durchführung der Finanzierung des Systems je nach Geschlecht unterschiedliche versicherungstechnische Berechnungsfaktoren angewendet worden sind;

Für private Versicherungsverträge hat der EuGH bereits am 1.3.2011 (C–236/09) entschieden, dass bei Neuabschlüssen keine Unterscheidung nach dem Geschlecht mehr vorgenommen werden darf. Inzwischen werden auch in der bAV immer dann sog. Unisex-Tarife abgeschlossen, wenn die Höhe der Versorgung der Höhe der Versicherungsleistung entspricht, also z.B. bei Abschluss einer Direktversicherung im Zuge einer Entgeltumwandlung des Arbeitnehmers. Dient die Versicherung dagegen lediglich der Finanzierung von identischen Leistungsansprüchen von männlichen und weiblichen AN, so sind auch weiterhin geschlechtsabhängige Tarife abschließbar.

2.4 Was geschieht bei vorzeitigem Ausscheiden von Arbeitnehmern?

Der Gesetzgeber ging mit Einführung des BetrAVG im Jahre 1974 davon aus, dass eine bAV als Belohnung für die Betriebstreue des Arbeitnehmers gewährt wird. Erbringt der Arbeitnehmer nur einen geringen Teil der erwarteten Betriebstreue, kann ihm das Versorgungsversprechen bei vorzeitigem Ausscheiden wieder entzogen werden. Nachdem sich die bAV mehr und mehr zu einem Vergütungsbestandteil entwickelt hat, verlor und verliert die Mindestbetriebstreue zunehmend an Bedeutung.

Scheidet ein Arbeitnehmer nach Erfüllung der gesetzlich geforderten Mindestbetriebstreue vor Eintritt eines Versorgungsfalles aus dem Unternehmen aus, so behält er zumindest einen Teil seiner ursprünglich für den Versorgungsfall zugesagten Leistungen. Dieser aufrechtzuerhaltende Teil der Versorgung wird unverfallbarer Anspruch genannt. Die Berechnung des unverfallbaren Anspruchs eines ausscheidenden Arbeitnehmers erfolgt in zwei Schritten.

2.4.1 Unverfallbarkeit dem Grunde nach

67 Im Folgenden werden nur Ausscheidefälle ab 31.12.2020 betrachtet. Ist ein Arbeitnehmer bereits vor dem 31.12.2020 ausgeschieden, müssen die alten gesetzlichen Regelungen einschließlich der verschiedenen Übergangsregelungen, wie z.B. § 30f BetrAVG, im Detail geprüft werden.

68 **Unverfallbarkeit bei Arbeitgeberfinanzierung und vorzeitigem Ausscheiden ab dem 31.12.2020**

Scheidet ein Arbeitnehmer vor Eintritt eines Versorgungsfalls aus dem Unternehmen aus, so behält er einen unverfallbaren Anspruch, wenn seine bAV-Zusage zum Ausscheidetermin mindestens drei Jahre bestanden hat und er zum Ausscheidetermin mindestens das 21. Lebensjahr vollendet hat. Diese Regelung wurde für alle Zusagen ab dem 1.1.2018 in § 1b BetrAVG aufgenommen. Gleichzeitig wurde für ältere Zusagen eine Übergangsregelung in § 30f Abs. 3 BetrAVG eingeführt, die sich aber erst auf Ausscheidefälle seit dem 31.12.2020 auswirkt. Bei Ausscheidefällen seit dem 31.12.2020 ist bei allen Altzusagen (vor 2018) stets die Drei-Jahres-Frist erfüllt, so dass ausschließlich die Übergangsregel anzuwenden ist und nur die Prüfung des Mindestalters von 21 Jahren erfolgen muss.

§ 1b Abs. 1 BetrAVG: Unverfallbarkeit

(1) Einem Arbeitnehmer, dem Leistungen aus der betrieblichen Altersversorgung zugesagt worden sind, bleibt die Anwartschaft erhalten, wenn das Arbeitsverhältnis vor Eintritt des Versorgungsfalls, jedoch nach Vollendung des 21. Lebensjahres endet und die Versorgungszusage zu diesem Zeitpunkt mindestens drei Jahre bestanden hat (unverfallbare Anwartschaft). […]

In den Unternehmen wird häufig davon ausgegangen, dass bei allen Zusagen, die vor dem 1.1.2018 erteilt wurden, weiterhin die „alte" Unverfallbarkeit von fünf Jahren gilt. Das ist aber falsch. Denn spätestens zum 31.12.2020 wurden auch diese alten Zusagen unverfallbar, sofern auch das Mindestalter von 21 Jahren bereits erreicht wurde.

Unverfallbarkeit bei Entgeltumwandlung und Arbeitgeberzuschuss

69 Alle Zusagen auf bAV, die ab dem 1.1.2001 erteilt wurden und aus Entgeltumwandlung finanziert werden, sind ohne weitere Voraussetzungen ab Beginn gesetzlich unverfallbar.

§ 1b Abs. 5 BetrAVG: Unverfallbarkeit bei Entgeltumwandlung

(5) Soweit betriebliche Altersversorgung durch Entgeltumwandlung einschließlich eines möglichen Arbeitgeberzuschusses nach § 1a Absatz 1a erfolgt, behält der Arbeitnehmer seine Anwartschaft, wenn sein Arbeitsverhältnis vor Eintritt des Versorgungsfalles endet; in den Fällen der Absätze 2 und 3

1. *dürfen die Überschussanteile nur zur Verbesserung der Leistung verwendet,*
2. *muss dem ausgeschiedenen Arbeitnehmer das Recht zur Fortsetzung der Versicherung oder Versorgung mit eigenen Beiträgen eingeräumt und*
3. *muss das Recht zur Verpfändung, Abtretung oder Beleihung durch den Arbeitgeber ausgeschlossen werden.*

Im Fall einer Direktversicherung ist dem Arbeitnehmer darüber hinaus mit Beginn der Entgeltumwandlung ein unwiderrufliches Bezugsrecht einzuräumen.

Für die externen Durchführungswege Pensionsfonds, Pensionskasse und Direktversicherung gelten darüber hinaus besondere Vorschriften. So darf der Arbeitgeber den Vertrag ab Ausscheiden nicht mehr beleihen oder verpfänden, sämtliche Überschüsse müssen zur Leistungserhöhung verwendet werden und der Arbeitnehmer muss den Vertrag nach seinem Ausscheiden privat weiterführen können. Bei einer Direktversicherung muss dem Arbeitnehmer außerdem mit Beginn der Entgeltumwandlung ein unwiderrufliches Bezugsrecht eingeräumt werden. 70

Gewährt der Arbeitgeber (für Bestandsfälle mit Entgeltumwandlungsvereinbarungen vor 2019 erst ab 2022 verpflichtend) den gesetzlich vorgeschriebenen Arbeitgeberzuschuss zur Entgeltumwandlung, so gelten auch für den Zuschuss die Unverfallbarkeitsregelungen zur Entgeltumwandlung. Der Zuschuss ist somit sofort gesetzlich unverfallbar. Ist der Zuschuss des Arbeitgebers höher als der gesetzliche Mindestzuschuss, so gelten für den übersteigenden Teil die Unverfallbarkeitsregelungen für arbeitgeberfinanzierte Zusagen.

In der Praxis ist kaum ein Arbeitgeber oder Versicherer in der Lage, einem einheitlichen Arbeitgeberzuschuss unterschiedliche Unverfallbarkeitsregelungen zuzuordnen. Deshalb empfiehlt es sich, den nicht gesetzlich unverfallbaren Teil des Zuschusses vertraglich unverfallbar zu stellen. Bei sehr hohen Arbeitgeberzuschüssen sollte die Versorgung besser gleich in eine Entgeltumwandlung mit gesetzlichem Arbeitgeberzuschuss und eine arbeitgeberfinanzierte Versorgung aufgeteilt werden.

Versorgungsfälle vor Eintritt der Unverfallbarkeit

Die Unverfallbarkeitsfristen haben nur Bedeutung, wenn ein Arbeitnehmer vor Eintritt des Versorgungsfalles aus dem Unternehmen ausscheidet. Tritt z.B. ein Versorgungsfall unmittelbar nach Einrichtung der bAV ein, so hat der Arbeitnehmer, unabhängig von den Unverfallbarkeitsvoraussetzungen, sofort in voller Höhe einen Rechtsanspruch auf die zugesagten Leistungen. 71

Beispiel: Unverfallbarkeit bei bestehendem Arbeitsverhältnis

Ein Arbeitgeber stellt zwei neue Arbeitnehmer (A, B) ein und erteilt beiden sofort eine Zusage auf Alters- und Berufsunfähigkeitsrente. Arbeitnehmer A scheidet nach einem Jahr wieder aus dem Betrieb aus. Ein Jahr später verunglücken beide Arbeitnehmer und werden berufsunfähig. Der Arbeitgeber verweigert beiden die Gewährung von Leistungen mit dem Hinweis auf die Unverfallbarkeitsfristen.

Arbeitnehmer A:

Beim Ausscheiden nach einem Jahr waren die Ansprüche von A noch verfallbar. Er hat deshalb keinen Anspruch auf Versorgungsleistungen.

Arbeitnehmer B:

B scheidet erst durch Eintritt der Berufsunfähigkeit aus dem Unternehmen aus. Da die Absicherung der Berufsunfähigkeit in der Versorgungszusage vorgesehen war, handelt es sich um einen Leistungsfall. B hat unabhängig von den Unverfallbarkeitsfristen Anspruch auf die volle Leistung aus der Versorgungszusage.

Entgeltfreie Zeiten

72 Zur Zusagedauer gehören auch Zeiten ohne Lohnfortzahlung wegen langer Krankheit oder Elternzeiten. In der Praxis kann das dazu führen, dass ein neu eingestellter Arbeitnehmer mit einer Zusage auf eine arbeitgeberfinanzierte bAV z.B. nach einem Jahr für zweimal drei Jahre in Elternzeit geht, anschließend kündigt und trotzdem einen unverfallbaren Anspruch erworben hat.

Zusage auf Zusage

73 Für die Erfüllung der Unverfallbarkeitsfristen ist grundsätzlich die Zeit ab Erteilung der Zusage maßgeblich. Häufig sehen Versorgungsordnungen aber vor, dass ein Arbeitnehmer erst nach einigen Jahren Betriebszugehörigkeit eine Versorgungszusage erhält.

Bei den Durchführungswegen Direktversicherung, Pensionskasse, Pensionsfonds und Unterstützungskasse regelt § 1b Abs. 2, 3 und 4 BetrAVG ausdrücklich, dass als Zeitpunkt der Versorgungszusage der Versicherungsbeginn, frühestens jedoch der Betriebseintritt gilt. Bei der Unterstützungskasse tritt an die Stelle des Versicherungsbeginns der Zeitpunkt, an dem der Arbeitnehmer in den Kreis der Versorgungsberechtigten aufgenommen wird.

In diesen Fällen liegt mit dem verbindlichen Versprechen einer späteren Zusage eine sog. „Zusage auf eine Zusage“ vor, die sofort den Beginn der Unverfallbarkeitsfristen auslöst (BAG, Urteil vom 24.2.2004 – 3 AZR 5/03). Hierdurch soll vermieden werden, dass Arbeitgeber die Unverfallbarkeitsfristen durch bewusstes Hinausschieben des Versicherungsabschlusses gezielt verlängern können.

Wartezeiten

74 Auch Wartezeiten sind von Unverfallbarkeitsfristen zu unterscheiden. Häufig sehen ältere Versorgungsordnungen die Gewährung einer Berufsunfähigkeitsrente erst

nach einer Wartezeit von zehn Jahren vor. Das heißt, nur wenn der Versorgungsfall nach Ablauf der Wartezeit eintritt, besteht auch ein entsprechender Schutz. Die Unverfallbarkeitsfristen beginnen aber trotzdem, mit der Erteilung der Zusage zu laufen. Scheidet der Arbeitnehmer vor Ablauf der Wartezeit, aber nach Erfüllung der Unverfallbarkeitsvoraussetzungen aus dem Unternehmen aus, so können die Wartezeiten auch nach Ausscheiden noch erfüllt werden.

Beispiel: Wartezeiten und Unverfallbarkeit

Arbeitnehmer A und B erhalten bei Betriebseintritt eine Versorgungszusage, die ihnen nach Ablauf einer Wartezeit von zehn Jahren eine monatliche Berufsunfähigkeitsversicherung verspricht. Nach sechs Jahren scheiden beide mit unverfallbaren Ansprüchen aus. A wird weitere zwei Jahre später berufsunfähig, B erst nach Ablauf weiterer sechs Jahre. Welche Ansprüche entstehen?

Beide Arbeitnehmer haben bei Ausscheiden unverfallbare Ansprüche, die sich auch auf die Berufsunfähigkeitsrente beziehen.

A wird noch vor Ablauf der Wartezeit von insgesamt zehn Jahren berufsunfähig, deshalb hat er keinen Anspruch.

B wird erst nach Ablauf der Wartezeit berufsunfähig, deshalb hat er Anspruch auf den unverfallbaren Teil seiner ursprünglichen Zusage.

Veränderung der Zusage

Wird eine bestehende Versorgungszusage verändert, so ändert sich hierdurch nicht 75 der für die Unverfallbarkeit maßgebliche ursprüngliche Zusagebeginn (§ 1b Abs. 1 BetrAVG), denn im Arbeitsrecht gilt der sog. Grundsatz der Einheit der Versorgungszusage. Wird z.B. eine bestehende Zusage auf 100 € Altersrente nach 15 Jahren auf 200 € angehoben, so gilt trotzdem einheitlich der ursprüngliche Versorgungsbeginn. Scheidet der betreffende Arbeitnehmer nur einige Monate später aus dem Unternehmen aus, so hat er auch aus dem Erhöhungsteil einen unverfallbaren Anspruch.

Eine Ausnahme von diesem Grundsatz gilt nur dann, wenn die alte und die neue Zusage in keinem sachlichen Zusammenhang stehen. Das ist z.B. dann der Fall, wenn in einem Unternehmen bereits eine arbeitgeberfinanzierte Versorgung besteht und einige Jahre später zusätzlich eine Entgeltumwandlung eingeführt wird. Hier besteht zwischen den beiden Versorgungen offensichtlich kein Zusammenhang.

Das Prinzip der Einheit der Versorgungszusage ist auch nicht an den Durchführungsweg gebunden. Hat z.B. ein Arbeitnehmer im Jahr 2000 von seinem Arbeitgeber eine Pensionszusage erhalten und schließt der Arbeitgeber für ihn in 2021 zusätzlich eine Direktversicherung ab, so beruht auch die neu abgeschlossene Direktversicherung auf einer (jetzt veränderten) Zusage aus dem Jahr 2000.

2.4.2 Unverfallbarkeit der Höhe nach

Ein mit unverfallbaren Ansprüchen ausgeschiedener Arbeitnehmer hat nur Anspruch 76 auf den Teil der Versorgung, den er sich bis zum Ausscheiden erdient hat. Bis zum

Jahr 2000 richtete sich die Höhe dieses erdienten Anspruches ausschließlich nach der erbrachten Betriebstreue. Ausnahmen hiervon gab es lediglich für die Direktversicherung und die Pensionskasse. Durch die Aufnahme neuer beitragsorientierter Zusageformen in das BetrAVG passte diese Berechnungsweise anhand der Betriebstreue nicht mehr, denn beitragsorientierte Versorgungszusagen sind eher als zusätzliches Entgelt anzusehen und nicht als Belohnung von Betriebstreue.

Deshalb wurden 2001 zwei weitere Berechnungsmethoden für die Ermittlung unverfallbarer Ansprüche in das BetrAVG eingeführt. Insgesamt gibt es nun die folgenden Berechnungsmethoden:

- ratierliches Verfahren
- erreichte Anwartschaft
- gezahlte Beiträge zzgl. Erträge mit Mindestleistung
- versicherungsförmige Lösung (auch versicherungsvertragliches Verfahren genannt)

Ergänzend zu diesen vier Berechnungsmethoden greift bei den tarifvertraglichen Beitragszusagen noch die Methode „gezahlte Beiträge zzgl. Erträge“ (siehe hierzu Rn. 288), nach der der Arbeitnehmer nach Ausscheiden auf die Leistung Anspruch hat, die sich aus den gezahlten Beiträgen sowie Erträgen (oder Verlusten) ergibt. Eine fest definierte (Mindest-)Leistung gibt es bei der tarifvertraglichen Beitragszusage ausdrücklich nicht.

Ratierliches Verfahren

§ 2 BetrAVG: Höhe der unverfallbaren Anwartschaft

(1) Bei Eintritt des Versorgungsfalles wegen Erreichens der Altersgrenze, wegen Invalidität oder Tod haben ein vorher ausgeschiedener Arbeitnehmer, dessen Anwartschaft nach § 1b fortbesteht, und seine Hinterbliebenen einen Anspruch mindestens in Höhe des Teiles der ohne das vorherige Ausscheiden zustehenden Leistung, der dem Verhältnis der Dauer der Betriebszugehörigkeit zu der Zeit vom Beginn der Betriebszugehörigkeit bis zum Erreichen der Regelaltersgrenze in der gesetzlichen Rentenversicherung entspricht; […]

77 Bei der Berechnung der Höhe der unverfallbaren Ansprüche nach dem sog. ratierlichen Verfahren (auch m/n-tel-Verfahren oder Pro-rata-temporis-Verfahren genannt) wird der Vollanspruch herabgesetzt im Verhältnis der tatsächlich erbrachten Dienstzeit zur insgesamt möglichen Dienstzeit.

Beispiel: Ratierlicher Anspruch

Arbeitnehmer A bekommt im Alter von 40 Jahren und damit zwei Jahre nach Eintritt in den Betrieb (mit 38 Jahren) eine Versorgungszusage auf Altersrente ab dem 67. Lebensjahr i.H.v. monatlich 1.000 €. Mit 52 Jahren scheidet A aus dem Betrieb aus. Sein ratierlicher Anspruch errechnet sich wie folgt:

$$\text{Ratierlicher Anspruch} = \text{Vollanspruch} \times \frac{\text{tatsächliche Dienstzeit}}{\text{mögliche Dienstzeit}}$$

Abb. 5 Berechnungsformel ratierliches Verfahren

$$\text{Anspruch von A} = 1000\,€ \times \frac{14\text{ Jahre}}{29\text{ Jahre}} = 482{,}76\,€$$

Abb. 6 Berechnung des ratierlichen Anspruchs

Im Alter von 67 Jahren kann A von seinem Arbeitgeber die Zahlung von monatlich 482,76 € verlangen.

Die Höhe des Anspruches richtet sich also nicht nach der Betriebszugehörigkeit ab Zusageerteilung, sondern nach der insgesamt erbrachten Betriebszugehörigkeit von Betriebseintritt bis zum Ausscheiden. Erhält ein Arbeitnehmer erst mehrere Jahre nach seinem Betriebseintritt eine Versorgungszusage, so wirken sich diese Dienstjahre bei vorzeitigem Ausscheiden trotzdem anspruchssteigernd aus.

Unter dem Vollanspruch ist beim ratierlichen Verfahren der Anspruch zu verstehen, den ein betriebstreuer Arbeitnehmer bei Eintritt des Versorgungsfalles erhalten würde. Bei einer Altersleistung ist dies die Leistung bei Erreichen der vereinbarten Altersgrenze. Bei vorzeitigen Versorgungsleistungen (BU, Tod) sehen Versorgungszusagen häufig jährlich steigende Leistungen vor. Je später der Versorgungsfall eintritt, umso höher ist die Versorgungsleistung. Für diese Fälle kann bei Austritt des Arbeitnehmers die Höhe des unverfallbaren Anspruches in den vorzeitigen Versorgungsfällen noch nicht bestimmt werden. Lediglich der Unverfallbarkeitsfaktor bleibt unverändert.

Beispiel: Unverfallbare BU-Ansprüche

Ein Arbeitnehmer scheidet nach sieben Dienstjahren mit 37 Jahren aus dem Unternehmen aus. Er hat eine sog. Bausteinzusage auf 10 € monatliche Berufsunfähigkeits- und Altersrente je Dienstjahr.

Sein Unverfallbarkeitsfaktor beträgt $\frac{7\text{ J.}}{35\text{ J.}} = 0{,}2$

Sein Anspruch auf Altersrente beträgt 0,2 × 350 € = 70 €

Sein Anspruch auf BU-Rente hängt davon ab, wann er berufsunfähig wird.

Bei BU mit 40 Jahren: 0,2 × (10 € × 10 Jahre) = 20 €

Bei BU mit 59 Jahren: 0,2 × (10 € × 29 Jahre) = 58 €

Die Berechnung der Höhe des Anspruches nach dem ratierlichen Verfahren gilt für herkömmliche Leistungszusagen bei allen Durchführungswegen. Leistungszusagen sind aber insb. bei Direktversicherungen, Pensionskassen und rückgedeckten Unterstützungskassen in der Praxis sehr selten.

Bei der Direktversicherung und der Pensionskasse gilt das ratierliche Verfahren zu- 78
sätzlich auch bei beitragsorientierten Leistungszusagen. Das ratierliche Verfahren kann dazu führen, dass der durch die bis zum Ausscheiden gezahlten Beiträge finanzierbare Wert der Direktversicherung oder Pensionskasse nicht ausreicht, um den unverfallbaren Anspruch zu erfüllen. Für den fehlenden Differenzbetrag muss der Arbeitgeber in solchen Fällen selbst aufkommen. Zu einem solchen Nachfinanzie-

rungsrisiko kann es allerdings nur dann kommen, wenn die Voraussetzungen für das sog. versicherungsvertragliche Verfahren (siehe hierzu Rn. 84) nach § 2 Abs. 2 bzw. 3 BetrAVG nicht erfüllt sind. Denn das versicherungsvertragliche Verfahren gilt bei Vorliegen aller Voraussetzungen vorrangig.

79 **Praxistipp: Ratierlicher Anspruch bei Direktversicherung und Pensionskasse**

In der Praxis erhält der Arbeitnehmer bei einer Direktversicherung und einer Pensionskasse neben der garantierten Leistung auch die Überschüsse ausgezahlt. Deshalb ist der errechenbare Vollanspruch zum Ausscheidezeitpunkt nicht bestimmbar, da die zukünftigen Überschüsse nicht bekannt sind.

In einem solchen Fall errechnet sich deshalb der m/n-Anspruch aus der garantierten Versicherungssumme zzgl. der vollen, bis zum Ausscheidetermin angefallenen Überschüsse. Dieser Anspruch ist ohne weitere Verzinsung bei Eintritt des Versorgungsfalles zu zahlen.

Erreichte Anwartschaft

80 Als erreichte Anwartschaft gilt die Anwartschaft, die aus den bis zum Ausscheiden umgewandelten Entgeltteilen finanziert werden kann. Die Höhe des Anspruches berücksichtigt somit (anders als beim ratierlichen Verfahren) nicht die Betriebszugehörigkeit des Arbeitnehmers vor Erteilung der Zusage. Hierdurch soll sichergestellt werden, dass dem Arbeitgeber beim unverfallbaren Ausscheiden keine Finanzierungslücke entsteht.

§ 2 Abs. 5 BetrAVG

(5) Bei einer unverfallbaren Anwartschaft aus Entgeltumwandlung tritt an die Stelle der Ansprüche nach den Absätzen 1, 3a oder 4 die vom Zeitpunkt der Zusage auf betriebliche Altersversorgung bis zum Ausscheiden des Arbeitnehmers erreichte Anwartschaft auf Leistungen aus den bis dahin umgewandelten Entgeltbestandteilen; dies gilt entsprechend für eine unverfallbare Anwartschaft aus Beiträgen im Rahmen einer beitragsorientierten Leistungszusage.

Diese Berechnungsmethode gilt zwingend für alle beitragsorientierten Leistungszusagen aus einer Pensionszusage, einer Unterstützungskasse oder einem Pensionsfonds, die ab dem 1.1.2001 erteilt wurden, und unabhängig davon, ob es sich um arbeitgeberfinanzierte Versorgungen oder Entgeltumwandlungen handelt. Für ältere Zusagen gilt auch bei zukünftigem Ausscheiden weiterhin das ratierliche Verfahren. Sofern sich Arbeitgeber und Arbeitnehmer aber einig sind, können sie vereinbaren, dass die erreichte Anwartschaft auch für Altzusagen gilt (§ 30g Abs. 2 BetrAVG).

81 Leider hat der Gesetzgeber die Berechnung der erreichten Anwartschaft im Gesetz nicht näher definiert. Bei versicherungsgedeckten Durchführungswegen (z.B. rückgedeckter Unterstützungskasse) liegt es nahe, die erreichte Anwartschaft so zu definieren, dass bei Ausscheiden die entsprechende Versicherung beitragsfrei gestellt wird und der Arbeitnehmer einen Anspruch auf die spätere beitragsfreie Versicherungsleistung hat. Hierfür ist jedoch eine entsprechende Vereinbarung notwendig. Bisher

ist arbeitsrechtlich nicht geklärt, inwieweit eine derartige Vereinbarung zulässig ist, insb., wenn bereits im Arbeitsvertrag eine arbeitgeberfinanzierte Direktversicherung vereinbart wird, diese aber erst einige Jahre später tatsächlich abgeschlossen wird. Scheidet ein Arbeitnehmer kurz nach Abschluss der Versicherung mit unverfallbaren Ansprüchen aus dem Unternehmen aus, so hat die Versicherung im Verhältnis zur erbrachten Betriebstreue nur einen minimalen Rückkaufswert, der u.U. nicht einmal zur Bildung einer beitragsfreien Summe ausreicht. Praktische Probleme können sich auch bei Absicherung einer Berufsunfähigkeitsrente ergeben. Da bei einer Risikoversicherung kein (oder nur ein minimales) Deckungskapital gebildet wird, ist auch keine beitragsfreie Leistung möglich. Bei ausschließlicher Bezugnahme auf die Versicherung wäre somit die erreichte Anwartschaft auf Berufsunfähigkeitsrente beim Ausscheiden stets null.

Praxistipp: Erreichte Anwartschaft

Da die Berechnung der erreichten Anwartschaft im BetrAVG nicht festgelegt ist, sollte eine eindeutige Definition in die Versorgungszusage aufgenommen werden. Insbesondere bei versicherungsfinanzierten Versorgungen sollte man auf die sich aus den bis zum vorzeitigen Ausscheiden geleisteten Beiträgen ergebenden Versicherungsleistungen verweisen (beitragsfreie Ablaufleistung der jeweils abgeschlossenen Versicherung).

Gezahlte Beiträge zzgl. Erträge mit Mindestleistung

Für alle Beitragszusagen mit Mindestleistung (nur bei Pensionsfonds, Direktversicherung und Pensionskasse möglich) gilt immer die Berechnungsmethode „gezahlte Beiträge zzgl. Erträge mit Mindestleistung". Das gilt unabhängig davon, ob die Zusage vom Arbeitgeber oder durch Entgeltumwandlung finanziert wurde. 82

Bei dieser Berechnungsmethode errechnet sich der Anspruch des Arbeitnehmers aus den bis zum Ausscheiden zugesagten Beiträgen zzgl. der bis zum Eintritt des Versorgungsfalles darauf erzielten Erträge. Sofern anstelle von Erträgen Verluste entstanden sind, hat der Arbeitnehmer einen Mindestanspruch in Höhe der bis zum Ausscheiden zugesagten Beiträge abzüglich der Beitragsteile, die zur Finanzierung vorzeitiger Risiken (z.B. Berufsunfähigkeit) verbraucht wurden (Mindestleistung).

§ 2 Abs. 6 BetrAVG

(6) An die Stelle der Ansprüche nach den Absätzen 2, 3, 3a und 5 tritt bei einer Beitragszusage mit Mindestleistung das dem Arbeitnehmer planmäßig zuzurechnende Versorgungskapital auf der Grundlage der bis zu seinem Ausscheiden geleisteten Beiträge (Beiträge und die bis zum Eintritt des Versorgungsfalls erzielten Erträge), mindestens die Summe der bis dahin zugesagten Beiträge, soweit sie nicht rechnungsmäßig für einen biometrischen Risikoausgleich verbraucht wurden.

Da die Beitragszusage mit Mindestleistung erst zum 1.1.2002 ins BetrAVG eingeführt wurde, erübrigt sich eine Übergangsvorschrift für die Berechnung der Höhe des Anspruches. Die beschriebene Berechnungsmethode gilt deshalb für alle Beitragszusagen mit Mindestleistung.

Versicherungsvertragliches Verfahren bzw. versicherungsförmige Lösung

83 Wird eine Direktversicherung oder ein Pensionskassenvertrag erst nach einigen Jahren der Betriebszugehörigkeit abgeschlossen, kann der ratierliche Anspruch bei vorzeitigem Ausscheiden wesentlich höher sein als der bis zum Ausscheidezeitpunkt finanzierte Versicherungswert. Um den Arbeitgeber hierdurch nicht übermäßig zu belasten, hatte der Gesetzgeber bereits mit Einführung des BetrAVG eine Alternative zum ratierlichen Verfahren geschaffen: die versicherungsförmige Lösung bzw. das versicherungsvertragliche Verfahren – beides gleichermaßen in der Praxis verwendete Begriffe.

§ 2 Abs. 2 BetrAVG: Höhe der unverfallbaren Anwartschaft

(2) […] An die Stelle der Ansprüche nach Satz 1 tritt die von dem Versicherer auf Grund des Versicherungsvertrags zu erbringende Versicherungsleistung, wenn

1. *spätestens nach 3 Monaten seit dem Ausscheiden des Arbeitnehmers das Bezugsrecht unwiderruflich ist und eine Abtretung oder Beleihung des Rechts aus dem Versicherungsvertrag durch den Arbeitgeber und Beitragsrückstände nicht vorhanden sind,*
2. *vom Beginn der Versicherung, frühestens jedoch vom Beginn der Betriebszugehörigkeit an, nach dem Versicherungsvertrag die Überschußanteile nur zur Verbesserung der Versicherungsleistung zu verwenden sind und*
3. *der ausgeschiedene Arbeitnehmer nach dem Versicherungsvertrag das Recht zur Fortsetzung der Versicherung mit eigenen Beiträgen hat.*

Die Einstandspflicht des Arbeitgebers nach § 1 Absatz 1 Satz 3 bleibt unberührt. Der ausgeschiedene Arbeitnehmer darf die Ansprüche aus dem Versicherungsvertrag in Höhe des durch Beitragszahlungen des Arbeitgebers gebildeten geschäftsplanmäßigen Deckungskapitals […] weder abtreten noch beleihen. In dieser Höhe darf der Rückkaufswert auf Grund einer Kündigung des Versicherungsvertrags nicht in Anspruch genommen werden; im Falle einer Kündigung wird die Versicherung in eine prämienfreie Versicherung umgewandelt. § 169 Abs. 1 des Versicherungsvertragsgesetzes findet insoweit keine Anwendung. Eine Abfindung des Anspruchs nach § 3 ist weiterhin möglich.

[…]

84 Um den Arbeitnehmer zu schützen bzw. um eine vorherige Aushöhlung der Direktversicherung durch den Arbeitgeber zu verhindern, hat der Gesetzgeber jedoch einige Bedingungen für die Anwendung des sog. versicherungsvertraglichen Verfahrens aufgestellt:

- Der Arbeitnehmer muss spätestens drei Monate nach dem Ausscheiden ein unwiderrufliches Bezugsrecht auf die Versicherungsleistung erhalten haben.
- Die Versicherung darf nicht abgetreten oder beliehen sein oder werden. Auch eine vorzeitige Kündigung durch den Arbeitnehmer muss ausgeschlossen sein.

- Sämtliche Überschussanteile müssen ab Versicherungsbeginn zur Erhöhung der Versicherungsleistung verwendet werden.
- Der Arbeitnehmer muss das Recht erhalten, die Versicherung mit eigenen Beiträgen weiterzuführen.

Das versicherungsvertragliche Verfahren gilt sinngemäß auch für eine Versorgung über eine Pensionskasse (§ 2 Abs. 3 BetrAVG).

Häufig wird in der Praxis angenommen, dass die Mitgabe der Police per Versicherungsnehmerwechsel eine Beendigung der bAV darstellt. Diese Ansicht ist falsch. Der mitgegebene Vertrag beruht weiterhin auf einer Zusage des ehemaligen Arbeitgebers, für die dieser auch haftet. Der Arbeitgeber hat nach § 2 Abs. 2 S. 3 BetrAVG weiterhin seine Einstandspflicht für die zugesagten Leistungen. Lediglich die Höhe des Anspruches wird auf die beitragsfreien Leistungen begrenzt.

In der Praxis sind die dargestellten Voraussetzungen für das versicherungsvertragliche Verfahren in aller Regel erfüllt. Nur in sehr seltenen Fällen werden Überschüsse nicht zur Leistungserhöhung verwendet. In diesen Fällen scheidet dann mangels Erfüllung aller Voraussetzungen das versicherungsvertragliche Verfahren aus und das ratierliche Verfahren findet Anwendung.

Praxistipp: Versicherungsvertragliches Verfahren

In der Vergangenheit musste laut Gesetz der Arbeitgeber die Anwendung des versicherungsvertraglichen Verfahrens im Zuge des vorzeitigen Ausscheidens des Arbeitnehmers ausdrücklich erklären. Diese Erklärung verankerten die meisten Arbeitgeber „prophylaktisch" gleich in ihren Versorgungsregelungen. Am 19.5.2016 entschied das BAG (3 AZR 794/14) jedoch, dass der Arbeitgeber die Anwendung des versicherungsvertraglichen Verfahrens „in sachlichem und zeitlichem" Zusammenhang mit dem Ausscheiden des Arbeitnehmers erklären muss. Es wäre insb. nicht ausreichend, wenn die Anwendung des versicherungsvertraglichen Verfahrens bereits bei der Einrichtung der Versorgung vereinbart wurde. Da statt des versicherungsvertraglichen Verfahrens mangels Erklärung des Arbeitgebers das ratierliche Verfahren greifen würde, welches zu Nachfinanzierungsrisiken führen könnte, hat der Gesetzgeber mittlerweile die notwendige Erklärung des Arbeitgebers als Voraussetzung für das versicherungsvertragliche Verfahren ersatzlos aus § 2 Abs. 2 bzw. 3 BetrAVG gestrichen. Eine solche Erklärung ist also nicht mehr erforderlich. Liegen die sonstigen Voraussetzungen vor, greift das versicherungsvertragliche Verfahren qua Gesetz. Arbeitgeber, die auf Basis der BAG-Rechtsprechung entsprechende Prozesse zur Abgabe und zum Nachweis der Erklärung eingerichtet haben, können diese eventuell noch bestehenden Prozesse einstellen und sich die damit verbundene Arbeit sparen.

Ein besonderes Risiko im Zusammenhang mit dem versicherungsvertraglichen Verfahren besteht bei selbstständigen Berufsunfähigkeitsversicherungen. Werden diese nach Ausscheiden beitragsfrei gestellt, so erlischt der Versicherungsschutz i.d.R. vollständig. Wurde der Arbeitnehmer hierüber nicht aufgeklärt bzw. liegen die Voraussetzungen für das versicherungsvertragliche Verfahren z.B. aufgrund einer falschen Überschussverwendung nicht vor, haftet der Arbeitgeber im Falle des Eintritts der Berufsunfähigkeit für den ratierlich berechneten Anspruch auf BU-Rente.

Besonderheit bei Beitragszusagen mit Mindestleistung

Für Beitragszusagen mit Mindestleistung erlaubt der Gesetzgeber das versicherungsvertragliche Verfahren nicht. Dennoch wird dieses Verfahren in der Praxis häufig sinngemäß angewandt. D.h., bei Ausscheiden des Arbeitnehmers wird diesem die Police als Versicherungsnehmer übertragen und gleichzeitig mit einer Verfügungsbeschränkung bis zum Rentenbeginn belegt. Hierbei handelt es sich zwar formell nicht um das versicherungsvertragliche Verfahren, im Ergebnis werden aber die Forderungen des Gesetzes für Beitragszusagen (Beiträge zzgl. aller Erträge) ebenfalls erfüllt.

Allerdings bleibt die Verpflichtung des Arbeitgebers bestehen, dafür zu sorgen, dass im Alter mindestens das planmäßig zuzurechnende Versorgungskapital auf der Grundlage der gezahlten Beiträge (Beiträge und die daraus erzielten Erträge), also mindestens die Summe der zugesagten Beiträge, soweit sie nicht rechnungsmäßig für einen biometrischen Risikoausgleich verbraucht wurden, zur Verfügung stehen. Das ist insb. bei fondsgebundenen Versicherungen selbst dann nicht selbstverständlich, wenn die Tarife eine sog. „Beitragserhaltungsgarantie“ beinhalten.

Praxistipp: Gezahlte Beiträge zzgl. Erträge

Der Beitragserhalt muss nicht nur zum vereinbarten Rentenbeginn gewährleistet sein, sondern auch zum Zeitpunkt einer vorgezogenen Altersrente. Diese Anforderung ist bei fondsgebundenen Versicherungsprodukten in manchen Fällen nicht garantiert. Außerdem greift die Beitragsgarantie von Versicherungsprodukten häufig nur dann, wenn vom Versicherungsbeginn bis zum planmäßigen Rentenbeginn ununterbrochen die vereinbarten Beiträge gezahlt wurden. Auch diese Bedingung erfüllen die wenigsten Verträge, so dass die Beitragsgarantie des Produktes häufig wertlos ist. Um nicht für eine eventuelle Deckungslücke aufkommen zu müssen, sollten Arbeitgeber bei der Auswahl von Produkten zur Verwendung als Beitragszusage mit Mindestleistung darauf achten, dass der Beitragserhalt wirklich umfassend garantiert ist.

Besonderheiten bei Entgeltumwandlung

85 Für Entgeltumwandlungen aus Pensionszusagen, Pensionsfonds und Unterstützungskassen enthält das BetrAVG ebenfalls eine gesonderte Berechnungsvorschrift (§ 2 Abs. 5 BetrAVG). Diese explizite Regelung ist aber entbehrlich, denn sie entspricht exakt derjenigen für beitragsorientierte Leistungszusagen und gilt nicht für Beitragszusagen mit Mindestleistung. Eine Versorgung, die aus der Umwandlung von Entgelt resultiert, ist aber zwangsläufig beitragsorientiert oder eine Beitragszusage. Für letztere gelten aber wiederum eigene Berechnungsvorschriften, weshalb sich die gesonderte Betrachtung der Entgeltumwandlung zur Berechnung der Höhe des unverfallbaren Anspruches erübrigt.

Übersicht: Berechnungsverfahren für die Höhe des unverfallbaren Anspruches 86

	Pensionszusage	**Unterstützungskasse**	**Pensionsfonds**	**Direktversicherung**	**Pensionskasse**
Leistungszusage	ratierliches Verfahren	ratierliches Verfahren	ratierliches Verfahren	ratierliches Verfahren oder versicherungsvertragliches Verfahren	ratierliches Verfahren oder versicherungsvertragliches Verfahren
beitragsorientierte Leistungszusage	erreichte Anwartschaft	erreichte Anwartschaft	erreichte Anwartschaft	ratierliches Verfahren oder versicherungsvertragliches Verfahren	ratierliches Verfahren oder versicherungsvertragliches Verfahren
Beitragszusage mit Mindestleistung	nicht möglich	nicht möglich	gezahlte Beiträge zzgl. Erträge mit Mindestleistung	gezahlte Beiträge zzgl. Erträge mit Mindestleistung	gezahlte Beiträge zzgl. Erträge mit Mindestleistung

Tab. 1: Übersicht: Berechnungsverfahren für die Höhe des unverfallbaren Anspruches

Anpassung unverfallbarer Ansprüche nach dem Ausscheiden

Mit dem Gesetz zur Umsetzung der Mobilitätsrichtlinie wurde auch eine regelmäßige Anpassung unverfallbarer Anwartschaften ins BetrAVG aufgenommen. Der Grundgedanke hierbei ist, dass die erreichten Anwartschaften ausgeschiedener Arbeitnehmer zumindest einer vergleichbaren Wertentwicklung unterliegen sollen wie die Anwartschaften betriebstreuer Arbeitnehmer. Von dieser expliziten Anpassungsverpflichtung sind aber alle Ansprüche ausgenommen, die ohnehin eine Verzinsung beinhalten, und auch diejenigen Anwartschaften, die auch bei aktiven Arbeitnehmern nicht angepasst werden.

§ 2a BetrAVG: Berechnung und Wahrung des Teilanspruchs

(1) Bei der Berechnung des Teilanspruchs eines mit unverfallbarer Anwartschaft ausgeschiedenen Arbeitnehmers nach § 2 sind die Versorgungsregelung und die Bemessungsgrundlagen im Zeitpunkt des Ausscheidens zugrunde zu legen; Veränderungen, die nach dem Ausscheiden eintreten, bleiben außer Betracht.

(2) Abweichend von Absatz 1 darf ein ausgeschiedener Arbeitnehmer im Hinblick auf den Wert seiner unverfallbaren Anwartschaft gegenüber vergleichbaren nicht ausgeschiedenen Arbeitnehmern nicht benachteiligt werden. Eine Benachteiligung gilt insbesondere als ausgeschlossen, wenn

1. die Anwartschaft

a) als nominales Anrecht festgelegt ist,

b) eine Verzinsung enthält und die Zinsen auch dem ausgeschiedenen Arbeitnehmer zugutekommen, oder

c) über einen Pensionsfonds, eine Pensionskasse oder eine Direktversicherung durchgeführt wird und die Erträge auch dem ausgeschiedenen Arbeitnehmer zugutekommen, oder

[...]

Im Ergebnis sind alle beitragsorientierten und versicherungsfinanzierten Versorgungsmodelle von der Anpassung während der Anwartschaft ausgenommen, da sich die Versorgungsleistung im Alter durch Verzinsung des Deckungskapitals in gleicher Weise wie bei aktiven Arbeitnehmern ergibt. Der Anpassung unterliegen aber sog. endgehaltsabhängige Leistungszusagen. Das sind Zusagen, deren Höhen sich vom letzten Gehalt vor Rentenbeginn errechnen.

2.5 Wie kann eine bestehende betriebliche Altersversorgung verändert werden?

87 Betriebliche Versorgungswerke haben sehr lange Laufzeiten. In Einzelfällen kann die Dauer zwischen Zusage und Beendigung der Rentenzahlung 70 Jahre oder länger betragen. Deshalb ist es verständlich, dass während der Laufzeit einer Versorgung die Notwendigkeit entstehen kann, die Versorgung zu verändern.

Unabhängig von einer Veränderung einer bereits bestehenden Versorgung kann der Arbeitgeber zumindest ein Versorgungswerk jederzeit für Neuaufnahmen schließen. Das führt nicht zu einer unzulässigen Ungleichbehandlung von neu eintretenden Arbeitnehmern. Denn hätte ein Arbeitgeber nicht diese Möglichkeit, würde seine einmal zugesagte bAV „versteinern". Bevor also an einer bestehenden Versorgung etwas geändert wird, wird in der Praxis oft erst einmal die Versorgung geschlossen. Dabei ist auf den jeweiligen Rechtsbegründungsakt zu achten: Basiert die Versorgung z.B. auf einer Gesamtzusage, die im Intranet veröffentlicht wurde, muss der Arbeitgeber auch auf diesem Weg die Schließung für Neueintritte vornehmen. Eine Betriebsvereinbarung hingegen muss gekündigt oder einvernehmlich mit dem Betriebsrat geschlossen werden.

2.5.1 Grundsätze zur Veränderung von Versorgungswerken

88 BAV beruht immer auf einer (ggf. stillschweigenden) Vereinbarung zwischen Arbeitgeber und Arbeitnehmer. An diese Vereinbarung müssen sich beide Vertragsparteien halten. Veränderungen erfordern grundsätzlich die Zustimmung beider Vertragsparteien. Denkbar ist allerdings auch eine einseitige Änderung der Versorgung durch den Arbeitgeber, z.B., wenn er sich ein Änderungsrecht vorbehalten hat oder es für eine solche Änderung gerichtlich anerkannte Gründe gibt. Einseitige Änderungen bzw. deren Zulässigkeit werden jedoch vom Arbeitsgericht streng geprüft, sollte der Arbeitnehmer gegen eine einseitige Änderung klagen. Der Umfang einseitiger Änderungen und das Vorgehen hängen insb. davon ab, durch welchen Rechtsbegründungsakt die bAV eingerichtet wurde.

Einzelvertragliche Zusagen

Individuelle Einzelvereinbarungen über eine bAV können grundsätzlich nur einvernehmlich verändert werden. Theoretisch ist auch denkbar, dass der Arbeitgeber eine Änderungskündigung ausspricht. Dabei wird das gesamte Arbeitsverhältnis gekündigt und gleichzeitig ein neues Arbeitsverhältnis mit geänderten Rahmenbedingungen, also z.B. gekürzten Versorgungsleistungen, angeboten. Da Arbeitnehmer bei einer Änderung jedoch eine Kündigungsschutzklage einreichen können, wird davon in der Praxis regelmäßig kein Gebrauch gemacht.

Sofern die vom Arbeitgeber gewünschte Veränderung keine oder nur objektiv positive Auswirkung auf die Versorgungsleistungen hat, kann der Arbeitgeber aber ausnahmsweise auf die Zustimmung des Arbeitnehmers verzichten. So wäre es z.B. durchaus denkbar, dass eine Versorgung über eine Unterstützungskasse zukünftig durch eine Pensionszusage abgelöst wird („Wechsel des Durchführungswegs"), wenn dabei inhaltlich keine Änderungen an der Zusage vorgenommen werden. In der Praxis wird aber meist auch der Durchführungsweg in der Zusage vereinbart, so dass die Zustimmung des Arbeitnehmers doch wieder notwendig sein könnte. Außerdem lässt sich bei vielen Änderungen auch nicht zweifelsfrei bestimmen, ob sich keine oder nur objektiv positive Auswirkungen ergeben. Schon aus Sicherheitsgründen holen daher viele Arbeitgeber auch dann eine Zustimmung ein, wenn aus ihrer Sicht die Zusage gar nicht wesentlich geändert bzw. verschlechtert wird.

Arbeitgeber sollten also darauf achten, dass einzelvertragliche Zusagen bestimmte Änderungsmöglichkeiten vorbehalten, z.B. hinsichtlich des Durchführungswegs oder des Anbieters. Für den Arbeitnehmer bedeuten solche einseitigen Änderungsvorbehalte des Arbeitgebers kein hohes Risiko, da die Rechtsprechung die Ansprüche des Arbeitnehmers schützt. Wenn also ein Arbeitgeber Änderungen ohne Zustimmung vornimmt, kann der Arbeitnehmer dies gerichtlich prüfen lassen. Ergeben sich nach Ansicht des Arbeitsgerichts durch die Änderung unzulässige Verschlechterungen für den Arbeitnehmer, ist die einseitige Änderung durch den Arbeitgeber hinfällig.

Vertragliche Einheitsregelung

Vereinbart der Arbeitgeber in den Arbeitsverträgen mit allen Arbeitnehmern dieselbe Regelung zur bAV, so handelt es sich um eine vertragliche Einheitsregelung (siehe auch Rn. 50). Auch hierfür gilt grundsätzlich, dass Veränderungen nur im Einvernehmen erfolgen können. Allerdings sieht die Rechtsprechung mittlerweile vertragliche Einheitsregelungen auch als „dynamisch" an (BAG, Urteil vom 11.12.2018 – 3 AZR 380/17), d.h. die Arbeitnehmer müssen davon ausgehen, dass die Regelungen „änderungsoffen" sind. Das bedeutet, dass die Versorgungsregelungen in den Grenzen von Vertrauensschutz und Verhältnismäßigkeit vom Arbeitgeber einseitig geändert werden können, z.B. indem der Arbeitgeber den Arbeitnehmern eine neue Fassung der vertraglichen Einheitsregelung bzw. Versorgungsordnung zukommen lässt und auf deren Geltung verweist. Sollte die Veränderung zu einer Verschlechterung führen, kann der Arbeitnehmer deren Zulässigkeit gerichtlich überprüfen lassen (siehe hierzu Rn. 91 ff.).

Gesamtzusagen

Gesamtzusagen sind vom Arbeitgeber einseitig festgelegte Regelungen (Versorgungsordnung), die nicht mit dem einzelnen Arbeitnehmer verhandelt oder schriftlich vereinbart werden. Sie werden nach Verkündung oder Aushang durch den Arbeitgeber aber automatisch zum Bestandteil des individuellen Arbeitsvertrages. Änderungen können also nur mit Zustimmung des Arbeitnehmers vorgenommen werden oder im Rahmen zulässig vorbehaltener Änderungsmöglichkeiten.

Mittlerweile lässt die Rechtsprechung, wie bei vertraglichen Einheitsregelungen, aber auch ohne ausdrücklichen Änderungsvorbehalt in einer Versorgungsordnung moderate einseitige Veränderungen/Verschlechterungen zu, wenn aus dem Gesamtzusammenhang für den Arbeitnehmer erkennbar ist, dass die Versorgungsordnung nicht für „immer und ewig in Stein gemeißelt" sein soll (vgl. z.B. BAG, Urteil vom 23.2.2016 – 3 ZR 960/113). Ebenso ist es möglich, eine Gesamtzusage durch eine nachfolgende Betriebsvereinbarung abzulösen, wenn in der Gesamtzusage ein entsprechender Vorbehalt enthalten ist bzw. für den Arbeitnehmer erkennbar ist, dass die Gesamtzusage änderungsoffen ist (Betriebsvereinbarungsoffenheit). Nimmt ein Arbeitgeber darauf aufbauend einseitige Änderungen vor, dann müssen diese wiederum in den Grenzen von Vertrauensschutz und Verhältnismäßigkeit stattfinden. Der Arbeitnehmer kann dies gerichtlich prüfen lassen (siehe hierzu Rn. 91 ff.).

Praxistipp

In der Vergangenheit ging man davon aus, dass die sog. Betriebsvereinbarungsoffenheit in einer Gesamtzusage ausdrücklich vorbehalten sein muss. Mittlerweile akzeptiert die Rechtsprechung des BAG aber auch indirekte Vorbehalte. So hat das BAG z.B. am 15.2.2011 (3 AZR 45/09) entschieden, dass die Betriebsvereinbarungsoffenheit einer Gesamtzusage nicht explizit geregelt sein muss. Sie kann sich auch aus den Gesamtumständen ergeben, z.B. aus einem Hinweis, dass die Regelungen mit dem Betriebsrat abgestimmt sind. Auch eine Widerrufsklausel in einer Gesamtzusage oder der fehlende Rechtsanspruch bei einer Unterstützungskasse führen nach Meinung der Richter zur Betriebsvereinbarungsoffenheit. Mit Urteil vom 18.9.2012 (3 AZR 415/10) erlaubten die BAG-Richter die Änderung einer vertraglichen Einheitsregelung durch eine Betriebsvereinbarung. In den Arbeitsverträgen des Unternehmens gab es zum Thema Altersversorgung einen einheitlichen Verweis auf die Versorgungsrichtlinie. Ein solcher Verweis sei als „dynamisch" zu werten. Das bedeutet, dass nicht die zum Zeitpunkt des Vertragsschlusses gültige, sondern die jeweils aktuelle Versorgungsrichtlinie Anwendung findet. Arbeitnehmern müsse nach Meinung der Richter klar sein, dass Versorgungsregelungen im Laufe der Jahre aktualisiert werden können.

Betriebsvereinbarungen

Bei Betriebsvereinbarungen zur bAV wird die Zustimmung des einzelnen Arbeitnehmers durch den Betriebsrat ersetzt. Somit können auch Veränderungen der Versorgung mit dem Betriebsrat vereinbart werden.

Wechsel von Pensionszusage zu Pensionsfonds 89

Mit der Einführung der Pensionsfonds wollte der Gesetzgeber den Arbeitgebern eine praktikable Möglichkeit bieten, ihre Pensionsrückstellungen aus der Bilanz auszulagern und die Versorgung auf einen Pensionsfonds zu übertragen. Arbeitsrechtlich handelt es sich hierbei lediglich um den Wechsel des Durchführungsweges, weshalb auch keine ausdrückliche Erwähnung im BetrAVG erforderlich war.

Steuerrechtlich wurde dieser Wechsel durch Gewährung einer steuerfreien Einzahlung in den Pensionsfonds gefördert. Allerdings gehören die späteren Pensionsfondsleistungen zu einer anderen Einkunftsart als die bisherige Pensionszusage. Das führt zu unterschiedlichen Freibeträgen und somit zu einer unterschiedlichen steuerlichen Belastung der Versorgungsberechtigten. Allein aus diesen steuerlich bedingten Unterschieden resultieren in der Praxis häufig erhebliche Schwierigkeiten bei der Umsetzung einer Auslagerung.

In der Praxis ist es Arbeitgebern zu empfehlen, sich bereits bei Erteilung der Zusage das Recht vorzubehalten, den Durchführungsweg zu einem späteren Zeitpunkt zu ändern und dabei eventuell anfallende Lohnsteuer und/oder Sozialversicherungsbeiträge auf den Arbeitnehmer umzulegen. Auch wenn diese Regelung sicherlich keinen Freibrief für beliebige Änderungen bedeutet, so dokumentiert sie zumindest, dass der Arbeitgeber lediglich die Bruttoversorgungsleistungen zusagen wollte und nicht einen bestimmten Durchführungsweg und/oder bestimmte steuerliche Vorteile.

2.5.2 Verschlechterung einer Versorgung

Einzelvertragliche Zusagen können jederzeit einvernehmlich verschlechtert werden. 90
Einseitige Verschlechterungen auf Veranlassung des Arbeitgebers sind grundsätzlich nicht zulässig, es sei denn, dies wurde in der Zusage ausdrücklich und in rechtlich zulässigem Rahmen vereinbart. Zu weit gehende Vorbehalte des Arbeitgebers können aber steuerschädlich sein, d.h. die Betriebsausgaben für die Zusage werden von der Finanzverwaltung nicht anerkannt.

Gesamtzusagen und vertragliche Einheitsregelungen können wiederum ebenfalls im Einvernehmen oder auch einseitig durch den Arbeitgeber geändert und somit auch verschlechtert werden, wenn die jeweilige Regelung für den Arbeitnehmer erkennbar änderungsoffen gestaltet ist. Betriebsvereinbarungen können ebenfalls durch eine ablösende Betriebsvereinbarung verschlechtert werden. Hier wird der Betriebsrat i.d.R. enge Grenzen setzen und darauf achten, dass der geringstmögliche Eingriff vorgenommen wird und auch die Verteilung der Verschlechterungen auf die verschiedenen Personengruppen im Unternehmen „gerecht“ erfolgt.

Verschlechterungen im Rahmen der Rechtsbegründungsakte Gesamtzusage, vertragliche Einheitsregelung und Betriebsvereinbarung unterliegen jedoch einer gerichtlichen Kontrolle. Jeder betroffene Arbeitnehmer kann sich also an ein Arbeitsgericht wenden und die vom Arbeitgeber bzw. Arbeitgeber und Betriebsrat vorgenommene Verschlechterung gerichtlich prüfen lassen.

Arbeitsgerichtliche Billigkeitskontrolle

91 Hat der Arbeitgeber einseitig bzw. über eine Betriebsvereinbarungen Verschlechterungen vorgenommen, prüfen Arbeitsgerichte anhand der sog. „Drei-Stufen-Theorie“, ob die vorgenommene Verschlechterung angemessen ist.

„Drei-Stufen-Theorie“

92 Die Einschränkung oder Einstellung einer einmal zugesagten bAV unterliegt dem Grundsatz der Verhältnismäßigkeit und des Vertrauensschutzes. Danach sind Eingriffe nur bei Vorliegen objektiver Gründe zulässig und es muss stets der geringstmögliche Eingriff gewählt sowie das Vertrauen rentennaher Jahrgänge auf die Versorgungsleistungen besonders berücksichtigt werden. Aus der arbeitsgerichtlichen Rechtsprechung haben sich im Laufe der Zeit drei verschiedene Eingriffsgründe und -möglichkeiten entwickelt.

93 Je stärker in den bereits erworbenen Besitzstand der Arbeitnehmer eingegriffen werden soll, desto schwerwiegender müssen die Gründe hierfür sein. Die Rechtsprechung unterscheidet im Rahmen der sog. „Drei-Stufen-Theorie“ drei unterschiedliche Besitzstände, in die nur bei Vorliegen zwingender, triftiger oder sachlicher Gründe eingegriffen werden darf.

Zwingende Gründe

Will der Arbeitgeber in bereits erdiente unverfallbare Besitzstände des Arbeitnehmers eingreifen, so müssen hierfür zwingende Gründe vorliegen. Das ist z.B. der Fall, wenn der Arbeitgeber sich in einer schweren wirtschaftlichen Notlage befindet und hierdurch die Geschäftsgrundlage für die Versorgung weggefallen ist. Auch der Abbau einer planwidrig eingetretenen Überversorgung der Arbeitnehmer ist nach Ansicht des BAG ein zwingender Grund für eine Reduzierung bereits erdienter Teile der Versorgung, denn das Vertrauen der Arbeitnehmer auf eine Gesamtversorgung aus gesetzlicher und betrieblicher Altersversorgung von über 100 % des letzten Nettogehaltes hält das BAG für nicht schutzwürdig.

Bei Arbeitnehmern, die mit einer unverfallbaren Anwartschaft ausgeschieden sind, und bei Rentnern sind sämtliche Leistungen bereits erdient. Daher sind für eine Verschlechterung bei diesen Personengruppen immer zwingende Gründe notwendig. Damit bestehen praktisch in den seltensten Fällen Verschlechterungsmöglichkeiten.

Triftige Gründe

94 Ein etwas weitergehender Eingriff ist bei Vorliegen von triftigen Gründen möglich. In diesem Fall kann der Arbeitgeber auch in eine sog. zeitanteilige Dynamik eingreifen. Diese Eingriffsstufe ist in der Praxis nur bei gehaltsabhängigen Versorgungen von Bedeutung (z.B. Zusage einer monatlichen Betriebsrente i.H.v. 1 % des letzten Gehalts vor Rentenbeginn pro geleistetem Dienstjahr). Aus triftigen Gründen kann bei einer solchen Versorgung das für die Berechnung der Altersversorgung zugrunde liegende Gehalt eingefroren werden, d.h. zukünftige Gehaltssteigerungen wirken sich nicht

mehr rentenerhöhend aus. In den erdienten Prozentsatz des Gehaltes kann aber nicht eingegriffen werden.

Praxistipp 95

Müssen bestehende Versorgungswerke verschlechtert werden, so ist es den betroffenen Arbeitnehmern bei endgehaltsabhängigen Zusagen oftmals relativ leicht zu vermitteln, dass sich die erteilte Zusage zukünftig nicht mehr automatisch mit jeder Gehaltssteigerung erhöht. Das zum Änderungszeitpunkt relevante Gehalt wird dann „eingefroren". Dafür erhalten die Betroffenen aber weiterhin jedes Jahr den zugesagten Zuwachs der Versorgung in Prozent. Formal handelt es sich hierbei um einen Eingriff in die zeitanteilig bereits erdiente Gehaltsdynamik, für den triftige Gründe vorliegen müssen. Ein triftiger Grund liegt vor, wenn die Finanzierung der Versorgung langfristig die Substanz des Unternehmens gefährdet oder wenn sich das Unternehmen in einer sehr schlechten wirtschaftlichen Lage befindet. Da gehaltsabhängige Leistungszusagen i.d.R. seit geraumer Zeit aufgrund der damit verbundenen Risiken nicht mehr erteilt werden, kommt es in der Praxis nur sehr selten zu einem Eingriff aus triftigen Gründen.

Sachliche Gründe

Liegen lediglich sachliche Gründe für eine Reduzierung der Versorgung vor, so kann der Arbeitgeber nur in den Teil der Versorgung eingreifen, für den der Arbeitnehmer noch keine Gegenleistung erbracht hat, den er sich also durch zukünftige Betriebstreue noch erdienen muss. Das sind z.B. zugesagte Erhöhungen der Versorgung, die sich aus der zukünftigen Betriebszugehörigkeit ergeben. Bei beitragsorientierten Versorgungen wäre das eine Reduzierung des zukünftigen Beitrags. 96

Beispiel

Ein Arbeitgeber möchte auf einer Gesamtzusage beruhende Versorgungszusagen im Unternehmen einseitig reduzieren. Die Gesamtzusage ist im Sinne der Rechtsprechung erkennbar änderungsoffen, d.h. Arbeitnehmer müssen auch mit einseitigen Änderungen rechnen.

Beispiel 1: Ein Arbeitnehmer hat auf Basis der Gesamtzusage eine Leistungszusage i.H.v. 1.000 € monatlicher Betriebsrente ab Erreichen der Regelaltersgrenze erhalten. Er ist bereits seit zehn Jahren im Unternehmen, insgesamt beträgt seine Betriebszugehörigkeit bis Rentenbeginn 20 Jahre. Bei Vorliegen sachlicher Gründe kann der Arbeitgeber die Zusage auf den erdienten Stand einfrieren, also auf 1.000 € x 10/20 = 500 € monatliche Altersrente.

Beispiel 2: Ein Arbeitnehmer hat auf Basis der Gesamtzusage eine beitragsorientierte Leistungszusage erhalten, der Arbeitgeber zahlt monatlich einen Versorgungsbeitrag von 100 € in eine rückgedeckte Unterstützungskasse ein. Bei Vorliegen sachlicher Gründe kann der Arbeitgeber die Zusage auf den erdienten Stand einfrieren, was bei einer beitragsorientierten Leistungszusage bedeutet, zukünftig keine Beiträge mehr in die rückgedeckte Unterstützungskasse einzuzahlen. Der Arbeitnehmer erhält nur mehr die beitragsfreie Ablaufleistung der von der Unterstützungskasse abgeschlossenen Rückdeckungsversicherung.

Wenn die betroffenen Arbeitnehmer die vom Arbeitgeber vorgebrachten sachlichen Gründe anzweifeln oder der Arbeitgeber bei der Kürzung nicht die Grundsätze des Vertrauensschutzes und der Verhältnismäßigkeit beachtet hat, können sie dies vom Arbeitsgericht prüfen lassen. Dieses kann dann die Maßnahmen des Arbeitgebers für unzulässig erklären. Die genannten Beispiele stellen den Maximaleingriff aus sachlichen Gründen dar. Der Arbeitgeber könnte in Beispiel 2 den laufenden Beitrag auch nur reduzieren anstatt ihn vollständig einzustellen.

Allerdings ermöglicht nicht jeder sachliche Grund einen Eingriff in die Versorgung. Das BAG verlangt z.B. wirtschaftliche Schwierigkeiten, im Zuge derer der Arbeitgeber eine bAV-Reduzierung durchführen möchte (siehe z.B. Urteil vom 9.12.2014 – 3 AZR 323/13). Dabei muss der Arbeitgeber die wirtschaftlichen Probleme darlegen und es muss nachgewiesen werden, dass das Unternehmen zumindest über anderweitige Sanierungsmaßnahmen ernsthaft nachgedacht hat. Auf jeden Fall muss die vorgenommene Reduzierung Teil eines Gesamtkonzeptes zur Verbesserung der wirtschaftlichen Situation sein.

Als sachlicher Grund wird auch eine nicht vorhersehbare Fehlentwicklung der bAV anerkannt (siehe z.B. BAG-Urteil vom 10.11.2015 – 3 AZR 390/14). Im Detail ist allerdings fraglich, wann eine solche vorliegt.

Auch das Ziel einer Vereinheitlichung unterschiedlicher Versorgungswerke in einem Unternehmen wurde von der Rechtsprechung bereits als sachlicher Grund für eine Verschlechterung der Versorgung bei einzelnen Mitarbeitern anerkannt, sofern insgesamt der Aufwand des Unternehmens für die bAV nicht reduziert wird. Auch die Einbeziehung bisher nicht versorgter Arbeitnehmer in die bAV fällt unter den Begriff der Vereinheitlichung der Versorgung. Dieser Aspekt hat in der Praxis eine besondere Bedeutung. Denn „zu teure“ alte Versorgungswerke werden i.d.R. zunächst für Neueintritte geschlossen. Diese Ungleichbehandlung im Unternehmen kann der Arbeitgeber dann einige Jahre später beseitigen, indem er den Gesamtaufwand für die bAV auf alle Arbeitnehmer neu verteilt. Da hierbei lediglich ein sachlicher Grund vorliegt, kann nur in den noch nicht erdienten Teil der versorgten Arbeitnehmer eingegriffen werden.

2.6 Wie kann sich ein Arbeitgeber von seinen Verpflichtungen befreien?

Ein Arbeitgeber muss grundsätzlich die von ihm gegebenen Versorgungszusagen erfüllen und haftet dem Arbeitnehmer gegenüber dafür (§ 1 Abs. 1 BetrAVG). Somit kann sich der Arbeitgeber von seiner Verpflichtung nur befreien, wenn er die Versorgungsansprüche abfindet oder auf einen anderen Versorgungsträger überträgt. Für bereits ausgeschiedene Arbeitnehmer sind die Abfindungs- und Übertragungsmöglichkeiten in den §§ 3 und 4 BetrAVG geregelt.

2.6.1 Abfindung

Abfindung unverfallbarer Anwartschaften

Unverfallbare Ansprüche ausscheidender Arbeitnehmer dürfen nur dann abgefunden werden, wenn deren Höhe maximal 1 % der monatlichen Bezugsgröße nach § 18 SGB IV beträgt. Das sind im Jahr 2021 monatlich 32,90 € in den alten und 31,15 € in den neuen Bundesländern. Anwartschaften auf Kapitalleistungen sind bis zu 12/10 der Bezugsgröße (d.h. 2021 bis zu 3.948 € West und 3.738 € Ost) möglich. 97

Die Abfindungsmöglichkeiten sind in § 3 BetrAVG, für die tarifvertragliche Beitragszusage wiederum in § 22 Abs. 4 BetrAVG geregelt. Hier wird auf die Regelungen des § 3 Abs. 2 S. 1 und 2 BetrAVG verwiesen.

§ 3 BetrAVG: Abfindung

(1) Unverfallbare Anwartschaften im Falle der Beendigung des Arbeitsverhältnisses und laufende Leistungen dürfen nur unter den Voraussetzungen der folgenden Absätze abgefunden werden.

(2) Der Arbeitgeber kann eine Anwartschaft ohne Zustimmung des Arbeitnehmers abfinden, wenn der Monatsbetrag der aus der Anwartschaft resultierenden laufenden Leistung bei Erreichen der vorgesehenen Altersgrenze 1 vom Hundert, bei Kapitalleistungen zwölf Zehntel der monatlichen Bezugsgröße nach § 18 des Vierten Buches Sozialgesetzbuch nicht übersteigen würde. Dies gilt entsprechend für die Abfindung einer laufenden Leistung. Die Abfindung einer Anwartschaft bedarf der Zustimmung des Arbeitnehmers, wenn dieser nach Beendigung des Arbeitsverhältnisses ein neues Arbeitsverhältnis in einem anderen Mitgliedstaat der Europäischen Union begründet und dies innerhalb von drei Monaten nach Beendigung des Arbeitsverhältnisses seinem ehemaligen Arbeitgeber mitteilt. Die Abfindung ist unzulässig, wenn der Arbeitnehmer von seinem Recht auf Übertragung der Anwartschaft Gebrauch macht.

(3) Die Anwartschaft ist auf Verlangen des Arbeitnehmers abzufinden, wenn die Beiträge zur gesetzlichen Rentenversicherung erstattet worden sind.

(4) Der Teil der Anwartschaft, der während eines Insolvenzverfahrens erdient worden ist, kann ohne Zustimmung des Arbeitnehmers abgefunden werden, wenn die Betriebstätigkeit vollständig eingestellt und das Unternehmen liquidiert wird.

(5) Für die Berechnung des Abfindungsbetrages gilt § 4 Absatz 5 entsprechend.

(6) Die Abfindung ist gesondert auszuweisen und einmalig zu zahlen.

In der Vergangenheit konnte über die Abfindung allein der Arbeitgeber entscheiden. Aufgrund der EU-Mobilitätsrichtlinie hat der deutsche Gesetzgeber zum 1.1.2018 neu geregelt, dass Abfindungen nur mit Zustimmung des Arbeitnehmers erfolgen dürfen, wenn er innerhalb eines Jahres nach Ausscheiden in ein anderes EU-Land umsiedelt. Diese gesetzliche Regelung gilt nicht bei der Versorgung über eine tarifvertragliche Beitragszusage.

Bei einem Arbeitgeberwechsel innerhalb Deutschlands hat der Arbeitnehmer weder das Recht, eine Abfindung zu verlangen, noch kann er i.d.R. die Abfindung verweigern. Der Arbeitnehmer kann die Abfindung nur verhindern, indem er im Rahmen seines Rechtes auf Übertragung der Anwartschaft anstelle der Abfindung die Übertragung verlangt. Denn das Übertragungsrecht des Arbeitnehmers nach § 4 Abs. 3 BetrAVG geht dem Abfindungsrecht des Arbeitgebers vor.

Werden dem Arbeitnehmer allerdings die Beiträge zur gesetzlichen Rentenversicherung erstattet (z.B., wenn ein ausländischer Arbeitnehmer endgültig wieder in sein Heimatland zurückkehrt), so hat der Arbeitnehmer in diesem Ausnahmefall das einseitige Recht, eine Abfindung seiner Anwartschaften zu verlangen, und zwar unabhängig von der Höhe der Anwartschaft.

Praxistipp

1. Zur Prüfung der Obergrenze für eine mögliche Abfindung ist bei einer versicherungsfinanzierten bAV nicht der Rückkaufswert der Police zum Abfindungszeitpunkt relevant, sondern der Wert der erreichten Anwartschaft. Das ist i.d.R. die beitragsfreie Versicherungssumme.
2. Bei einer rückgedeckten Unterstützungskasse sollte der Arbeitgeber die Möglichkeit der Abfindung von Kleinanwartschaften bei unverfallbarem Ausscheiden von Arbeitnehmern nutzen, um seinen Verwaltungsaufwand zukünftig gering zu halten.

Bei der Berechnung der abfindbaren Anwartschaft ist das Prinzip der Einheit der Versorgungszusage zu beachten. Das gilt insb. dann, wenn ein Arbeitnehmer über verschiedene Durchführungswege versorgt wird. In diesem Fall liegt nämlich arbeitsrechtlich u.U. trotzdem eine einheitliche Versorgungszusage vor. Für die Ermittlung der Abfindungsgrenze sind dann alle bestehenden Anwartschaften zusammenzuzählen.

Beispiel

Ein unverfallbar ausscheidender Arbeitnehmer hat eine Direktversicherung durch Entgeltumwandlung und eine Anwartschaft aus einer rückgedeckten Unterstützungskasse, ebenfalls durch Entgeltumwandlung finanziert. Die beitragsfreie Rente der Direktversicherung beträgt 35 € monatlich, die beitragsfreie Leistung der Unterstützungskasse beträgt 15 € monatlich. Da beide Durchführungswege auf einer Zusage des Arbeitgebers beruhen, beträgt die Anwartschaft des Arbeitnehmers gegenüber dem Arbeitgeber 50 € monatlich und liegt somit über der Abfindungsgrenze. Auch eine Teilabfindung (z.B. der Unterstützungskassen-Versorgung) ist in diesem Fall rechtlich nicht zulässig. Das wird in der Praxis allerdings häufig ignoriert.

Abfindung laufender Renten

98 Für alle Renten, die bereits vor 2005 zu laufen begonnen haben, gibt es auch weiterhin keine Obergrenzen für die Abfindung. Denn in § 30g Abs. 3 BetrAVG ist geregelt, dass für diese Renten der § 3 BetrAVG keine Anwendung findet. Somit können „Altrenten" auch zukünftig jederzeit abgefunden werden, wenn der betroffene Rentner der Abfindung zustimmt.

Für alle Renten, die erstmals ab 2005 gezahlt werden, gelten dieselben Einschränkungen wie für gesetzlich unverfallbare Anwartschaften. D.h., eine Abfindung ist nur für Monatsrenten bis zu 1 % der Bezugsgröße nach § 18 SGB IV (2021: 32,90 € West und 31,15 € Ost) möglich. Somit ist es nur in wenigen Fällen möglich, sich per Abfindung von laufenden Rentenverpflichtungen zu befreien. Wünscht der Arbeitgeber die Abfindung von Kleinstrenten, so ist das ohne Zustimmung der Rentner möglich.

Abfindung im laufenden Arbeitsverhältnis

§ 3 BetrAVG erfasst ausschließlich die Abfindung unverfallbarer Ansprüche und lau- 99
fender Rentenleistungen. Während eines bestehenden Arbeitsverhältnisses sind Abfindungen von Anwartschaften dagegen nicht gesetzlich verboten. Allerdings muss im Einzelfall darauf geachtet werden, dass kein Umgehungstatbestand vorliegt. Das könnte z.B. dann der Fall sein, wenn eine Abfindung im laufenden Arbeitsverhältnis unmittelbar vor einem Ausscheiden des betreffenden Arbeitnehmers vorgenommen wird.

Abfindungen im laufenden Arbeitsverhältnis sind grundsätzlich nur einvernehmlich 100
möglich, denn das Abfindungsverbot nach § 3 BetrAVG erfasst nur gesetzlich unverfallbare Anwartschaften und laufende Leistungen. Arbeitgeber und Arbeitnehmer können also vereinbaren, dass eine bestehende Direktversicherung gekündigt und der Rückkaufswert vom Versicherer an den Arbeitnehmer ausgezahlt wird. Dies gilt unabhängig von der Finanzierungsart. Allerdings kommt der Fall praktisch i.d.R. nur bei durch Entgeltumwandlung finanzierten Versorgungen vor.

Praxistipp

Arbeitnehmer verlangen im laufenden Arbeitsverhältnis vereinzelt die Auszahlung einer durch Entgeltumwandlung finanzierten Direktversicherung vom Arbeitgeber. Mangels Kenntnis der rechtlichen Hintergründe gehen Arbeitnehmer davon aus, es handele sich um „ihre" Versicherung bzw. „ihr" Geld, auf das man bei Bedarf auch Zugriff hat. Zur Auszahlung ist allerdings die Zustimmung des Arbeitgebers notwendig. Fraglich ist, ob der Arbeitgeber bei berechtigtem Interesse des Arbeitnehmers einer Abfindung zustimmen muss. Das BAG (26.4.2018 – 3 AZR 586/16) hat dies verneint: Zwar müssen die Interessen des Arbeitnehmers berücksichtigt werden, jedoch darf der Arbeitgeber „sozialpolitische Erwägungen" einbeziehen. Und hier gilt: Der Gesetzgeber will, dass die bAV als ergänzende Altersversorgung – auch im Interesse des Arbeitnehmers – erhalten bleibt. Arbeitgeber können also beim Abfindungswunsch auf das BAG-Urteil verweisen, wenn sie keine Abfindung wünschen. Im Fall wurde vom Arbeitnehmer allerdings die gewünschte Abfindung nur mit einer „abstrakten Gefahr" (ggf. Kündigung des Baudarlehens durch die Bank) begründet. Es wurde keine akute Notlage vorgetragen. Das BAG lässt es „dahinstehen", ob es bei einer akuten Notlage zu einem anderen Ergebnis bei der Interessenabwägung gekommen wäre.

Bevor ein Arbeitgeber dem Abfindungswunsch eines Arbeitnehmers nachkommt, 101
sollte er sich erkundigen, ob im Falle eines externen Durchführungsweges eine Auf-

lösung des Vertrages überhaupt zulässig ist. Direktversicherungen sind je nach Tarif vielleicht nicht rückkaufsfähig oder der Vertrag wurde vertraglich mit einem unwiderruflichen Rückkaufsverbot belegt. Das ist sehr häufig dann der Fall, wenn die Versicherung bereits beim Vorarbeitgeber abgeschlossen wurde und von diesem beim Ausscheiden im Rahmen des versicherungsvertraglichen Verfahrens „mitgegeben" wurde.

Zahlt ein Arbeitgeber eine Abfindung im laufenden Arbeitsverhältnis oder veranlasst er den Versorgungsträger zur Zahlung einer Abfindung, so unterliegt die Abfindung derselben steuerlichen Behandlung wie die ursprünglich vorgesehene Versorgungsleistung. Bei einer Direktversicherung nach § 3 Nr. 63 EStG ist der Abfindungsbetrag somit als sonstige Einkünfte nach § 22 Nr. 5 EStG zu versteuern. Sozialversicherungsrechtlich gilt die Abfindung als Versorgungsbezug.

Übersicht: Abfindungsgrenzen 2021 nach § 3 BetrAVG

Im laufenden Arbeitsverhältnis	**Unverfallbar Ausgeschiedene**		**Rentner mit Rentenbeginn vor 2005**	**Rentner mit Rentenbeginn ab 2005**	
Beliebig	West	Ost	beliebig	West	Ost
	Renten: 32,90 € Kapital: 3.948 €	Renten: 31,15 € Kapital: 3.738 €		Renten: 32,90 €	Renten: 28,70 €
Basis: Bezugsgröße nach § 18 SGB IV für 2021: 3.290 € (West), 3.115 € (Ost)					

Tab. 2: Übersicht: Abfindungsgrenzen 2021 nach § 3 BetrAVG

Höhe der Abfindung

Die Höhe der Abfindung entspricht bei Unterstützungskassen oder Pensionszusagen dem Barwert des unverfallbaren Anspruches. Bei der Berechnung sind die Rechnungsgrundlagen und die anerkannten Regeln der Versicherungsmathematik anzuwenden. Bei der Direktversicherung, der Pensionskasse und dem Pensionsfonds entspricht die Abfindung dem gebildeten Kapital zum Zeitpunkt der Abfindung (§ 3 Abs. 5 i.V.m. § 4 Abs. 5 BetrAVG).

Die Vorschriften zur Berechnung der Abfindung sind im Gesetz nicht eindeutig. Deshalb empfiehlt es sich auf jeden Fall, bereits in der Versorgungszusage die Berechnung eines eventuellen Abfindungsbetrages exakt zu definieren. Üblicherweise wird man bei versicherungsfinanzierten Durchführungswegen den Rückkaufswert der jeweiligen Versicherung als Abfindungsbetrag zusagen.

Bei der Abfindung einer Direktversicherung ist unbedingt darauf zu achten, dass nicht nur der Versicherungsvertrag gekündigt wird, sondern dass zusätzlich zwischen Arbeitgeber und Arbeitnehmer vereinbart wird, dass mit Auszahlung des Rückkaufswertes auch die zugrunde liegende Zusage erlischt. Darüber hinaus sollte dokumentiert werden, dass der Arbeitnehmer z.B. auch darauf hingewiesen wurde, dass bei

Neuabschluss einer Direktversicherung die ursprünglichen Rechnungsgrundlagen des gekündigten Vertrags nicht mehr greifen und die Auszahlung des Rückkaufswerts dem Grunde nach steuer- und sozialversicherungspflichtig ist.

Abfindung trotz Abfindungsverbot

Wird eine Abfindung trotz Abfindungsverbot vorgenommen, so liegt ein Gesetzesverstoß vor. Die Abfindung ist deshalb nach § 134 BGB nichtig. Der Arbeitnehmer kann bei Eintritt des Versorgungsfalles die Leistungen nochmals verlangen. Eine Rückforderung der gezahlten Abfindung durch den Arbeitgeber ist aufgrund § 817 BGB nicht möglich, da durch die Abfindung gegen ein gesetzliches Verbot verstoßen wurde (vgl. BAG, Urteil vom 23.4.1968). 102

Das Abfindungsverbot gilt auch, wenn der Arbeitnehmer im Rahmen eines Aufhebungsvertrages das Unternehmen verlässt. Am 17.6.2014 hatte das BAG über einen solchen Fall zu entscheiden (3 AZR 412/13). Hier wurde ein Arbeitnehmer fristlos entlassen. Gegen Rücknahme der Kündigungsschutzklage vereinbarten die Parteien einen Aufhebungsvertrag, der gegen die Zahlung einer Abfindung ausdrücklich auch den Verzicht auf die bAV-Anwartschaft enthielt. Trotzdem forderte der Arbeitnehmer später seine Rente und bekam Recht. Die Richter sahen das Verlangen der Rente durch den Arbeitnehmer auch nicht als rechtsmissbräuchlich an.

Vor Zahlung einer Abfindung sollte deshalb stets genau geprüft werden, ob die gesetzlichen Voraussetzungen erfüllt sind. Insbesondere bei rückgedeckten Pensionszusagen besteht häufig der Wunsch, die Ansprüche des ausgeschiedenen Arbeitnehmers durch Mitgabe der Rückdeckungsversicherung abzugelten. Hierbei ist zu beachten, dass die „Mitgabe der Versicherung" arbeitsrechtlich eine Abfindung ist. Wenn der Wert der Versicherung nicht dem gesetzlich vorgeschriebenen Mindestbetrag entspricht, kann der Arbeitnehmer den Differenzbetrag auch später noch geltend machen.

2.6.2 Übernahme bzw. Übertragung einer Versorgung durch/auf einen neuen Arbeitgeber

Wechselt ein Arbeitnehmer während seines Berufslebens mehrmals nach Erreichen der Unverfallbarkeit den Arbeitgeber, so erhält er im Alter auch mehrere relativ kleine Betriebsrenten. Um Arbeitgebern und Arbeitnehmern zu ermöglichen, dies zu verhindern, hat der Gesetzgeber in § 4 BetrAVG verschiedene Möglichkeiten zur Übernahme bzw. Übertragung unverfallbarer Anwartschaften und laufender Leistungen durch bzw. auf einen neuen Versorgungsträger geschaffen. 103

Übernimmt der neue Arbeitgeber die Versorgung, so steigt er vollumfänglich in die beim Vorarbeitgeber bestehende Zusage ein und führt diese unverändert weiter. Dabei bleibt u.a. auch das ursprüngliche Zusagedatum unverändert und der neue Arbeitgeber haftet auch für Fehler, die der Vorarbeitgeber bei der Versorgung in der Vergangenheit gemacht hat.

Wird lediglich das beim Vorarbeitgeber gebildete Versorgungskapital auf die Versorgungseinrichtung des neuen Arbeitgebers übertragen, dann haftet der neue Arbeitgeber nur dafür, dass er für das übernommene Versorgungskapital eine dem Kapital wertgleiche Zusage erteilt. Es handelt sich dabei um eine neue Zusage des neuen Arbeitgebers mit aktuellem Zusagedatum.

Die Möglichkeit einer Übernahme oder Übertragung besteht nur bei ausgeschiedenen Arbeitnehmern. Im laufenden Arbeitsverhältnis ist eine Übernahme oder Übertragung auf einen anderen Versorgungsträger nicht mit schuldbefreiender Wirkung möglich. Denn § 1 Abs. 1 S. 3 BetrAVG legt ja gerade fest, dass der Arbeitgeber auch bei Auslagerung der Versorgung stets für die Erfüllung haftet.

Achtung: Bei der sog. Übertragung von Pensionszusagen auf einen Pensionsfonds handelt es sich i.d.R. nicht um eine Übertragung i.S.d. § 4 BetrAVG, denn der Pensionsfonds wird vom selben Arbeitgeber eingerichtet, der auch die ursprünglichen Pensionszusagen erteilt hatte. Es wird lediglich der Durchführungsweg gewechselt.

104 **Übernahme durch den neuen Arbeitgeber**

Eine Übernahme der Versorgung eines ausgeschiedenen Arbeitnehmers kann nur durch den neuen Arbeitgeber erfolgen. Nur bei Liquidation des alten Arbeitgebers kann die Versorgung auch von einer Pensionskasse oder einem Versicherer übernommen werden.

Eine wirksame Übernahme ist nur möglich, wenn ihr alle Beteiligten zustimmen. Zumindest der neue Arbeitgeber ist in der Praxis aber nur selten bereit, eine Verpflichtung zu übernehmen, die er inhaltlich nicht selbst gestalten konnte und deren Risiken er oft nicht ausreichend beurteilen kann. Deshalb kommen Übernahmen (außer bei Direktversicherungen und Pensionskassenverträgen) meist nur bei Arbeitgeberwechseln innerhalb von Konzernen vor.

§ 4 BetrAVG: Übertragung

(1) Unverfallbare Anwartschaften und laufende Leistungen dürfen nur unter den Voraussetzungen der folgenden Absätze übertragen werden.

(2) Nach Beendigung des Arbeitsverhältnisses kann im Einvernehmen des ehemaligen mit dem neuen Arbeitgeber sowie dem Arbeitnehmer

1. *die Zusage vom neuen Arbeitgeber übernommen werden oder*
2. *der Wert der vom Arbeitnehmer erworbenen unverfallbaren Anwartschaft auf betriebliche Altersversorgung (Übertragungswert) auf den neuen Arbeitgeber übertragen werden, wenn dieser eine wertgleiche Zusage erteilt; für die neue Anwartschaft gelten die Regelungen über Entgeltumwandlung entsprechend.*

Übernahme bei Liquidation

105 Soll ein Unternehmen liquidiert werden, so ist dies nur möglich, wenn zuvor alle Versorgungsverpflichtungen auf einen anderen Versorgungsträger ausgelagert werden. Deshalb ermöglicht der Gesetzgeber in diesem Fall auch die Übernahme der Ver-

sorgung durch ein Lebensversicherungsunternehmen oder eine Pensionskasse. Allerdings muss sichergestellt sein, dass sämtliche Überschussanteile ab Rentenbeginn zur Erhöhung der laufenden Rente verwendet werden und dass der unverfallbar ausgeschiedene Arbeitnehmer keinen vorzeitigen Zugriff auf die Versicherungsleistung hat. Die Übernahme und der notwendige Versicherungsabschluss können theoretisch sogar ohne Zustimmung des Arbeitnehmers vorgenommen werden.

§ 4 Abs. 4 BetrAVG: Übertragung

(4) Wird die Betriebstätigkeit eingestellt und das Unternehmen liquidiert, kann eine Zusage von einer Pensionskasse oder einem Unternehmen der Lebensversicherung ohne Zustimmung des Arbeitnehmers oder Versorgungsempfängers übernommen werden, wenn sichergestellt ist, dass die Überschussanteile ab Rentenbeginn entsprechend § 16 Abs. 3 Nr. 2 verwendet werden. […] § 2 Abs. 2 Satz 4 bis 6 gilt entsprechend.

Bei der Übernahme einer Versorgung im Rahmen der Liquidation eines Unternehmens durch ein Lebensversicherungsunternehmen übernimmt der Versicherer neben der reinen Leistungsverpflichtung zusätzlich auch die Pflicht des Arbeitgebers zur Verwaltung und Auszahlung der Leistung, einschließlich der Abführung der Lohnsteuer bei Rentenbezug. Hierfür erhebt der Versicherer entweder ein zusätzliches Honorar oder kalkuliert dieses in den Versicherungsbeitrag ein.

Bereits bestehende alte Versicherungsverträge können in der Praxis meist nicht in eine Liquidationsversicherung umgewandelt werden. Das gilt insb. für Altverträge mit einem hohen Rechnungszins. Arbeitsrechtlich ist das durchaus nachvollziehbar. Bei der Liquidationsversicherung hat der ehemalige Arbeitnehmer lediglich einen Anspruch auf Rentenanpassung in Höhe der Überschussbeteiligung der Versicherung. Akzeptiert der Versicherer einen Altvertrag als Liquidationsversicherung, so sorgt er gezielt dafür, dass der Arbeitnehmer eine geringere Rentenanpassung als bei einem aktuellen Tarif erhält. Die Ersparnis daraus erhält der Arbeitgeber, weil er einen geringeren Einmalbeitrag zahlen muss. Das Risiko, dass der Rentner dagegen erfolgreich klagt, trägt aber der Versicherer.

Übernahme einer Direktversicherung oder eines Pensionskassenvertrages

Wie bereits oben erwähnt, wird der neue Arbeitgeber i.d.R. nicht bereit sein, die 106
Versorgungsverpflichtung des Vorarbeitgebers mit allen Rechten und Pflichten zu übernehmen. Eine Ausnahme besteht hier – vermutlich aus Unwissenheit der Arbeitgeber in der Vergangenheit – für Direktversicherungen und Pensionskassenverträge. Diese Verträge wurden üblicherweise problemlos durch einen Wechsel der Versicherungsnehmer-Eigenschaft vom alten auf den neuen Arbeitgeber von diesem übernommen. Dabei tritt der neue Arbeitgeber aber nicht nur in den vorhandenen Versicherungsvertrag ein, sondern in vollem Umfang auch in die bisherige Versorgungszusage des Vorarbeitgebers und übernimmt auch eventuelle Risiken der Versorgung, die durch Fehler des alten Arbeitgebers, z.B. bei Vertragsabschluss, gemacht wurden.

Beispiel

Diese Risiken stecken typischerweise in übernommenen Direktversicherungen:

Arbeitgeberzuschuss

Zahlte der Vorarbeitgeber einen Zuschuss zur Entgeltumwandlung, so ist auch der neue Arbeitgeber dazu verpflichtet – es sei denn, dies wird ausdrücklich ausgeschlossen. Allein die Tatsache, dass der Arbeitnehmer den Zuschuss nicht aktiv einfordert, befreit den neuen Arbeitgeber nicht von seiner Pflicht. Denn der aus der Nichtzahlung des Zuschusses entstehende Schaden entsteht erst in Form der geringeren Versorgung im Leistungsfall und kann auch dann noch vom Arbeitnehmer geltend gemacht werden.

Überraschende Klauseln

Enthält die Vereinbarung mit dem Vorarbeitgeber überraschende Klauseln zum Nachteil des Arbeitnehmers, so muss auch hierfür der neue Arbeitgeber haften, wenn er diese Vereinbarung übernimmt und weiterführt. Denkbar ist z.B., dass der Arbeitnehmer bei Abschluss nicht auf die Nachteile der Entgeltumwandlung hingewiesen wurde: volle Versteuerung im Alter, Verlust an gesetzlichen Rentenansprüchen, Beiträge zur Kranken- und Pflegeversicherung in der Leistungsphase oder die fehlende Vererbbarkeit der Leistungen. Überraschende Klauseln können sich auch aus den Versicherungsbedingungen ergeben, die typischerweise Bestandteil der Vereinbarung zwischen Arbeitgeber und Arbeitnehmer sind.

Berufsunfähigkeitsabsicherung

Vor allem wenn ein Berufsunfähigkeitsschutz mitversichert ist, sind ggf. überraschende Klauseln vorhanden, denn kaum ein Arbeitnehmer macht sich vor Vertragsabschluss die Mühe, die Versicherungsbedingungen zu studieren. Vielen Arbeitnehmern ist z.B. nicht bewusst, dass die BU-Rente nicht lebenslang gezahlt wird, sondern nur bis zum Beginn der Altersrente, teilweise sogar nur bis zum 62. Lebensjahr. Und auch der weitgehende Wegfall des Schutzes, sobald kein Beitrag mehr gezahlt wird, ist für viele Arbeitnehmer überraschend, weil sie bei Abschluss nicht explizit darauf hingewiesen wurden. Stellt z.B. ein Arbeitnehmer während der Elternzeit seinen Vertrag „beitragsfrei" und wird anschließend berufsunfähig, so muss der Arbeitgeber im schlimmsten Fall vollständig für den erdienten Teil der BU-Rente aufkommen.

Beitragszusage mit Mindestleistung

Bringt der neue Arbeitnehmer eine Fondspolice als Beitragszusage mit Mindestleistung mit, so haftet der neue Arbeitgeber dafür, dass im Leistungsfall mindestens die eingezahlten Beiträge (abzüglich Risikobeiträge) zur Verfügung stehen. Das gilt nicht nur für den planmäßigen Rentenbeginn, sondern auch bei vorzeitigem Rentenbeginn und unabhängig davon, ob die Beiträge bis zum Ablauf gezahlt wurden oder ob der Vertrag schon nach einigen Jahren beitragsfrei gestellt wurde. Aber genau für diese Fälle greifen die allermeisten Garantiezusagen der am Markt angeboten Fondspolicen nicht.

Falsche Vertragsgestaltung

Selbst wenn ein Arbeitnehmer die Police eines renommierten bAV-Versicherers mitbringt, können darin Fehler enthalten sein. So kann z.B. der Anspruch eines vorzeitig ausscheidenden Arbeitnehmers nur dann auf den Wert der Versicherungs-Police reduziert werden (versicherungsförmige Lösung), wenn alle Überschüsse ab Beginn der Versicherung ausschließlich zur Leistungserhöhung verwendet werden. Wurden die Überschüsse zur Reduzierung des Beitrags eingesetzt, so schuldet der Arbeitgeber dem unverfallbar ausscheidenden Arbeitnehmer den zeitratierlich erdienten Teil der vollen Versorgung – unabhängig davon, welchen Wert die Police hat.

Benennung der Bezugsberechtigten

Überraschend häufig stimmen die dem Versicherer benannten Bezugsberechtigten im Todesfall nicht mit denen überein, die der Arbeitnehmer eigentlich im Falle des Todes versorgen möchte. Häufig wurden vom Arbeitnehmer aber auch Personen benannt, die nach den Vertragsbedingungen gar nicht berechtigt sein können. Das kann nicht nur zu steuerlichen Problemen führen, sondern auch zu erheblichem Ärger im Leistungsfall, der auf dem Rücken des Arbeitgebers ausgetragen wird. Denn er ist Vertragspartner des Versicherers und des verstorbenen Arbeitnehmers.

Zusätzlicher Verwaltungsaufwand

Nicht zu unterschätzen ist auch der zusätzliche Verwaltungsaufwand für den neuen Arbeitgeber, wenn er zahlreiche Versicherungen bei verschiedenen Gesellschaften und mit unterschiedlichen Tarifen hat. Diese „Fremdverträge" werden i.d.R. weder vom ehemaligen Vermittler noch vom Versicherungsvermittler des neuen Arbeitgebers betreut. Gerade der gesetzliche Arbeitgeberzuschuss nach § 1a Abs. 1a BetrAVG zeigt dies deutlich: Für Entgeltumwandlungsvereinbarung mit Abschluss vor 2019 muss gem. § 26a BetrAVG erst ab 2022 der Zuschuss geleistet werden. Hat ein Arbeitgeber verschiedene Direktversicherungen übernommen, muss er bei jedem Anbieter einzeln anfragen, ob und, wenn ja, in welchem Umfang ein Arbeitgeberzuschuss zusätzlich in den bestehenden Vertrag eingezahlt werden kann.

Die einzige in der Praxis risikofreie Möglichkeit für Arbeitgeber besteht darin, eine Weiterführung mitgebrachter Verträge generell abzulehnen. Das führt aber bei klassischen Direktversicherungen dazu, dass der Arbeitnehmer „seinen Garantiezins" von bis zu 4 % p.a. verliert. Allerdings sind das auch genau die Tarife, bei denen der Arbeitgeber haftet, wenn der Versicherer die hohe Verzinsung nicht mehr erbringen kann und seine Leistungen reduziert, wie dies bei einigen Pensionskassen bereits der Fall ist.

Portabilitätscheck

Um den Arbeitgeber zumindest vor den wichtigsten Risiken einer Weiterführung zu schützen, bieten einige bAV-Beratungsunternehmen sog. Portabilitätschecks an. Das funktioniert z.B. so: Der Arbeitnehmer füllt einen einfachen Fragenbogen zu seiner bestehenden Entgeltumwandlung aus und schickt diesen gemeinsam mit einer Kopie der Police an den Berater. Der Berater analysiert zunächst die Police und schickt einen weiteren einfachen Fragebogen an das Versicherungsunternehmen. Liegen alle Informationen vor, werden die wichtigsten Risiken systematisch geprüft. Schwerpunkt der Prüfung ist dabei nicht nur der Versicherungstarif, sondern v.a. die zugehörigen Vereinbarungen und Erklärungen. Manche Schwachpunkte, z.B. Unklarheiten bei der Benennung des Bezugsberechtigten, lassen sich leicht beheben, was zukünftigen Ärger bzw. Missverständnisse vermeidet. Bei anderen Risiken geht das wiederum nicht. Das Ergebnis-Gutachten gibt eine konkrete Empfehlung ab, ob die Police vom neuen Arbeitgeber mit vertretbaren Risiken weitergeführt werden kann oder nicht.

Kommt es zu einer Weiterführung, so sollte der Arbeitgeber dringend eine sorgfältig formulierte Umwandlungsvereinbarung mit dem Arbeitnehmer schließen, in der die Vereinbarung mit dem Vorarbeitgeber ausdrücklich außer Kraft gesetzt wird.

Übertragung des Versorgungskapitals auf einen neuen Arbeitgeber

107 Um die Weiterführung einer bestehenden Versorgung beim neuen Arbeitgeber zu erleichtern, hat der Gesetzgeber in § 4 Abs. 2 BetrAVG die Möglichkeit geschaffen, anstelle der Übernahme der gesamten Versorgung nur das vorhandene Versorgungskapital vom alten auf den neuen Arbeitgeber und in dessen Durchführungsweg zu übertragen.

§ 4 BetrAVG: Übertragung

(1) Unverfallbare Anwartschaften und laufende Leistungen dürfen nur unter den Voraussetzungen der folgenden Absätze übertragen werden.

(2) Nach Beendigung des Arbeitsverhältnisses kann im Einvernehmen des ehemaligen mit dem neuen Arbeitgeber sowie dem Arbeitnehmer

1. *die Zusage vom neuen Arbeitgeber übernommen werden oder*
2. *der Wert der vom Arbeitnehmer erworbenen unverfallbaren Anwartschaft auf betriebliche Altersversorgung (Übertragungswert) auf den neuen Arbeitgeber übertragen werden, wenn dieser eine wertgleiche Zusage erteilt; für die neue Anwartschaft gelten die Regelungen über Entgeltumwandlung entsprechend.*

[...]

Rein nach dem Gesetzeswortlaut ist eine einvernehmliche Übertragung von einer tarifvertraglichen Beitragszusage oder auf eine tarifvertragliche Beitragszusage von § 4 Abs. 2 BetrAVG nicht erfasst, denn in der Vorschrift werden als mögliche einvernehmliche Vertragspartner nur die beiden Arbeitgeber sowie der Arbeitnehmer genannt. Diese strenge Auslegung wird aber vermutlich vom Gesetzgeber nicht gewollt sein, da die Übertragungsmöglichkeiten im Rahmen des Rechts auf Übertragung deutlich weiter gefasst wurden. In der Praxis ist es deshalb vorstellbar, dass es zukünftig auch Übertragungen zwischen den herkömmlichen Durchführungswegen und der neuen tarifvertraglichen Beitragszusage geben wird.

Mit der Übertragung des Versorgungskapitals erlischt die Zusage des alten Arbeitgebers. Der neue Arbeitgeber errechnet aus dem „mitgebrachten“ Versorgungskapital nach seinen Versorgungsregeln eine wertgleiche Zusage. Für die Wertgleichheit ist lediglich das Verhältnis zwischen dem mitgebrachten Versorgungskapital und dem Wert der Zusage beim neuen Arbeitgeber relevant. Die so entstehende Versorgung gilt als Entgeltumwandlung und unterliegt somit auch dem sofortigen Insolvenzschutz durch den PSVaG. Für Übertragungswerte bis zur Beitragsbemessungsgrenze in der gesetzlichen Rentenversicherung verzichtet der PSVaG sogar auf die sonst für neue Zusagen übliche Wartezeit von zwei Jahren ab Erteilung der Zusage (§ 7 Abs. 5 Nr. 2 BetrAVG).

Im Unterschied zur Übernahme liegt bei der Übertragung keine Weiterführung der alten Zusage vor, sondern eine vom neuen Arbeitgeber neu erteilte Zusage unter Anrechnung des mitgebrachten Kapitals (= Einmalbeitrag). Der neue Arbeitgeber haftet somit nicht für etwaige Fehler des Vorarbeitgebers. Diese Tatsache erleichtert die Mitnahme von Versorgungsansprüchen zum neuen Arbeitgeber ganz erheblich, denn jeder Arbeitgeber, der seinen Arbeitnehmern eine bAV anbietet, wird in der Praxis auch bereit sein, zusätzliche Einzahlungen von Versorgungskapital vom Vorarbeitgeber anzunehmen.

Die Übertragung des Versorgungskapitals ist für den Arbeitgeber weitgehend risikolos, da eine neue Zusage und ein neuer Versicherungsvertrag eingerichtet werden. Der Arbeitnehmer hat aber einen entscheidenden Nachteil: Der neue Vertrag wird zu den aktuellen Rechnungsgrundlagen des Versicherers für Neuabschlüsse abgeschlossen. Der Arbeitnehmer verliert dadurch seinen bisherigen hohen Rechnungszins und muss einen neuen Vertrag mit einem niedrigen Garantiezins abschließen. Aus diesem Grund entschließen sich letztlich viele Arbeitnehmer für die Variante, nach Ausscheiden den Vertrag mit privaten Beiträgen fortzuführen oder ihn einfach beitragsfrei stehen zu lassen.

Berechnung des Übertragungswerts

Bei einer Pensionszusage und einer Unterstützungskasse entspricht der Übertragungswert bzw. das Versorgungskapital dem Barwert des unverfallbaren Anspruches des Arbeitnehmers. Bei seiner Berechnung gelten die „Rechnungsgrundlagen“ sowie die anerkannten Regeln der Versicherungsmathematik. Diese Definition ist allerdings nicht eindeutig. 108

Um spätere Streitigkeiten hinsichtlich der Anspruchshöhe zu vermeiden, sollte die detaillierte Berechnung der Übertragungswerte bereits in der Versorgungsordnung festgelegt werden. Bei rückgedeckten Versorgungen, deren Höhe sich an der Leistung der Versicherung orientiert, sollte der Übertragungswert als Zeitwert der Versicherung zum Übertragungszeitpunkt definiert werden. Das ist der Betrag, den der Versicherer bei der Übertragung zur Verfügung stellen kann.

§ 4 Abs. 5 und 6 BetrAVG: Übertragung

(5) Der Übertragungswert entspricht bei einer unmittelbar über den Arbeitgeber oder über eine Unterstützungskasse durchgeführten betrieblichen Altersversorgung dem Barwert der nach § 2 bemessenen künftigen Versorgungsleistung im Zeitpunkt der Übertragung; bei der Berechnung des Barwerts sind die Rechnungsgrundlagen sowie die anerkannten Regeln der Versicherungsmathematik maßgebend. Soweit die betriebliche Altersversorgung über einen Pensionsfonds, eine Pensionskasse oder eine Direktversicherung durchgeführt worden ist, entspricht der Übertragungswert dem gebildeten Kapital im Zeitpunkt der Übertragung.

(6) Mit der vollständigen Übertragung des Übertragungswerts erlischt die Zusage des ehemaligen Arbeitgebers.

Bei den Durchführungswegen Direktversicherung, Pensionsfonds und Pensionskasse entspricht der Übertragungswert dem Wert der Versicherung zum Übertragungszeitpunkt. Das gilt allerdings nur, soweit der Wert der Versicherung auch mindestens den unverfallbaren Anspruch des ausscheidenden Arbeitnehmers abdeckt. Das ist i.d.R. der Fall. Hat ein Arbeitgeber aber z.B. nicht alle Voraussetzungen für das versicherungsvertragliche Verfahren erfüllt, so kann der unverfallbare Anspruch einen höheren Wert haben als der Übertragungswert der Versicherung. Der übersteigende Anspruch geht aber nicht auf den neuen Arbeitgeber über, sondern verbleibt beim Vorarbeitgeber.

Arbeitnehmer-Recht auf Übertragung

109 Für alle Zusagen, die ab 2005 erteilt wurden, steht dem Arbeitnehmer unter bestimmten Voraussetzungen das Recht zu, die Übertragung seiner Versorgung vom alten Arbeitgeber auf den neuen Arbeitgeber zu verlangen. Wurde eine Direktversicherung oder Pensionskassenversorgung zuvor im Rahmen des versicherungsvertraglichen Verfahrens bereits auf den Arbeitnehmer übertragen, so richtet sich der Anspruch unmittelbar gegen den Versorgungsträger. Es kann also in der Praxis vorkommen, dass z.B. eine Direktversicherung bei Ausscheiden zunächst auf den Arbeitnehmer übertragen wird (i.d.R. durch einen Versicherungsnehmer-Wechsel) und dieser Arbeitnehmer kurz darauf vom Versicherer verlangt, den Wert der Versicherung auf einen Versorgungsträger des neuen Arbeitgebers zu übertragen. Bei der tarifvertraglichen Beitragszusage richtet sich das Recht auf Übertragung ebenfalls gegen die Versorgungseinrichtung.

§ 4 Abs. 3 BetrAVG: Übertragung

(3) Der Arbeitnehmer kann innerhalb eines Jahres nach Beendigung des Arbeitsverhältnisses von seinem ehemaligen Arbeitgeber verlangen, dass der Übertragungswert auf den neuen Arbeitgeber oder auf die Versorgungseinrichtung nach § 22 des neuen Arbeitgebers übertragen wird, wenn

1. *die betriebliche Altersversorgung über einen Pensionsfonds, eine Pensionskasse oder eine Direktversicherung durchgeführt worden ist und*
2. *der Übertragungswert die Beitragsbemessungsgrenze in der allgemeinen Rentenversicherung nicht übersteigt.*

Der Anspruch richtet sich gegen den Versorgungsträger, wenn die versicherungsförmige Lösung nach § 2 Absatz 2 oder 3 vorliegt oder soweit der Arbeitnehmer die Versicherung oder Versorgung mit eigenen Beiträgen fortgeführt hat. Der neue Arbeitgeber ist verpflichtet, eine dem Übertragungswert wertgleiche Zusage zu erteilen und über einen Pensionsfonds, eine Pensionskasse oder eine Direktversicherung durchzuführen. Für die neue Anwartschaft gelten die Regelungen über Entgeltumwandlung entsprechend. Ist der neue Arbeitgeber zu einer Durchführung über eine Versorgungseinrichtung nach § 22 bereit, ist die betriebliche Altersversorgung dort durchzuführen; die Sätze 3 und 4 sind in diesem Fall nicht anzuwenden.

§ 22 Abs. 3 BetrAVG: Arbeitnehmer und Versorgungseinrichtung

(3) Der Arbeitnehmer hat gegenüber der Versorgungseinrichtung das Recht,

1. *nach Beendigung des Arbeitsverhältnisses*

a) die Versorgung mit eigenen Beiträgen fortzusetzen oder

b) innerhalb eines Jahres das gebildete Versorgungskapital auf die neue Versorgungseinrichtung, an die Beiträge auf der Grundlage einer reinen Beitragszusage gezahlt werden, zu übertragen,

2. [...]

Das Übertragungsrecht des Arbeitnehmers gilt nach § 4 BetrAVG nur für die Durchführungswege Pensionskasse, Direktversicherung und Pensionsfonds und auch nur, wenn der Wert dieser Verträge nicht oberhalb der Beitragsbemessungsgrenze in der gesetzlichen Rentenversicherung liegt. Liegt der Übertragungswert über diesem Wert (2021: 85.200 € West), so entfällt das Recht des Arbeitnehmers. Der Arbeitnehmer kann in diesem Fall auch keine teilweise Übertragung verlangen.

Bei der neuen tarifvertraglichen Beitragszusage gilt das Übertragungsrecht unabhängig von der Höhe des Kapitals. Das Recht steht dem ausscheidenden Arbeitnehmer direkt gegenüber der Versorgungseinrichtung zu. Allerdings kann er nur eine Übertragung auf eine andere Versorgungseinrichtung mit Beitragszusage verlangen. Vom Gesetzeswortlaut nicht gedeckt, aber u.E. in der Praxis ebenfalls zulässig wäre auch die Weiterführung bei derselben Versorgungseinrichtung, aber mit Beitragszahlung durch einen neuen Arbeitgeber.

Der Arbeitnehmer muss sich innerhalb eines Jahres nach dem Ausscheiden entscheiden, ob er die Übertragung verlangen will. Der Arbeitgeber hat keine Möglichkeit, einen ausscheidenden Arbeitnehmer zur Übertragung zu zwingen.

Deckungskapitalübertragungsabkommen

Um den Möglichkeiten der Übertragung des Versorgungskapitals gerecht zu werden, hat die Versicherungsbranche ein „Abkommen zur Übertragung von Direktversicherungen oder Versicherungen in einer Pensionskasse bei Arbeitgeberwechsel" beschlossen (aktuelle Version Stand 19.6.2015). Diesem Abkommen sind nahezu alle Versicherungsunternehmen und zahlreiche überbetriebliche Pensionskassen beigetreten. Sofern der ehemalige und der neue Arbeitgeber ihre Direktversicherungen oder Pensionskassenverträge bei Mitgliedsunternehmen durchführen, die dem Abkommen angehören, erfolgt auf Antrag eine kostenfreie Übertragung des Versorgungskapitals ohne Stornoabzug auf den neuen Versicherer (bzw. die neue Pensionskasse); vorausgesetzt der Antrag wird innerhalb von 15 Monaten nach dem Ausscheiden des Arbeitnehmers gestellt. Der neue Versicherer erhebt außerdem keine neuen Abschlusskosten. Bei unveränderten versicherten Risiken ist auch keine neue Gesundheitsprüfung des Arbeitnehmers notwendig. Somit ist sichergestellt, dass nahezu jede Direktversicherung/jeder Pensionskassenvertrag zum neuen Arbeitgeber mitgenommen werden kann, ohne dass der neue Arbeitgeber für die Vertragsgestaltung des Vorarbeitgebers haften muss.

In der Praxis dauert die Übertragung des Versorgungskapitals aber häufig mehrere Monate, gelegentlich sogar mehr als ein Jahr. Denn es muss nicht nur das Kapital auf den neuen Versicherer übertragen werden, sondern der neue Versicherer benötigt zahlreiche zusätzliche Informationen vom Vorversicherer. So muss z.B. die steuerliche Behandlung der bisherigen Beiträge mitgeteilt werden, damit die spätere Leistung auch steuerlich korrekt ausgezahlt werden kann. Der Verzicht auf neue Abschlusskosten ist ebenfalls vom neuen Versicherer nicht immer leicht umzusetzen, denn die Tarifkalkulation beider Versicherer weicht u.U. erheblich voneinander ab.

Da der neue Versicherer einen neuen Vertrag abschließt, verwendet er hierfür auch die aktuellen Rechnungsgrundlagen, also einen Garantiezins von 0,9 % (in 2021) oder gar 0 % Zins (reine Beitragsgarantie). Das führt – je nachdem, wie lange die alte Versicherung bereits bestand – zu erheblichen Einbußen bei der Garantieleistung. Deshalb verzichten viele Arbeitnehmer auf die Übertragung. Sie stellen den alten Vertrag lieber beitragsfrei, um sich wenigstens auf die bisher eingezahlten Beiträge den bisherigen Garantiezins zu sichern. Allerdings führt der Neuabschluss eines Vertrages beim neuen Arbeitgeber i.d.R. auch zu neuen Abschlusskosten. Theoretisch müsste der Arbeitnehmer also vergleichen, ob der Zinsvorteil bei Beitragsfreistellung größer ist als der Nachteil neuer Abschlusskosten beim neuen Arbeitgeber. Diesen Vergleich kann der Arbeitnehmer aber in der Praxis selbst nicht vornehmen, da er weder die entsprechende Kalkulation des Versicherers nachvollziehen kann noch weiß, wie lange er beim neuen Arbeitgeber bleiben wird.

Praxistipp

Als Faustregel für die Entscheidung, einen Vertrag zu übertragen oder beitragsfrei zu stellen, ist folgende Überlegung hilfreich: Wenn die erwartete Gesamtverzinsung des neuen Versicherers inklusive der laufenden Überschüsse (d.h. ohne Schlussüberschüsse und Bewertungsreserven) über der Garantieverzinsung des Altvertrags liegt, dann lohnt sich eine Übertragung des Deckungskapitals i.d.R. Das gilt insb. dann, wenn der Neuabschluss mit Abschlusskosten belastet ist. Außerdem kann man den Vertrag auch privat weiterführen, wenn eine Übertragung oder auch Beitragsfreistellung nicht gewünscht wird.

Steuerliche Besonderheiten der Übertragung

110 Die Übertragung des Versorgungskapitals auf einen anderen Versorgungsträger ist steuersystematisch eine Art Abfindung durch den alten Arbeitgeber, verbunden mit einer Wiedereinzahlung beim neuen Arbeitgeber. Deshalb gilt die Zusage des neuen Arbeitgebers auch als Neuzusage, die gegen Zahlung eines Einmalbeitrages (= Übertragungswert) und anschließender laufender Beiträge finanziert wird. Um die Übertragung aber zu fördern, hat der Gesetzgeber diese „steuerpflichtige Abfindung des Altvertrags“ in § 3 Nr. 55 EStG unter bestimmten Voraussetzungen steuerfrei belassen. Die Übertragung ist damit steuerneutral, wird also nicht durch steuerliche Hürden behindert. Details hierzu sind abhängig vom Durchführungsweg und werden unter dem jeweiligen Durchführungsweg beschrieben.

2.6.3 Widerruf der Versorgungszusage

Insbesondere bei arbeitgeberfinanzierten Versorgungen glauben viele Arbeitgeber, dass sie ihr Versorgungswerk jederzeit reduzieren oder sogar widerrufen können.

Um dies sicherzustellen, enthalten Versorgungsordnungen meist auch entsprechende Widerrufsvorbehalte.

Beispiel: Typischer Widerrufsvorbehalt in einer Versorgungsordnung

Die Firma behält sich vor, die zugesagten Leistungen zu kürzen oder einzustellen, wenn

a) die wirtschaftliche Lage des Unternehmens sich nachhaltig so wesentlich verschlechtert hat, dass ihm eine Aufrechterhaltung der zugesagten Leistungen nicht mehr zugemutet werden kann, oder
b) der Personenkreis, die Beiträge, die Leistungen oder das Pensionsalter bei der gesetzlichen Sozialversicherung oder anderen Versorgungseinrichtungen mit Rechtsanspruch sich wesentlich ändern, oder
c) die rechtliche, insbesondere die steuerrechtliche Behandlung der Aufwendungen, die zur planmäßigen Finanzierung der Versorgungsleistungen von der Firma gemacht werden oder gemacht worden sind, sich so wesentlich ändert, dass der Firma die Aufrechterhaltung der zugesagten Leistungen nicht mehr zugemutet werden kann, oder
d) der Pensionsberechtigte Handlungen begeht, die in grober Weise gegen Treu und Glauben verstoßen oder zu einer fristlosen Entlassung berechtigen würden.

Die Rechtsprechung hat allerdings schon vor Jahren klargestellt, dass Widerrufsvorbehalte die Möglichkeiten einer Verschlechterung nach der Drei-Stufen-Theorie nicht aushebeln dürfen. Diese Vorbehalte sind somit in der Praxis nahezu wirkungslos, denn bei Vorliegen sachlicher/triftiger/zwingender Gründe kann die Versorgung ohnehin reduziert werden.

Insbesondere der Vorbehalt eines Widerrufs der Zusage bei verhaltensbedingter fristloser Kündigung des Arbeitnehmers ist unwirksam. Das hat das BAG am 12.11.2013 entschieden (3 AZR 274/11). Das ist durchaus einleuchtend: Da eine fristlose Kündigung nur (sofortige) Auswirkungen für die Zukunft hat, müssen für einen Widerruf der bereits erdienten Teile einer Versorgung weitere Aspekte hinzukommen. Das wäre z.B. dann der Fall, wenn das Vergehen des Arbeitnehmers (das zur fristlosen Kündigung geführt hat) einen existenzbedrohenden Schaden beim Arbeitgeber verursacht hat oder wenn der Arbeitnehmer sich z.B. das Erreichen der Unverfallbarkeit nur durch ein „Vertuschen" schwerer Verfehlungen erschlichen hat. Vereinfacht ausgedrückt ist ein Widerruf wegen Fehlverhaltens nur dann möglich, wenn die zurückliegende Betriebszugehörigkeit durch das Fehlverhalten nachträglich als völlig wertlos erscheint.

2.7 Was ist bei Eintritt des Versorgungsfalles zu beachten?

2.7.1 Zahlung der Versorgungsleistungen

Tritt ein Versorgungsfall ein, so ist der Arbeitgeber verpflichtet, die versprochenen Versorgungsleistungen zu erbringen. Entsprechend dem gewählten Durchführungsweg muss er die Zahlungen selbst leisten oder er beauftragt hiermit einen externen Versorgungsträger. Bei der tarifvertraglichen Beitragszusage richtet sich der Anspruch des Arbeitnehmers ausschließlich gegen die Versorgungseinrichtung. Als Versorgungsfälle sind je nach Zusage Todesfall, Berufsunfähigkeit oder Erreichen der Altersgrenze möglich. Es kann jedoch auch vorkommen, dass ein Arbeitnehmer vor Erreichen der vereinbarten Altersgrenze vorzeitig in Ruhestand geht.

Vorzeitiger Ruhestand

111 Bezieht ein Arbeitnehmer bereits vor Erreichen der in der Versorgungszusage vorgesehenen festen Altersgrenze eine Altersrente aus der gesetzlichen Rentenversicherung, so hat er auch vorzeitig Anspruch auf die Leistungen aus der bAV. Voraussetzung ist allerdings, dass der Arbeitnehmer auch tatsächlich Altersrente in Form einer Vollrente nach § 42 SGB VI aus der gesetzlichen Rentenversicherung bezieht. Die Inanspruchnahme einer gesetzlichen Teilrente genügt nicht. Eine Teil- bzw. „Flexi-Rente" ist dann einschlägig, wenn der Arbeitnehmer aufgrund eines Hinzuverdienstes die erworbenen gesetzlichen Rentenansprüche nur z.T. ausgezahlt bekommt. Auch Vorruhestandszahlungen sowie Leistungen aus Befreiungsversicherungen begründen keinen Anspruch auf vorzeitige Leistungen der bAV, sofern der Arbeitgeber oder die Versorgungseinrichtung keine anderweitige Regelung festgelegt haben.

§ 6 BetrAVG: Vorzeitige Altersleistung

Einem Arbeitnehmer, der die Altersrente aus der gesetzlichen Rentenversicherung als Vollrente in Anspruch nimmt, sind auf sein Verlangen nach Erfüllung der Wartezeit und sonstiger Leistungsvoraussetzungen Leistungen der betrieblichen Altersversorgung zu gewähren. Fällt die Altersrente aus der gesetzlichen Rentenversicherung wieder weg oder wird sie auf einen Teilbetrag beschränkt, so können auch die Leistungen der betrieblichen Altersversorgung eingestellt werden. […]

§ 22 Abs. 3: Vorzeitige Altersleistung bei der tarifvertraglichen Beitragszusage

(3) Der Arbeitnehmer hat gegenüber der Versorgungseinrichtung das Recht

[…]

3. entsprechend § 6 vorzeitige Altersleistungen in Anspruch zu nehmen.

Allerdings steht dem Arbeitnehmer die vorzeitige Leistung nicht in voller Höhe zu. Das gilt auch dann, wenn der Arbeitnehmer die gesetzliche Rente für besonders langjährig Versicherte ab Alter 63 Jahre ohne Kürzung erhält. Sofern in der Versorgungsordnung keine Regelungen zur Kürzung der Altersversorgung bei vorzeitigem Rentenbeginn enthalten sind, kommt nur eine ratierliche Kürzung in Betracht. Wie bei der Berechnung unverfallbarer Ansprüche wird dabei die bis zum tatsächlichen Rentenbeginn abgeleistete Dienstzeit zur insgesamt bis zur Altersgrenze möglichen ins Verhältnis gesetzt und die volle Leistung entsprechend gekürzt. Diese Regelung berücksichtigt aber nur die geringere Betriebstreue des Arbeitnehmers. Die längere Rentenbezugsdauer einer vorzeitigen Altersrente bleibt unberücksichtigt. Es empfiehlt sich deshalb, in die Versorgungsordnung eine Bestimmung zur Kürzung der Leistung bei vorgezogenem Rentenbeginn aufzunehmen. Allerdings unterliegt auch eine solche Regelung der gerichtlichen Billigkeitskontrolle. Benachteiligt sie den Arbeitnehmer übermäßig, führt das u.U. zur Ungültigkeit der Regelung und somit lediglich zur ratierlichen Kürzung.

Sieht die Versorgungsordnung keine Regelung für den vorzeitigen Rentenbeginn vor, 112
so kommt es bei zuvor schon unverfallbar ausgeschiedenen Arbeitnehmern, die vorzeitig in den Ruhestand gehen, i.d.R. zu einer zweifachen ratierlichen Kürzung. Die erste Kürzung ergibt sich aus der Berechnung der Höhe des unverfallbaren Anspruches zum planmäßigen Rentenbeginn. Geht der zuvor schon Ausgeschiedene dann vorzeitig in Rente, so erfolgt nochmals eine zeitratierliche Kürzung.

Wenn es die Versorgungsordnung vorsieht, kann anstelle der zweiten zeitratierlichen Kürzung eine sog. versicherungsmathematische Kürzung vorgenommen werden, um auch die längere Rentenlaufzeit angemessen zu berücksichtigen.

In der Praxis ist eine Kürzung der monatlichen Altersrente um 0,3 % bis 0,6 % pro Monat der vorzeitigen Inanspruchnahme üblich.

Beispiel

Arbeitnehmer A und B haben seit Betriebseintritt (im Alter von 30 Jahren) eine Zusage auf 100 € monatliche Altersrente ab Alter 65 Jahre. Die Zusage enthält keine Regelung zur Kürzung der Versorgung bei vorzeitigem Rentenbeginn. B ist im Alter von 50 Jahren aus dem Unternehmen ausgeschieden. Beide Arbeitnehmer gehen mit 60 Jahren in den vorzeitigen Ruhestand.

Anspruch von A:

$$\frac{\text{Tatsächliche Betriebszugehörigkeit}}{\text{Erwartete Betriebszugehörigkeit}} \times 100\ € = \frac{30\ \text{Jahre}}{35\ \text{Jahre}} \times 100\ € = 85{,}70\ €$$

Abb. 7 Berechnung des Anspruchs

Anspruch von B:

1. Schritt: Berechnung des Unverfallbarkeitsfaktors

$$\frac{\text{Tatsächliche Betriebszugehörigkeit}}{\text{Erwartete Betriebszugehörigkeit}} = 0{,}5714$$

Abb. 8 Berechnung des Anspruchs

2. Schritt: Berechnung der erreichbaren vorgezogenen Altersrente

Berechnung wie bei Arbeitnehmer A: 85,70 €

3. Schritt: Berechnung der tatsächlichen vorgezogenen Altersrente

Erreichbare vorgezogene Altersrente × Unverfallbarkeitsfaktor = 85,70 € × 0,5714 = 48,97 €

Hätte der Arbeitgeber in seiner Zusage geregelt, dass die erreichbare Rente bei vorzeitiger Inanspruchnahme um 0,5 % pro Monat des vorzeitigen Bezugs gekürzt wird, dann wären folgende Rentenansprüche entstanden:

Kürzungsfaktor: 100 % – (60 Monate × 0,5 %) = 70 % bzw. Faktor 0,7

Tatsächliche Rente von A: 100 € × 0,7 = 70 €

Tatsächliche Rente von B: 100 € × 0,5714 × 0,7 = 40 €

Als weitere Variante wird in manchen Versorgungszusagen auch die doppelte Kürzung vereinbart: Im Fall z.B. des Arbeitnehmers A würde dabei der Vollanspruch um den Unverfallbarkeitsfaktor auf Basis der vorzeitigen Inanspruchnahme gekürzt (also 85,70 €) und auf den so gekürzten Vollanspruch wird dann noch eine Kürzung von 0,5 % pro Monat des vorzeitigen Bezugs angewendet (also 85,70 € x 70 % = 60 €).

2.7.2 Anpassung laufender Leistungen

113 Um ehemaligen Arbeitnehmern die Werterhaltung bereits laufender Renten zu sichern, hat der Gesetzgeber in § 16 BetrAVG dem Arbeitgeber eine Anpassungsprüfungspflicht auferlegt.

Drei-Jahres-Anpassung („Indexanpassung“)

Grundsätzlich ist der Arbeitgeber verpflichtet, laufende Rentenleistungen alle drei Jahre zu überprüfen und über eine Erhöhung nach billigem Ermessen zu entscheiden. Zu den laufenden Renten gehören auch Hinterbliebenenrenten und Invaliditäts- bzw. Berufsunfähigkeitsrenten. Die Anpassungsprüfungspflicht bezieht sich ausschließlich auf laufende Leistungen, also nicht auf Anwartschaften aktiver Arbeitnehmer und auch nicht auf einmalige Kapitalzahlungen.

Bei der Entscheidung über eine Anpassung ist die wirtschaftliche Lage des Arbeitgebers und der Kaufkraftverlust der Renten zu berücksichtigen. Letzterer ist anhand der Entwicklung des „Verbraucherpreisindexes für Deutschland“ zu bestimmen; daher auch die Bezeichnung „Indexanpassung“.

Der Arbeitgeber ist berechtigt, alle Anpassungen eines Jahres an einem einheitlichen Stichtag während des Jahres vorzunehmen. Allerdings darf die erste Rentenanpassung dadurch um nicht mehr als sechs Monate „zu spät“ erfolgen (BAG, Urteil vom 18.3.2014 – 3 AZR 627/12, 460/12, 249/12). In der Praxis bietet es sich deshalb an, am jeweiligen Stichtag ausnahmslos alle laufenden Renten anzupassen, selbst wenn diese im Extremfall erst seit einem Monat laufen. In diesem Fall erfolgt die Anpassung dann nur anteilig.

114 ***§ 16 BetrAVG: Anpassungsprüfungspflicht***

(1) Der Arbeitgeber hat alle drei Jahre eine Anpassung der laufenden Leistungen der betrieblichen Altersversorgung zu prüfen und hierüber nach billigem Ermessen zu entscheiden; dabei sind insbesondere die Belange des Versorgungsempfängers und die wirtschaftliche Lage des Arbeitgebers zu berücksichtigen.

(2) Die Verpflichtung nach Absatz 1 gilt als erfüllt, wenn die Anpassung nicht geringer ist als der Anstieg

1. *des Verbraucherpreisindexes für Deutschland oder*
2. *der Nettolöhne vergleichbarer Arbeitnehmergruppen des Unternehmens*

im Prüfungszeitraum. […]

Auch wenn die Anpassung zum einheitlichen Stichtag regelmäßig erfolgt, wird formal nicht die Erhöhung des Verbraucherpreisindexes der letzten drei Jahre ausgeglichen, sondern an jedem Stichtag erneut die vollständige Entwicklung seit individuellem

Rentenbeginn berücksichtigt. Das hat einen entscheidenden Nachteil: Hat ein Arbeitgeber nur an einem einzigen Stichtag die Renten unzulässig nicht oder zu gering angepasst, so taucht diese Lücke an jedem folgenden Stichtag immer wieder erneut auf.

Die Anpassung gemäß Verbraucherpreisindex muss jedoch nur bis zur sog. „real- 115
lohnbezogenen Obergrenze" erfolgen. Danach müssen die Renten nur so weit angepasst werden, wie auch die Nettolöhne vergleichbarer Arbeitnehmer im Unternehmen gestiegen sind. Schließlich sollen die Rentner netto nicht bessergestellt sein als die aktiven Arbeitnehmer. Diese Ausnahmeregelung hört sich einfach an, ist aber in der Praxis extrem aufwendig. Denn auch hier gilt der Anpassungszeitraum ab individuellem Rentenbeginn bis zum jeweiligen Stichtag. Um also jeweils entscheiden zu können, welche Anpassung günstiger ist, müsste der Arbeitgeber für jeden Rentner ab Rentenbeginn lückenlos den Verbraucherpreisindex und die Nettolohnentwicklung vergleichbarer Arbeitnehmer vorhalten.

Zu Recht unterlassene Anpassung

Der Arbeitgeber kann eine Anpassung der Betriebsrenten ablehnen, wenn die wirt- 116
schaftliche Lage des Betriebes es in der Zukunft voraussichtlich nicht ermöglicht, die Anpassung zu erwirtschaften. Um dies beurteilen zu können, ist eine Prognoseberechnung mindestens bis zum folgenden Anpassungsstichtag vorzunehmen.

Beispiele

Am 15.4.2014 (3 AZR 51/12) hat das BAG entschieden, dass eine Anpassung aus wirtschaftlichen Gründen unterbleiben kann, wenn die Anpassung voraussichtlich nicht aus Erträgen und Wertzuwächsen bis zum nächsten Anpassungsstichtag finanzierbar sein wird. Im entschiedenen Fall ging es um eine Bank, die aufgrund der Finanzkrise keine Anpassung vornehmen wollte. Der Rentner war der Meinung, dass dieser „kurzfristige Sondereinfluss" bei der Entscheidung nicht hätte berücksichtigt werden dürfen. Das Gericht gab dem Arbeitgeber Recht. Nach BAG-Urteil vom 14.7.2015 (3 AZR 252/14) kann eine Anpassung auch dann entfallen, wenn der Arbeitgeber zwar Gewinn macht, diesen aber zunächst dazu verwendet, um zuvor ausgezehrtes Eigenkapital wieder aufzubauen.

Sind laufende Leistungen wegen der schlechten wirtschaftlichen Lage des Unterneh- 117
mens zu Recht nicht angepasst worden, muss der Arbeitgeber die Anpassung nicht nachholen. Außerdem darf er diese Anpassung bei der zukünftigen Berechnung des Anpassungsbedarfs ab Rentenbeginn jeweils abziehen. Das wiederum erfordert aber, dass die unterlassene Anpassung trotzdem berechnet und pro Rentner archiviert wird, um sie bei jeder neuerlichen Anpassungsprüfung als Festbetrag abziehen zu können.

§ 16 Abs. 4 BetrAVG: Anpassungsprüfungspflicht

(4) Sind laufende Leistungen nach Absatz 1 nicht oder nicht in vollem Umfang anzupassen (zu Recht unterbliebene Anpassung), ist der Arbeitgeber nicht verpflichtet, die Anpassung zu einem späteren Zeitpunkt nachzuholen. Eine Anpassung gilt als zu Recht unterblieben, wenn der Arbeitgeber dem Versorgungsempfänger die wirtschaftliche Lage des Unternehmens schriftlich dargelegt, der Versorgungsempfänger nicht binnen drei Kalendermonaten nach Zugang der

Mitteilung schriftlich widersprochen hat und er auf die Rechtsfolgen eines nicht fristgemäßen Widerspruchs hingewiesen wurde.

Das Recht, unterlassene Anpassungen nicht nachzuholen, gilt allerdings nur für Anpassungen, die seit dem 1.1.1999 zu Recht unterblieben sind. Für frühere Unterlassungen verbleibt es bei der bisherigen Rechtsprechung des BAG, wonach unterbliebene Anpassungen zum nächstmöglichen Anpassungsprüfungsstichtag nachzuholen sind (BAG, Urteil vom 28.4.1992 – 3 AZR 244/91).

Eine zu Recht unterbliebene Anpassung setzt außerdem voraus, dass die betroffenen Rentner über die Gründe ausführlich informiert wurden. Hierzu reicht ein allgemeiner Hinweis auf die schwierige wirtschaftliche Lage nicht aus. Den Rentnern müssen konkrete Zahlen der letzten und der zukünftigen Jahre vorgelegt werden, die ihnen zumindest eine Plausibilitätsprüfung der Entscheidung ermöglichen.

Sind die Rentner mit der Anpassungsentscheidung nicht einverstanden, müssen sie aktiv werden (BAG, Urteil vom 21.10.2014 – 3 AZR 690/12 und vom 14.5.2019 – 3 AZR 112/18)! Eine zu Unrecht unterlassene Anpassung muss der Rentner vor dem nächsten Anpassungsstichtag rügen und bei erfolgloser Rüge vor dem übernächsten Anpassungsstichtag Klage erheben. Die Rüge muss dem Arbeitgeber mit Ablauf des Tages vor dem nächsten Stichtag zugegangen sein, sonst hat der Rentner keinen Anspruch auf Nachzahlung mehr. Hat der Arbeitgeber die falsche Anpassungsentscheidung nicht kommuniziert, hat der Rentner mit seiner Rüge bis zum übernächsten Stichtag Zeit. Anpassungsstichtag ist jeweils der vom Unternehmen individuell gewählte Stichtag.

Achtung

Wenngleich der Arbeitgeber zu Unrecht unterlassene Rentenerhöhungen nach Ablauf der vorgenannten Fristen nicht mehr nachzahlen muss, heißt dies nicht, dass die unterlassene Rentenerhöhung nicht in die Berechnung der korrekten Rentenhöhe einfließt. Es kann also durchaus sein, dass ein Arbeitgeber ab Rentenbeginn über viele Jahre – vielleicht aus Unkenntnis – keine Rentenanpassung vornimmt. Die korrekte Rentenhöhe wird dann aber über die gesamte Laufzeit ab Rentenbeginn berechnet, selbst wenn der Rentner nicht alle Rentenerhöhungen nachgezahlt bekommt. Für betroffene Arbeitgeber sind unterlassene Rentenanpassungen also ein großes Haftungsrisiko!

Ausnahmen von der „Drei-Jahres-Anpassung“

118 Die Anpassungsverpflichtung des § 16 BetrAVG birgt für den Arbeitgeber unkalkulierbare Risiken, weshalb die Indexanpassung von Arbeitgebern und Verbänden kritisiert wurde. Deshalb hat der Gesetzgeber einige Ausnahmetatbestände geschaffen.

§ 16 BetrAVG: Anpassungsprüfungspflicht

[…]

(3) Die Verpflichtung nach Absatz 1 entfällt, wenn

1. der Arbeitgeber sich verpflichtet, die laufenden Leistungen jährlich um wenigstens eins vom Hundert anzupassen,

4. die betriebliche Altersversorgung über eine Direktversicherung im Sinne des § 1b Abs. 2 oder über eine Pensionskasse im Sinne des § 1b Abs. 3 durchgeführt wird und ab Rentenbeginn sämtliche auf den Rentenbestand entfallende Überschußanteile zur Erhöhung der laufenden Leistungen verwendet werden oder

5. eine Beitragszusage mit Mindestleistungen erteilt wurde; Absatz 5 findet insoweit keine Anwendung.

[...]

(5) Soweit betriebliche Altersversorgung durch Entgeltumwandlung finanziert wird, ist der Arbeitgeber verpflichtet, die Leistungen mindestens entsprechend Absatz 3 Nr. 1 anzupassen oder im Falle der Durchführung über eine Direktversicherung oder eine Pensionskasse sämtliche Überschussanteile entsprechend Absatz 3 Nr. 2 zu verwenden.

(6) Eine Verpflichtung zur Anpassung besteht nicht für monatliche Raten im Rahmen eines Auszahlungsplans sowie für Renten ab Vollendung des 85. Lebensjahres im Anschluss an einen Auszahlungsplan.

Danach entfällt die „Drei-Jahres-Anpassung" in folgenden Fällen:

- Garantieanpassung: Die Drei-Jahres-Anpassung entfällt, wenn der Arbeitgeber sich verpflichtet, laufende Renten jährlich mindestens um 1 % anzupassen. Der Arbeitgeber kann sich dann aber nicht mehr auf eine wirtschaftlich schlechte Lage des Unternehmens berufen.
- Die Möglichkeit der vertraglich garantierten Anpassung von mindestens 1 % ist jedoch auf Neuzusagen, die ab dem 1.1.1999 erteilt wurden, beschränkt (§ 30c Abs. 1 BetrAVG). Werden ältere Zusage verändert, z.B. auf einen Pensionsfonds oder eine Unterstützungskasse ausgelagert, so bleibt es trotzdem zwingend bei der ursprünglichen Anpassung nach Verbraucherpreisindex.
- Überschussanpassung: Bei Direktversicherung und Pensionskasse entfällt die Anpassungsverpflichtung, wenn ab Rentenbeginn alle Überschussanteile zur Erhöhung der laufenden Leistung verwendet werden. Diese Regelung gilt für alle Zusagen, unabhängig vom Zusagedatum.
- Beitragszusagen mit Mindestleistung: Bei Erteilung von Beitragszusagen mit Mindestleistung entfällt die Anpassungsverpflichtung vollständig. Das gilt auch, wenn die Beitragszusage durch Entgeltumwandlung finanziert wurde. Diese Regelung gilt ab 1.1.2002, weil es die Zusageart vorher nicht gab.
- Entgeltumwandlung: Wird eine betriebliche Altersversorgung durch Entgeltumwandlung finanziert, so entfällt die Drei-Jahres-Anpassung per Gesetz. Stattdessen ist der Arbeitgeber verpflichtet, die Mindestanpassung von 1 % p.a. zu gewähren. Werden bei einer Direktversicherung oder Pensionskasse (aber nicht beim Pensionsfonds) sämtliche Überschussanteile ab Beginn der Versicherung zur Leistungserhöhung verwendet, so gilt die Anpassungsverpflichtung ebenfalls als erfüllt. Der Arbeitgeber hat ein Wahlrecht zwischen diesen beiden Varianten. Diese Sonder-

regelung für Entgeltumwandlungen gilt jedoch nur für Leistungen, die auf Zusagen beruhen, die ab dem 1.1.2001 erteilt wurden (§ 30c Abs. 3 BetrAVG).

– Tarifvertragliche Beitragszusage: Auch hier gilt keine Anpassungsverpflichtung nach § 16 BetrAVG. Die Rentenzahlungen sind in Abhängigkeit von den Kapitalerträgen der Versorgungseinrichtung vollständig variabel, d.h. die Renten können auch sinken.

– Auszahlungspläne: Wird anstelle einer lebenslangen Rente ein sog. Auszahlungsplan mit anschließender Restverrentung vereinbart, so besteht keine Verpflichtung zur Anpassung der Leistungen.

119 **Übersicht: Bei lebenslangen Renten ist die Anpassungspflicht des § 16 BetrAVG erfüllbar durch**

		Keine Anpassung erforderlich	**Garantiert 1 % p.a. (nur Neuzusagen ab 1999)**	**Überschussanpassung**	**Preisindexanpassung**
Arbeitgeberfinanziert	PU, UK	- -	- Ja	- -	- Ja
	PK Beitragszusage	Ja	-	-	-
	PK sonstige Zusagen	-	Ja	Ja	Ja
	DV Beitragszusage	Ja	-	-	-
	DV sonstige Zusagen	-	Ja	Ja	Ja
	PF Beitragszusage	Ja	-	-	-
	PF sonstige Zusagen	-	Ja	-	Ja
Entgeltumwandlung (Zusagen ab 2001)	PU, UK	- -	- Ja	- -	- -
	PK Beitragszusage	Ja	-	-	-
	PK sonstige Zusagen	-	Ja	Ja	-
	DV Beitragszusage	Ja	-	-	-
	DV sonstige Zusagen	-	Ja	Ja	-
	PF Beitragszusage	Ja	-	-	-
	PF sonstige Zusagen	-	Ja	-	-

Tab. 3: Anpassungsregeln laufende Rentenleistungen

Für Kapitalzusagen und Auszahlungspläne mit Restverrentung gibt es keine Anpassungsverpflichtung des Arbeitgebers. Bei tarifvertraglichen Beitragszusagen erfolgt die Anpassung nach Vermögenslage der Versorgungseinrichtung.

2.8 Sind die Ansprüche im Insolvenzfall gesichert?

Eine bAV ist für den begünstigten Arbeitnehmer nur von Wert, wenn er die versproche- 120
nen Leistungen auch mit ausreichender Sicherheit erhält. Um die Zahlung von Versorgungsleistungen auch bei Zahlungsunfähigkeit des Arbeitgebers sicherzustellen, wurde mit Einführung des BetrAVG der Pensions-Sicherungs-Verein Versicherungsverein auf Gegenseitigkeit (PSVaG) gegründet. Jeder Arbeitgeber, der für seine bAV einen sicherungspflichtigen Durchführungsweg wählt, ist gesetzlich zur Mitgliedschaft beim PSVaG verpflichtet. Hierzu muss sich der Arbeitgeber unaufgefordert beim PSVaG melden, sobald die ersten sicherungspflichtigen Anwartschaften unverfallbar geworden sind.

2.8.1 Die Leistungen des PSVaG

Der PSVaG kommt bei Insolvenz des Arbeitgebers für alle laufenden Leistungen und 121
gesetzlich unverfallbaren Anwartschaften auf. Die Versorgungsberechtigten haben dann einen direkten Anspruch gegen den PSVaG in Höhe der Leistungen, die der Arbeitgeber zu erbringen hätte. Rentner bekommen also weiterhin ihre laufenden Leistungen, aktive Arbeitnehmer bekommen die bis zur Eröffnung des Insolvenzverfahrens erdienten Leistungen bei Eintritt des Versorgungsfalles.

§ 7 BetrAVG: Umfang des Versicherungsschutzes

(1) Versorgungsempfänger, deren Ansprüche aus einer unmittelbaren Versorgungszusage des Arbeitgebers nicht erfüllt werden, weil über das Vermögen des Arbeitgebers oder über seinen Nachlass das Insolvenzverfahren eröffnet worden ist, und ihre Hinterbliebenen haben gegen den Träger der Insolvenzsicherung einen Anspruch in Höhe der Leistung, die der Arbeitgeber aufgrund der Versorgungszusage zu erbringen hätte, wenn das Insolvenzverfahren nicht eröffnet worden wäre. Satz 1 gilt entsprechend,

1. *wenn Leistungen aus einer Direktversicherung aufgrund der in § 1b Abs. 2 Satz 3 genannten Tatbestände nicht gezahlt werden und der Arbeitgeber seiner Verpflichtung nach § 1b Abs. 2 Satz 3 wegen der Eröffnung des Insolvenzverfahrens nicht nachkommt,*
2. *wenn eine Unterstützungskasse die nach ihrer Versorgungsregelung vorgesehene Versorgung nicht erbringt, weil über das Vermögen oder den Nachlass eines Arbeitgebers, der der Unterstützungskasse Zuwendungen leistet, das Insolvenzverfahren eröffnet worden ist,*
3. *wenn über das Vermögen oder den Nachlass des Arbeitgebers, dessen Versorgungszusage von einem Pensionsfonds oder einer Pensionskasse durchgeführt wird, das Insolvenzverfahren eröffnet worden ist und soweit der Pensionsfonds oder die Pensionskasse die nach der Versorgungszusage des Arbeitgebers vorgesehene Leistung nicht erbringt; ein Anspruch gegen den Träger der Insolvenzsicherung besteht nicht, wenn eine Pensionskasse einem Sicherungsfonds nach dem Dritten Teil des Versicherungsaufsichtsgesetzes angehört oder in Form einer gemeinsamen Einrichtung nach § 4 des Tarifvertragsgesetzes organisiert ist.*

[...]

Pensionskassen wurden erst durch das im Jahr 2020 verabschiedete 7. SGB IV-Änderungsgesetz in die Insolvenzsicherungspflicht einbezogen. Unterliegt eine Pensionskasse der Insolvenzsicherung, müssen erstmals ab 2021 PSV-Beiträge entrichtet werden. Hintergrund der Aufnahme von Pensionskassen ist die Tatsache, dass viele Pensionskassen in jüngerer Vergangenheit Leistungskürzungen vorgenommen haben und der für die Leistungskürzungen einstandspflichtige Arbeitgeber insolvent ging. Damit blieben Rentner auf den Leistungskürzungen „sitzen“, was wiederum durch den EuGH am 19.12.2019 beanstandet wurde (C-168/18 Bauer). Daraufhin hat der Gesetzgeber reagiert und Pensionskassen in § 7 BetrAVG aufgenommen. Geht also zukünftig ein einstandspflichtiger Arbeitgeber insolvent, der für Leistungskürzungen einer Pensionskasse einstehen muss, springt der PSVaG ein, allerdings erst für Insolvenzen ab 2022 bzw. vor 2022 nur, wenn der Mindestschutz nach § 30 Abs. 3 BetrAVG verletzt wird.

122 Der PSVaG kommt für die Versorgungsverpflichtungen auch dann auf, wenn der Arbeitgeber widerrechtlich keine Beiträge gezahlt hat. Arbeitnehmer, die bei Eintritt der Insolvenz mit verfallbaren Anwartschaften ausscheiden, können jedoch keinen Anspruch gegen den PSVaG geltend machen. Der PSVaG haftet nur für solche Anwartschaften, die aufgrund der gesetzlichen Regelungen unverfallbar sind. Einzelvertragliche Besserstellungen sind nicht geschützt. Auch der Höhe nach ist die Leistung auf den gesetzlich unverfallbaren Anspruch begrenzt.

Der PSVaG ist auch nicht verpflichtet, die Anpassung laufender Rentenleistungen nach § 16 BetrAVG vorzunehmen. Eine Ausnahme besteht lediglich für Anpassungen, die der Arbeitgeber vertraglich zugesichert hat. Das hat das BAG mit Urteil vom 5.10.1993 ausdrücklich bestätigt.

Zwei Jahre „Wartefrist“

123 Der PSVaG kommt grundsätzlich für gesetzlich unverfallbare Ansprüche auf. Allerdings haftet der PSVaG nicht für Erhöhungen oder Verbesserungen von Zusagen, die in den letzten zwei Jahren vor Eintritt des Sicherungsfalls vereinbart wurden. Hierdurch sollten Missbrauchsfälle vermieden werden. Versorgungszusagen, die durch Entgeltumwandlung finanziert werden, genießen aber auch in den ersten beiden Jahren bereits Insolvenzschutz durch den PSVaG, allerdings nur bis zu einem Umwandlungsbetrag von maximal 4 % der Renten-BBG. Für höhere Umwandlungsbeträge bleibt es bei der zweijährigen „Wartefrist“.

§ 7 Abs. 5 BetrAVG: Umfang des Versicherungsschutzes

(5) […] Ein Anspruch auf Leistungen gegen den Träger der Insolvenzsicherung besteht bei Zusagen und Verbesserungen von Zusagen, die in den beiden letzten Jahren vor dem Eintritt des Sicherungsfalls erfolgt sind, nur

1. *für ab dem 1. Januar 2002 gegebene Zusagen, soweit bei Entgeltumwandlung Beträge von bis zu 4 vom Hundert der Beitragsbemessungsgrenze in der allgemeinen Rentenversicherung für eine betriebliche Altersversorgung verwendet werden oder*
2. *für im Rahmen von Übertragungen gegebene Zusagen, soweit der Übertragungswert die Beitragsbemessungsgrenze in der allgemeinen Rentenversicherung nicht übersteigt.*

Auch bei Übertragungen im Rahmen des § 4 Abs. 2 BetrAVG und anschließender Insolvenz des neuen Arbeitgebers verzichtet der Gesetzgeber auf die zweijährige Wartezeit und gewährt einen sofortigen Insolvenzschutz. Das gilt aber nur, soweit die Versorgung aus einem Übertragungskapital entstanden ist, das die Beitragsbemessungsgrenze in der gesetzlichen Rentenversicherung nicht übersteigt.

Höhe der Leistungen des PSVaG

Da es nicht Sinn und Zweck des PSVaG ist, beliebig hohe Forderungen von Arbeit- 124
nehmern gegenüber dem Arbeitgeber abzusichern, kommt der PSVaG auch nur bis zu bestimmten Höchstgrenzen für Versorgungsleistungen auf.

Die maximale monatliche Rente, für die der PSVaG haftet, beträgt das Dreifache der sog. Bezugsgröße nach § 18 SGB IV. Das sind im Jahr 2021 Monatsrenten bis zu 9.870 € (West) und 9.345 € (Ost). Bei einmaligen Kapitalleistungen beträgt die Höchstgrenze das 120-fache der maximalen Monatsrente bzw. das Zehnfache der Jahresrente. Zur Berechnung der Höchstgrenze ist die Bezugsgröße des Jahres maßgeblich, in dem die Leistung erstmals fällig wird.

§ 7 Abs. 3 BetrAVG: Umfang des Versicherungsschutzes

(3) Ein Anspruch auf laufende Leistungen gegen den Träger der Insolvenzsicherung beträgt jedoch im Monat höchstens das Dreifache der im Zeitpunkt der ersten Fälligkeit maßgebenden monatlichen Bezugsgröße gemäß § 18 des Vierten Buches Sozialgesetzbuch. Satz 1 gilt entsprechend bei einem Anspruch auf Kapitalleistungen mit der Maßgabe, dass zehn vom Hundert der Leistung als Jahresbetrag einer laufenden Leistung anzusetzen sind.

Sicherungsfälle

Der gesetzliche Insolvenzschutz soll den Arbeitnehmer gegen die Zahlungsunfähig- 125
keit seines Arbeitgebers absichern. Der PSVaG tritt deshalb nicht nur im Insolvenzfall ein, sondern auch bei:

- Abweisung des Insolvenzverfahrens mangels Masse
- außergerichtlichem Vergleich
- vollständiger Beendigung der Betriebstätigkeit, wenn ein Insolvenzverfahren mangels Masse offensichtlich nicht in Betracht kommt

Der PSVaG haftet nicht bei Insolvenz des Produktanbieters, z.B. des Versicherungs- 126
unternehmens bei einer Direktversicherung oder bei Insolvenz einer Unterstützungskasse. Für diese Fälle haftet der Arbeitgeber.

Die Liquidation (also die freiwillige Auflösung) eines Unternehmens ist kein Sicherungsfall. Versorgungsverpflichtungen müssen bei der Liquidation ebenso wie alle anderen Zahlungsverpflichtungen erfüllt werden, bevor der Betrieb im Handelsregister gelöscht werden kann.

2.8.2 Beitragspflicht des Arbeitgebers

127 Die Pflicht des Arbeitgebers zur Zahlung von Beiträgen an den PSVaG hängt nicht vom individuellen Insolvenzrisiko des jeweiligen Arbeitgebers oder Durchführungsweg ab, sondern ausschließlich vom gewählten Durchführungsweg bzw. dessen Ausgestaltung. Nach § 10 Abs. 1 BetrAVG sind grundsätzlich alle Durchführungswege insolvenzsicherungs- und damit PSV-beitragspflichtig, nachdem ab 2021 auch für Pensionskassen die Insolvenzsicherungspflicht gilt.

In der Praxis entfällt für Direktversicherungen jedoch in den meisten Fällen die Insolvenzsicherungspflicht, denn in diesem Durchführungsweg hat der Gesetzgeber dem Arbeitgeber eine Möglichkeit verschafft, sich von der Beitragspflicht zu befreien: Voraussetzung ist, dass das Bezugsrecht des Arbeitnehmers spätestens ab Eintritt der gesetzlichen Unverfallbarkeit unwiderruflich gestaltet wird und Abtretungen bzw. Beleihungen rückgängig gemacht werden. Somit ist sichergestellt, dass der Arbeitnehmer die Leistungen unwiderruflich vom Versicherer erhält. Der Insolvenzverwalter hat keinen Zugriff auf die Versicherung mehr. Ein gesetzlicher Insolvenzschutz ist damit nicht mehr nötig. Es ist mittlerweile praxisüblich, dem Arbeitnehmer das unwiderrufliche Bezugsrecht sofort oder spätestens bei gesetzlicher Unverfallbarkeit zuzugestehen bzw. keine Abtretungen und Beleihungen vorzunehmen. Bei einer Entgeltumwandlung muss der Arbeitnehmer nach § 1b Abs. 5 S. 2 BetrAVG ohnehin ein sofortiges unwiderrufliches Bezugsrecht erhalten. Wünschen Arbeitgeber also einen Durchführungsweg, für den keine PSV-Beiträge gezahlt werden müssen, ist die Direktversicherung der richtige Durchführungsweg.

Außerdem greift auch für Pensionskassen, die als gemeinsame Einrichtung der Tarifvertragsparteien geführt werden bzw. dem sog. Sicherungsfonds („Protektor") angehören, nach § 7 Abs. 1 S. 2 Nr. 3 BetrAVG keine PSV-Pflicht.

Auch die tarifvertragliche Beitragszusage ist nicht insolvenzsicherungspflichtig, da die Erfüllung der Zusagen völlig unabhängig von einer eventuellen Insolvenz des Arbeitgebers erfolgt.

Höhe der Beiträge

128 ***§ 10 Abs. 1 BetrAVG: Beitragspflicht und Beitragsbemessung***

(1) Die Mittel für die Durchführung der Insolvenzsicherung werden auf Grund öffentlich-rechtlicher Verpflichtung durch Beiträge aller Arbeitgeber aufgebracht, die Leistungen der betrieblichen Altersversorgung unmittelbar zugesagt haben, eine betriebliche Altersversorgung über eine Unterstützungskasse, eine Direktversicherung der in § 7 Abs. 1 Satz 2 und Absatz 2 Satz 1 Nummer 2 bezeichneten Art, einen Pensionsfonds oder eine Pensionskasse nach § 7 Absatz 1 Satz 2 Nummer 3 durchführen. Der Versorgungsträger kann die Beiträge für den Arbeitgeber übernehmen.

Die Höhe des PSV-Beitrages ergibt sich aus der Multiplikation der Bemessungsgrundlage mit dem jeweiligen Beitragssatz. Der Beitragssatz wird jedes Jahr vom PSVaG unabhängig vom Durchführungsweg festgelegt. Nur für die Pensionskasse gelten zu Beginn der neu geschaffenen Insolvenzsicherungspflicht noch besondere Regelungen: Für 2021 beträgt der Beitragssatz 3 ‰ und für die Jahre 2022–2025 wird der vom PSVaG festgelegte Beitragssatz um jeweils 1,5 ‰ erhöht.

Die Bemessungsgrundlage wiederum ist gesetzlich geregelt und unterscheidet nach Durchführungswegen.

Bei der Pensionszusage ist der Teilwert der Pensionsverpflichtung nach § 6a Abs. 3 EStG zum Bilanzstichtag im abgelaufenen Kalenderjahr anzusetzen. Die Höhe der Bemessungsgrundlage ist unabhängig davon, ob im Unternehmen finanzielle Mittel zur Erfüllung der Zusagen bereitstehen oder nicht. Auch wenn z.B. eine Rückdeckungsversicherung an den Arbeitnehmer verpfändet ist, bleibt die betreffende Pensionszusage auf Basis der für sie gebildeten Rückstellungen PSV-beitragspflichtig. 129

Bei einer Unterstützungskasse beträgt die Bemessungsgrundlage für Rentner das steuerlich zulässige Deckungskapital gem. § 4d Abs. 1 S. 1 Nr. 1 a) EStG zzgl. dem 20-fachen der möglichen jährlichen Reservepolsterzuwendung für Anwärter. Als Anwärter gelten bei Zusageerteilung seit 1.1.2018 nur Arbeitnehmer, die das 23. Lebensjahr vollendet haben. Bei Zusageerteilung zwischen 2009 und 2017 müssen Anwärter mindestens 27 Jahre alt sein und bei noch älteren Zusagen gilt ein Mindestalter von 28 Jahren. Das gilt auch bei der Entgeltumwandlung, obwohl hier der PSVaG unabhängig vom Alter im Insolvenzfall Leistungen erbringt. Die Beitragspflicht gilt auch unabhängig davon, ob die möglichen Zuwendungen tatsächlich an die Unterstützungskasse gezahlt wurden. Die genannten Bemessungsgrundlagen gelten auch für rückgedeckte Unterstützungskassen. Auch hier hat die Verpfändung der Rückdeckungsversicherungen keinen Einfluss auf die Beitragspflicht und Beitragshöhe. Bei den in der Praxis üblichen Leistungsplänen von rückgedeckten Unterstützungskassen beträgt die (theoretische, wenn es keine Rückdeckung gäbe) jährliche Reservepolsterzuwendung 25 % der im Versicherungsvertrag garantierten Rente. Die Bemessungsgrundlage entspricht somit der fünffachen Jahresrente. Bei Kapitalzusagen gelten 50 % der Kapitalzusage als Bemessungsgrundlage. 130

Bei Direktversicherungen mit widerruflichem Bezugsrecht gilt als Bemessungsgrundlage der Wert der Versicherung, also i.d.R. das Deckungskapital. Bei Versicherungen mit unwiderruflichem Bezugsrecht, die beliehen oder abgetreten sind, ist der Wert der Versicherung nur in Höhe des beliehenen oder abgetretenen Wertes anzusetzen. 131

Für Pensionsfonds und sicherungspflichtige Pensionskassen gelten folgende Bemessungsgrundlagen: Für unverfallbare Anwartschaften auf lebenslange Altersleistungen entspricht die Bemessungsgrundlage der Höhe der erreichbaren jährlichen Versorgungsleistung. Bei lebenslangen Invaliditäts- oder Hinterbliebenenleistungen gilt jeweils ein Viertel davon als Bemessungsgrundlage, bei Kapitalleistungen 10 % der Kapitalleistung. Im Falle lebenslang laufender Leistungen entspricht die Bemessungsgrundlage 20 % des nach § 4d Abs. 1 EStG berechneten Deckungskapitals. Diese Werte stellt der Pensionsfonds bzw. die Pensionskasse zur Verfügung, d.h. Arbeitgeber müssen diese Werte in der Praxis nicht selbst berechnen. 132

§ 10 Abs. 3 BetrAVG: Beitragspflicht und Beitragsbemessung

(3) Die nach Absatz 2 erforderlichen Beiträge werden auf die Arbeitgeber nach Maßgabe der nachfolgenden Beträge umgelegt, soweit sie sich auf die laufenden Versorgungsleistungen und die nach § 1b unverfallbaren Versorgungsanwartschaften beziehen (Beitragsbemessungsgrundlage); diese Beträge sind festzustellen auf den Schluss des Wirtschaftsjahres des Arbeitgebers, das im abgelaufenen Kalenderjahr geendet hat:

1. *Bei Arbeitgebern, die Leistungen der betrieblichen Altersversorgung unmittelbar zugesagt haben, ist die Beitragsbemessungsgrundlage der Teilwert der Pensionsverpflichtung (§ 6a Absatz 3 des Einkommensteuergesetzes).*
2. *Bei Arbeitgebern, die eine betriebliche Altersversorgung über eine Direktversicherung mit widerruflichem Bezugsrecht durchführen, ist Beitragsbemessungsgrundlage das geschäftsplanmäßige Deckungskapital oder [...] die Deckungsrückstellung. Für Versicherungen, bei denen der Versicherungsfall bereits eingetreten ist, und für Versicherungsanwartschaften, für die ein unwiderrufliches Bezugsrecht eingeräumt ist, ist das Deckungskapital oder die Deckungsrückstellung nur insoweit zu berücksichtigen, als die Versicherungen abgetreten oder beliehen sind.*
3. *Bei Arbeitgebern, die eine betriebliche Altersversorgung über eine Unterstützungskasse durchführen, ist die Beitragsbemessungsgrundlage das Deckungskapital für die laufenden Leistungen (§ 4d Absatz 1 Nummer 1 Buchstabe a des Einkommensteuergesetzes) zuzüglich des Zwanzigfachen der nach § 4d Absatz 1 Nummer 1 Buchstabe b Satz 1 des Einkommensteuergesetzes errechneten jährlichen Zuwendungen für Leistungsanwärter im Sinne von § 4d Absatz 1 Nummer 1 Buchstabe b Satz 2 des Einkommensteuergesetzes.*
4. *Bei Arbeitgebern, die eine betriebliche Altersversorgung über einen Pensionsfonds oder eine Pensionskasse nach § 7 Absatz 1 Satz 2 Nummer 3 durchführen, ist Beitragsbemessungsgrundlage*

c) für unverfallbare Anwartschaften auf lebenslange Altersleistungen die Höhe der jährlichen Versorgungsleistung, die im Versorgungsfall, spätestens zum Zeitpunkt des Erreichens der Regelaltersgrenze in der gesetzlichen Rentenversicherung, erreicht werden kann, bei ausschließlich lebenslangen Invaliditäts- oder lebenslangen Hinterbliebenenleistungen jeweils ein Viertel dieses Wertes; bei Kapitalleistungen gelten 10 Prozent der Kapitalleistung, bei Auszahlungsplänen 10 Prozent der Ratensumme zuzüglich des Restkapitals als Höhe der lebenslangen jährlichen Versorgungsleistung,

d) für lebenslang laufende Versorgungsleistungen 20 Prozent des nach Anlage 1 Spalte 2 zu § 4d Absatz 1 des Einkommensteuergesetzes berechneten Deckungskapitals; bei befristeten Versorgungsleistungen gelten 10 Prozent des Produktes aus maximal möglicher Restlaufzeit in vollen Jahren und der Höhe der jährlichen laufenden Leistung, bei Auszahlungsplänen 10 Prozent der zukünftigen Ratensumme zuzüglich des Restkapitals als Höhe der lebenslangen jährlichen Versorgungsleistung.

133 Der Arbeitgeber muss die Bemessungsgrundlage für den PSV-Beitrag jedes Jahr unaufgefordert an den PSVaG melden. Hierfür sind die vom PSVaG zur Verfügung gestellten Formulare zu verwenden. Die jährliche Meldung muss bis zum 30.9. des auf den Bilanzstichtag folgenden Jahres erfolgen. Aus der Summe aller gemeldeten Bemessungsgrundlagen und den im selben Jahr vom PSVaG insgesamt erbrachten Leistungen errechnet dieser bis Ende November den erforderlichen Beitragssatz. Da-

raus berechnet sich je Arbeitgeber der Beitrag, der jeweils bis Ende Dezember gezahlt werden muss. Gleichzeitig mit der Erhebung des Beitrages für das vergangene Jahr kann der PSVaG einen Beitragsvorschuss für das laufende Jahr erheben.

PSV-Beitragssätze

Jahr	2009	2010	2011	2012	2013	2014	2015	2016	2017	2018	2019	2020
Beitragssätze in ‰	14,2	1,9	1,9	3,0	1,7	1,3	2,4	0,0	2,0	2,1	3,1	4,2

Tab. 4: PSV-Beitragssätze 134

Übersicht: Bemessungsgrundlagen für den PSVaG bei den üblichen Vertragsgestaltungen

Pensionszusage	Höhe des Teilwertes nach § 6a EStG
Pauschaldotierte Unterstützungskasse	Deckungskapital für Rentner 20-fache Reservepolsterzuwendung für Anwärter
Rückgedeckte Unterstützungskasse	Deckungskapital für Rentner fünffache Jahresrente oder halbe Versicherungssumme für Anwärter
Direktversicherung	Höhe des Beleihungswerts
Pensionsfonds und Pensionskasse	Erreichbare jährliche Versorgungsleistung bzw. 10 % der erreichbaren Kapitalleistung bei unverfallbaren Anwartschaften 20 % des nach § 4d Abs. 1 EStG berechneten Deckungskapitals für lebenslang laufende Leistungen

Tab. 5: Übersicht: Bemessungsgrundlagen für den PSVaG bei den üblichen Vertragsgestaltungen

2.8.3 PSV-Schutz im Insolvenzfall

Mit Eröffnung des Insolvenzverfahrens über das Vermögen eines Arbeitgebers über- 135
nimmt der Insolvenzverwalter dessen Funktion. Der Insolvenzverwalter versucht i.d.R., alle bAV-Versicherungsverträge des Unternehmens aufzulösen.

Direktversicherungen

Sofern das Bezugsrecht des Arbeitnehmers im Insolvenzfall tatsächlich noch widerruflich sein sollte, widerruft es der Insolvenzverwalter und lässt sich den Rückkaufswert auszahlen. Für den Versicherer ist es bei arbeitgeberfinanzierten Versorgungen gelegentlich nicht einfach, festzustellen, ob das Bezugsrecht widerruflich oder unwiderruflich ist, da der Eintritt der Unwiderruflichkeit meist vom Erreichen der gesetzlichen Unverfallbarkeit abhängt. Und diese hängt wiederum vom arbeitsrechtlichen Zusagedatum ab, welches der Versicherer häufig nicht verbindlich kennt. Bei unwiderruflichem Bezugsrecht kann der Insolvenzverwalter lediglich die Beitragszahlung einstellen.

Bei Direktversicherungen, die nicht nach § 7 Abs. 1 S. 2 Nr. 1 BetrAVG der Insolvenzsicherungspflicht unterliegen, hat die Insolvenz des Arbeitgebers keine Auswirkungen, denn die versorgungsberechtigten Arbeitnehmer haben einen direkten Rechtsanspruch gegen die Direktversicherung bzw. ein unwiderrufliches Bezugsrecht. Die Direktversicherung zahlt also im Versorgungsfall einfach direkt die Leistungen aus. Da Direktversicherungen von der Bundesanstalt für Finanzdienstleistungen überwacht werden und „per Definition" nicht insolvent gehen, bedarf es nach Ansicht des Gesetzgebers keiner weiteren Insolvenzsicherungsmaßnahmen wie bei den anderen Durchführungswegen.

Praxistipp

Dass Direktversicherungen mit unwiderruflichem Bezugsrecht nicht durch das PSVaG geschützt werden, kann sich in der Praxis auch nachteilig auswirken! So kann es durchaus sein, dass ein Arbeitgeber kurz vor der Insolvenz z.B. die Beitragszahlung einstellt und sich dadurch Leistungskürzungen für den Arbeitnehmer ergeben. Dafür haftet der PSVaG nicht. Aus diesem Grund informieren die Versicherer auch die Arbeitnehmer über fehlende Beitragszahlungen des Arbeitgebers, um genau dies zu vermeiden.

Pensionszusagen

Bei Pensionszusagen haben die Arbeitnehmer ab Eröffnung des Insolvenzverfahrens keinen Anspruch mehr gegen das Unternehmen, sondern ausschließlich gegenüber dem PSVaG. Das gilt unabhängig davon, ob im Unternehmen Finanzierungsmittel für die Zusagen vorhanden sind oder ob es verpfändete Rückdeckungsversicherungen gibt. Die Arbeitnehmer können ihre Ansprüche ausschließlich gegen den PSVaG geltend machen. Der PSVaG ermittelt die Ansprüche der Arbeitnehmer zum Zeitpunkt der Insolvenzeröffnung und versichert diese bei einem Versicherungskonsortium. Die bis zur Insolvenz erdienten Ansprüche sind somit gesichert. Alternativ dazu kann der PSVaG nach § 8a BetrAVG Kleinstanwartschaften auch abfinden, um unnötigen Verwaltungsaufwand für vernachlässigbare Ansprüche zu vermeiden. Unterliegen (ggf. auch nur einzelne) Zusagen nicht dem Schutz des PSVaG, so besteht hierfür auch kein Anspruch gegen den PSVaG.

Gibt es verpfändete Rückdeckungsversicherungen, so gehen die Pfandrechte ebenfalls „automatisch" auf den PSVaG über. Der Insolvenzverwalter kann die Rückdeckungsversicherungen zwar noch kündigen, aber er muss den Rückkaufswert hinterlegen und darf ihn nicht verwerten. Der PSVaG darf diesen Übergang der Pfandrechte aber nicht zulasten der Begünstigten geltend machen. Erfüllt der PSVaG z.B. die Ansprüche eines Arbeitnehmers nicht, weil dieser lediglich vertraglich unverfallbare Ansprüche hat, so muss der PSVaG die an den Arbeitnehmer verpfändete Rückdeckungsversicherung wieder freigeben, damit dieser sein Pfandrecht geltend machen kann. Wurden Rückdeckungsversicherungen nicht verpfändet, so kann der Insolvenzverwalter diese kündigen und den Rückkaufswert einziehen.

In der Vergangenheit war der PSVaG auch bei beitragsorientierten Pensionszusagen, die sich exakt an der Wertentwicklung einer Rückdeckungsversicherung orientierten, gezwungen, die Versicherung aufzulösen und den Anspruch des Arbeitnehmers gegen Einmalbeitrag bei einem Versicherungskonsortium neu zu versichern. Seit 2018 kann der berechtigte Arbeitnehmer gem. § 8 Abs. 3 BetrAVG vom PSVaG verlangen, dass ihm in einem solchen Fall die bestehende Rückdeckungsversicherung als Versicherungsnehmer und Bezugsberechtigten übertragen wird, sofern die Versicherung an den Arbeitnehmer verpfändet war. Der Arbeitnehmer kann diese Versicherung dann privat oder ggf. als Direktversicherung beim nächsten Arbeitgeber weiterführen. Über diese Möglichkeit der „Mitnahme" der Versicherung muss der PSVaG den Arbeitnehmer informieren.

Die Übertragung der Rückdeckungsversicherung ist nach § 3 Nr. 65 c) EStG steuerfrei. Die späteren Leistungen aus dieser Versicherung unterliegen dann aber der vollen Besteuerung als sonstige Einkünfte nach § 22 Nr. 5 S. 1 EStG. Bei einmaligen Kapitalleistungen verliert der Arbeitnehmer dadurch aber die steuerliche Vergünstigung des § 34 EStG (Fünftelungsregel).

Rückgedeckte Unterstützungskasse

Bei Insolvenz des Arbeitgebers geht das gesamte Vermögen der Unterstützungskasse, das dem insolventen Arbeitgeber zuzurechnen ist, auf den PSVaG über. Hinsichtlich der Verwendung des übergegangenen Vermögens inklusive der zugehörigen Pfandrechte (falls verpfändet wurde) gelten dieselben Regelungen wie bei der Pensionszusage. Auch die Übertragungsmöglichkeit auf den Arbeitnehmer gilt wie bei der Pensionszusage.

Pensionsfonds und Pensionskasse

Im Fall der Pensionskasse, soweit diese überhaupt der Sicherungspflicht unterliegt, wird bei Insolvenz des Arbeitgebers zunächst festgestellt, ob die Pensionskasse bereits Leistungen gekürzt hat bzw. sich in finanziellen Schwierigkeiten befindet. Ist dies der Fall, geht das Vermögen der Pensionskasse nach § 9 Abs. 3a BetrAVG auch auf den PSVaG über. Dieser steht dann nach § 7 Abs. 1 S. 2 Nr. 3 BetrAVG für die Leistungen ein, soweit sie nicht von der Pensionskasse erbracht werden. Ansonsten kann die Pensionskasse aber auch einfach die versprochenen Leistungen trotz Insolvenz des Arbeitgebers erfüllen, denn wie bei der Direktversicherung hat der Arbeitnehmer einen direkten Anspruch gegen die Pensionskasse, der auch nach Insolvenz des Arbeitgebers weiter gilt. Sollte die Pensionskasse dann später einmal Leistungen kürzen, greift trotzdem noch der Insolvenzschutz.

Nach § 7 Abs. 1 S. 2 Nr. 3 BetrAVG bzw. § 9 Abs. 3b BetrAVG gelten die vorstehenden Ausführungen auch für den Pensionsfonds. Bei Pensionsfonds ohne versicherungsförmige Garantien kommt es jedoch stets zu einer Vermögensübertragung auf den PSVaG.

3 Steuerliche und sozialversicherungsrechtliche Grundlagen

3.1 Einkommensteuer und Lohnsteuer

Betriebsausgaben beim Arbeitgeber

Betrieblich veranlasste Aufwendungen eines Arbeitgebers für die bAV seiner Arbeitnehmer sind grundsätzlich in voller Höhe als Betriebsausgaben abzugsfähig. Bei Durchführung über externe Versorgungsträger (Direktversicherung, rückgedeckte Unterstützungskasse, Pensionskasse, Pensionsfonds) sind i.d.R. die gezahlten Beiträge abzugsfähig, teilweise aber nur in begrenzter Höhe und nur unter bestimmten Voraussetzungen. 136

Kommt der Arbeitgeber selbst für die Versorgung der Arbeitnehmer auf (Pensionszusage), so kann er durch Rückstellungsbildung bereits Aufwand geltend machen, auch wenn noch keine tatsächlichen Zahlungen geleistet werden. Allerdings sind auch hierfür bestimmte Voraussetzungen zu erfüllen und Begrenzungen zu beachten. Soweit die bereits steuerlich geltend gemachten Aufwendungen geringer sind als die später tatsächlich geleisteten Zahlungen, kann der Arbeitgeber die Differenz bei Zahlung der Leistungen als Betriebsausgaben abziehen.

Steuerlich anerkannte betriebliche Altersversorgung

Voraussetzung für den Betriebsausgabenabzug ist, dass eine steuerlich anerkannte bAV vorliegt. 137

Die Finanzverwaltung hat sich erstmals mit Schreiben vom 4.2.2000 dazu geäußert, was sie unter einer steuerlich anerkannten bAV versteht. Diese Voraussetzungen sind zwischenzeitlich mehrmals modifiziert und zuletzt im BMF-Schreiben vom 6.12.2017 zusammenfassend dargestellt worden.

BMF-Schreiben vom 6.12.2017: Definition betriebliche Altersversorgung [...]

1 Betriebliche Altersversorgung liegt vor, wenn dem Arbeitnehmer aus Anlass seines Arbeitsverhältnisses vom Arbeitgeber Leistungen oder Beiträge zur Absicherung mindestens eines biometrischen Risikos (Alter, Tod, Invalidität) zugesagt werden und Ansprüche auf diese Leistungen erst mit dem Eintritt des biologischen Ereignisses fällig werden (§ 1 des Betriebsrentengesetzes – BetrAVG). Werden mehrere biometrische Risiken abgesichert, ist aus steuerrechtlicher Sicht die gesamte Vereinbarung/Zusage nur dann als betriebliche Altersversorgung anzuerkennen, wenn für alle Risiken die Vorgaben der Rz. 284 bis 290 beachtet werden. Keine betriebliche Altersversorgung in diesem Sinne liegt vor, wenn vereinbart ist, dass ohne Eintritt eines biometrischen Risikos die Auszahlung an beliebige Dritte (z.B. die Erben) erfolgt. Dies gilt für alle Auszahlungsformen (z.B. lebenslange Rente, Auszahlungsplan mit Restkapitalverrentung, Einmalkapitalauszahlung und ratenweise Auszahlung). Als Durchführungswege der betrieblichen Altersversorgung kommen die Direktzusage (§ 1 Absatz 1 Satz 2 BetrAVG), die Unterstützungskasse (§ 1b Absatz 4 BetrAVG), die Direktversicherung (§ 1b Absatz 2 BetrAVG), die Pensionskasse (§ 1b Absatz 3 BetrAVG, § 232 des Versicherungsaufsichtsgesetzes – VAG) oder der Pensionsfonds (§ 1b Absatz 3 BetrAVG, § 236 VAG) in Betracht.

[...]

4 *Eine Hinterbliebenenversorgung im steuerrechtlichen Sinne darf nur Leistungen an die Witwe/den Witwer der Arbeitnehmerin/des Arbeitnehmers oder den Witwer der Arbeitnehmerin, die Kinder im Sinne des § 32 Absatz 3, 4 Satz 1 Nummer 1 bis 3 und Absatz 5 EStG, den früheren Ehegatten oder die Lebensgefährtin/den Lebensgefährten vorsehen. Der Arbeitgeber hat bei Erteilung oder Änderung der Versorgungszusage zu prüfen, ob die Versorgungsvereinbarung insoweit generell diese Voraussetzungen erfüllt; ob im Einzelfall Hinterbliebene in diesem Sinne vorhanden sind, ist letztlich vom Arbeitgeber/Versorgungsträger erst im Zeitpunkt der Auszahlung der Hinterbliebenenleistung zu prüfen. Als Kind kann auch ein im Haushalt des Arbeitnehmers auf Dauer aufgenommenes Kind begünstigt werden, welches in einem Obhuts- und Pflegeverhältnis zu ihm steht und nicht die Voraussetzungen des § 32 EStG zu ihm erfüllt (Pflegekind/Stiefkind und faktisches Stiefkind). Dabei ist es – anders als bei der Gewährung von staatlichen Leistungen – unerheblich, ob noch ein Obhuts- und Pflegeverhältnis zu einem leiblichen Elternteil des Kindes besteht, der ggf. ebenfalls im Haushalt des Arbeitnehmers lebt. Es muss jedoch spätestens zu Beginn der Auszahlungsphase der Hinterbliebenenleistung eine schriftliche Versicherung des Arbeitnehmers vorliegen, in der, neben der geforderten namentlichen Benennung des Pflegekindes/Stiefkindes und faktischen Stiefkindes, bestätigt wird, dass ein entsprechendes Kindschaftsverhältnis besteht. Entsprechendes gilt, wenn ein Enkelkind auf Dauer im Haushalt der Großeltern aufgenommen und versorgt wird. Bei Versorgungszusagen, die vor dem 1. Januar 2007 erteilt wurden, sind für das Vorliegen einer begünstigten Hinterbliebenenversorgung die Altersgrenzen des § 32 EStG in der bis zum 31. Dezember 2006 geltenden Fassung (27. Lebensjahr) maßgebend. Der Begriff des/der Lebensgefährten ist als Oberbegriff zu verstehen, der auch die gleichgeschlechtliche Lebenspartnerschaft mit erfasst. Ob eine gleichgeschlechtliche Lebenspartnerschaft eingetragen wurde oder nicht, ist dabei zunächst unerheblich. Für Partner einer eingetragenen Lebenspartnerschaft besteht allerdings die Besonderheit, dass sie einander nach § 5 Lebenspartnerschaftsgesetz zum Unterhalt verpflichtet sind. Insoweit liegt eine mit der zivilrechtlichen Ehe vergleichbare Partnerschaft vor. Handelt es sich dagegen um eine andere Form der nichtehelichen Lebensgemeinschaft, muss anhand der im BMF-Schreiben vom 25. Juli 2002, BstBl I S. 706 genannten Voraussetzungen geprüft werden, ob diese als Hinterbliebenenversorgung anerkannt werden kann. Ausreichend ist dabei regelmäßig, dass spätestens zu Beginn der Auszahlungsphase der Hinterbliebenenleistung eine Versicherung des Arbeitnehmers in Textform vorliegt, in der neben der geforderten namentlichen Benennung des/der Lebensgefährten/in bestätigt wird, dass eine gemeinsame Haushaltsführung besteht.*

5 *Die Möglichkeit andere als die in Rz. 4 genannten Personen als Begünstigte für den Fall des Todes des Arbeitnehmers zu benennen, führt steuerrechtlich dazu, dass es sich nicht mehr um eine Hinterbliebenenversorgung handelt, sondern dass von einer Vererblichkeit der Anwartschaften auszugehen ist. Gleiches gilt, wenn z.B. bei einer vereinbarten Rentengarantiezeit die Auszahlung auch an andere als die in Rz. 4 genannten Personen möglich ist. […] Die Möglichkeit, ein einmaliges angemessenes Sterbegeld an andere Personen als die in Rz. 4 genannten Hinterbliebenen auszuzahlen, führt nicht zur Versagung der Anerkennung als betriebliche Altersversorgung; bei Auszahlung ist das Sterbegeld gemäß § 19 EStG oder § 22 Nummer 5 EStG zu besteuern (vgl. Rz. 145 ff.). Im Fall der Pauschalbesteuerung von Beiträgen für eine Direktversicherung nach § 40b EStG in der am 31. Dezember 2004 geltenden Fassung (§ 40b EStG a.F.) ist es ebenfalls unschädlich, wenn eine beliebige Person als Bezugsberechtigte für den Fall des Todes des Arbeitnehmers benannt wird. […]*

6 Keine betriebliche Altersversorgung liegt vor, wenn zwischen Arbeitnehmer und Arbeitgeber die Vererblichkeit von Anwartschaften vereinbart ist.

[...]

Um eine steuerlich anzuerkennende bAV handelt es sich danach nur dann, wenn dem Arbeitnehmer aus Anlass seines Arbeitsverhältnisses vom Arbeitgeber Leistungen zur Absicherung mindestens eines biometrischen Risikos zugesagt werden. Es muss also eine Versorgung für den Todesfall oder für den Fall der Invalidität/Berufsunfähigkeit oder bei Eintritt in den Ruhestand zugesagt werden. Reine Sparvorgänge, bei denen nur Arbeitslohn einbehalten und zu einem späteren Zeitpunkt einschließlich Erträgen wieder ausgezahlt wird, gelten nicht als betriebliche Altersversorgung. Die Leistungen dürfen außerdem erst mit Eintritt des zugesagten Versorgungsfalles (Tod, Berufsunfähigkeit, Alter) fällig werden. 138

Als Altersversorgung werden nur Leistungen anerkannt, die frühestens im Alter von 62 gezahlt werden. Ausnahmen hiervon gelten nur für besondere Berufsgruppen, in denen ein früherer Rentenbeginn üblich oder tarifvertraglich festgelegt ist, sowie für Zusagen, die vor 2012 erstmals erteilt wurden. Bei diesen Zusagen darf der frühestmögliche Rentenbeginn bereits ab Vollendung des 60. Lebensjahres möglich sein. 139

Das BMF-Schreiben vom 6.12.2017 legt auch fest, dass in Versorgungsordnungen, die mehrere biometrische Risiken absichern, jedes einzelne Risiko die steuerlichen Voraussetzungen erfüllen muss. Verstößt somit z.B. nur ein einziger Bestandteil einer Versorgungsordnung gegen die steuerlichen Voraussetzungen, so wird die gesamte Versorgung nicht mehr als bAV steuerlich anerkannt. Diese Gefahr besteht insb. bei der Hinterbliebenenversorgung, an die von der Finanzverwaltung besondere Anforderungen gestellt werden.

Steuerlich anerkannte Hinterbliebene

Eine Versorgung im Todesfall wird nur dann als bAV anerkannt, wenn die Leistung ausschließlich an steuerlich anerkannte Hinterbliebene gezahlt wird. Bei Vereinbarung einer Vererblichkeit der Anwartschaft liegt keine betriebliche Altersversorgung vor. Steuerlich anerkannte Hinterbliebene sind: 140

- die Witwe/der Witwer oder der hinterbliebene eingetragene Lebenspartner (aus bis zum September 2017 abschließbaren Lebenspartnerschaften nach Lebenspartnerschaftsgesetz; abgelöst durch das Gesetz zur Einführung des Rechts auf Eheschließungen für Personen gleichen Geschlechts ab Oktober 2017)
- die Kinder i.S.d. § 32 Abs. 3 und 4 S. 1 Nr. 1 bis 3 und Abs. 5 EStG
- der frühere Ehegatte
- der Lebensgefährte bzw. die Lebensgefährtin

Bei der o.g. Definition der versorgungsberechtigten Kinder sind im Wesentlichen die kindergeldberechtigten Kinder bis maximal 25 Jahre (für Zusagen vor 2007: 27 Jahre) erfasst. Das BMF hat die Definition etwas erweitert. Nun sind auch Kinder über 25 Jahre versorgungsberechtigt, wenn Sie den Grundwehrdienst oder Zivildienst abgeleistet haben. Die Altersgrenze erhöht sich dann um die Zeit des Grundwehrdienstes. Zusätzlich hat das BMF den Kinderbegriff auch um sog. faktische Stiefkinder erweitert. Das sind z.B. Kinder, die im Haushalt von Verwandten leben, dort versorgt werden und deshalb bei Tod des Verwandten i.d.R. auch einen Versorgungsbedarf haben.

Auch Lebensgefährten sind anerkannte Hinterbliebene. Da der Begriff des Lebensgefährten (nicht zu verwechseln mit dem eingetragenen Lebenspartner) gesetzlich nicht definiert ist und im Nachhinein auch i.d.R. nicht nachweisbar ist, stellt die Finanzverwaltung bei diesen an die steuerliche Anerkennung besondere Anforderungen.

Bereits im BMF-Schreiben vom 25.7.2002 nennt die Finanzverwaltung einige Anhaltspunkte für die Anerkennung eines Lebensgefährten. Solche Anhaltspunkte sind eine schriftliche Bestätigung des Lebenspartners, dass er die in Aussicht gestellte Versorgung zur Kenntnis genommen hat, eine zivilrechtliche Unterhaltspflicht des Arbeitnehmers oder eine gemeinsame Haushaltsführung. Auf jeden Fall aber muss der versorgungsberechtigte Lebenspartner in der schriftlich erteilten Zusage namentlich mit Anschrift und Geburtsdatum genannt werden. Im BMF-Schreiben vom 6.12.2017 schränkt das BMF diese Forderung wieder ein wenig ein und stellt fest, dass es regelmäßig ausreicht, dass spätestens zu Beginn der Auszahlungsphase der Hinterbliebenenleistung eine schriftliche Versicherung des verstorbenen Arbeitnehmers vorliegt, in der neben der namentlichen Benennung des Lebensgefährten bestätigt wird, dass eine gemeinsame Haushaltsführung besteht.

Praxistipp: Benennung von Lebensgefährten bei der Pensionszusage

Bei den externen Durchführungswegen haben Versicherer meist ein festgelegtes Verfahren zur Bestimmung von Lebensgefährten als Begünstigte. Meist muss der aktuell begünstigte Lebensgefährte dem Versicherer umgehend gemeldet werden. Bei Pensionszusagen kann der Arbeitgeber das Verfahren selbst festlegen. Hier hat es sich bewährt, dass der Arbeitnehmer das Formular zur Benennung des Lebensgefährten nicht beim Arbeitgeber abgibt, sondern selbst die Verantwortung dafür übernimmt, dass der Lebensgefährte im Todesfall weiß, dass er die Hinterbliebenenleistung mithilfe des Formulars beim Arbeitgeber beantragen muss. Dieses Verfahren entlastet den Arbeitgeber erheblich und führt außerdem dazu, dass der Arbeitnehmer nicht gezwungen wird, sehr persönliche Angelegenheiten (z.B. den Wechsel eines Lebensgefährten) zu Lebzeiten zu melden.

141 Mit Ausnahme eines einmaligen angemessenen Sterbegeldes dürfen ausschließlich die genannten Personen Versorgungsleistungen im Todesfall erhalten. Die exakte Höhe eines angemessenen Sterbegeldes lässt das BMF-Schreiben leider offen. In der Praxis geht man meist von maximal 8.000 € aus; bei der Unterstützungskasse sind es 7.669 €.

Praxistipp: Hinterbliebenenregelungen am Beispiel der Direktversicherung

Da die wenigsten Arbeitnehmer die steuerlich anerkannten Hinterbliebenen kennen, sehen die Versicherungsbedingungen automatisch eine Reihenfolge für Todesfallleistungen vor. Zunächst sind stets die Ehegatten/eingetragenen Lebenspartner bezugsberechtigt, falls nicht vorhanden die kindergeldberechtigten Kinder, danach die Lebensgefährten und schlussendlich sonstige Dritte für das Sterbegeld. Frühere Ehegatten finden sich in dieser Reihenfolge regelmäßig nicht. Diese Reihenfolge entspricht dem „gesunden Menschenverstand" und hat sich in der Praxis bewährt. Es ist somit auch nicht erforderlich, von jedem Arbeitnehmer eine Erklärung einzuholen, wer eine Todesfallleistung bekommen soll. Will der Arbeitnehmer die dargestellte Reihenfolge nicht, kann er sie auch ändern.

Formulare benötigt man in der Praxis damit nur mehr für Lebensgefährten, die namentlich benannt werden müssen, und für die Benennung von Sterbegeldberechtigten. Gibt es ein Sterbegeld im Todesfall und wird niemand benannt, geht der Anspruch auf die Erben über. Es empfiehlt sich für Arbeitnehmer mit Kindern bereits „prophylaktisch" die Kinder als Sterbegeldberechtigte einzutragen. Denn sollten die Kinder einmal die Altersgrenzen für die steuerliche Anerkennung als Hinterbliebene überschritten haben, bleibt – wenn auch kein Ehegatte/Lebenspartner/Lebensgefährte vorhanden ist – zumindest noch das Sterbegeld, das dann direkt an das Kind/die Kinder ausgezahlt werden kann.

Die Einschränkung der Hinterbliebenenversorgung gilt für alle Durchführungswege außer für Direktversicherungen, die nach § 40b EStG a.F. pauschal besteuert werden. Bei diesen Direktversicherungen kann für die Todesfallleistung eine beliebige Person als Bezugsberechtigte eingesetzt werden. Eine weitere Besonderheit gilt bei Pensionszusagen: Diese sind gemäß BMF-Schreiben vom 18.9.2017 weiterhin nach § 6a EStG rückstellungsfähig und damit steuerlich anerkannt, wenn die Erben „vorrangig" die steuerlich anerkannten Hinterbliebenen sind und der Todesfall noch nicht eingetreten ist. Wenn aber dann im Todesfall keiner der steuerlich anerkannten Hinterbliebenen vorhanden ist, können auch Zahlungen an steuerlich nicht begünstigte Hinterbliebene vorgenommen werden, die nach § 6 EStG rückstellungsfähig sind. Eine Begrenzung auf das Sterbegeld wird hierbei nicht vorgeschrieben.

Die Einschränkung des Hinterbliebenenbegriffs bereitet in der Praxis insb. bei Ent- 142
geltumwandlungen erhebliche Probleme. Ledige Personen sind verständlicherweise häufig nicht bereit, auf Entgelt zu verzichten und die „Gefahr" einzugehen, das investierte Geld im Todesfall „zu verlieren". Die Tatsache, dass das Risiko, im vorzeitigen Todesfall keine Leistungen zu erhalten, durch einen versicherungsmathematisch errechneten Zuschlag zur Altersleistung ausgeglichen wird, ist für den Laien schwer nachvollziehbar und wird häufig nicht akzeptiert.

Erfreulicherweise verlangt die Finanzverwaltung seit 2008 vom Arbeitgeber nicht, dass er bei jeder Erteilung oder Erhöhung der Zusage prüft, ob alle steuerlichen Voraussetzungen zur Hinterbliebenenversorgung erfüllt sind. Die Prüfung muss erst unmittelbar vor der Auszahlung erfolgen.

Übersicht: Mögliche Hinterbliebenenversorgung

Art der Todesfallleistung	Mögliche Empfänger
beliebige Todesfallleistung	Witwe/-r, eingetragene/r Lebenspartner/in, ehemalige Ehegatten, Kinder bis 25 Jahre, Lebensgefährten
Todesfallleistung aus § 40b-DV	beliebige Personen
einmaliges angemessenes Sterbegeld	beliebige Personen

Zuflussprinzip beim Arbeitnehmer

143 Leistungen der bAV sind ein Bestandteil des Arbeitsentgeltes und deshalb grundsätzlich lohnsteuerpflichtig. Der Zeitpunkt der Steuerzahlung hängt davon ab, wann dem Arbeitnehmer Beiträge oder Leistungen zufließen. Allerdings wird dieses steuerliche Grundprinzip durch verschiedene politisch bedingte Steuervergünstigungen zugunsten der Steuerpflichtigen durchbrochen.

144 Zahlt der Arbeitgeber Beiträge an einen externen Versorgungsträger, der den Versorgungsberechtigten einen Rechtsanspruch gewährt (Pensionskasse, Pensionsfonds, Direktversicherung), so liegt schon in der Beitragszahlung des Arbeitgebers ein lohnsteuerpflichtiger Zufluss beim Arbeitnehmer. Für Direktversicherungen, Pensionskassen und Pensionsfonds hat der Gesetzgeber diese Einzahlungen aber durch die Einführung des § 3 Nr. 63 EStG bis zu bestimmten Grenzen von der Steuer befreit. Die Förderung des § 3 Nr. 63 EStG widerspricht somit dem steuerlichen Grundprinzip und ist eine rein politisch begründete steuerliche Subvention; der Vorteil für den Gesetzgeber: Er kann diese steuerliche Subvention jederzeit verändern, streichen oder die Bedingungen dafür verschärfen. Bei „alten" Direktversicherungen, die noch die Pauschalbesteuerung des § 40b EStG a.F. nutzen, erfolgt dagegen bereits eine Besteuerung der Beitragszahlungen. Die Höhe der Steuer wird lediglich pauschal erfasst und vom Arbeitgeber direkt abgeführt.

Wird der Arbeitnehmer über eine Unterstützungskasse versorgt, die ihm definitionsgemäß keinen Rechtsanspruch gewährt, oder erteilt ihm der Arbeitgeber eine Pensionszusage, so liegt während der Anwartschaft lohnsteuerlich kein Zufluss vor. Es gibt somit gar keinen Ansatz für eine Lohnbesteuerung. Deshalb gibt es für die Steuerfreiheit von Zuwendungen an eine Unterstützungskasse auch weder eine Befreiungsvorschrift im EStG noch eine Begrenzung der Höhe nach. Dasselbe gilt für Pensionszusagen. Selbst bei unangemessen hohen Aufwendungen des Arbeitgebers für eine Unterstützungskasse oder eine Pensionszusage fällt in der Anwartschaft keine Lohnsteuer an. Es liegt dann allerdings u.U. keine betriebliche Veranlassung mehr vor, so dass der Arbeitgeber keine Betriebsausgaben geltend machen kann.

145 Die Besteuerung der späteren Versorgungsleistungen ist abhängig von der Besteuerung während der Anwartschaftsphase. Hier gilt ein weiteres steuerliches Grundprinzip: das Verbot der Doppelbesteuerung. Das bedeutet, dass Einnahmen eines Arbeitnehmers aus einer bAV grundsätzlich nur einmal besteuert werden dürfen. An dieses Prinzip ist auch der Gesetzgeber gebunden. Er kann lediglich auf die Besteuerung verzichten, was er auch teilweise tut. Wurden die Einzahlungen bereits versteuert (in-

dividuell oder pauschal nach § 40b EStG a.F.), so müssen bei der Auszahlung nur die darin enthaltenen Zinsen versteuert werden. Allerdings gibt es auch hierfür verschiedene steuerliche Vergünstigungen, die ebenfalls politisch motiviert sind oder die der Verwaltungsvereinfachung dienen.

Waren die Einzahlungen steuerfrei, so müssen die späteren Leistungen in voller Höhe versteuert werden. Das gilt unabhängig davon, ob es sich um einmalige Kapitalleistungen oder lebenslange Renten handelt.

Wurde die Leistung aus einer bAV sowohl durch steuerfreie als auch durch versteuer- 146
te Beiträge finanziert, so ist auch die Besteuerung der Leistung anteilig vorzunehmen. Das gilt selbst dann, wenn ein Arbeitnehmer nur kurze Zeit die Versorgung durch Eigenbeiträge (z.B. während einer Elternzeit) finanziert hat. Der Versorgungsträger ist dann verpflichtet, bei Auszahlung der Leistungen festzustellen, welcher Teil der Leistung aus versteuerten und welcher aus unversteuerten Beiträgen entstanden ist.

Steuerliche Besonderheiten bei der Entgeltumwandlung

Um die Nutzung der Entgeltumwandlung als reines Steuersparmodell ohne den Hin- 147
tergrund der Verbesserung der Versorgungssituation zu verhindern, hat die Finanzverwaltung durch mehrere Erlasse die Voraussetzungen konkretisiert, unter denen sie Entgeltumwandlungen als betriebliche Altersversorgung steuerlich anerkennt.

Auszug aus dem BMF-Schreiben vom 6.12.2017: 148

[…]

1. Entgeltumwandlung zu Gunsten betrieblicher Altersversorgung

[…]

Um durch Entgeltumwandlung finanzierte betriebliche Altersversorgung handelt es sich, wenn Arbeitgeber und Arbeitnehmer vereinbaren, künftige Arbeitslohnansprüche zugunsten einer betrieblichen Altersversorgung herabzusetzen (Umwandlung in eine wertgleiche Anwartschaft auf Versorgungsleistungen – Entgeltumwandlung – § 1 Absatz 2 Nummer 3 BetrAVG).

Davon zu unterscheiden sind die eigenen Beiträge des Arbeitnehmers, zu deren Leistung er aufgrund einer eigenen vertraglichen Vereinbarung mit der Versorgungseinrichtung originär selbst verpflichtet ist. Diese eigenen Beiträge des Arbeitnehmers zur betrieblichen Altersversorgung werden aus dem bereits zugeflossenen und versteuerten Arbeitsentgelt geleistet.

Eine Herabsetzung von Arbeitslohnansprüchen zugunsten betrieblicher Altersversorgung ist steuerlich als Entgeltumwandlung auch dann anzuerkennen, wenn die in § 1 Absatz 2 Nummer 3 BetrAVG geforderte Wertgleichheit außerhalb versicherungsmathematischer Grundsätze berechnet wird. Entscheidend ist allein, dass die Versorgungsleistung zur Absicherung mindestens eines biometrischen Risikos (Alter, Tod, Invalidität) zugesagt und erst bei Eintritt des biologischen Ereignisses fällig wird.

Die Herabsetzung von Arbeitslohn (laufender Arbeitslohn, Einmal- und Sonderzahlungen) zugunsten der betrieblichen Altersversorgung wird aus Vereinfachungsgründen grundsätzlich auch dann als Entgeltumwandlung steuerlich anerkannt, wenn die Gehaltsänderungsvereinbarung bereits erdiente, aber noch nicht fällig gewordene Anteile umfasst. Dies gilt auch, wenn eine Einmal- oder Sonderzahlung einen Zeitraum von mehr als einem Jahr betrifft.

Bei einer Herabsetzung laufenden Arbeitslohns zugunsten einer betrieblichen Altersversorgung hindert es die Annahme einer Entgeltumwandlung nicht, wenn der bisherige ungekürzte Arbeitslohn weiterhin Bemessungsgrundlage für künftige Erhöhungen des Arbeitslohns oder andere Arbeitgeberleistungen (wie z.B. Weihnachtsgeld, Tantieme, Jubiläumszuwendungen, betriebliche Altersversorgung) bleibt, die Gehaltsminderung zeitlich begrenzt oder vereinbart wird, dass der Arbeitnehmer oder der Arbeitgeber sie für künftigen Arbeitslohn einseitig ändern können.

Um die Steuervorteile der bAV nutzen zu können, darf nur künftiger Arbeitslohn umgewandelt werden. Diese Voraussetzung ist erfüllt, wenn nur Gehaltsteile umgewandelt werden, die noch nicht fällig sind. Das gilt sowohl für die Umwandlung laufenden Arbeitslohnes als auch für Sonder- oder Einmalzahlungen.

149 Nach § 1 Abs. 2 BetrAVG liegt eine bAV auch vor, wenn künftige Entgeltansprüche in eine wertgleiche Anwartschaft auf Versorgungsleistungen umgewandelt werden. Die versicherungsmathematische Wertgleichheit von Umwandlungsbetrag und Versorgung ist also arbeitsrechtlich für die Anerkennung als bAV notwendig. Das gilt aber nicht für die steuerliche Anerkennung einer Entgeltumwandlung. Hier ist allein entscheidend, dass die Versorgung mindestens ein biometrisches Risiko abdeckt.

Riester-Förderung in der betrieblichen Altersversorgung

Die sog. Riester-Förderung kann auch in der bAV in Anspruch genommen werden. Im Rahmen seines Rechtes auf Entgeltumwandlung kann ein Arbeitnehmer von seinem Arbeitgeber sogar verlangen, dass ihm die Möglichkeit geboten wird, die Riester-Förderung nach § 10a EStG zu nutzen.

Die Förderung kann nur für die Durchführungswege Pensionskasse, Pensionsfonds oder Direktversicherung in Anspruch genommen werden und auch nur dann, wenn die Beiträge aus dem individuell versteuerten Einkommen des Arbeitnehmers geleistet werden. Die genannten Durchführungswege sind auch ohne Zertifizierung förderfähig, vorausgesetzt, sie gewähren dem Arbeitnehmer eine lebenslange Altersversorgung, eine Rente bei verminderter Erwerbsfähigkeit oder eine Rente an Hinterbliebene. Die Voraussetzung einer lebenslangen Altersrente gilt auch dann als erfüllt, wenn der Vertrag (z.B. eine Renten-Direktversicherung) ein Wahlrecht auf Zahlung einer einmaligen Kapitalabfindung beinhaltet. Erst wenn der Arbeitnehmer das Kapitalwahlrecht tatsächlich ausübt, liegt eine steuerschädliche sog. schädliche Verwendung (§ 93 EStG) vor. In diesem Fall müssen die erhaltenen Zulagen sowie die zusätzlichen Steuervorteile zurückgezahlt werden.

Eine schädliche Verwendung liegt ebenfalls vor, wenn unverfallbare Ansprüche abgefunden werden, wenn Todesfallleistungen einer Direktversicherung an beliebige Personen ausgezahlt oder wenn verfallbare Ansprüche vom Arbeitgeber widerrufen werden.

Die Riester-Förderung innerhalb der bAV entspricht exakt der steuerlichen Behandlung der privaten Riester-Förderung. Um sich vor zusätzlichem Verwaltungsaufwand zu schützen, bieten viele Arbeitgeber ihren Arbeitnehmern private Riester-Verträge an mit attraktiven Konditionen aufgrund kollektiver Vereinbarungen mit den Produktanbietern. So können die Arbeitnehmer den Preisvorteil eines gemeinsamen Abschlusses nutzen, ohne dass der Arbeitgeber mit zusätzlicher Verwaltungsarbeit belastet wird. Durch ein solches Angebot auf Privatverträge kann der Arbeitgeber allerdings nicht das Recht der Arbeitnehmer auf Entgeltumwandlung mit Riester-Förderung abgelten. Im Einzelfall kann er deshalb immer noch von seinen Arbeitnehmern zum Angebot einer Direktversicherung mit Riester-Förderung gezwungen werden. Das kommt in der Praxis aber fast nie vor.

3.2 Erbschaftsteuer

Bei Hinterbliebenenleistungen aus der bAV stellt sich die Frage, ob diese Leistungen 150
auch der Erbschaftsteuer unterliegen. Grundsätzlich gilt nach § 3 Abs. 1 Nr. 4 Erbschaftsteuergesetz (ErbStG) als „Erwerb von Todes wegen" auch der Vermögensvorteil, der aufgrund eines vom Erblasser geschlossenen Vertrags bei dessen Tod von einem Dritten erworben wird. Hierunter fällt auch die bAV. Der BFH hat aber schon am 20.5.1981 entschieden, dass bAV-Leistungen erbschaftsteuerlich nicht anders behandelt werden dürfen als Hinterbliebenenleistungen aus der gesetzlichen Rentenversicherung und sie somit steuerfrei gestellt. Dies gilt allerdings nicht für Leistungen an die Hinterbliebenen eines beherrschenden Gesellschafter-Geschäftsführers. Denn diese Leistungen stammen nicht – wie die gesetzliche Rente – aus einer abhängigen Beschäftigung, sondern aus einer unternehmerischen Tätigkeit (BFH, Urteil vom 13.12.1989 – II R 23/85). Je nach Durchführungsweg müssen die Hinterbliebenen eines beherrschenden GGF somit Lohnsteuer und Erbschaftsteuer auf die erhaltenen Leistungen zahlen.

Erbschaftsteuerpflichtige Hinterbliebene

Am 18.12.2013 (II R 55/12) musste sich der BFH erneut mit Erbschaftsteuerfragen bei 151
der bAV beschäftigen. Die Richter legten fest, dass die Steuerfreiheit nur dann greift, wenn die begünstigten Hinterbliebenen grundsätzlich auch aus der gesetzlichen Rentenversicherung leistungsberechtigt wären, also Ehegatten und Kinder bis maximal 25 Jahre. Leistungen an nicht eingetragene Lebensgefährten, an Sterbegeldempfänger oder an sonstige beliebige Dritte (bei alten § 40b EStG a.F.-Policen) sind somit erbschaftsteuerpflichtig.

Damit das Finanzamt auch von so einem Erbfall erfährt, sind Versicherungsunternehmen nach § 33 Abs. 3 ErbStG verpflichtet, jede Auszahlung an eine andere Person als den Arbeitnehmer dem Finanzamt anzuzeigen. Allerdings gibt es eine Bagatellgrenze für Kapitalversicherungen i.H.v. 5.000 € (§ 3 Abs. 3 ErbStG). Für Rentenzahlungen gibt es keine gesetzliche Grenze, sondern lediglich einen älteren Erlass des Finanzministeriums Baden-Württemberg vom 5.2.2004. Danach kann eine Meldung von Rentenzahlungen unterbleiben, wenn diese unter 300 € monatlich liegt. Mangels einer bundeseinheitlichen Regelung halten sich die meisten Versicherungsunternehmen auch an diese Grenze. Versorgungsträger, die keine Versicherer sind, sind gar nicht meldepflichtig.

3.3 Sozialversicherung

152 Beiträge und/oder Leistungen der bAV sind bei der gesetzlichen Sozialversicherungspflicht unterliegenden Arbeitnehmern grundsätzlich nur dann beitragspflichtig, wenn es sich um „Arbeitsentgelt“ oder „Versorgungsbezug“ im Sinne der Sozialversicherung handelt. Was allerdings unter diese beiden Begriffe fällt, ist nicht abschließend gesetzlich aufgelistet. Teilweise definieren die Sozialversicherungsträger die beiden Begriffe im Detail selbst.

Arbeitsentgelt

Der Begriff Arbeitsentgelt wird in § 14 Abs. 1 SGB IV definiert als Einnahmen aus einer Beschäftigung. Für Entgeltumwandlungen zugunsten einer Versorgung über Unterstützungskasse oder Pensionszusage wird in S. 2 eine willkürliche Ausnahmeregelung festgelegt. In der Sozialversicherungsentgeltverordnung werden weitere Ausnahmen definiert. Für die Praxis ist von Bedeutung, dass der Gesetzgeber grundsätzlich keine beitragsfreien Leistungen definiert, sondern nur festlegt, was nicht als Arbeitsentgelt gilt und damit beitragsfrei bleibt.

§ 14 SGB IV: Arbeitsentgelt

(1) Arbeitsentgelt sind alle laufenden oder einmaligen Einnahmen aus einer Beschäftigung, gleichgültig, ob ein Rechtsanspruch auf die Einnahmen besteht, unter welcher Bezeichnung oder in welcher Form sie geleistet werden und ob sie unmittelbar aus der Beschäftigung oder im Zusammenhang mit ihr erzielt werden. Arbeitsentgelt sind auch Entgeltteile, die durch Entgeltumwandlung nach § 1 Absatz 2 Nummer 3 des Betriebsrentengesetzes für betriebliche Altersversorgung in den Durchführungswegen Direktzusage oder Unterstützungskasse verwendet werden, soweit sie 4 vom Hundert der jährlichen Beitragsbemessungsgrenze der allgemeinen Rentenversicherung übersteigen. Steuerfreie Aufwandsentschädigungen und die in § 3 Nummer 26 und 26a des Einkommensteuergesetzes genannten steuerfreien Einnahmen gelten nicht als Arbeitsentgelt.

[…]

Sozialversicherungsentgeltverordnung (SvEV)

§ 1 Dem sozialversicherungspflichtigen Arbeitsentgelt nicht zuzurechnende Zuwendungen

(1) Dem Arbeitsentgelt sind nicht zuzurechnen:

[…]

4. *Beiträge nach § 40b des Einkommensteuergesetzes in der am 31. Dezember 2004 geltenden Fassung, die zusätzlich zu Löhnen und Gehältern gewährt werden,*

[…]

9. *steuerfreie Zuwendungen an Pensionskassen, Pensionsfonds oder Direktversicherungen nach § 3 Nr. 63 Satz 1 und 2 sowie § 100 Absatz 6 Satz 1 des Einkommensteuergesetzes im Kalenderjahr bis zur Höhe von insgesamt 4 % der Beitragsbemessungsgrenze in der allgemeinen Rentenversicherung; dies gilt auch für darin enthaltene Beträge, die aus einer Entgeltumwandlung (§ 1 Absatz 2 Nummer 3 des Betriebsrentengesetzes) stammen,*

10. Leistungen eines Arbeitgebers oder einer Unterstützungskasse an einen Pensionsfonds zur Übernahme bestehender Versorgungsverpflichtungen oder Versorgungsanwartschaften durch den Pensionsfonds, soweit diese nach § 3 Nummer 66 des Einkommensteuergesetzes steuerfrei sind,

[…]

Einnahmen, die als Arbeitsentgelt gelten, sind in allen Zweigen der Sozialversicherung beitragspflichtig, also in der Renten-, Arbeitslosen-, Kranken- und Pflegeversicherung. Die Beitragspflicht entsteht, sobald die Einnahmen entstanden sind, sofort und in voller Höher, allerdings nur bis zur jeweiligen Beitragsbemessungsgrenze.

Versorgungsbezug

Einnahmen, die als Versorgungsbezug gelten, sind nur in der gesetzlichen Kranken- und Pflegeversicherung beitragspflichtig. Die Definition von Versorgungsbezug steht in § 229 SGB V. Danach sind Leistungen der bAV grundsätzlich beitragspflichtig und zwar unabhängig davon, ob in der Anwartschaftsphase auf die eingezahlten Beiträge bereits Sozialversicherungsbeiträge gezahlt wurden oder nicht. Das ist rein formal auch durchaus nachvollziehbar, denn der Berechtigte genießt sowohl in der Anwartschafts- als auch in der Leistungsphase den Schutz der gesetzlichen Kranken- und Pflegeversicherung.

Eine Ausnahme von der Beitragspflicht besteht allerdings seit 1.1.2019 für Leistungen aus Pensionskassen und Direktversicherungen, die dem Arbeitnehmer beim Ausscheiden „mitgegeben" wurden (im Rahmen des versicherungsvertraglichen Verfahrens) und die anschließend vom Arbeitnehmer mit eigenen Beiträgen fortgeführt wurden. Voraussetzung für die Beitragsfreiheit ist allerdings, dass der Arbeitnehmer auch Versicherungsnehmer des Vertrages geworden ist.

§ 229 SGB V: Versorgungsbezüge als beitragspflichtige Einnahmen

(1) Als der Rente vergleichbare Einnahmen (Versorgungsbezüge) gelten, soweit sie wegen einer Einschränkung der Erwerbsfähigkeit oder zur Alters- oder Hinterbliebenenversorgung erzielt werden, […]

5. Renten der betrieblichen Altersversorgung einschließlich der Zusatzversorgung im öffentlichen Dienst und der hüttenknappschaftlichen Zusatzversorgung; außer Betracht bleiben Leistungen aus Altersvorsorgevermögen im Sinne des § 92 der Einkommensteuergesetzes sowie Leistungen, die der Versicherte nach dem Ende des Arbeitsverhältnisses als alleiniger Versicherungsnehmer aus nicht durch den Arbeitgeber finanzierten Beiträgen erworben hat.

[…] Tritt an die Stelle der Versorgungsbezüge eine nicht regelmäßig wiederkehrende Leistung oder ist eine solche Leistung vor Eintritt des Versicherungsfalls vereinbart oder zugesagt worden, gilt ein Einhundertzwanzigstel der Leistung als monatlicher Zahlbetrag der Versorgungsbezüge, längstens jedoch für einhundertzwanzig Monate.

[…]

Praxistipp: Achtung Verwechslungsgefahr!

Leistungen, die auf privaten Beitragszahlungen des Arbeitnehmers beruhen, sind wie dargestellt nach § 229 Abs. 1 Nr. 5 SGB V nur dann nicht als Versorgungsbezug beitragspflichtig in der gesetzlichen Kranken- und Pflegeversicherung, wenn der Arbeitnehmer im Zuge seines vorzeitigen Ausscheidens auch Versicherungsnehmer geworden ist. Zahlt hingegen ein Arbeitnehmer während entgeltloser Zeiten private Beiträge z.B. in eine Direktversicherung ein, sind die daraus resultierenden Leistungen als Versorgungsbezug beitragspflichtig. Denn während der entgeltlosen Zeit besteht das Beschäftigungsverhältnis weiter und der Arbeitgeber bleibt damit auch Versicherungsnehmer der Direktversicherung. Diese beiden unterschiedlichen Fallgestaltungen werden in der Praxis immer mal wieder verwechselt.

Arbeitgeberfinanzierung in der Anwartschaftsphase

153 Während der Anwartschaftsphase liegt grundsätzlich kein Versorgungsbezug vor, sondern lediglich Arbeitsentgelt. In der arbeitgeberfinanzierten bAV bleiben Aufwendungen des Arbeitgebers für eine Pensionszusage oder Unterstützungskasse stets und in voller Höhe beitragsfrei, weil kein Arbeitsentgelt vorliegt. Bei Direktversicherung, Pensionskasse und Pensionsfonds gelten Beiträge, die nach § 3 Nr. 63 EStG bzw. § 100 EStG steuerfrei sind, bis zu 4 % der BBG in der Rentenversicherung (West) nach § 1 Nr. 9 SvEV nicht als Arbeitsentgelt und bleiben somit beitragsfrei. Höhere Beiträge gelten auch dann als Arbeitsentgelt, wenn sie steuerfrei sind. Arbeitgeberfinanzierte Beiträge, die nach § 40b EStG a.F. pauschalversteuert werden, gelten ebenfalls nicht als Arbeitsentgelt.

Wechselt ein Arbeitgeber vom Durchführungsweg Pensionszusage zu einem Pensionsfonds, dann sind die erforderlichen Einzahlungen in den Pensionsfonds unter den Voraussetzungen des § 3 Nr. 66 EStG steuerfrei. Diese steuerfreien Einzahlungsbeträge bleiben auch sozialversicherungsfrei.

Entgeltumwandlung in der Anwartschaftsphase

154 Steuerfreie Umwandlungsbeträge sind in jedem Durchführungsweg bis zu 4 % der BBG in der Rentenversicherung beitragsfrei. Darüber liegende Umwandlungsbeträge gelten als Arbeitsentgelt und sind somit beitragspflichtig. Direktversicherungsbeiträge, die nach § 40b EStG a.F. pauschalbesteuert werden, gelten nur dann nicht als Arbeitsentgelt, wenn sie zusätzlich zum Lohn gezahlt werden. Von einer zusätzlichen Zahlung gehen die Sozialversicherungsträger aus, wenn der Umwandlungsbetrag aus einer Sonderzahlung finanziert wird.

Übersicht: Sozialversicherungsrechtliche Behandlung der verschiedenen Durchführungswege

Durchführungsweg	**Arbeitgeberfinanzierung**	**Entgeltumwandlung**
Pensionszusage	beitragsfrei	beitragsfrei bis 4 % der BBG
Unterstützungskasse	beitragsfrei	beitragsfrei bis 4 % der BBG
Pensionsfonds	beitragsfrei bis 4 % der BBG	beitragsfrei bis 4 % der BBG
Direktversicherung	beitragsfrei bis 4 % der BBG und beitragsfrei im Rahmen des § 40b EStG a.F.	beitragsfrei bis 4 % der BBG und bei Sonderzahlungen im Rahmen des § 40b EStG a.F.
Pensionskasse	beitragsfrei bis 4 % der BBG und beitragsfrei im Rahmen des § 40b EStG a.F.	beitragsfrei bis 4 % der BBG und bei Sonderzahlungen im Rahmen des § 40b EStG a.F.

Tab. 6: Übersicht: Sozialversicherungsrechtliche Behandlung der verschiedenen Durchführungswege

Werden mehrere Durchführungswege nebeneinander gewählt, so können auch die Grenzen für die Sozialversicherungsfreiheit teilweise nebeneinander genutzt werden. Das ist dann der Fall, wenn die Sozialversicherungsfreiheit in unterschiedlichen Vorschriften geregelt ist. Für die Praxis kann in drei Gruppen unterschieden werden: 155

- 1. Gruppe: Pensionszusage und Unterstützungskasse
- 2. Gruppe: steuerfreie Zuwendungen nach § 3 Nr. 63 oder Nr. 66 EStG an Pensionskasse, Direktversicherung und Pensionsfonds
- 3. Gruppe: nach § 40b EStG a.F. besteuerte Beiträge an Pensionskasse und Direktversicherung

Innerhalb jeder Gruppe gelten die jeweiligen Grenzen für die Sozialversicherungsfreiheit insgesamt nur einmal. Bei den Durchführungswegen Pensionskasse, Direktversicherung und Pensionsfonds haben hinsichtlich der Sozialversicherungsfreiheit Arbeitgeberbeiträge rein formal gesehen „Vorfahrt" (gilt nicht für den gesetzlichen Arbeitgeberzuschuss zur Entgeltumwandlung nach § 1a Abs. 1a BetrAVG, der steuer- und damit sozialversicherungsrechtlich als Teil der Entgeltumwandlung qualifiziert wird). Wird die Grenze überschritten und greift eine Verbeitragung, ist es jedoch faktisch irrelevant, ob Arbeitgeber und -nehmer aufgrund des Arbeitgeberbeitrags oder der Entgeltumwandlung Sozialversicherungsbeiträge entrichten müssen.

Beispiel

Bei einer nach § 3 Nr. 63 EStG geförderten Direktversicherung sind insgesamt maximal 4 % der Beitragsbemessungsgrenze der gesetzlichen Rentenversicherung in einem Kalenderjahr beitragsfrei. Leistet der Arbeitgeber bereits einen Arbeitgeberbeitrag in dieser Höhe, bleibt für eine sozialversicherungsfreie Entgeltumwandlung des Arbeitnehmers zugunsten einer Direktversicherung/Pensionskasse/Pensionsfonds kein Raum mehr.

Daher wird in der Praxis für die arbeitgeberfinanzierte bAV z.B. eine rückgedeckte Unterstützungskasse genutzt, um für die Arbeitnehmer innerhalb des Durchführungswegs der Direktversicherung „Platz“ für die Entgeltumwandlung zu lassen. Denn bei Kombination mehrerer Gruppen können die Grenzen für jede Gruppe in voller Höhe genutzt werden.

Beispiel

Ein sozialversicherungspflichtiger Arbeitnehmer mit einem Jahreseinkommen in Höhe der BBG möchte in 2021 per Entgeltumwandlung die maximale Sozialversicherungsersparnis erreichen. Im Jahr 2004 hat der Arbeitnehmer bereits eine nach § 40b EStG a.F. geförderte Direktversicherung mit 1.000 € Jahresbeitrag aus seinem Weihnachtsgeld abgeschlossen. Was muss er tun?

Der Arbeitnehmer sollte seine bestehende Direktversicherung aus Sonderzahlungen auf 1.752 € Jahresbeitrag erhöhen. Ab 2021 sollte er zusätzlich 3.408 € p.a. (= 4 % der BBG) in eine Pensionskasse oder eine Direktversicherung einzahlen und weitere 3.408 € in eine Unterstützungskasse. Seine gesamte Entgeltumwandlung beträgt dann 8.568 € und bleibt vollständig sozialversicherungsfrei. Eine Beitragsersparnis hat er allerdings nur in dieser Höhe, wenn sein Gehalt inklusive der Umwandlungsbeträge unterhalb der Beitragsbemessungsgrenzen liegt. Außerdem muss der Arbeitgeber damit einverstanden sein, dass der Arbeitnehmer all diese Entgeltumwandlungsmöglichkeiten auch nutzen kann. Ist der Arbeitgeber damit nicht einverstanden, hat der Arbeitnehmer nur einen Rechtsanspruch auf Entgeltumwandlung bis 4 % der BBG.

Beitragspflicht im Versorgungsfall

156 Bei Eintritt des Versorgungsfalles sind Versorgungsbezüge aus einer bAV beitragsfrei in der Renten- und Arbeitslosenversicherung.

Laufende Renten der bAV waren „immer“ schon gem. § 226 i.V.m. § 229 SGB V in der gesetzlichen Kranken- und Pflegeversicherung beitragspflichtig. Bei Zusage einer einmaligen Kapitalleistung gilt die Beitragspflicht seit dem 1.1.2004.

157 Auf Versorgungsbezüge aus einer bAV ist der volle Beitragssatz in der gesetzlichen Kranken- und Pflegeversicherung zu zahlen.

Die Beitragspflicht entsteht allerdings nur, wenn die monatlichen Versorgungsbezüge (ohne die gesetzliche Altersrente) insgesamt über 1/20 der monatlichen Bezugsgröße nach § 18 SGB IV liegen (§ 226 SGB V). Im Jahr 2021 sind das monatlich 164,50 € (bundeseinheitlicher Wert). Dies ist die sog. „Freigrenze“.

Nach dem „GKV-Betriebsrentenfreibetragsgesetz“ wurde jedoch mit Wirkung ab 2020 in der gesetzlichen Krankenversicherung die Freigrenze in einen Freibetrag umgewandelt. Der Freibetrag in der Krankenversicherung ist stets beitragsfrei. Er wird somit von den beitragspflichtigen Versorgungsbezügen abgezogen. Der übrige Betrag wird dann mit dem Gesamtbeitragssatz der gesetzlichen Krankenversicherung verbeitragt.

Für die Pflegeversicherungsbeiträge gilt jedoch weiterhin die Freigrenze. Wird diese um nur einen Cent überschritten, sind alle Versorgungsbezüge in der Pflegeversicherung zu verbeitragen.

Übersicht: Freibetrag und Freigrenze in der gesetzlichen Kranken- und Pflegeversicherung

Beiträge zur Krankenversicherung	Beiträge zur Pflegeversicherung
▪ Dynamischer Frei**betrag**: 1/20tel der mtl. Bezugsgröße nach § 18 SGB IV (in 2021: 164,50 €) ▪ Betriebsrenten - Freibetrag = in KV zu verbeitragende Versorgungsbezüge ▶Freibetrag stets beitragsfrei in KV	▪ Dynamische Frei**grenze**: 1/20tel der mtl. Bezugsgröße nach § 18 SGB IV (in 2021: 164,50 €) ▪ Beitragspflichtige Versorgungsbezüge > Freigrenze ▶Verbeitragung aller Versorgungsbezüge in PV

Abb. 9 Übersicht zu Freibetrag und -grenzen

Auswirkungen des Freibetrags

Der dynamische Freibetrag in der gesetzlichen Krankenversicherung macht die bAV aus Arbeitnehmersicht noch attraktiver. Denn wer beispielsweise innerhalb aller Beitragsbemessungsgrenzen verdient und 100 € sozialversicherungsfreie Entgeltumwandlung betreibt, spart sich auf diesen Umwandlungsbetrag ca. 20 % Sozialversicherungsbeiträge. Wird später daraus z.B. ein monatlicher Versorgungsbezug i.H.v. 250 €, dann sind davon (Stand 2021) 164,50 € komplett beitragsfrei in der gesetzlichen Krankenversicherung. Insgesamt ergibt sich nur eine Belastung mit Kranken- und Pflegeversicherungsbeiträgen im Umfang von ca. 8–9 % (im Detail abhängig vom Zusatzbeitrag der jeweiligen Krankenkasse). Je höher allerdings die Versorgungsbezüge eines in der gesetzlichen Kranken- und Pflegeversicherung versicherten Arbeitnehmers sind, desto weniger macht sich der Freibetrag bemerkbar. Bei monatlichen Versorgungsbezügen i.H.v. z.B. 1.500 € liegt der Beitragssatz dann schon bei ca. 17–18 %. Die wenigsten Arbeitnehmer haben jedoch Versorgungsbezüge einer bAV in dieser Höhe. Falls doch, sind diese Arbeitnehmer nicht selten in der privaten Kranken- und Pflegeversicherung. Und hier spielen Freibetrag und -grenze ohnehin keine Rolle.

Die Beitragspflicht für Versorgungsbezüge in der gesetzlichen Kranken- und Pflegeversicherung gilt für alle Durchführungswege. Auch wenn z.B. eine Direktversicherung als Kapitalversicherung abgeschlossen wird, sind die fälligen Leistungen sozialversicherungspflichtig. Das gilt unabhängig davon, ob schon die Beitragszahlungen als Arbeitsentgelt sozialversicherungspflichtig waren.

Leistungen aus „privaten Beitragszahlungen"

Bis Ende 2010 vertraten die Sozialversicherungsträger sogar die Auffassung, dass 158
die volle Beitragspflicht selbst dann bestünde, wenn eine Direktversicherung nach Ausscheiden des Arbeitnehmers von diesem aus voll verbeitragtem Gehalt privat weiterfinanziert wurde. Diese Praxis wurde vom Bundesverfassungsgericht in 2010

beendet. Die Richter begründeten ihre Entscheidung damit, dass die einem ausgeschiedenen Arbeitnehmer mitgegebene und privat fortgeführte Direktversicherung von einer privaten Versicherung nicht mehr zu unterscheiden sei und dass nach dem Versicherungsnehmerwechsel kein „institutioneller Bezug" mehr zum Arbeitgeber bestehe. Deshalb dürften auch die mit „privaten" Beiträgen finanzierten Leistungen sozialversicherungsrechtlich nicht anders behandelt werden als Leistungen aus einer privaten Rentenversicherung. Letztere bleiben nach derzeitiger Rechtslage bei pflichtversicherten Rentnern beitragsfrei.

Inzwischen hat diese Rechtsprechung auch Eingang in § 229 Abs. 1 Nr. 5 SGB V gefunden (siehe Rn. 152). Danach gelten Leistungen, die ein Arbeitnehmer nach dem Ausscheiden beim Arbeitgeber als alleiniger Versicherungsnehmer aus nicht durch den Arbeitgeber finanzierten Beiträgen erworben hat, nicht zu den beitragspflichtigen Versorgungsbezügen.

Verbeitragung von Kapitalleistungen

159 Wird anstelle einer lebenslangen Rente eine Kapitalleistung gezahlt, so wird 1/120 der Kapitalleistung als monatlicher Versorgungsbezug angenommen, längstens jedoch für 120 Monate. Die Beiträge müssen maximal für zehn Jahre entrichtet werden. Verstirbt der ehemalige Arbeitnehmer vor Ablauf von zehn Jahren, dann erlischt die Beitragspflicht. Auch die Erben des Restkapitals sind daraus nicht beitragspflichtig, da das ererbte Vermögen keine Versorgungsleistung der bAV ist. Die Beitragspflicht von Kapitalleistungen gilt unabhängig davon, ob ursprünglich eine Kapitalzahlung vereinbart wurde oder ob eine solche anstelle einer vereinbarten Rente gezahlt wird.

160 **Beispiel**

Arbeitnehmer A ist pflichtversichert und erhält mit 67 Jahren ein steuerfreies Kapital aus seiner Direktversicherung.

Seine Beitragsbelastung:

Ablaufleistung	60.000 €
fiktive monatliche Leistung (60.000 € : 120)	500 €
monatliche Belastung (z.B. 14 %)	70 €
Gesamtbelastung (120 Monate) (70 € × 120)	8.400 €

Beitragspflicht von Abfindungen

161 Über lange Zeit war umstritten, ob eine vorzeitige Abfindung einer bAV, z.B. anlässlich des unverfallbaren Ausscheidens oder im laufenden Arbeitsverhältnis, als Arbeitsentgelt oder als Versorgungsbezug zu verbeitragen ist.

Mit Schreiben vom 20.4.2016 haben die Sozialversicherungsträger mitgeteilt, dass sämtliche Abfindungen, die ab dem 30.6.2016 vorgenommen werden, generell als Versorgungsbezug zu verbeitragen sind. Somit gilt für Abfindungen, die stets als Einmalbetrag gezahlt werden, eine Verteilung der Beitragspflicht über 120 Monate. Der auszahlende Versorgungsträger muss hierbei lediglich die zuständige Einzugsstelle (Krankenkasse) informieren und keinen Vorababzug der fälligen Beiträge vornehmen. Um den Beitragseinzug kümmert sich die zuständige Kasse nach der Meldung selbst.

4 Die Direktversicherung

Bei der Direktversicherung erfüllt der Arbeitgeber sein Versorgungsversprechen, indem er eine Lebensversicherung auf das Leben seines Arbeitnehmers abschließt, bei der der Arbeitnehmer (oder seine Hinterbliebenen) hinsichtlich der Leistungen ganz oder teilweise bezugsberechtigt ist. Auch wenn der Arbeitnehmer seine Leistung direkt vom Versicherer bezieht, liegt immer eine Zusage des Arbeitgebers vor, für die dieser im Zweifel auch haftet. 162

Stellung des Arbeitnehmers

Die Direktversicherung muss auf das Leben des Arbeitnehmers abgeschlossen werden. Das Bezugsrecht auf die Versicherungsleistungen muss dem Arbeitnehmer oder seinen steuerlich anerkannten Hinterbliebenen zustehen. Bei Arbeitgeberfinanzierung wird bei Abschluss üblicherweise ein unwiderrufliches Bezugsrecht unter dem Vorbehalt erteilt, dass der Arbeitgeber das Bezugsrecht doch widerrufen kann, wenn der Arbeitnehmer mit gesetzlich verfallbaren Ansprüchen beim Arbeitgeber ausscheidet. Ab Eintritt der Unverfallbarkeit erlischt der Vorbehalt dann automatisch. Das hat den Vorteil, dass die Versicherung einem ausscheidenden Arbeitnehmer im Rahmen des versicherungsvertraglichen Verfahrens mitgegeben werden kann und dass der Arbeitgeber keine PSV-Beiträge zahlen muss.

Auch die Einräumung eines teilweisen oder gespaltenen Bezugsrechtes zugunsten des Arbeitnehmers ist möglich. So ist es denkbar, dass der Arbeitnehmer nur die garantierten Leistungen aus der Versicherung bekommen soll und der Arbeitgeber die Überschüsse erhält. Dieses Bezugsrecht kommt in der Praxis nur gelegentlich und nur bei arbeitgeberfinanzierten Verträgen vor, z.B. wenn mit der Direktversicherung feste Leistungszusagen finanziert werden sollen und die Überschüsse zur Reduzierung der zu zahlenden Beiträge verrechnet werden. Solche Gestaltungen werden jedoch immer seltener.

Stellung des Arbeitgebers

Eine Direktversicherung liegt nur vor, wenn der Arbeitgeber Versicherungsnehmer 163
des Vertrages ist. Er ist damit der Vertragspartner des Versicherungsunternehmens und Verfügungsberechtigter über die abgeschlossene Versicherung.

Üblicherweise zahlt der Arbeitgeber auch die Beiträge zur Versicherung. Das bedeutet aber nicht, dass er auch wirtschaftlich die Beiträge tragen muss. Es ist durchaus möglich, den Arbeitnehmer durch Auszahlung eines entsprechend geringeren Barlohnes mit dem Aufwand für die Direktversicherung indirekt zu belasten (Entgeltumwandlung).

4.1 Steuerliche Behandlung beim Arbeitgeber

4.1.1 Vor Eintritt des Versorgungsfalles

Beitragszahlung

164 Beiträge zu Direktversicherungen sind als Ausgaben des Arbeitgebers für die Zukunftssicherung seiner Arbeitnehmer voll als Betriebsausgaben abzugsfähig. Hinsichtlich der Höhe der abzugsfähigen Beiträge gibt es keine Obergrenzen, solange die Beitragszahlung betrieblich veranlasst ist.

Der Abzug erfolgt in dem Jahr, in dem die Beiträge gezahlt werden. Das gilt auch, wenn das Versicherungsjahr vom Wirtschaftsjahr des Arbeitgebers abweicht oder wenn Einmalbeiträge gezahlt werden. Zahlt z.B. ein Arbeitgeber im Dezember eines Jahres den laufenden Jahresbeitrag zur Direktversicherung, dann gilt die Versicherung i.d.R. bis einschließlich November des Folgejahres als bezahlt. Beim Arbeitgeber wird der Aufwand aber nicht abgegrenzt, sondern der volle Jahresbeitrag wird im Jahr der Zahlung als Betriebsausgabe geltend gemacht.

Aktivierung

Der sich im Laufe der Zeit aufbauende Wert der Direktversicherung gehört steuerlich grundsätzlich zum Vermögen desjenigen, dem auch das Bezugsrecht zusteht. Sofern dem Arbeitnehmer oder seinen Hinterbliebenen das Bezugsrecht auf die Versicherungsleistungen eingeräumt wurde, zählt die Direktversicherung gem. § 4b EStG also nicht zum Betriebsvermögen. Sie erscheint deshalb nicht in der Bilanz und muss nicht gewinnerhöhend aktiviert werden. Ob das Bezugsrecht widerruflich oder unwiderruflich ist, hat keine Bedeutung. Bei einem widerruflichen Bezugsrecht tritt die Aktivierungspflicht erst ein, wenn der Widerruf tatsächlich ausgeübt wird.

Wurde ein teilweises oder ein gespaltenes Bezugsrecht festgelegt, so muss der dem Arbeitgeber zustehende Teil der Versicherungsleistung in der Bilanz aktiviert werden. Stehen z.B. dem Arbeitnehmer ausschließlich die garantierten Leistungen zu, so müssen die dem Arbeitgeber zustehenden Überschussanteile aktiviert werden, sofern sie nicht sofort mit den Beiträgen verrechnet werden.

Beleihung, Abtretung

165 In der Vergangenheit kam es auch vor, dass der Arbeitgeber, z.B. zur Überwindung kurzfristiger Liquiditätsengpässe, die Direktversicherungen beleiht oder die Versicherungen zum Zwecke der Absicherung betrieblicher Kredite an eine Bank abtritt. Hierzu ist er als Versicherungsnehmer jederzeit berechtigt, solange das Bezugsrecht des Arbeitnehmers nicht unwiderruflich ist. Eine Beleihung oder auch eine Abtretung der Versicherung führt nicht zur Aktivierungspflicht, wenn der Arbeitgeber sich dem Arbeitnehmer gegenüber verpflichtet, ihn bei Eintritt des Versorgungsfalles so zu stellen, als wäre die Abtretung oder Beleihung nicht erfolgt (§ 4b EStG). Diese sog. Sicherstellungserklärung soll garantieren, dass es sich bei der Beleihung um ein „echtes Darlehen“ handelt und nicht nur um eine Umgehung der Bezugsrechtsregelung

zulasten des Arbeitnehmers. In der Praxis spielt die Beleihung oder Abtretung von Direktversicherungen mittlerweile jedoch nahezu keine Rolle mehr.

4.1.2 Bei Eintritt des Versorgungsfalles

Bei Eintritt des Versorgungsfalles, also bei Fälligkeit der Direktversicherung, werden 166
die Leistungen i.d.R. vom Versicherer direkt an den Arbeitnehmer ausgezahlt. Dies hat für den Arbeitgeber keine steuerlichen Auswirkungen. Fließt die Versicherungsleistung jedoch z.T. an den Arbeitgeber, ist sie grundsätzlich steuerpflichtig. Die Steuerpflicht wirkt sich aber nur aus, soweit die zufließende Leistung noch nicht aktiviert wurde.

4.2 Steuerliche Behandlung beim Arbeitnehmer

Direktversicherungsbeiträge des Arbeitgebers zählen grundsätzlich zum steuerpflich- 167
tigen Arbeitslohn, soweit dem Arbeitnehmer auf die entsprechenden Versicherungsleistungen ein Bezugsrecht eingeräumt wird. Steuersystematisch fällt die Steuer an, sobald der Arbeitgeber die Beiträge an den Versicherer zahlt.

Die Höhe der anfallenden Lohnsteuer berechnet sich grundsätzlich nach den individuellen Verhältnissen des Arbeitnehmers. Unter bestimmten Voraussetzungen kann der Arbeitgeber jedoch die anfallende Lohnsteuer pauschal abgelten oder die Einzahlungen sind sogar vollständig steuerfrei.

Wenn der Direktversicherungsbeitrag vom Arbeitnehmer individuell versteuert wurde, so kann für den Beitrag die steuerliche Förderung der Privatvorsorge nach § 10a EStG (Riester-Förderung) in Anspruch genommen werden. Die Beiträge können dann als Sonderausgaben geltend gemacht werden oder der Arbeitnehmer erhält eine Zulage, wenn dies günstiger für ihn ist. Den Günstigervergleich nimmt das Finanzamt unaufgefordert vor. Aufgrund der nach wie vor geringen Bedeutung der Riester-Förderung innerhalb der bAV wird diese steuerliche Variante nicht näher betrachtet.

Die steuerliche Behandlung der Direktversicherung beim Arbeitnehmer wurde zum 1.1.2005 und erneut zum 1.1.2018 grundlegend geändert.

Deckungskapitalübertragung im laufenden Arbeitsverhältnis

Seit 1.1.2018 ermöglicht § 3 Nr. 55c Buchstabe a EStG eine steuerfreie Übertragung des vorhandenen Deckungskapitals auf eine Direktversicherung bei einem anderen Produktanbieter oder auf eine Pensionskasse oder einen Pensionsfonds. Hierbei dürfen keine Zahlungen an den Arbeitnehmer erfolgen und es darf sich nur um einen reinen Trägerwechsel innerhalb der Durchführungswege Direktversicherung, Pensionskasse und Pensionsfonds handeln. Außerdem muss bei dem neuen Anbieter die Besteuerung nach § 22 Nr. 5 EStG gewährleistet sein. Oder anders formuliert: Wenn Arbeitgeber und Arbeitnehmer sich einig sind und zudem seitens der Versicherer keine Einwände erhoben werden, kann man den Versicherungsanbieter bzw. -tarif im bestehenden Arbeitsverhältnis steuerneutral wechseln. Ein Arbeitgeberwechsel ist für diese Übertragung nicht erforderlich. Aber Achtung: Zwar gibt es diese steuerliche

Vorschrift, das bedeutet aber nicht, dass Arbeitgeber bzw. Arbeitnehmer eine solche Übertragung einseitig verlangen können oder Versicherer zur Umsetzung verpflichtet sind. Somit handelt es sich in der Praxis eher um Einzelfälle, z.B. wenn Arbeitnehmer und Arbeitgeber mit dem Versicherer unzufrieden sind und unbedingt zu einer anderen Versicherung wechseln möchten.

4.2.1 Steuerfreie Beiträge nach § 3 Nr. 63 EStG

168 Seit 2005 unterliegen die Durchführungswege Direktversicherung, Pensionskasse und Pensionsfonds in der Beitragszahlungsphase (also vor Eintritt des Versorgungsfalls) einheitlich der steuerlichen Förderung durch den § 3 Nr. 63 EStG. Diese Vorschrift regelt ausschließlich die Voraussetzungen und Grenzen für lohnsteuerfreie Beitragszahlungen. Die steuerliche Behandlung der Leistungen ist dagegen in § 22 Nr. 5 EStG geregelt.

Fördervoraussetzungen

169 Die Förderung des § 3 Nr. 63 EStG kann nur im ersten Dienstverhältnis eines Arbeitnehmers in Anspruch genommen werden und nur, wenn mit den Einzahlungsbeträgen eine kapitalgedeckte betriebliche Altersversorgung, z.B. eine Direktversicherung, finanziert wird.

§ 3 Nr. 63 EStG: Steuerfreie Einnahmen

Steuerfrei sind [...]

63. Beiträge des Arbeitgebers aus dem ersten Dienstverhältnis an einen Pensionsfonds, eine Pensionskasse oder für eine Direktversicherung zum Aufbau einer kapitalgedeckten betrieblichen Altersversorgung, bei der eine Auszahlung der zugesagten Alters-, Invaliditäts- oder Hinterbliebenenversorgungsleistungen entsprechend § 82 Absatz 2 Satz 2 vorgesehen ist, soweit die Beträge im Kalenderjahr 8 Prozent der Beitragsbemessungsgrenze in der allgemeinen Rentenversicherung nicht übersteigen. Dies gilt nicht, soweit der Arbeitnehmer nach § 1a Absatz 3 des Betriebsrentengesetzes verlangt hat, dass die Voraussetzungen für eine Förderung nach § 10a oder Abschnitt XI erfüllt werden. [...]

Die Auszahlung der Versorgungsleistungen muss zwingend in Form einer lebenslangen Rente oder eines Auszahlungsplans mit Restverrentung ab Alter 85 Jahre vorgesehen sein. Maximal 30 % des bei Rentenbeginn vorhandenen Kapitals darf außerhalb der lebenslangen Rente, z.B. als einmalige Kapitalauszahlung, vorgesehen sein.

Sämtliche Versorgungsleistungen dürfen somit nur als Rentenleistung vereinbart werden. Allerdings verlangt das Gesetz keine tatsächliche Auszahlung als lebenslange Rente – sie muss nur vorgesehen sein. Entscheidet sich allerdings der Arbeitnehmer für eine einmalige Kapitalauszahlung, so sind die Beiträge ab diesem Zeitpunkt nicht mehr steuerfrei, sondern müssen voll versteuert werden. Da Rentenversicherungstarife aber i.d.R. verlangen, dass sich der Arbeitnehmer bereits einige Monate vor Rentenbeginn zwischen Kapital- oder Rentenauszahlung entscheidet, hat das BMF eine Ausnahmeregelung geschaffen, die auch im BMF-Schreiben vom 6.12.2017 enthalten ist. Für Leistungen der Altersversorgung darf das Kapitalwahlrecht danach frühestens ein Jahr vor Rentenbeginn ausgeübt werden, ohne dass der Arbeitnehmer dadurch die Förderung des § 3 Nr. 63 EStG für die Beiträge des letzten Jahres verliert. Entscheidet sich der Arbeitnehmer schon vorher zur Kapitalauszahlung bei Rentenbeginn, so ist ab diesem Zeitpunkt keine Rente mehr vorgesehen und somit für die zukünftigen Beiträge keine Förderung nach § 3 Nr. 63 EStG mehr möglich.

BMF-Schreiben vom 6.12.2017

Begünstigte Auszahlungsformen

Voraussetzung für die Steuerfreiheit ist, dass die Auszahlung der zugesagten Alters-, Invaliditäts- oder Hinterbliebenenversorgungsleistungen in Form einer lebenslangen Rente oder eines Auszahlungsplans [...] vorgesehen ist. Davon ist auch bei einer betrieblichen Altersversorgung in Form der reinen Beitragszusage (§§ 21 ff. BetrAVG) auszugehen. Im Hinblick auf die entfallende Versorgungsbedürftigkeit z.B. für den Fall der Vollendung des 25. Lebensjahres der Kinder [...], der Wiederheirat der Witwe/Witwers, dem Ende der Erwerbsminderung durch Wegfall der Voraussetzungen für den Bezug (insbesondere bei Verbesserung der Gesundheitssituation oder Erreichen der Altersgrenze) ist es nicht zu beanstanden, wenn eine Rente oder ein Auszahlungsplan zeitlich befristet ist. Von einer Rente oder einem Auszahlungsplan ist auch noch auszugehen, wenn bis zu 30 % des zu Beginn der Auszahlungsphase zur Verfügung stehenden Kapitals außerhalb der monatlichen Leistungen ausgezahlt werden. Die zu Beginn der Auszahlungsphase zu treffende Entscheidung und Entnahme des Teilkapitalbetrages aus diesem Vertrag (Rz. 210 des BMF-Schreibens vom 21. Dezember 2017, BStBl 2018 1 S. 93) führt zur Besteuerung nach § 22 Nr. 5 EStG. Allein die Möglichkeit, anstelle dieser Auszahlungsformen eine Einmalkapitalauszahlung (100 % des zu Beginn der Auszahlungsphase zur Verfügung stehenden Kapitals) zu wählen, steht der Steuerfreiheit noch nicht entgegen. [...] Die Möglichkeit, eine Einmalkapitalauszahlung anstelle einer Rente oder eines Auszahlungsplans zu wählen, gilt nicht nur für Altersversorgungsleistungen, sondern auch für Invaliditäts- oder Hinterbliebenenversorgungsleistungen. Entscheidet sich der Arbeitnehmer zugunsten einer Einmalkapitalauszahlung, so sind von diesem Zeitpunkt an die Voraussetzungen des § 3 Nr. 63 EStG nicht mehr erfüllt und die Beitragsleistungen zu besteuern. Erfolgt die Ausübung des Wahlrechtes innerhalb des letzten Jahres vor dem altersbedingten Ausscheiden aus dem Erwerbsleben, so ist es aus Vereinfachungsgründen nicht zu beanstanden, wenn die Beitragsleistungen weiterhin nach § 3 Nr. 63 EStG steuerfrei belassen werden. Für die Berechnung der Jahresfrist ist dabei auf das im Zeitpunkt der Ausübung des Wahlrechts vertraglich vorgesehene Ausscheiden aus dem Erwerbsleben (vertraglich vorgesehener Beginn der Altersversorgungsleistung) abzustellen. Da die Auszahlungsphase bei der Hinterbliebenenleistung erst mit dem Zeitpunkt des Todes des ursprünglich Berechtigten beginnt, ist es in diesem Fall aus steuerlicher Sicht nicht zu beanstanden, wenn das Wahlrecht im zeitlichen Zusammenhang mit dem Tod des ursprünglich Berechtigten ausgeübt wird. Bei Auszahlung oder anderweitiger wirtschaftlicher Verfügung ist der Einmalkapitalbetrag gemäß § 22 Nr. 5 EStG zu besteuern [...].

Wird anstelle einer lebenslangen Rente eine Kapitalleistung gewährt, so muss es sich entweder um eine Kapitalauszahlung zwischen 0 % und 30 % des vorhandenen Kapitals oder um eine vollständige und einmalige Kapitalzahlung handeln, um die steuerliche Förderung nicht zu gefährden. Teilkapitalleistungen oder eine Verteilung des Einmalkapitals auf mehrere Jahre sollen nach Ansicht des BMF nicht möglich sein bzw. bei Verstoß dagegen zu einer vollständigen sofortigen Versteuerung des gesamten Kapitals führen.

Praxistipp

Wenn die Höhe der Kapitalleistung die Obergrenze für Abfindungen nach § 3 BetrAVG überschreitet, dann muss das Kapitalwahlrecht auf jeden Fall vor Fälligkeit der ersten Rente ausgeübt werden. Ansonsten handelt es sich arbeitsrechtlich um eine (nicht erlaubte) Abfindung laufender Renten. Deshalb sollte die Versorgungsordnung, insb. für vorzeitige Versorgungsfälle (Tod und Berufsunfähigkeit), festlegen, dass die Leistung erst nach der Wahl der Auszahlungsweise fällig wird.

170 **Fördervolumen in der Anwartschaft seit 1.1.2018**

Bei Erfüllung der Fördervoraussetzungen bleiben Beitragszahlungen des Arbeitgebers pro Jahr bis zu 8 % der Beitragsbemessungsgrenze in der Rentenversicherung (West) lohnsteuerfrei. Relevant ist bundesweit die BBG West.

Der Förderhöchstbetrag verringert sich allerdings um den Betrag, den ein Arbeitnehmer im selben Jahr bereits nach § 40b EStG a.F. pauschal versteuert (§ 52 Abs. 4 S. 16 EStG). Hierdurch soll eine zu extreme Ausweitung des Förderrahmens bei denjenigen Arbeitnehmern verhindert werden, die zusätzlich die „alte" Pauschalbesteuerung nutzen.

Für die Förderung ist es irrelevant, wann die Zusage erteilt wurde. Die ehemals komplizierte Unterscheidung in Alt- und Neuzusagen sowie den damit verbundenen zusätzlichen Steuerfreibetrag von 1.800 € gibt es seit 2018 nicht mehr.

Wechselt der Arbeitnehmer während des Jahres den Arbeitgeber, so kann auch der neue Arbeitgeber im selben Jahr die Förderung des § 3 Nr. 63 EStG nochmals in voller Höhe nutzen.

Praxistipp

Der seit 2018 auf 8 % der BBG erhöhte Freibetrag des § 3 Nr. 63 EStG ist zwar steuerfrei, aber nur bis zu einem Betrag von 4 % der BBG auch in der Sozialversicherung beitragsfrei. Das gilt unabhängig davon, ob der Beitrag vom Arbeitgeber oder durch Entgeltumwandlung vom Arbeitnehmer finanziert wird.

Wird in einem Unternehmen sowohl eine arbeitgeberfinanzierte Versorgung als auch eine Entgeltumwandlung angeboten, so sind die genannten Höchstbeträge immer zuerst auf die Arbeitgeberbeiträge anzuwenden. Verbleibt danach noch ein steuerliches Fördervolumen, so steht dieses für die Entgeltumwandlung zur Verfügung. Diese Festlegung der Finanzverwaltung hat allerdings keine praktische Bedeutung, denn in der Lohnabrechnung ist es irrelevant, wie sich die Beitragsteile zusammensetzen. Übersteigen die Gesamtbeträge die steuerlichen Freibeträge, so muss der Arbeitnehmer Lohnsteuer zahlen, unabhängig davon, ob die Steuerpflicht durch Arbeitgeber- oder Arbeitnehmerbeiträge verursacht wird. Für die Sozialversicherung gilt dasselbe. Die Beitragspflicht trifft immer Arbeitgeber und Arbeitnehmer gleichermaßen.

Vervielfältigung seit 1.1.2018

Scheidet ein Arbeitnehmer aus einem Unternehmen aus, so können für ihn anläss- 171
lich des Ausscheidens u.U. hohe Einmalbeträge steuerfrei in eine Direktversicherung nach § 3 Nr. 63 gezahlt werden.

§ 3 Nr. 63 S. 3 EStG: Steuerfreie Einnahmen

Aus Anlass der Beendigung des Dienstverhältnisses geleistete Beiträge im Sinne des Satzes 1 sind steuerfrei, soweit sie 4 Prozent der Beitragsbemessungsgrenze in der allgemeinen Rentenversicherung, vervielfältigt mit der Anzahl der Kalenderjahre, in denen das Dienstverhältnis des Arbeitnehmers zu dem Arbeitgeber bestanden hat, höchstens jedoch zehn Kalenderjahre, nicht übersteigen.

§ 52 Abs. 4 S. 17 EStG (2018)

[...] § 3 Nummer 63 Satz 3 in der ab 1. Januar 2018 geltenden Fassung ist nicht anzuwenden, soweit § 40b Absatz 1 und Absatz 2 Satz 3 und 4 in der am 31. Dezember 2004 geltenden Fassung angewendet wird. [...]

Pro angefangenem Kalenderjahr der Dienstzugehörigkeit können für den ausscheidenden Arbeitnehmer 4 % der im Ausscheidejahr gültigen BBG steuerfrei investiert werden. Bei unterjährigem Ein- und Austritt fließen beide Jahre in voller Höhe in die Berechnung des Maximalbetrages ein. Insgesamt dürfen aber maximal zehn Jahre berücksichtigt werden. Der Maximalbetrag beträgt somit auf Basis der BBG im Jahr 2021 einmalig 34.080 €. Zu beachten ist, dass dieser Maximalbetrag dynamisch mit der BBG mitwächst. Anders als bei der bis Ende 2017 geltenden Vervielfältigungsregel, sind seit 2018 keine in den Vorjahren oder im laufenden Jahr bereits nach § 3 Nr. 63 EStG steuerfrei gebliebenen Beiträge abzuziehen. Nutzt ein Arbeitnehmer parallel zur Vervielfältigung nach § 3 Nr. 63 EStG die nach § 40b EStG a.F., so findet eine Anrechnung des pauschalbesteuerten Vervielfältigungsbetrags nach § 40b EStG a.F. auf die Vervielfältigungssumme nach § 3 Nr. 63 EStG statt. Die beiden Vervielfältigungsregeln sind also dem Grunde nach, aber nicht der Höhe nach parallel nutzbar.

Die Förderung setzt nicht voraus, dass der Arbeitnehmer in der Vergangenheit bereits eine Direktversicherung hatte. Selbst wenn der ausscheidende Arbeitnehmer bisher noch gar keine bAV hatte, kann die Vervielfältigung genutzt werden. Allerdings muss ein Zusammenhang zum Ausscheiden des Arbeitnehmers bestehen. Das ist nach Meinung des BMF insb. dann der Fall, wenn der Beitrag innerhalb der letzten drei Beschäftigungsmonate geleistet wird. Wird der Beitrag erst nach dem Ausscheiden geleistet, muss die Zahlung spätestens am letzten Arbeitstag vereinbart worden sein.

Vervielfältigung nach entgeltfreien Zeiten

Durch Zeiten, in denen bei ruhendem Dienstverhältnis kein steuerpflichtiger Arbeitslohn bezogen und somit meist auch keine bAV-Beiträge gezahlt wurden, entstehen in der bAV häufig Lücken. Das sind beispielsweise Zeiten einer Entsendung ins Ausland oder Elternzeit. Liegen bei einem Arbeitnehmer vollständig entgeltfreie Jahre vor, so können für diese Zeiten seit 1.1.2018 steuerfreie Beiträge nachgezahlt werden (§ 3 Nr. 63 S. 4 EStG). Im Zeitraum des Ruhens und im Zeitpunkt der Nachzahlung muss ein erstes Dienstverhältnis vorliegen (§ 3 Nr. 63 S. 1 EStG). Leider sind für die Vervielfältigung nur die Jahre relevant, in denen das Arbeitsverhältnis vollständig (vom 1.1. bis 31.12.) entgeltfrei war. Der lohnsteuerfreie Einmalbeitrag für diese entgeltfreien Jahre darf maximal 8 % der BBG, multipliziert mit der Anzahl der vollständig entgeltfreien Jahre, betragen. Hierbei dürfen maximal zehn entgeltfreie Jahre berücksichtigt werden.

§ 3 Nr. 63 EStG: Steuerfreie Einnahmen

63. […] Beiträge im Sinne des Satzes 1, die für Kalenderjahre nachgezahlt werden, in denen das erste Dienstverhältnis ruhte und vom Arbeitgeber im Inland kein steuerpflichtiger Arbeitslohn bezogen wurde, sind steuerfrei, soweit sie 8 Prozent der Beitragsbemessungsgrenze in der allgemeinen Rentenversicherung, vervielfältigt mit der Anzahl dieser Kalenderjahre, höchstens jedoch zehn Kalenderjahre, nicht übersteigen.

4.2.2 Pauschal besteuerte Beiträge nach § 40b EStG a.F.

172 Bei den Durchführungswegen Pensionskasse und Direktversicherung bestand bis 2004 die Möglichkeit, die Beiträge anstelle mit dem individuellen Steuersatz nur mit einer pauschalen Lohnsteuer i.H.v. 20 % zu versteuern. Dies war bis Ende 2004 in § 40b EStG geregelt. Ab dem 1.1.2005 wurde § 40b EStG neu gefasst und gilt seitdem nur für umlagefinanzierte Versorgungskassen. Die Anwendung des § 40b in der Fassung bis zum 31.12.2004 (§ 40b EStG a.F.) ist aber weiterhin unter bestimmten Voraussetzungen möglich.

Weitergeltung des § 40b EStG a.F.

Um die Pauschalbesteuerung des § 40b EStG a.F. nutzen zu können, muss zunächst sichergestellt sein, dass der Beitrag nicht nach § 3 Nr. 63 EStG steuerfrei ist. Seit 2018 kann ein Arbeitnehmer auf die Anwendung des § 3 Nr. 63 EStG verzichten.

Der Verzicht auf die Förderung nach § 3 Nr. 63 EStG kann seit 1.1.2018 vom Arbeitnehmer im laufenden Arbeitsverhältnis jederzeit ausgeübt werden, jedoch unwiderruflich bis zur Beendigung des Arbeitsverhältnisses. Bei Wechsel des Arbeitgebers kann der Arbeitnehmer neu entscheiden, allerdings nur bis zur ersten Beitragszahlung des neuen Arbeitgebers. Der Verzicht kann auch nur für bestimmte Beiträge zu einer bestimmten Versicherung ausgeübt werden, damit z.B. für eine weitere Versicherung § 3 Nr. 63 EStG genutzt werden kann.

§ 52 Abs. 40 EStG: Anwendungsvorschriften

(40) § 40b Absatz 1 und 2 in der am 31. Dezember 2004 geltenden Fassung ist weiter anzuwenden auf Beiträge für eine Direktversicherung des Arbeitnehmers und Zuwendungen an eine Pensionskasse, wenn vor dem 1. Januar 2018 mindestens ein Beitrag nach § 40b Absatz 1 und 2 in einer vor dem 1. Januar 2005 geltenden Fassung pauschal besteuert wurde.

Der Verzicht sollte in der Praxis nur dann ausgesprochen werden, wenn zuvor geprüft wurde, ob eine Pauschalbesteuerung nach § 40b EStG a.F. möglich ist. Das ist dann der Fall, wenn der Arbeitnehmer nachweisen kann, dass irgendwann vor 2018 bereits einmal mindestens ein Beitrag nach § 40b EStG a.F. geleistet wurde, ggf. auch bei einem anderen Arbeitgeber. Das bedeutet, dass für die § 40b-Fähigkeit nicht allein eine Altzusage maßgeblich ist. Es reicht ein bestehender Altvertrag, in den mindestens ein Beitrag geflossen sein muss. Damit bleibt die § 40b-Fähigkeit auch bei einem Arbeitgeberwechsel lebenslang erhalten. Vertragsänderungen, Neuabschlüsse, Änderungen der Versorgungszusage, Arbeitgeberwechsel und weitere Änderungen müssen nicht mehr beachtet werden. Eine ausdrückliche Verzichtserklärung ist im Übrigen hinfällig, wenn die Direktversicherung ohnehin nicht die Fördervoraussetzungen des § 3 Nr. 63 EStG erfüllt.

Beispiel: Anwendung des § 40b EStG a.F.

In den folgenden Fällen ist die pauschale Erhebung der Lohnsteuer auf die gezahlten Beiträge möglich, sofern die Versicherung entweder die Fördervoraussetzungen des § 3 Nr. 63 EStG nicht erfüllt oder der Arbeitnehmer auf die Anwendung des § 3 Nr. 63 EStG verzichtet:

- Eine bestehende § 40b-Direktversicherung wird im Jahr 2021 um eine neu abgeschlossene Direktversicherung ergänzt.
- Ein Arbeitnehmer hatte beim Vorarbeitgeber vor langer Zeit eine pauschalbesteuerte Direktversicherung, die schon vor 20 Jahren wegen „Geldmangels" vorzeitig aufgelöst wurde. Jetzt schließt er eine neue Versicherung ab.
- Ein neu eingetretener Arbeitnehmer hat vom Vorarbeitgeber noch eine § 40b-Direktversicherung, die ihm anlässlich des Ausscheidens per VN-Wechsel übertragen wurde. Der neue Arbeitgeber führt diese Police nun als neuer Versicherungsnehmer weiter.
- Ein Arbeitnehmer hat seit fünf Jahren eine nach § 3 Nr. 63 EStG geförderte Direktversicherung. Nun stellt er fest, dass die Förderung nach § 40b EStG a.F. für ihn vorteilhafter ist. Er verzichtet deshalb auf die Anwendung des § 3 Nr. 63 EStG und nutzt die Pauschalbesteuerung.

Beitragsschuldner der pauschalen Lohnsteuer gegenüber dem Finanzamt ist der Arbeitgeber. Wie bei der tariflichen Lohnsteuer ist auch auf die pauschale Lohnsteuer der Solidaritätszuschlag i.H.v. zurzeit noch 5,5 % zu zahlen. Die Gesamtbelastung beträgt dadurch 21,1 %. Zwar wurde der Solidaritätszuschlag Anfang 2021 gesetzlich neu geregelt. Die Freigrenzen wurden drastisch erhöht, sodass für die meisten Arbeitnehmer der Solidaritätszuschlag auf die Lohn- bzw. Einkommensteuer de facto abgeschafft wurde. Allerdings bleibt es beim Solidaritätszuschlag in Höhe von 5,5 % für alle Vorgänge mit pauschaler Lohnsteuerbelastung. Dazu gehört eben auch die Förderung nach § 40b EStG a. F.

Der Arbeitgeber ist grundsätzlich nicht verpflichtet, die Pauschalierung der Lohnsteuer durchzuführen. Das gilt auch dann, wenn der Arbeitnehmer sich verpflichtet, den Versicherungsbeitrag und die Steuer wirtschaftlich zu tragen, der Arbeitgeber also nicht belastet wird. In der Praxis wird der Arbeitgeber in diesem Fall aber der Pauschalierung zustimmen. Verweigert der Arbeitgeber seine Zustimmung, so kann der Arbeitnehmer die Pauschalierung nicht eigenständig, z.B. im Rahmen seines Lohnsteuerjahresausgleichs, durchführen.

Steuerfreiheit der Pauschalsteuer

Genau wie der Versicherungs- bzw. Versorgungsbeitrag selbst kann auch die pauschale Lohnsteuer vom Arbeitgeber als Betriebsausgabe geltend gemacht werden. Die vom Arbeitgeber zusätzlich geleistete Pauschalsteuer muss vom Arbeitnehmer nicht versteuert werden.

Voraussetzungen für die Pauschalierung

173 Die Voraussetzungen für die Lohnsteuerpauschalierung sind im Wesentlichen in § 40b EStG a.F. sowie in R 40b.1 LStR geregelt.

Die Versicherung muss für einen Arbeitnehmer im ersten Arbeitsverhältnis abgeschlossen sein. Hierdurch soll vermieden werden, dass Arbeitnehmer mit mehreren Beschäftigungsverhältnissen den Steuervorteil mehrfach nutzen.

- Im Erlebensfall dürfen dem Arbeitnehmer aus der Versicherung vor dem 60. Lebensjahr keine Leistungen zufließen. In der Praxis hat diese Voraussetzung für Neuabschlüsse keine Bedeutung, da das Mindestalter für das Vorliegen einer bAV mittlerweile auf 62 Jahre angehoben wurde.
- Eine Abtretung oder Beleihung eines dem Arbeitnehmer eingeräumten unwiderruflichen Bezugsrechts muss im Versicherungsvertrag ausgeschlossen sein. Diese Bedingung kann nur einvernehmlich mit dem Versicherer erreicht werden.
- Eine vorzeitige Kündigung des Versicherungsvertrages durch den Arbeitnehmer muss ausgeschlossen sein. In R 40b Abs. 6 LStR wird hierfür folgende Vereinbarung zwischen dem Versicherungsnehmer und dem Versicherer vorgeschlagen:
- „Es wird unwiderruflich vereinbart, dass während der Dauer des Dienstverhältnisses eine Übertragung der Versicherungsnehmereigenschaft und eine Abtretung von Rechten aus diesem Vertrag auf den versicherten Arbeitnehmer bis zu dem Zeitpunkt, in dem der versicherte Arbeitnehmer sein 59. Lebensjahr vollendet, insoweit ausgeschlossen ist, als die Beiträge vom Versicherungsnehmer (Arbeitgeber) entrichtet worden sind."
- Kapitalversicherungen werden nur anerkannt, wenn sie eine Mindestlaufzeit von fünf Jahren aufweisen. Bei Rentenversicherungen mit Kapitalwahlrecht darf die Kapitalabfindung frühestens nach fünf Jahren möglich sein. Werden im Rahmen eines Gruppenvertrages aufgrund des arbeitsrechtlichen Gleichbehandlungsgrundsatzes auch ältere Arbeitnehmer versichert, so sieht die Finanzverwaltung von der geforderten Mindestlaufzeit ab.

- Die Möglichkeit der Lohnsteuerpauschalierung wird in § 40b Abs. 2 S. 1 EStG a.F. auf maximal 1.752 € Jahresbeitrag je Arbeitnehmer begrenzt. Übersteigt der gezahlte Beitrag diese Grenzen, so unterliegen die übersteigenden Beträge beim Arbeitnehmer der individuellen Besteuerung.

Praxistipp: Lohnsteuerpauschalierung bei neu abgeschlossenen Direktversicherungen

Wenn die o.g. Voraussetzungen erfüllt sind, können auch neu abgeschlossene Direktversicherungen pauschal besteuert werden. Aufgrund der Regelungen in den Lohnsteuerrichtlinien ist dies aber nur dann praktisch möglich, wenn der Versicherer bereit ist, die o.g. Vereinbarungen zu treffen. Dasselbe gilt für den Verzicht auf die Förderung nach § 3 Nr. 63 EStG in einem bestehenden Vertrag.

Durchschnittsberechnung

Sind mehrere Arbeitnehmer gemeinsam in einem Direktversicherungsvertrag versichert, können für einzelne Arbeitnehmer bis zu 2.148 € pro Jahr pauschal besteuert werden, wenn der jährliche Aufwand im Durchschnitt nicht mehr als 1.752 € pro Arbeitnehmer beträgt. Arbeitnehmer mit mehr als 2.148 € Jahresbeitrag fallen aus dieser sog. Durchschnittsberechnung heraus. Für sie können dann nur 1.752 € pauschal besteuert werden. Die übersteigenden Beiträge unterliegen der individuellen Steuer.

Beispiel: Durchschnittsberechnung

Ein Arbeitgeber hat seit vielen Jahren für seine Arbeitnehmer Direktversicherungen mit folgenden Jahresbeiträgen:

Arbeitnehmer A	450 €	< 1.752 €
Arbeitnehmer B	1.300 €	< 1.752 €
Arbeitnehmer C	1.850 €	> 1.752 € und < 2.148 €
Arbeitnehmer D	2.250 €	> 2.148 €

D ist bei der Durchschnittsberechnung nicht zu berücksichtigen. Für ihn können 1.752 € pauschal versteuert werden. Aus den Beiträgen für A, B und C ergibt sich ein durchschnittlicher Aufwand von 1.200 €. Die Beiträge von A, B und C können deshalb in voller Höhe pauschal versteuert werden.

Für die Durchschnittsberechnung ist zwingende Voraussetzung, dass mehrere Arbeitnehmer gemeinsam in einem Vertrag versichert sind. Es genügt allerdings gem. R 40b.1 Abs. 9 LStR ein sog. Rahmen- bzw. Gruppenvertrag, der bereits ab zwei versicherten Personen möglich ist. Die Versicherungen können auch bei unterschiedlichen Gesellschaften bestehen. Der BFH hat mit Urteil vom 11.3.2010 das Erfordernis eines solchen Rahmenvertrages nochmals bestätigt. Übernimmt ein Arbeitgeber z.B. eine § 40b-Versicherung eines neuen Arbeitnehmers mit mehr als 1.752 € Jahresbeitrag, so genügt es nicht, dass der Beitragsdurchschnitt unterhalb von 1.752 € liegt. Die Versicherung muss zwingend auch in den Rahmenvertrag aufgenommen werden.

Vervielfältigungsregel für ausscheidende Arbeitnehmer

Für Beiträge, die ein Arbeitgeber aus Anlass der Beendigung des Dienstverhältnisses erbringt, vervielfältigt sich gem. § 40b Abs. 2 S. 1 EStG a.F. der Betrag von 1.752 € mit der Anzahl der Kalenderjahre, in denen das Dienstverhältnis zum Arbeitgeber bestanden hat. Der vervielfältigte Betrag vermindert sich jedoch um die in den letzten sieben Jahren vor dem Ausscheiden erbrachten pauschal besteuerten Beiträge. Die Vervielfältigung ist seit 1.1.2018 auch dann möglich, wenn der Arbeitnehmer gar keinen § 40b-Vertrag hat, aber irgendwann in der Vergangenheit schon einmal mindestens einen Beitrag nach § 40b pauschal besteuert hat.

Kirchensteuerpauschalierung

174 Von lohnsteuerpauschalierten Beiträgen ist auch eine pauschale Kirchensteuer zu erheben. Die Höhe der pauschalen Kirchensteuer schwankt je nach Bundesland zwischen 4 % und 7 % der pauschalen Lohnsteuer. Schuldner der pauschalen Kirchensteuer ist der Arbeitgeber.

Der Arbeitgeber kann wählen, ob er die pauschale oder die individuelle Kirchensteuer (8 % oder 9 %) abführen will. Entscheidet er sich für die Pauschalierung, muss er die Steuer für alle Arbeitnehmer abführen, unabhängig davon, ob diese einer erhebungsberechtigten Religionsgemeinschaft angehören oder nicht.

Bemessungsgrundlage für die Kirchensteuer ist die pauschale Lohnsteuer. Je nach Steuersatz ergibt sich somit folgende prozentuale Gesamtbelastung des Versicherungsbeitrages mit Kirchensteuer, 20 % pauschaler Lohnsteuer und 5,5 % der Lohnsteuer als Solidaritätszuschlag:

Gesamtbelastung aus Kirchensteuer, Solidaritätszuschlag und pauschaler Lohnsteuer

Kirchensteuer in %	**4,0**	**5,0**	**6,0**	**7,0**	**8,0**	**9,0**
Gesamtbelastung in %	21,9	22,1	22,3	22,5	22,7	22,9
Gesamtbelastung in Euro bei 1.752 € Jahresbeitrag	383,69	387,19	390,70	394,20	397,70	401,21

Tab. 7: Gesamtbelastung aus Kirchensteuer, Solidaritätszuschlag und pauschaler Lohnsteuer

4.2.3 Förderbetrag für Geringverdiener

175 Um auch Arbeitgebern in Betrieben und Branchen mit geringem Gehaltsniveau einen Anreiz zu geben, den Arbeitnehmern eine arbeitgeberfinanzierte Versorgung oder zumindest einen Zuschuss zur Entgeltumwandlung zu geben, wurde im Rahmen des BRSG ein spezieller Förderbetrag für Arbeitgeber eingeführt, die geringverdienenden Arbeitnehmern bAV-Beiträge gewähren.

Voraussetzungen für den Förderbetrag

Der Förderbetrag wird seit 2018 auf Arbeitgeberbeträge gewährt, wenn der Arbeitgeber höhere Beiträge als im Jahr 2016 zahlt. Hierdurch soll sichergestellt werden, dass die Förderung eine Motivation für zusätzliche Arbeitgeberbeiträge darstellt und nicht diejenigen Arbeitgeber „belohnt" werden, die ohnehin bereits arbeitgeberfinanzierte bAV-Beiträge leisten.

§ 100 Abs. 3 EStG: Voraussetzungen für den Förderbetrag

(3) Voraussetzung für die Inanspruchnahme des Förderbetrags nach den Absätzen 1 und 2 ist, dass

1. *der Arbeitslohn des Arbeitnehmers im Lohnzahlungszeitraum, für den der Förderbetrag geltend gemacht wird, im Inland dem Lohnsteuerabzug unterliegt;*
2. *der Arbeitgeber für den Arbeitnehmer zusätzlich zum ohnehin geschuldeten Arbeitslohn im Kalenderjahr mindestens einen Betrag in Höhe von 240 Euro an einen Pensionsfonds, eine Pensionskasse oder für eine Direktversicherung zahlt;*
3. *im Zeitpunkt der Beitragsleistung der laufende Arbeitslohn (§ 39b Absatz 2 Satz 1 und 2), der pauschal besteuerte Arbeitslohn (§ 40a Absatz 1 und 3) oder das pauschal besteuerte Arbeitsentgelt (§ 40a Absatz 2 und 2a) nicht mehr beträgt als*

a) 85,84 Euro bei einem täglichen Lohnzahlungszeitraum,

b) 600,84 Euro bei einem wöchentlichen Lohnzahlungszeitraum,

c) 2 575 Euro bei einem monatlichen Lohnzahlungszeitraum oder

d) 30 900 Euro bei einem jährlichen Lohnzahlungszeitraum;

4. *eine Auszahlung der zugesagten Alters-, Invaliditäts- oder Hinterbliebenenversorgungsleistungen entsprechend § 82 Absatz 2 Satz 2 vorgesehen ist;*
5. *sichergestellt ist, dass von den Beiträgen jeweils derselbe prozentuale Anteil zur Deckung der Vertriebskosten herangezogen wird; der Prozentsatz kann angepasst werden, wenn die Kalkulationsgrundlagen geändert werden, darf die ursprüngliche Höhe aber nicht überschreiten.*

[...]

Die Förderung setzt einen Mindest-Arbeitgeberbeitrag von 240 € pro Kalenderjahr voraus, der an eine Direktversicherung, eine Pensionskasse oder einen Pensionsfonds bezahlt wird. Das Versorgungsprodukt muss zwingend eine Altersrente oder einen Auszahlplan (wie bei Riester) vorsehen und sämtliche im Produkt enthaltene Vertriebskosten müssen über die gesamte Beitragszahlungsdauer verteilt werden.

Gefördert werden nur Beiträge für lohnsteuerpflichtige Arbeitnehmer mit einem laufenden Arbeitslohn von maximal 2.575 € pro Monat. Diese „Geringverdienergrenze" wurde im Jahr 2020 von 2.200 € pro Monat auf diesen Wert erhöht, um noch mehr Arbeitnehmer in den Förderbereich zu bringen und damit den Arbeitgebern einen stärkeren Anreiz zu geben, einen Arbeitgeberbeitrag zu leisten und die Geringverdienerförderung zu nutzen. Zur Definition des Begriffes „laufender Arbeitslohn" verweist § 100 Abs. 3 Nr. 3 EStG auf § 39b Abs. 2 S. 1 und 2 EStG.

§ 39b Abs. 2 EStG: Einbehaltung der Lohnsteuer

(2) Für die Einbehaltung der Lohnsteuer vom laufenden Arbeitslohn hat der Arbeitgeber die Höhe des laufenden Arbeitslohns im Lohnzahlungszeitraum festzustellen und auf einen Jahresarbeitslohn hochzurechnen. Der Arbeitslohn eines monatlichen Lohnzahlungszeitraums ist mit zwölf, der Arbeitslohn eines wöchentlichen Lohnzahlungszeitraums mit 360/7 und der Arbeitslohn eines täglichen Lohnzahlungszeitraums mit 360 zu vervielfältigen. [...]

Nicht zum laufenden Arbeitslohn gehören steuerfreie Lohnanteile, Sachbezüge bis 44 € und pauschal besteuerter Arbeitslohn. Relevant ist jeweils der laufende Arbeitslohn im Zeitpunkt der Beitragsleistung. Zahlt ein Arbeitgeber z.B. im Januar einen Jahresbeitrag von 240 € für einen Arbeitnehmer, so darf dessen Arbeitslohn im Januar die Grenze von 2.575 € nicht übersteigen, um die Förderung zu erhalten. Bekommt der Arbeitnehmer im Februar eine Gehaltserhöhung und verdient dann mehr als 2.575 €, hat das keine negativen Auswirkungen auf die Förderung des betreffenden Jahres.

Art und Höhe der Förderung

Arbeitgeber, deren Beitragszahlungen die o.g. Voraussetzungen erfüllen, erhalten einen Förderbetrag in Form einer Lohnsteuererstattung i.H.v. 30 % der Beitragszahlung. Der Förderbetrag ist allerdings begrenzt auf maximal 288 € (in 2020 von 144 € auf diesen Wert erhöht), also auf einen Jahresbeitrag von 960 € je Arbeitnehmer. Zusätzlich ist der Förderbetrag begrenzt auf die Höhe des Mehrbeitrags beim einzelnen Arbeitnehmer im Vergleich zum Jahr 2016.

Beispiel

Ein Arbeitgeber gewährt einem Arbeitnehmer seit 2016 eine arbeitgeberfinanzierte Direktversicherung (mit laufenden Abschlusskosten) mit einem Jahresbeitrag von 336 €. In 2019 erhöht er den Beitrag um 144 € auf insgesamt 480 €.

Der Arbeitgeber erhält eine Förderung i.H.v. 30 % aus 480 €, maximal aber in Höhe des Mehrbeitrags gegenüber 2016. Die 30 % aus 480 € betragen 144 € und entsprechen exakt dem Mehrbeitrag. In diesem Fall wird der Mehrbeitrag in voller Höhe aus der Förderung finanziert.

Die Förderung muss vom Arbeitgeber nicht beantragt werden, sondern kann einfach bei der Lohnsteueranmeldung des kommenden Monats abgezogen werden. Die Überprüfung durch das Finanzamt erfolgt im Nachhinein, im Rahmen der Lohnsteueraußenprüfung.

§ 100 Abs. 1 und 2 EStG: Förderbetrag zur betrieblichen Altersversorgung

(1) Arbeitgeber im Sinne des § 38 Absatz 1 dürfen vom Gesamtbetrag der einzubehaltenden Lohnsteuer für jeden Arbeitnehmer mit einem ersten Dienstverhältnis einen Teilbetrag des Arbeitgeberbeitrags zur kapitalgedeckten betrieblichen Altersversorgung (Förderbetrag) entnehmen und bei der nächsten Lohnsteuer-Anmeldung gesondert absetzen. Übersteigt der insgesamt zu gewährende Förderbetrag den Betrag, der insgesamt an Lohnsteuer abzuführen ist,

so wird der übersteigende Betrag dem Arbeitgeber auf Antrag von dem Finanzamt, an das die Lohnsteuer abzuführen ist, aus den Einnahmen der Lohnsteuer ersetzt.

(2) Der Förderbetrag beträgt im Kalenderjahr 30 Prozent des zusätzlichen Arbeitgeberbeitrags nach Absatz 3, höchstens 288 Euro. In Fällen, in denen der Arbeitgeber bereits im Jahr 2016 einen zusätzlichen Arbeitgeberbeitrag an einen Pensionsfonds, eine Pensionskasse oder für eine Direktversicherung geleistet hat, ist der jeweilige Förderbetrag auf den Betrag beschränkt, den der Arbeitgeber darüber hinaus leistet.

Steuerliche Behandlung des Förderbetrags

Beim Arbeitnehmer ist der Förderbetrag im gezahlten Versicherungsbeitrag enthalten. Der gesamte dem Förderbetrag unterliegende Arbeitgeberbeitrag (also bis zu 960 €) ist allerdings nicht nach § 3 Nr. 63 EStG steuerfrei, sondern nach § 100 Abs. 6 EStG. Der betroffene Arbeitnehmer könnte also zusätzlich noch die volle Förderung des § 3 Nr. 63 EStG für die Entgeltumwandlung nutzen, was bei einem Geringverdiener relativ unwahrscheinlich ist.

§ 100 Abs. 6 EStG: Lohnsteuerfreiheit

(6) Der Arbeitgeberbeitrag im Sinne des Absatzes 3 Satz 1 Nummer 2 ist steuerfrei, soweit er im Kalenderjahr 960 Euro nicht übersteigt. Die Steuerfreistellung des § 3 Nummer 63 bleibt hiervon unberührt.

Die späteren Versorgungsleistungen unterliegen der „normalen“ Besteuerung nach § 22 Nr. 5 EStG.

Praktische Fragen

Die neue Förderung für Geringverdiener wirft eine Vielzahl praktischer Fragen auf, von denen hier nur zwei beispielhaft erwähnt werden:

Aus arbeitsrechtlicher Sicht ist es strittig, nur denjenigen Arbeitnehmern einen Arbeitgeberbeitrag zu gewähren, die auch die Voraussetzungen für den Förderbetrag erfüllen. Es könnte eine Verletzung des Gleichbehandlungsgrundsatzes oder gar eine Diskriminierung aufgrund des Geschlechtes vorliegen, denn die Fördervoraussetzung wird überwiegend von Teilzeitkräften erfüllt werden. Schon vor vielen Jahren hat das BAG einen Ausschluss von Teilzeitkräften als diskriminierend betrachtet, weil hiervon überwiegend Frauen betroffen sind. Hier könnte es umgekehrt sein: Die überwiegend vollzeitbeschäftigten Männer wären diskriminiert, wenn der Arbeitgeberbeitrag zur bAV nur den förderberechtigten, überwiegend weiblichen Teilzeitkräften gewährt würde. Umgekehrt wird es aber auch von vielen Marktteilnehmern als zulässig erachtet, den Arbeitgeberbeitrag nur den Geringverdienern i.S.d. § 100 EStG zu gewähren, da diese Unterscheidung zu anderen Arbeitnehmern dadurch objektiv gerechtfertigt wäre, dass die Gruppe der Geringverdiener faktisch wenig bis gar keine Mittel übrig hat, um z.B. mittels Entgeltumwandlung selbst Vorsorge zu betreiben. Wer als Arbeitgeber diese unsichere Rechtslage vermeiden will, gewährt allen Arbeitnehmern einen Arbeitgeberbeitrag.

Die Steuerfreiheit nach § 100 Abs. 6 EStG stellt kein Wahlrecht dar, sondern ist zwingend vorzunehmen. Verdient ein begünstigter Arbeitnehmer gelegentlich mehr und gelegentlich weniger als 2.575 € monatlich, muss der Arbeitgeber für ihn laufend zwischen der Steuerfreiheit nach § 3 Nr. 63 und § 100 Abs. 6 EStG wechseln. Außerdem muss der Arbeitgeber bei jeder Beitragszahlung prüfen, für welchen Arbeitnehmer er den Förderbetrag erhält.

Hinsichtlich der weiteren steuerlichen Detailfragen zur Geringverdienerförderung kann im Übrigen auf das BMF-Schreiben vom 6.12.2017 verwiesen werden (Rn. 100 ff. mit vielen Beispielen).

4.2.4 Besteuerung im Leistungsfall

Leistungen aus Beiträgen nach § 3 Nr. 63 EStG oder § 100 EStG

176 Versorgungsleistungen, die sich aus Einzahlungsbeträgen ergeben, die nach § 3 Nr. 63 EStG steuerfrei waren, sind bei Bezug der Leistung in voller Höhe als sonstige Einkünfte nach § 22 Nr. 5 EStG zu versteuern. Das gilt sowohl für laufende Renten als auch für einmalige Kapitalabfindungen.

Von den steuerpflichtigen Leistungen kann allerdings u.U. der Altersentlastungsbetrag abgezogen werden (§ 24a EStG). Das ist dann der Fall, wenn der Arbeitnehmer bereits am Anfang des Rentenjahres 64 Jahre alt ist. Im Jahr 2021 beträgt der Altersentlastungsbetrag 15,2 % der Einkünfte, maximal 722 €. Diese Beträge gelten für alle Leistungen, die im Jahr 2021 erstmals die Voraussetzungen des Freibetrages erfüllen. Für alle späteren Jahre reduzieren sich der Prozentsatz und der Höchstbetrag Schritt für Schritt, so dass der Altersentlastungsbetrag ab dem Jahr 2040 vollständig entfällt. Den Altersentlastungsbetrag muss der Arbeitnehmer selbst beim Finanzamt geltend machen.

Um die Abführung der Steuer muss sich der Arbeitgeber nicht kümmern, da es sich nicht um Lohneinkünfte handelt. Der Versorgungsträger ist nach § 22 Nr. 5 EStG verpflichtet, dem Leistungsempfänger zu bescheinigen, welche Leistungen er im Rahmen seiner Steuererklärung selbst beim Finanzamt angeben muss. Eine inhaltsgleiche Meldung erhält die Zentrale Stelle gem. § 81 EStG, von der die Informationen an die Finanzverwaltung weitergeleitet werden.

Leistungen, die aus Beiträgen finanziert wurden, die nach § 100 EStG steuerfrei waren, werden genauso behandelt wie Leistungen aus Beiträgen nach § 3 Nr. 63 EStG.

Leistungen aus Beiträgen nach § 40b EStG a.F. und aus nicht geförderten Beiträgen

Wurden die Beiträge zur Direktversicherung bereits lohnversteuert, so kann der Gesetzgeber aufgrund des Doppelbesteuerungsverbots nur die in den Leistungen enthaltenen Erträge besteuern. Steuerpflichtige Erträge aus Direktversicherungen zählen nicht zu den Kapitalerträgen, sondern gelten grundsätzlich als sonstige Einkünfte nach § 22 Nr. 5 EStG. Allerdings verweist § 22 EStG zur Berechnung der Höhe der Steuer teilweise auf § 20 EStG, in dem die Versteuerung der Kapitalerträge privater

Lebensversicherungen geregelt werden. Anders als bei „echten" Kapitalerträgen wird bei Direktversicherungen aber keine Kapitalertragsteuer bei Auszahlung einbehalten. Eine eventuell anfallende Steuer muss der Arbeitnehmer selbst an das Finanzamt entrichten.

Aus Sicht des Gesetzgebers handelt es sich bei der Pauschalsteuer nach § 40b EStG a.F. nicht um eine steuerliche Förderung, sondern lediglich um eine vereinfachte pauschale Erfassung der Steuer.

Für die Besteuerung der Leistung bei Kapital-Direktversicherungen kommt es nicht auf das Zusagedatum an, sondern auf das Datum des Abschlusses der Versicherung, mit der die Erträge erwirtschaftet werden. Alle Verträge, die vor 2005 abgeschlossen wurden, kommen noch in den Genuss der umfassenden steuerlichen Förderung. Einmalige Kapitalleistungen werden demnach i.d.R. steuerfrei ausgezahlt, da die Voraussetzungen für die Steuerfreiheit bei Direktversicherungen nahezu immer erfüllt sind. Wurde die Versicherung erst nach 2004 abgeschlossen, so sind die Leistungen nicht mehr steuerfrei. Bei einer Mindestlaufzeit von zwölf Jahren sind die Erträge der Versicherung gem. § 20 Abs. 1 Nr. 6 EStG aber nur zur Hälfte zu versteuern. Als Ertrag gilt vereinfacht der Unterschiedsbetrag zwischen der Versicherungsleistung und der Summe der auf sie entrichteten Beiträge.

Bei lebenslanger Rentenzahlung besteht kein Unterschied zwischen Alt- und Neuverträgen. Bei beiden werden die Renten lediglich mit dem Ertragsanteil besteuert (§ 22 Abs. 1 Nr. 1 S. 3 a) EStG). Bei dieser Besteuerung bleiben sämtliche Erträge in der Anwartschaft steuerfrei und gehen somit vollständig in das Deckungskapital zur Finanzierung der Rente ein. Die Zinserträge auf das Deckungskapital werden nicht jährlich individuell ermittelt und in tatsächlicher Höhe versteuert, sondern stattdessen wird pauschal ein Ertragsanteil festgelegt, der aus jeder Rentenzahlung lebenslang steuerpflichtig ist. Die tatsächlich erzielten Zinserträge betragen in den ersten Jahren der Rentenlaufzeit ein Vielfaches des Ertragsanteils. Erst nach vielen Jahren Rentenlaufzeit sinken die tatsächlichen Zinserträge auf das reduzierte Deckungskapital der Versicherung unter den Prozentsatz des Ertragsanteils. Ab diesem Zeitpunkt entsteht ein steuerlicher Nachteil gegenüber einer individuellen Besteuerung der Zinserträge. Der Steuerpflichtige hat aber keine Wahl zwischen Ertragsanteilbesteuerung und individueller Besteuerung.

Ertragsanteil für lebenslange Renten gem. § 22 EStG						
Alter bei Rentenbeginn	62	63	64	65	66	67
Ertragsanteil in %	21	20	19	18	18	17

Tab. 8: Ertragsanteile nach EStG für Rentenleistungen

Je höher das Alter bei Beginn der Rente ist, desto niedriger ist der Anteil, der versteuert werden muss. Der zu versteuernde Ertragsanteil ist nur abhängig vom Renteneintrittsalter. Er bleibt über die gesamte Laufzeit der Rente konstant.

Besteuerung der Leistungen bei „gemischter" Beitragszahlung

Werden die Beiträge zu einer Direktversicherung nicht über die gesamte Laufzeit steuerlich einheitlich behandelt, so ist die Besteuerung der Leistung entsprechend aufzuteilen. Wird z.B. eine Direktversicherung nach § 3 Nr. 63 EStG während der Elternzeit privat (d.h. aus versteuertem Vermögen des Arbeitnehmers) finanziert, so muss der Versicherer die aus den Privatbeiträgen resultierende Leistung bei Auszahlung gesondert ausweisen, denn aus diesem Teil der Leistungen müssen lediglich die Erträge versteuert werden.

Exkurs: Informationspflichten des Arbeitgebers

Damit der Versicherer bei der Auszahlung die zu versteuernden Beträge korrekt ermitteln kann, ist der Arbeitgeber nach § 6 Altersvorsorge-Durchführungsverordnung (AltVDV) und § 5 Lohnsteuer-Durchführungsverordnung (LStDV) verpflichtet, der Versorgungseinrichtung jedes Jahr die steuerliche Behandlung der Einzahlungsbeträge mitzuteilen. Kommt der Arbeitgeber dieser Pflicht nicht nach, so ist der Versorgungsträger verpflichtet, davon auszugehen, dass die späteren Leistungen nach § 22 Nr. 5 EStG voll zu versteuern sind.

Die meisten Versicherer haben diese Meldepflichten bereits in ihre Antragsformulare für Direktversicherungen nach § 3 Nr. 63 EStG integriert. Zahlt allerdings ein Arbeitnehmer die Beiträge zeitweise (z.B. während der Elternzeit) privat, so muss der Arbeitgeber die geänderte steuerliche Behandlung dem Versicherer melden.

Nutzt ein Arbeitnehmer die Pauschalbesteuerung nach § 40b EStG a.F., so ist der Arbeitgeber verpflichtet, in seinen Personalunterlagen Belege dafür bereit zu halten, dass die Ausnahmeregelungen für diese Förderungen erfüllt sind.

4.2.5 Portabilität von Direktversicherungen

177 Insbesondere bei Direktversicherungen durch Entgeltumwandlung haben Arbeitnehmer bei Wechsel des Arbeitgebers i.d.R. den Wunsch, die vorhandene Versicherung beim neuen Arbeitgeber fortzuführen. Hierbei ist jedoch zu berücksichtigen, dass der Arbeitgeber auch bei der Entgeltumwandlung nicht nur der Beitragszahler zur Versicherung ist. Die Entgeltumwandlung beruht auf einer arbeitsrechtlichen Zusage des Arbeitgebers. Es stellt sich somit die Frage, was mit der Zusage des bisherigen Arbeitgebers geschieht, wenn der neue Arbeitgeber die Versicherung übernimmt und weiterführt.

Übernahme der Zusage nach § 4 BetrAVG

§ 4 Abs. 2 Nr. 1 BetrAVG sieht die Möglichkeit vor, dass der neue Arbeitgeber die Zusage des Vorarbeitgebers übernimmt. Der neue Arbeitgeber führt bei einer Übernahme die bisherige Zusage unverändert weiter und haftet somit auch für sämtliche Fehler, die der Vorarbeitgeber ggf. bei Einrichtung der Zusage gemacht hat. Für den ehemaligen Arbeitgeber ist die Übernahme schuldbefreiend, d.h. er haftet auch zukünftig nicht mehr für die Erfüllung der Zusage.

Aus steuerlicher Sicht sind bei der Übernahme einer Direktversicherung keine Besonderheiten zu beachten. Die bisherige Zusage läuft unverändert beim neuen Arbeitgeber weiter. Auch nach § 40b EStG a.F. geförderte Direktversicherungen können beim neuen Arbeitgeber unverändert weiterhin pauschal besteuert werden, sofern der Arbeitnehmer auf die Förderung nach § 3 Nr. 63 verzichtet oder der Versicherungsvertrag die Fördervoraussetzungen gar nicht erfüllt.

Die Besteuerung der Leistung erfolgt bei Verträgen nach § 3 Nr. 63 EStG ohnehin in voller Höhe und bei Verträgen nach § 40b EStG a.F. je nach Abschlussdatum der Versicherung. Letzteres verändert sich nicht durch die Weiterführung beim neuen Arbeitgeber.

Übertragung des Versorgungskapitals nach § 4 BetrAVG

Da viele Arbeitgeber nicht bereit sind, die Zusage des Vorarbeitgebers mit allen Rechten und Pflichten zu übernehmen, hat der Gesetzgeber im § 4 Abs. 2 Nr. 2 BetrAVG die Möglichkeit geschaffen, nur das beim Vorarbeitgeber angesammelte Versorgungskapital zu übernehmen und hierfür eine neue Zusage zu erteilen. Hierbei wird die Zusage beim bisherigen Arbeitgeber gegen Zahlung eines wertgleichen Kapitals aufgelöst. Das Kapital wird direkt an den Versorgungsträger des neuen Arbeitgebers überwiesen. Der neue Arbeitgeber behandelt diese einmalige Einzahlung wie eine einmalige Entgeltumwandlung und gewährt hierfür eine passende neue Zusage.

Steuersystematisch wird bei der Übertragung die bisherige Zusage abgefunden und mit dem Abfindungsbetrag beim neuen Arbeitgeber eine neue Zusage eingerichtet. Damit die Auflösung der bisherigen Zusage keine Steuer auslöst, hat der Gesetzgeber in § 3 Nr. 55 EStG eine Ausnahmeregelung geschaffen. Hierbei werden zwei Fördergruppen unterschieden:

§ 3 Nr. 55 EStG: Steuerfreie Einnahmen

Steuerfrei sind [...]

55. der in den Fällen des § 4 Absatz 2 Nummer 2 und Absatz 3 des Betriebsrentengesetzes vom 19. Dezember 1974 (BGBl. I S. 3610), das zuletzt durch Artikel 8 des Gesetzes vom 5. Juli 2004 (BGBl. I S. 1427) geändert worden ist, in der jeweils geltenden Fassung geleistete Übertragungswert nach § 4 Absatz 5 des Betriebsrentengesetzes, wenn die betriebliche Altersversorgung beim ehemaligen und neuen Arbeitgeber über einen Pensionsfonds, eine Pensionskasse oder ein Unternehmen der Lebensversicherung durchgeführt wird, dies gilt auch, wenn eine Versorgungsanwartschaft aus einer betrieblichen Altersversorgung aufgrund vertraglicher Vereinbarung ohne Fristerfordernis unverfallbar ist. Satz 1 gilt auch, wenn der Übertragungswert vom ehemaligen Arbeitgeber oder von einer Unterstützungskasse an den neuen Arbeitgeber oder eine andere Unterstützungskasse geleistet wird. Die Leistungen des neuen Arbeitgebers, der Unterstützungskasse, des Pensionsfonds, der Pensionskasse oder des Unternehmens der Lebensversicherung auf Grund des Betrages nach Satz 1 und 2 gehören zu den Einkünften, zu denen die Leistungen gehören würden, wenn die Übertragung nach § 4 Absatz 2 Nummer 2 und Absatz 3 des Betriebsrentengesetzes nicht stattgefunden hätte; [...]

Gruppe 1: Direktversicherung, Pensionskasse, Pensionsfonds

Gruppe 2: Unterstützungskasse, Pensionszusage

Wechselt ein Arbeitnehmer im Rahmen seines Arbeitsplatzwechsels von einer Direktversicherung beim alten Arbeitgeber in einen Durchführungsweg derselben Fördergruppe, so bleibt diese Übertragung lohnsteuerfrei. Würde das Versorgungskapital aber z.B. von einer Direktversicherung in eine Unterstützungskasse beim neuen Arbeitgeber fließen, so wäre die Entnahme des Kapitals aus der Direktversicherung steuerpflichtig nach § 22 Nr. 5 EStG. Bei der Unterstützungskasse würde ein vom Arbeitnehmer versteuerter Betrag ankommen und ins Vermögen der Unterstützungskasse übergehen. Aus diesen Gründen kommen Wechsel von Direktversicherung zu Unterstützungskasse in der Praxis quasi nie vor.

Steuerliche Förderung nach der Übertragung

Wird eine Direktversicherung lohnsteuerfrei auf eine neue Direktversicherung oder Pensionskasse übertragen, so ändert sich die Besteuerungssystematik nicht. Beide Durchführungswege werden entweder nach § 3 Nr. 63 EStG oder nach § 40b EStG a.F. besteuert.

Problematisch ist lediglich die Übertragung einer § 40b-Direktversicherung auf einen Pensionsfonds, denn der Pensionsfonds hat steuerlich nicht die Möglichkeit der Pauschalbesteuerung nach § 40b EStG a.F. Auch deshalb kommen diese Wechsel in der Praxis nicht vor.

4.3 Weitere Gestaltungsmöglichkeiten bei Direktversicherungen

Beitragszahlung

178 Die Einrichtung einer bAV bedeutet für den Arbeitgeber eine langjährige Verpflichtung, aus der er nur schwer wieder herauskommt. Während der Abschluss von arbeitgeberfinanzierten Direktversicherungen für neu eintretende Arbeitnehmer jederzeit eingestellt werden kann, ist eine nachträgliche Einstellung der Beitragszahlung bei bereits abgeschlossenen Versicherungen kaum möglich.

Manche Versicherungsgesellschaften bieten Direktversicherungen mit abgekürzter Beitragszahlungsdauer an. Das sind Tarife, die zwar bis zum Rentenalter des Arbeitnehmers laufen, deren Beitragszahlungsdauer aber vertraglich auf wenige Jahre festgelegt ist. Der Arbeitgeber verpflichtet sich bei Abschluss eines solchen Vertrages also nur für eine bestimmte Anzahl von Jahren zur Zahlung der Beiträge. Nach Ablauf dieser Frist kann er erneut entscheiden, ob und für welchen Zeitraum er weiterhin Beiträge zahlen möchte. Der Arbeitgeber sollte allerdings bei jeder Verlängerung der Beitragszahlungsdauer deutlich darauf hinweisen, dass es sich um eine einmalige Verlängerung handelt. Andernfalls besteht die Gefahr einer betrieblichen Übung.

Gewinnabhängige Beitragszahlung

Die Ablehnung einer sehr langen Verpflichtungsdauer hängt meist mit der Ungewissheit der wirtschaftlichen Entwicklung des Unternehmens zusammen. Verständlicherweise befürchten viele Arbeitgeber, in wirtschaftlich schwachen Jahren durch die betriebliche Altersversorgung zusätzlich erhebliche Belastungen tragen zu müssen. Hinzu kommt der Wunsch, die Arbeitnehmer in ertragsstarken Jahren am Unternehmenserfolg teilhaben zu lassen, dafür aber in schlechteren Jahren auch Einsparungen zu ermöglichen.

Um dies zu erreichen, bieten sich Direktversicherungen mit variabler Beitragszahlung an. Die Höhe der Beiträge richtet sich hier z.B. nach dem Gewinn des Unternehmens. Ist der Gewinn hoch, zahlt der Arbeitgeber auch hohe Direktversicherungsbeiträge. Ist er niedrig, sind auch die Beitragszahlungen niedrig. Je nach Wunsch des Arbeitgebers kann zusätzlich ein gewinnunabhängiger Sockelbeitrag vereinbart werden. Das ist ein Mindestbeitrag, der unabhängig von der Gewinnsituation des Arbeitgebers immer bezahlt wird. Wegen der Grenzen für die steuerliche Förderung empfiehlt sich auch die Vereinbarung eines Höchstbeitrages, der auch bei hervorragender Gewinnsituation nicht überschritten wird. Die Versicherungssumme baut sich entsprechend der geleisteten Beiträge Jahr für Jahr auf.

Bei allen Gestaltungsvarianten sollte allerdings auch der Verwaltungsaufwand beim Arbeitgeber nicht übersehen werden, denn jede Beitragsänderung muss in der Gehaltsabrechnung verarbeitet und an den Versicherer gezahlt werden. Außerdem müssen die Versicherungsdokumente nach jeder Änderung geprüft und an die Arbeitnehmer verteilt werden.

Selbstständige Berufsunfähigkeitsversicherungen

Seit einiger Zeit werden im Markt auch verstärkt selbstständige Berufsunfähigkeitsversicherungen als Direktversicherungen angeboten. Im Rahmen von Kollektivverträgen kommen Arbeitnehmer so nicht nur zu günstigen Konditionen, sondern meist auch weitgehend ohne lästige Gesundheitsprüfungen an diesen wichtigen Versicherungsschutz. Für den Arbeitnehmer sind diese Angebote meist sehr vorteilhaft.

Aus Sicht des Arbeitgebers gilt es aber zu beachten, dass er nicht nur die günstigen Tarife bereitstellt, sondern dass er auch für seine Zusage eines Berufsunfähigkeitsschutzes voll einsteht. Hierbei haftet der Arbeitgeber auch schon für die Beratungsgespräche zur Anbahnung der Entgeltumwandlung zugunsten eines Berufsunfähigkeitsschutzes – auch dann, wenn er mit der Beratung einen selbstständigen Versicherungsvermittler oder -makler beauftragt. Wenn der Arbeitgeber den Abschluss solcher Tarife erlaubt, sollte er sorgfältig darauf achten, dass die Arbeitnehmer u.a. auf Folgendes hingewiesen werden:

- Ob eine Berufsunfähigkeitsrente geleistet wird, richtet sich ausschließlich nach den – meist restriktiven – Versicherungsbedingungen und ist i.d.R. völlig unabhängig von einer Entscheidung der gesetzlichen Rentenversicherung über eine Erwerbsminderungsrente.

- Wird die Beitragszahlung zur Versicherung eingestellt, z.B. während einer Elternzeit oder bei unverfallbarem Ausscheiden, so erlischt der Versicherungsschutz i.d.R. vollständig.
- Bei einer selbstständigen Berufsunfähigkeitsversicherung wird die Rente im Leistungsfall i.d.R. maximal bis zum 67. Lebensjahr geleistet und entfällt dann ersatzlos.

Der Arbeitgeber sollte sich außerdem bewusst sein, dass der Beratungs- und Einrichtungsaufwand für eine Berufsunfähigkeitsversicherung deutlich höher ist als bei einer Alters-Rentenversicherung. Und auch im Leistungsfall wird es häufiger Schwierigkeiten mit dem Versicherer geben, in die der Arbeitgeber als Versicherungsnehmer zwangsweise eingebunden werden könnte.

4.4 Vor- und Nachteile der Direktversicherung

Minimaler Verwaltungsaufwand

179 Der wohl größte Vorteil der Direktversicherung liegt in der Möglichkeit, den Verwaltungsaufwand im Zusammenhang mit der bAV zu minimieren. Das klappt allerdings nur dann, wenn sich der Arbeitgeber bei seinem Angebot an die Arbeitnehmer für einen einheitlichen Tarif im Rahmen eines gut verhandelten Gruppen- bzw. Kollektivvertrags entscheidet. Der Arbeitgeber muss dann lediglich die Beiträge zahlen. Alle anderen Arbeiten sind entweder weitgehend standardisiert oder werden vom Versicherer üblicherweise übernommen.

Recht auf Entgeltumwandlung erfüllbar

Mit dem Angebot einer Direktversicherung kann der Arbeitgeber das Recht der Arbeitnehmer auf Entgeltumwandlung erfüllen. Er ist nicht verpflichtet, noch weitere Durchführungswege anzubieten, selbst wenn diese für die Arbeitnehmer steuerlich vorteilhafter wären.

Kein Bilanzausweis

Im Jahresabschluss des Arbeitgebers tauchen lediglich die Beitragszahlung zur Direktversicherung und die Abführung der Pauschalsteuer als Personalaufwand in der Gewinn- und Verlustrechnung auf. Die Versorgungsverpflichtung selbst und auch die Verpflichtung zur weiteren Beitragszahlung erscheinen nicht in der Bilanz des Unternehmens. Damit ist nicht für jeden externen Betrachter des Jahresabschlusses sofort erkennbar, dass eine bAV besteht. Das kann insb. bei beabsichtigtem Verkauf des Unternehmens von Bedeutung sein.

Darüber hinaus spart das Unternehmen den Aufwand für die bilanzielle Bewertung der Versorgungsverpflichtung. Allerdings verzichtet das Unternehmen gleichzeitig auch auf die Liquiditätsvorteile, die es z.B. bei der Bildung von Pensionsrückstellungen genießt.

Versorgung junger Arbeitnehmer möglich

Die Gewährung einer Direktversicherung ist nicht an ein bestimmtes Alter des begünstigten Arbeitnehmers gebunden. Sie ermöglicht somit auch die steuerlich wirksame Versorgung sehr junger Arbeitnehmer.

Versicherungsvertragliches Verfahren beim Ausscheiden

Die Möglichkeit, bei vorzeitigem Ausscheiden von Arbeitnehmern das versicherungsvertragliche Verfahren anzuwenden, bringt dem Arbeitgeber eine erhebliche Verwaltungsvereinfachung, da er zukünftig keinen Verwaltungsaufwand für diese ehemaligen Arbeitnehmer mehr hat.

Private Weiterführung möglich

Ein großer Vorteil der Direktversicherung bzw. des versicherungsvertraglichen Verfahrens ist die Möglichkeit, den Versicherungsschutz bei vorzeitigem Ausscheiden privat weiterzuführen. Das ist insb. dann wichtig, wenn aufgrund zwischenzeitlicher Verschlechterung des Gesundheitszustandes kein Neuabschluss mehr möglich ist. Diese Gefahr besteht v.a. bei der Absicherung gegen Berufsunfähigkeit.

Keine PSV-Beiträge

Bei der Direktversicherung kann die Zahlung der PSV-Beiträge vermieden werden, 180
was wiederum auch Verwaltungsaufwand einspart. Voraussetzung hierfür ist allerdings die Einräumung eines unwiderruflichen Bezugsrechtes spätestens ab Eintritt der Unverfallbarkeit. Dies ist absolut praxisüblich.

Beleihungsmöglichkeit

Solange das Bezugsrecht des Arbeitnehmers noch widerruflich ist, kann der Arbeit- 181
geber die Versicherung jederzeit beleihen. Ein solches Policendarlehen kann dem Arbeitgeber helfen, kurzfristige Liquiditätsengpässe zu überwinden.

Policendarlehen sind unproblematisch, solange der Arbeitnehmer noch keinen unverfallbaren Anspruch und deshalb auch nur ein widerrufliches Bezugsrecht hat. Sobald das Bezugsrecht des Arbeitnehmers aber unwiderruflich ist, sind zusätzliche Beleihungen nur noch mit Zustimmung des Arbeitnehmers möglich. Außerdem sind ab Eintritt der Unverfallbarkeit für den beliehenen Teil der Versicherung wiederum PSV-Beiträge zu zahlen.

Pauschalbesteuerung nach § 40b EStG a.F.

Die Beiträge zur Direktversicherung können im Rahmen der Grenzen und Voraus- 182
setzungen des § 40b EStG a.F. mit 20 % pauschal versteuert werden, sofern der jeweilige Arbeitnehmer vor 2018 schon einmal die Pauschalbesteuerung genutzt hat. Insbesondere bei gut verdienenden Arbeitnehmern kommt es hierdurch zu einer erheblichen Steuerersparnis. Der Vorteil für den Arbeitnehmer aus der Lohnsteuerpauschalierung bedeutet für den Arbeitgeber aber den entsprechenden Nachteil aus der

Belastung mit der Lohnsteuer, sofern diese Belastung nicht durch Entgeltumwandlung finanziert wird.

Einschränkung der Beitragshöhe

Die steuerliche Förderung der Direktversicherung gilt bei Lohnsteuerpauschalierung nach § 40b EStG a.F. nur bis zu einem jährlichen Aufwand von maximal 1.752 € pro Arbeitnehmer bzw. 2.148 € bei Durchschnittsbildung. Bei Förderung nach § 3 Nr. 63 EStG ist der Aufwand auf 8 % der BBG beschränkt. Für die meisten Arbeitnehmer dürfte dieses Fördervolumen aber ausreichen und keine Restriktion darstellen.

5 Die Pensionszusage

Bei der Pensionszusage erteilt der Arbeitgeber seinem Arbeitnehmer das Versprechen, ihm bei Invalidität bzw. Berufsunfähigkeit, im Alter oder im Todesfall den Hinterbliebenen Versorgungsleistungen zu zahlen. Der Arbeitgeber ist selbst Träger der Versorgung. Er muss dafür sorgen, dass ihm im Leistungsfall die notwendigen Mittel zur Verfügung stehen, um dem Arbeitnehmer die versprochenen Leistungen zu zahlen. Der Arbeitgeber muss die Versorgungsleistungen auch selbst an den Arbeitnehmer auszahlen, auch dann, wenn eine Rückdeckungsversicherung abgeschlossen wurde. Eine solche Versicherung stellt lediglich dem Arbeitgeber die notwendigen finanziellen Mittel zur Erfüllung der Versorgungsverpflichtung zur Verfügung. 183

Der Arbeitnehmer kann die ihm zugesagte Versorgung im Leistungsfall nur vom Arbeitgeber verlangen. Auf die Leistung aus der Rückdeckungsversicherung hat er keinen direkten Anspruch. Selbst wenn der Arbeitgeber die Zahlung verweigert, kann sich der Arbeitnehmer nicht an die Versicherungsgesellschaft wenden. Der Abschluss einer Rückdeckungsversicherung dient nur der finanziellen Absicherung des Arbeitgebers. Für den Arbeitnehmer stellt der Abschluss allein keine zusätzliche Sicherheit dar.

5.1 Steuerliche Behandlung beim Arbeitgeber

Pensionsrückstellungen

Mit der Erteilung einer Pensionszusage geht der Arbeitgeber eine Verbindlichkeit gegenüber seinem Arbeitnehmer ein. Diese Verbindlichkeit muss auf der Passivseite der Bilanz des Unternehmens unter der Bezeichnung Pensionsrückstellungen ausgewiesen werden. Die erstmalige Bildung bzw. Erhöhung von Pensionsrückstellungen (= Passivierung) bedeutet einen Aufwand, den das Unternehmen als Betriebsausgaben steuerlich geltend machen kann, obwohl noch keine Zahlungen an den Arbeitnehmer geleistet wurden. In Höhe der auf diese Betriebsausgabe gesparten Steuern hat das Unternehmen zunächst einen Liquiditätsgewinn. 184

Da sich der Arbeitnehmer den Anspruch auf die vollen Versorgungsleistungen erst nach und nach erdient, bauen sich auch die Pensionsrückstellungen erst allmählich auf. Sie erreichen ihren maximalen Stand bei Eintritt des Versorgungsfalles, also z.B. bei Beginn der Altersrente des Arbeitnehmers. Nach Eintritt des Versorgungsfalles, also nach Rentenbeginn, verringert sich die Verbindlichkeit gegenüber dem Arbeitnehmer allmählich durch die laufende Rentenzahlung. Dementsprechend müssen auch die Pensionsrückstellungen nach und nach wieder aufgelöst werden. Die Auflösung bedeutet eine Verringerung der Verbindlichkeiten, die sich gewinnerhöhend auswirkt, obwohl das Unternehmen hierdurch keine Einnahmen hat. Im Gegenzug können aber die gezahlten Renten in voller Höhe als Betriebsausgaben geltend gemacht werden. In Höhe der auf die gewinnerhöhende Rückstellungsauflösung anfallenden Steuer wird dem Unternehmen deshalb Liquidität entzogen, zusätzlich zu den zu zahlenden Renten. Bis zur vollständigen Auflösung der Pensionsrückstellungen bei Wegfall der Verpflichtung fließt somit die anfänglich gewonnene Liquidität wieder aus dem Unternehmen heraus. Bis dahin hat die Liquidität dem Unternehmen aber oft jahrzehntelang zur Verfügung gestanden und konnte erhebliche Zinserträge erwirtschaften.

Beispiel

Einem 40-jährigen neu eintretenden Arbeitnehmer wird eine Pensionszusage auf jährliche Altersrente von 10.000 € ab dem 65. Lebensjahr erteilt. Unter Berücksichtigung eines Unternehmenssteuersatzes von 30 % ergeben sich für den Arbeitgeber aus der Bildung der Pensionsrückstellungen in der Steuerbilanz folgende Auswirkungen:

(1)	(2)	(3)	(4)
Alter des Arbeitnehmers	**Pensionsrückstellungen in Euro**	**Gewinnminderung in Euro**	**Liquiditätserhöhung in Euro**
40	1.939	1.939	582
41	3.996	2.057	617
42	6.180	2.184	655
43	8.500	2.320	696
44	10.963	2.463	739
45	13.580	2.617	785
[...]	[...]	[...]	[...]
50	29.333	3.547	1.064
[...]	[...]	[...]	[...]
55	50.821	4.859	1.458
[...]	[...]	[...]	[...]
60	80.362	6.683	2.005
[...]	[...]	[...]	[...]
65	121.177	9.298	2.789
[...]	[...]	[...]	[...]
70	110.029	-2.451	-735
[...]	[...]	[...]	[...]
75	95.867	-3.088	-926
Tod des Arbeitnehmers	0	–95.867	–28.769

Spaltenerläuterung:

(2) Teilwert der Zusage (gerechnet mit Heubeck-Richttafeln 2005G)

(3) Jährliche Veränderung des Teilwertes (negative Zahlen: Gewinnerhöhung)

(4) Gewinnminderung/-erhöhung × 30 % Steuersatz (= Steuerersparnis)

Bis zum 65. Lebensjahr fließt dem Arbeitgeber durch die Bildung der Rückstellungen jährlich Liquidität zu, danach fließt Liquidität ab. Bis zum Tod des Arbeitnehmers bauen sich die Rückstellungen wieder auf null ab. Dementsprechend wird dem Arbeitgeber auch die gewonnene Liquidität wieder vollständig entzogen. Allerdings konnte der Arbeitgeber in obigem Beispiel immerhin 35 Jahre lang mit der Liquidität „arbeiten". Zusätzlich zu den oben gezeigten steuerlichen Effekten muss der Arbeitgeber ab Rentenbeginn auch die Rentenzahlungen erbringen. Da die Pensionsrückstellungen nur die am Jahresende bestehende Restverbindlichkeit gegenüber dem Arbeitnehmer ausweisen, können die tatsächlich gezahlten Renten zusätzlich als Betriebsausgabe geltend gemacht werden.

Bei Eintritt des Versorgungsfalles, also ab dem Jahr, in dem mit der Zahlung der Versorgungsleistungen begonnen wird, werden die Pensionsrückstellungen auf ihren vollen versicherungsmathematischen Barwert angehoben. Der Barwert der Versorgung ist bei Eintritt des Versorgungsfalles am höchsten. Er sinkt anschließend mit jeder Rentenzahlung und mit zunehmendem Alter des Arbeitnehmers.

Der Ansatz der Pensionsrückstellungen mit dem Barwert gilt auch bei Eintritt vorzeitiger Versorgungsfälle. Je früher ein Versorgungsfall eintritt, desto größer ist der Unterschied zwischen der bereits gebildeten Rückstellung und der zu bildenden Rückstellung in Höhe des Barwertes der Versorgungsverpflichtung. Für einen männlichen 30-jährigen Arbeitnehmer, der z.B. eine Versorgungszusage auf 1.000 € monatliche Alters- und Berufsunfähigkeitsrente sowie 60 % Witwenrente hat, würden die Rückstellungen auf über 160.000 € angehoben werden, wenn er kurz nach Erteilung der Zusage berufsunfähig würde.

Voraussetzungen für die Bildung von Pensionsrückstellungen

Um einen Missbrauch der liquiditätserhöhenden Bildung von Rückstellungen zu verhindern, nennt der Gesetzgeber in § 6a EStG einige Voraussetzungen, die in R 6a EStR näher erläutert werden. Danach dürfen Pensionsrückstellungen nur gebildet werden, wenn der begünstigte Arbeitnehmer einen Rechtsanspruch auf die zugesagte Leistung hat. Die Zusage muss schriftlich erteilt worden sein und eindeutige Angaben zu Art, Form, Voraussetzungen und Höhe der in Aussicht gestellten künftigen Leistungen aufführen. Außerdem darf sie keinen schädlichen Widerrufsvorbehalt enthalten. Als schädliche Vorbehalte werden Formulierungen wie „jederzeitiger Widerruf vorbehalten“ oder „freiwillig und ohne Rechtsanspruch“ angesehen, unabhängig davon, ob sie arbeitsrechtlich relevant sind. Als unschädlich gelten dagegen Vorbehalte, nach denen ein Widerruf nur bei geänderten Verhältnissen unter Abwägung der berechtigten Interessen des Pensionsberechtigten und des Unternehmens möglich ist. Hierunter fallen auch Widerrufsvorbehalte aufgrund grober Treuepflichtverletzungen, die im Übrigen auch zu einer fristlosen Kündigung berechtigen würden. 185

Pensionsrückstellungen dürfen außerdem nur gebildet werden, wenn der begünstigte Arbeitnehmer ein bestimmtes Mindestalter erreicht hat.

§ 6a Abs. 2 EStG: Pensionsrückstellung

(2) Eine Pensionsrückstellung darf erstmals gebildet werden

1. *vor Eintritt des Versorgungsfalls für das Wirtschaftsjahr, in dem die Pensionszusage erteilt wird, frühestens jedoch für das Wirtschaftsjahr, bis zu dessen Mitte der Pensionsberechtigte bei*

a) *erstmals nach dem 31. Dezember 2017 zugesagten Pensionsleistungen das 23. Lebensjahr vollendet,*

b) *erstmals nach dem 31. Dezember 2008 und vor dem 1. Januar 2018 zugesagten Pensionsleistungen das 27. Lebensjahr vollendet,*

c) *erstmals nach dem 31. Dezember 2000 und vor dem 1. Januar 2009 zugesagten Pensionsleistungen das 28. Lebensjahr vollendet,*

d) erstmals vor dem 1. Januar 2001 zugesagten Pensionsleistungen das 30. Lebensjahr vollendet,

oder bei nach dem 31. Dezember 2000 vereinbarten Entgeltumwandlungen im Sinne von § 1 Absatz 2 des Betriebsrentengesetzes für das Wirtschaftsjahr, in dessen Verlauf die Pensionsanwartschaft gemäß den Vorschriften des Betriebsrentengesetzes unverfallbar wird,

2. nach Eintritt des Versorgungsfalls für das Wirtschaftsjahr, in dem der Versorgungsfall eintritt.

[...]

186 Für Pensionszusagen, die bis zum 31.12.2000 erteilt wurden, gilt ein Mindestalter von 30 Jahren. Das heißt, mit der Rückstellungsbildung darf erst am Ende des Wirtschaftsjahres begonnen werden, bis zu dessen Mitte der Versorgungsberechtigte das 30. Lebensjahr vollendet hat.

Für Versorgungsberechtigte, die erstmals ab dem 1.1.2001 eine Pensionszusage erhalten haben, dürfen bereits ab Vollendung des 28. Lebensjahres Rückstellungen gebildet werden. Wurde die Zusage erstmals ab 1.1.2009 erteilt, so ist das Mindestalter für die Bildung von Rückstellungen 27 Jahre.

187 Für Zusagen, die erstmals ab 1.1.2018 erteilt wurden, können Rückstellungen bereits ab 23 Jahren gebildet werden. Diese mehrmalige Reduzierung des Mindestalters resultiert aus den immer geringeren Anforderungen des Gesetzgebers an das Erreichen unverfallbarer Ansprüche.

Hat der Arbeitnehmer bereits gesetzlich unverfallbare Ansprüche, so sind Rückstellungen unabhängig vom Alter möglich. Bei arbeitgeberfinanzierten Zusagen kann dies frühestens mit 21 Jahren der Fall sein. Die Gewährung vertraglich unverfallbarer Anwartschaften hat keinen Einfluss auf den frühestmöglichen Zeitpunkt der Rückstellungsbildung.

Wird eine Versorgung durch Entgeltumwandlung vereinbart, so gelten hierfür gar keine Altersgrenzen, d.h. Rückstellungen können unabhängig vom Alter gebildet werden, da die Anwartschaft auch ab Beginn gesetzlich unverfallbar ist.

Der Arbeitgeber hat grundsätzlich kein Wahlrecht hinsichtlich der Bildung von Pensionsrückstellungen. Sind alle Voraussetzungen erfüllt, so ist er auch verpflichtet, die Pensionsrückstellungen zu bilden. Lediglich für sog. Altzusagen, die vor dem 1.1.1987 erteilt worden sind, besteht keine Passivierungspflicht.

Höhe der Pensionsrückstellungen bei Arbeitgeberfinanzierung

188 Der Gesetzgeber geht davon aus, dass die Pensionszusage eine Belohnung für die gesamte Betriebszugehörigkeit des Arbeitnehmers ist. Die Bildung der Pensionsrückstellungen ist deshalb auf die gesamte Betriebszugehörigkeit (ab dem Mindestalter für die Rückstellungsbildung) bis zum voraussichtlichen Ausscheidetermin des Arbeitnehmers zu verteilen.

Die Höhe der Pensionsrückstellungen entspricht in jedem Wirtschaftsjahr dem sog. Teilwert. Das ist – vereinfacht und mathematisch nicht ganz korrekt ausgedrückt –

der Barwert des vom Arbeitnehmer durch seine Betriebszugehörigkeit bereits erdienten Teiles der Versorgung. Die Berechnung ab Betriebseintritt gilt auch dann, wenn die Zusage erst viele Jahre später erteilt wird. In diesen Fällen entsteht dann eine sehr hohe Erstrückstellung. Die Berechnung des Teilwertes ist in § 6a EStG gesetzlich geregelt und hängt ab vom Geschlecht des Arbeitnehmers, den zugesagten Leistungen, dem Alter des Arbeitnehmers bei Betriebseintritt und der bereits zurückgelegten Betriebszugehörigkeit.

§ 6a Abs. 3 EStG: Pensionsrückstellung

(3) Eine Pensionsrückstellung darf höchstens mit dem Teilwert der Pensionsverpflichtung angesetzt werden. Als Teilwert einer Pensionsverpflichtung gilt

1. *vor Beendigung des Dienstverhältnisses des Pensionsberechtigten der Barwert der künftigen Pensionsleistungen am Schluss des Wirtschaftsjahres abzüglich des sich auf denselben Zeitpunkt ergebenden Barwerts betragsmäßig gleich bleibender Jahresbeiträge, bei einer Entgeltumwandlung im Sinne von § 1 Absatz 2 des Betriebsrentengesetzes mindestens jedoch der Barwert der gemäß den Vorschriften des Betriebsrentengesetzes unverfallbaren künftigen Pensionsleistungen am Schluss des Wirtschaftsjahres. […]*

Im Jahr der Erteilung der Zusage kann der gesamte Teilwert unter Berücksichtigung 189
der bereits zurückgelegten Jahre der Betriebszugehörigkeit passiviert werden (sog. Erstrückstellung). In den kommenden Jahren wird dann jeweils der Differenzbetrag zwischen dem Teilwert des laufenden Wirtschaftsjahres und dem Teilwert des vergangenen Jahres als Aufwand gebucht.

Vom Ansatz der Pensionsrückstellungen mit dem Teilwert kann der Arbeitgeber nur in einigen wenigen Ausnahmefällen abweichen. Das ist u.a. bei erstmaliger Rückstellungsbildung der Fall. Hier hat der Arbeitgeber die Möglichkeit, die Erstrückstellung auf drei Jahre gleichmäßig zu verteilen. Eine gleichmäßige Verteilung auf drei Jahre ist auch möglich, wenn sich der Barwert der Versorgung in einem Jahr um mehr als 25 % erhöht. § 6a EStG enthält einige weitere Ausnahmefälle.

Höhe der Pensionsrückstellungen bei Entgeltumwandlung

Für Pensionszusagen durch Entgeltumwandlung, die seit dem 1.1.2001 vereinbart 190
wurden, gelten abweichende Vorschriften zur Rückstellungsbildung. Vor Eintritt des Versorgungsfalles ist zunächst der o.g. Teilwert zu berechnen. Zusätzlich ist der Barwert des unverfallbaren Anspruches zu berechnen. Ist dieser höher, so ist der Barwert als Rückstellung anzusetzen.

Der Barwert ist insb. bei den sog. Einmalbeitragsmodellen deutlich höher als der herkömmliche Teilwert. Denn bei Finanzierung der Versorgung über eine einmalige Entgeltumwandlung erdient der Arbeitnehmer sich die Versorgung nicht erst über viele Jahre hinweg, sondern der gesamte Anspruch ist bereits ausfinanziert und auch gesetzlich unverfallbar.

Zahlung der Versorgungsleistungen

191 Neben der Auflösung der Pensionsrückstellungen muss der Arbeitgeber ab Eintritt des Versorgungsfalles auch die laufenden Renten zahlen. Da die Pensionsrückstellungen ab Rentenbeginn jeweils nur den Barwert der Restverbindlichkeit aus der Zusage erfassen, können die gezahlten Versorgungsleistungen zusätzlich in voller Höhe als Betriebsausgaben geltend gemacht werden. Im Gegenzug erfolgt die Reduzierung der Pensionsrückstellungen gewinnerhöhend, damit es zu keinem doppelten Betriebsausgabenabzug kommt. In den ersten Jahren nach Rentenbeginn sind die Betriebsausgaben für die zu zahlenden Renten wesentlich höher als die Auflösungsbeträge der Rückstellungen. In den ersten 15–20 Jahren können deshalb ca. 2/3 der gezahlten Versorgungsleistungen steuerlich nochmals geltend gemacht werden, obwohl der Aufwand für die Versorgungszusage bereits während der Anwartschaftsphase über die Rückstellungsbildung voll berücksichtigt wurde.

192 Zahlt der Arbeitgeber anstelle von laufenden Versorgungsleistungen eine einmalige Kapitalabfindung, so sind die Rückstellungen sofort vollständig gewinnerhöhend aufzulösen. Allerdings kann im Gegenzug die gezahlte Kapitalabfindung als Betriebsausgabe geltend gemacht werden. Wenn die Abfindung in Höhe des Rückstellungsbetrages gezahlt wird, heben sich Gewinnerhöhung und Gewinnminderung gegeneinander auf. Die Auszahlung erfolgt dann ohne steuerliche Wirkung.

Hierbei handelt es sich allerdings um keinen steuerlichen Nachteil der Pensionszusage. Denn die erforderlichen Betriebsausgaben wurden ja bereits während der Anwartschaftszeit des Arbeitnehmers steuerlich geltend gemacht, in der Zeit also, während der der Arbeitnehmer auch seine Arbeitsleistung dem Arbeitgeber zur Verfügung gestellt hat. Die Kapitalabfindung ist lediglich eine Art Rückzahlung der Verbindlichkeiten.

193 **Beispiel**

Ein 65-jähriger Arbeitnehmer, der unmittelbar vor dem Beginn der Altersrente steht, hat einen Anspruch auf jährliche Altersrente von 10.000 €. Hierfür hat der Arbeitgeber bereits Pensionsrückstellungen i.H.v. 110.498 € gebildet (gerechnet mit Heubeck Richttafeln 2018G). Der Arbeitnehmer soll statt der laufenden Rente eine einmalige Kapitalabfindung in Höhe des Barwertes der Versorgung von 110.498 € erhalten.

Steuerliche Auswirkung beim Arbeitgeber:

Gewinnmindernde Abfindung	−110.498 €
Gewinnerhöhende Auflösung der Rückstellungen	+110.498 €
Auswirkung auf den Gewinn	0 €

Auswirkung auf die Liquidität des Arbeitgebers: Die Kapitalabfindung wirkt sich in voller Höhe von 110.498 € liquiditätsmindernd aus.

5.2 Steuerliche Behandlung beim Arbeitnehmer

Vor Eintritt des Versorgungsfalles

Eine Besteuerung beim Arbeitnehmer kommt nur dann in Betracht, wenn ihm Leistungen aus der Versorgungszusage zugeflossen sind. Das ist bei einer Pensionszusage während der Anwartschaftsphase nicht der Fall. Die Bildung von Pensionsrückstellungen beim Arbeitgeber wirkt sich für den Arbeitnehmer nicht aus. Das Gleiche gilt, wenn der Arbeitgeber eine Rückdeckungsversicherung abgeschlossen hat. Der Arbeitnehmer ist weder verfügungs- noch bezugsberechtigt hinsichtlich der Versicherungsleistung und ist deshalb auch nicht bereichert. Damit fehlt es während der Anwartschaftsphase an den Grundlagen für eine Besteuerung beim Arbeitnehmer. Eine Steuerpflicht tritt immer erst ein, wenn der Versorgungsfall eingetreten ist und der Arbeitnehmer tatsächlich Leistungen erhält bzw. hierüber verfügen kann. 194

Bei Eintritt des Versorgungsfalles

Da der Arbeitnehmer während der Anwartschaftsphase keine Steuer für die Versorgungszusage gezahlt hat, muss er die erhaltenen (zugeflossenen) Leistungen in voller Höhe versteuern. Dabei ist es unerheblich, ob es sich um einmalige Kapitalzahlungen oder regelmäßige Rentenzahlungen handelt. Nach § 19 Abs. 1 EStG sind Versorgungsleistungen wie Einkünfte aus nichtselbstständiger Arbeit zu versteuern. Der Arbeitgeber ist deshalb auch verpflichtet, die anfallende Lohnsteuer einzubehalten und an das Finanzamt abzuführen. 195

Versorgungsfreibetrag und Zuschlag zum Versorgungsbeitrag

Für Versorgungsleistungen, die ein Arbeitnehmer im Alter oder bei Berufsunfähigkeit erhält bzw. seine Hinterbliebenen im Todesfall, gewährt der Gesetzgeber einen sog. Versorgungsfreibetrag (§ 19 Abs. 2 EStG). Für Versorgungsleistungen im Alter wird der Freibetrag allerdings nur gewährt, wenn der ehemalige Arbeitnehmer das 63. Lebensjahr bereits vollendet hat. Bekommt ein Arbeitnehmer im Rahmen der flexiblen Altersgrenze bereits ab dem 60. Lebensjahr eine Altersrente aus der bAV, so muss er diese zunächst voll versteuern. Ab dem 63. Lebensjahr kann er dann den Freibetrag beanspruchen. 196

Die Höhe des Freibetrages ist u.a. abhängig vom Jahr des Rentenbeginns. Bei einem Rentenbeginn bis 2005 beträgt der Freibetrag 40 % der Versorgungsbezüge, maximal aber 3.000 €. Bei Rentenbeginn im Jahr 2021 beträgt der Freibetrag 15,2 % bzw. maximal 1.140 €. Der Abzug des Freibetrages ist sowohl bei laufenden Rentenzahlungen als auch bei einmaligen Kapitalleistungen möglich.

Der Versorgungsfreibetrag wird schrittweise bis zum Jahr 2040 abgebaut. Der Abbau greift aber nur für neu beginnende Renten. Das heißt, ein Rentner, der im Jahr 2005 erstmals den Versorgungsfreibetrag nutzen kann, behält den einmal berechneten Freibetrag lebenslang („Kohortenprinzip"). Regelmäßige Rentenanpassungen führen nicht zu einer Neuberechnung des Freibetrags.

Zusätzlich zum Versorgungsfreibetrag gibt es nach § 19 Abs. 2 EStG auch noch den Zuschlag zum Versorgungsfreibetrag. Es gilt das zum Versorgungsfreibetrag Gesagte analog, wobei der Zuschlag ein Festbetrag ist (2021: 342 €). Bei einer z.B. in 2021 beginnenden lebenslangen Altersrente aus einer bAV bleiben also maximal 1.140 € + 342 € = 1.482 € jährlich steuerfrei.

Arbeitnehmer-Pauschbetrag

197 Obwohl ein Rentner üblicherweise nur noch minimale Werbungskosten hat, gewährte der Gesetzgeber bis 2004 für Versorgungsbezüge einen Werbungskosten-Pauschbetrag i.H.v. 920 € (§ 9a EStG).

Auch dieser Pauschbetrag wird schrittweise bis zum Jahr 2040 weitgehend abgebaut. Dies erfolgte jedoch im Jahr 2005 durch eine sofortige Reduzierung auf 102 €. Als Ausgleich für die fehlende Übergangsregelung gewährt der Gesetzgeber den Zuschlag zum Versorgungsfreibetrag.

Steuerliche Vergünstigung für eine mehrjährige Tätigkeit

198 Einmalige Versorgungsleistungen stellen i.d.R. eine Vergütung für eine mehrjährige Tätigkeit des Arbeitnehmers dar. Sie sind deshalb gem. § 34 EStG nur ermäßigt zu besteuern. Die Einkommensteuer auf Kapitalleistungen beträgt das Fünffache des Unterschiedsbetrages zwischen der Einkommensteuer für das um die Kapitalleistung verminderte zu versteuernde Einkommen und der Einkommensteuer für das verminderte Einkommen zzgl. eines Fünftels der Kapitalleistung. Ziel dieser Vergünstigung ist es, die Progressionswirkung der einmaligen Zahlung zu reduzieren. Die Steuer selbst wird aber nicht auf fünf Jahre verteilt, sondern ist sofort fällig.

Beispiel

Ein lediger Arbeitnehmer mit einem zu versteuernden Jahreseinkommen von 35.000 € bekommt aus einer Pensionszusage 50.000 € als einmalige Versorgungsleistung.

Seine Steuerrechnung (fiktive Beispielwerte zur Veranschaulichung):

Zu versteuerndes Einkommen ohne Sonderzahlung		35.000 €
hieraus Einkommensteuer ca.	7.300 €	
Zu versteuerndes Einkommen einschl. 1/5 der Sonderzahlung		45.000 €
hieraus Einkommensteuer ca.	10.900 €	
Differenz (2. – 1.)	3.600 €	
Gesamte Einkommensteuer (7.300 € zzgl. 5 × 3.600 €) ca.	25.300 €	
Steuerschuld ohne Berücksichtigung von § 34 EStG (d.h. Eink. = 85.000 €) ca.	27.600 €	
Steuerersparnis ca.	2.300 €	

Im BMF-Schreiben vom 6.12.2017 (Rn. 146–147) stellt die Finanzverwaltung nochmals klar, dass die sogenannte Fünftelungsregel nur für Kapitalleistungen aus Unterstützungskassen und Pensionszusagen anzuwenden ist und auch nur dann, wenn es sich um eine einmalige Kapitalleistung handelt. Erfolgt die Auszahlung in mehreren Teilbeträgen, kann § 34 EStG nicht angewendet werden.

Inzwischen hat der BFH allerdings entschieden (20.9.2016 – X R 23/15 bzw. 6.5.2020 – X R 24/19), dass die Fünftelungsregel grundsätzlich in allen Einkunftsarten anwendbar ist, also auch bei Direktversicherungen, Pensionskassen, Pensionsfonds. Voraussetzung für die Anwendung ist aber stets, dass die einmalige Auszahlung nicht vertragsgemäß erfolgt, sondern als untypisch bzw. als Ausnahmefall anzusehen ist. Stand Anfang 2021 ist nach wie vor noch nicht final geklärt, ob bzw. auf welche Einmalzahlungen aus Direktversicherungen, Pensionskassen und Pensionsfonds die Fünftelungsregelung nach § 34 EStG angewendet werden kann. Denn in der jüngsten der genannten BFH-Entscheidungen wurde genau diese Frage zur empirischen Klärung an die Vorinstanz zurückverwiesen.

5.3 Pensionszusage durch Entgeltumwandlung

Die Pensionszusage durch Entgeltumwandlung, auch bekannt unter dem Begriff „aufgeschobene Vergütung“ oder „Deferred Compensation“, wird in der Praxis bereits seit vielen Jahren in vielen Unternehmen praktiziert. Neben der Verbesserung der Versorgungssituation der Arbeitnehmer ist einer der Hauptvorteile dieses Versorgungsweges die grundsätzlich nachgelagerte Besteuerung. Im Gegensatz zu Direktversicherung, Pensionskasse und Pensionsfonds kennt die Pensionszusage keine Obergrenzen. Das ist insbesondere für gut verdienende Arbeitnehmer wichtig, die hohe Beträge umwandeln möchten. Denn durch die Entgeltumwandlung nehmen diese Arbeitnehmer die entsprechenden Beträge aus der vollen Besteuerung heraus bzw. verlagern diese in spätere Jahre, in denen sie auf einen niedrigeren Steuersatz hoffen. 199

In der Praxis sind v.a. sogenannte Einmalbeitragsmodelle sehr weit verbreitet. Bei diesen entscheidet sich der Arbeitnehmer jeweils nur für ein Jahr zur Umwandlung von Entgelt. Das hat den Vorteil, dass der Arbeitnehmer die Umwandlungsbeträge jährlich an seine finanzielle Situation anpassen kann, ohne sich für die Zukunft zu verpflichten. Für den Arbeitgeber haben solche Einmalbeitragsmodelle aber einen entscheidenden Nachteil. Um überhaupt Rückstellungen bilden zu können, muss es eine garantierte Leistung im Alter geben, an der sich die Rückstellungsberechnung orientiert. Die Altersleistung kann sich aus einer vom Arbeitgeber fest zugesagten Verzinsung ergeben, oder aus der garantierten Verzinsung einer gleichzeitig abgeschlossenen Versicherung. Aufgrund des derzeit niedrigen Zinsniveaus liegt die zugesagte Verzinsung in der Praxis je nach Unternehmen zwischen 0,0 % und ca. 3 %. Basis für die Rückstellungsbildung ist somit die aus dem jeweiligen Einmalbeitrag im Alter erzielbare Garantieleistung. Diese wird wiederum gemäß § 6a EStG zur Berechnung des steuerlichen Barwertes mit 6 % p.a. abgezinst. Daraus ergibt sich ein Rückstellungswert, der deutlich geringer ist als der umgewandelte Gehaltsteil. Das 200 wiederum bedeutet, dass der Arbeitgeber im ersten Jahr deutlich geringere Betriebsausgaben hätte als bei unmittelbarer Auszahlung als Gehalt.

201 Die Ermittlung der wertgleichen Zusage aus dem Einmalbeitrag erfolgt häufig so, dass der Umwandlungsbetrag als Beitrag in eine Rückdeckungsversicherung eingezahlt wird. Der Arbeitnehmer erhält dann eine Zusage vom Arbeitgeber in Höhe der Versicherungsleistungen. Problematisch ist allerdings, dass die Leistungen konkret genannt werden müssen, da sonst keine Rückstellungen hierfür gebildet werden können. Sagt der Arbeitgeber eine Leistung in Höhe der Ablaufleistung der Rückdeckungsversicherung zu, so muss er diesen Betrag auch leisten, wenn der Versicherer die unverbindlich in Aussicht gestellte Ablaufleistung nicht erbringt. Verspricht der Arbeitgeber nur die garantierte Leistung (und zahlt aber im Leistungsfall trotzdem die Gesamtleistung aus), so kann er auch nur für den jeweils garantierten Teil Rückstellungen bilden.

Eine Garantieleistung des Arbeitgebers ist für die Rückstellungsbildung insbesondere auch dann erforderlich, wenn der Arbeitgeber den Einmalbeitrag statt in eine Rückdeckungsversicherung in Investmentfonds einzahlt. Da Investmentfonds regelmäßig keinerlei Garantien beinhalten, berechnet sich die Garantieleistung i.d.R. aus der reinen Beitragsgarantie oder einer garantierten Verzinsung. Der Arbeitnehmer erhält dann zusätzlich das Versprechen, dass im Versorgungsfall statt der Garantieleistung die Fondserlöse an ihn ausgezahlt werden, sollten diese höher sein. Man spricht dann von einer wertpapiergebundenen Zusage, die im Übrigen im Detail auch noch viele andere Regelungen ermöglicht (siehe auch Rn. 212 ff.).

5.4 Rückgedeckte Pensionszusage

202 Die Bildung von Pensionsrückstellungen allein stellt im Versorgungsfall nicht die notwendige Liquidität zur Zahlung der Leistungen zur Verfügung. Vor allem bei Eintritt vorzeitiger Versorgungsfälle (Berufsunfähigkeit oder Todesfall) kommen auf das Unternehmen enorme finanzielle Belastungen zu, sofern für diese Versorgungsfälle ebenfalls Leistungen vorgesehen sind. Der Beginn der Altersrente ist zwar planbar, dennoch ist es wichtig, bereits frühzeitig neben der Rückstellungsbildung auch Kapital anzusammeln, das im Versorgungsfall verfügbar ist.

5.4.1 Rückdeckung mit Versicherungen

203 Der Abschluss von Versicherungen ist die in der Praxis am weitesten verbreitete Form der Finanzierung von Pensionszusagen, insb. in kleineren Unternehmen.

Die Rückdeckungsversicherung ist eine Lebensversicherung, die der Arbeitgeber auf das Leben des versorgungsberechtigten Arbeitnehmers abschließt.

Die Versicherungsleistungen werden dabei so bestimmt, dass bei Eintritt des Versorgungsfalles (Tod, Berufsunfähigkeit oder Erreichen der Altersgrenze) die benötigten finanziellen Mittel durch die Versicherung zur Verfügung gestellt werden. Versicherungsnehmer, Beitragszahler und Bezugsberechtigter der Versicherung ist der Arbeitgeber. Ihm fließen im Leistungsfall auch sämtliche Zahlungen aus der Versicherung zu. Der Arbeitnehmer ist lediglich die versicherte Person des Vertrages. Er hat darüber hinaus keinerlei Rechte an der Versicherung. Deshalb hat der Abschluss einer Rückdeckungsversicherung auch keine steuerliche Auswirkung beim Arbeitnehmer.

Die Rückdeckung einer Pensionszusage ist in beliebiger Weise möglich, da gesetzlich ohnehin keine Verpflichtung zur Rückdeckung besteht. Bei einer vollen oder kongruenten Rückdeckung wird die Versicherung so abgeschlossen, dass sie bei allen möglichen Versorgungsfällen die benötigten Leistungen zur Verfügung stellt. Der Arbeitgeber wird dadurch von den finanziellen Risiken der Versorgungszusage völlig befreit.

In der Vergangenheit wurden Zusagen auf eine lebenslange Altersrente häufig mit Kapitalversicherungen rückgedeckt. Die Versicherung stellt dann bei Rentenbeginn den versicherungsmathematischen Barwert der Versorgungsverpflichtung zur Verfügung. In diesem Fall trägt der Arbeitgeber selbst das Risiko, dass dieses Kapital für die lebenslange Leistung nicht ausreicht. Es sei denn, er hat sich gegenüber dem Arbeitnehmer eine einmalige Kapitalleistung anstelle der lebenslangen Rente vorbehalten.

Bei einer teilweisen Rückdeckung werden i.d.R. nur die vorzeitigen Versorgungsfälle 204
abgesichert und ggf. ein Teil der benötigten Altersleistung. Die Ansammlung des Kapitals zur Ausfinanzierung der Altersversorgung erfolgt innerhalb des Unternehmens oder bei einem anderen externen Anlageinstitut.

Die folgenden Ausführungen und Beispiele gehen jeweils von einer vollen Rückdeckung der Versorgungszusage mittels einer kapitalbildenden Lebensversicherung aus.

Steuerliche Behandlung der Rückdeckungsversicherung

Die Beiträge, die der Arbeitgeber für die Rückdeckungsversicherung bezahlt, können 205
in voller Höhe als Betriebsausgaben geltend gemacht werden. Da dem Arbeitgeber das Bezugsrecht aus der Versicherung zusteht, gehört deren Wert zum Betriebsvermögen. Die Versicherung muss in der Bilanz als Aktivposten aufgeführt (= aktiviert) werden. Die Zunahme des Aktivwertes der Versicherung wirkt sich in voller Höhe gewinnerhöhend aus, da im Gegenzug der Aufwand zur Erzielung des Zuwachses (d.h. die Beiträge) als Betriebsausgaben geltend gemacht wurde.

Die Höhe des Aktivwertes entspricht dem Zeitwert der Versicherung, einschließlich der vorhandenen Überschüsse. Da der Wert der Versicherung in den ersten Jahren der Laufzeit aufgrund der Verrechnung der Abschlusskosten des Vertrages meist sehr gering ist, gibt es für diese Zeit eine Sonderregelung, die von Anfang an zu höheren Aktivwerten führt. Die Ermittlung des Aktivwertes von Rückdeckungsversicherungen übernehmen die Versicherungsgesellschaften und teilen diese dem Arbeitgeber mit.

Werden nur die vorzeitigen Risiken Tod oder Berufsunfähigkeit über eine Rückdeckungsversicherung abgesichert, so ist die Aktivierungspflicht vor Eintritt des Versorgungsfalles nahezu ohne Bedeutung, da nur ein sehr geringes Deckungskapital aufgebaut wird.

Sobald aber ein Versorgungsfall eingetreten ist, „springt“ das Deckungskapital auf den Barwert der Verpflichtung des Versicherers auf Zahlung der entsprechenden

Leistungen. Dieser Wert muss vom Arbeitgeber als Anspruch gegen das Versicherungsunternehmen in voller Höhe aktiviert werden.

Der jährliche Zuwachs des Aktivwertes wirkt sich gewinnerhöhend aus. Bei Fälligkeit der Versicherung muss nur noch die Differenz zwischen dem bereits ausgewiesenen (und versteuerten) Aktivwert und der tatsächlichen Versicherungsleistung gewinnerhöhend verbucht werden. Bei einer reinen Risikorückdeckung kommt es dadurch zu einer sehr hohen Gewinnsteigerung im Jahr des vorzeitigen Versorgungsfalles.

Im Gegenzug zur Aktivierung und damit Versteuerung der Versicherungsleistung können die Beiträge steuerlich geltend gemacht werden. Hierdurch ergibt sich letztlich eine Versteuerung sämtlicher Erträge aus der Rückdeckungsversicherung. Im Gegensatz zur privaten Lebensversicherung und zur Direktversicherung gibt es keine Sonderregelungen, um eine Steuerbegünstigung der Erträge zu erreichen.

Beispiel: Aktivierung des Versicherungsanspruches

Ein 40-jähriger Mann erhält eine Zusage auf eine jährliche Altersrente i.H.v. 10.000 € ab Alter 65. Zur Absicherung schließt der Arbeitgeber eine Rückdeckungsversicherung mit einer Ablaufleistung in Höhe des versicherungsmathematischen Barwertes der Altersrente (121.177 €) ab.

Der Jahresbeitrag für die Versicherung beträgt 3.145 €. Die steuerlichen Auswirkungen entwickeln sich folgendermaßen (vereinfacht entspricht der Aktivwert im ersten Jahr dem Beitrag, d.h. keine Kosten berücksichtigt; mit Kosten ergäbe sich in den ersten Jahren eine Gewinnminderung, da der Aktivwert unterhalb der eingezahlten Beiträge läge):

(1)	(2)	(3)	(4)	(5)
Alter des Arbeitnehmers	**Beitrag in Euro**	**Aktivwert in Euro**	**Zunahme Aktivwert (= Differenz zum Vorjahr) in Euro**	**Gewinnerhöhung (+) (4) – (2) in Euro**
40	3.145	3.145	3.145	0
41	3.145	6.384	3.239	94
42	3.145	9.721	3.337	192
43	3.145	13.158	3.437	292
44	3.145	16.697	3.540	395
45	3.145	20.343	3.646	501
[...]	[...]	[...]	[...]	[...]
50	3.145	40.281	4.227	1.082
[...]	[...]	[...]	[...]	[...]
60	3.145	90.188	5.680	2.535
[...]	[...]	[...]	[...]	[...]
65	3.145	121.177	6.585	3.440
Summe	**81.770**		**121.177**	**39.407**

Praxistipp: Rückdeckung mit Kapital- oder Rentenversicherung

Die Rückdeckung von Zusagen auf Altersrente geschah in der Vergangenheit sehr häufig durch Kapitalversicherungen. Dabei wurde die Höhe der Versicherung meist so gewählt, dass die voraussichtliche Ablaufleistung dem steuerlichen Barwert der Versorgung bei Rentenbeginn entspricht. Damit reicht das Kapital nur zur lebenslangen Finanzierung der Rente, wenn es der Arbeitgeber mit netto 6 % verzinsen kann und die Zahldauer exakt der durchschnittlichen Lebenserwartung entspricht. Der Arbeitgeber trägt somit während der Rentenlaufzeit das Zins- und das Langlebigkeitsrisiko.

Beides kann er nur vermeiden, wenn er Rentenzusagen mit garantierten Leistungen einer Rentenversicherung rückdeckt. Aufgrund des bei Rentenversicherungen niedrigen Rechnungszinses, der vorsichtigeren Kalkulation der Lebenserwartung und der Verwaltungskosten des Versicherers ist die Rückdeckung mit Rentenversicherungen aber wesentlich teurer. Außerdem liegt ihr Aktivwert zu Rentenbeginn viel höher als die Pensionsrückstellungen. Und das wirkt sich wiederum negativ auf die Liquidität des Arbeitgebers aus.

Steuerliche Behandlung der rückgedeckten Pensionszusage

Die Aktivierung des Rückdeckungsanspruches führt v.a. bei einer vollständigen Rück- 206
deckung zu Steuerzahlungen, obwohl dem Arbeitgeber aus der Erhöhung des Versicherungswertes keine liquiden Mittel direkt zufließen. Hierdurch verringern sich die Liquiditätsvorteile, die der Arbeitgeber aus der Bildung der Pensionsrückstellungen erzielt. Allerdings entlastet sich der Arbeitgeber durch die Versicherung auch von der finanziellen Verpflichtung, die hinter den Pensionsrückstellungen steht.

Beispiel

Einem 40-jährigen, neu eintretenden Arbeitnehmer wird eine Pensionszusage auf jährliche Altersrente von 10.000 € ab dem 65. Lebensjahr erteilt. Die Zusage wird mit einer Kapitallebensversicherung rückgedeckt, die als Ablaufleistung den versicherungsmathematischen Barwert der Zusage erbringt (121.177 €, gerechnet mit Heubeck Richttafeln 2018G). Der Jahresbeitrag für die Versicherung beträgt 3.145 €. Unter Berücksichtigung eines Unternehmenssteuersatzes von 30 % ergeben sich für den Arbeitgeber folgende Auswirkungen (vereinfacht entspricht der Aktivwert im ersten Jahr dem Beitrag, d.h. keine Kosten berücksichtigt):

(1)	(2)	(3)	(4)	(5)	(6)
Alter	**Erhöhung Rückstellung in Euro**	**Erhöhung Aktivwert in Euro**	**Versicherungsbeitrag in Euro**	**Gewinnminderung (2) – (3) + (4) in Euro**	**Liquiditätsminderung (4) – (5) × 0,30 in Euro**
40	1.939	3.145	3.145	1.939	2.563
41	2.057	3.239	3.145	1.963	2.556
42	2.184	3.337	3.145	1.992	2.547

(1)	(2)	(3)	(4)	(5)	(6)
Alter	**Erhöhung Rückstellung in Euro**	**Erhöhung Aktivwert in Euro**	**Versicherungsbeitrag in Euro**	**Gewinnminderung (2) – (3) + (4) in Euro**	**Liquiditätsminderung (4) – (5) × 0,30 in Euro**
43	2.320	3.437	3.145	2.028	2.536
44	2.463	3.540	3.145	2.068	2.525
45	2.617	3.646	3.145	2.116	2.510
[...]	[...]	[...]	[...]	[...]	[...]
50	3.278	4.227	3.145	2.465	2.405
[...]	[...]	[...]	[...]	[...]	[...]
60	6.683	5.680	3.145	4.148	1.901
[...]	[...]	[...]	[...]	[...]	[...]
65	9.298	6.585	3.145	5.858	1.388
Summe	121.177	121.177	81.770	81.770	57.239

207 Im obigen Beispiel ist die jährliche Steigerung des Aktivwertes ab Beginn der Zusage höher als die Steigerung der Pensionsrückstellungen. Dadurch entsteht in den ersten Jahren eine Liquiditätsbelastung für den Arbeitgeber, die höher ist als die Nettobelastung aus dem Versicherungsbeitrag. Gegen Ende der Laufzeit steigen allerdings die Rückstellungen stärker an als der Aktivwert, wodurch die anfängliche Liquiditätsbelastung wieder ausgeglichen wird, denn im Alter 65 Jahre gleichen sich Rückstellungen und Aktivwert im Beispiel exakt aus. Die gesamte Liquiditätsbelastung entspricht somit der Nettobelastung aus der Summe der zu zahlenden Versicherungsbeiträge.

Wird eine Pensionszusage erst nach einigen Jahren der Betriebszugehörigkeit erteilt, so können relativ hohe Erstrückstellungen gebildet werden. Hierdurch kommt es dann i.d.R. im ersten Jahr zu einem deutlichen Liquiditätsüberschuss, der sich aber bis zum Alter 65 Jahre ebenfalls wieder abbaut.

Pensionszusage und Rückdeckungsversicherung sind vom Arbeitgeber grundsätzlich getrennt zu bilanzieren. Die steuerlichen Gesamtauswirkungen einer rückgedeckten Pensionszusage lassen sich deshalb durch eine einfache Addition der jeweiligen Auswirkungen ermitteln.

Übersicht: Steuerliche Behandlung der rückgedeckten Pensionszusage

	Gewinnerhöhung	**Gewinnminderung**
Vor Eintritt des Versorgungsfalles	Erhöhung des Aktivwertes	Versicherungsbeiträge Erhöhung der Pensionsrückstellungen
Bei Eintritt des Versorgungsfalles	Differenz zwischen Aktivwert und Versicherungsleistung	noch bezahlte Versicherungsbeiträge Auffüllung der Rückstellungen auf den Barwert
Während der Rentenzahlung	Auflösung der Rückstellungen	bezahlte Renten

Tab. 9: Übersicht: Steuerliche Behandlung der rückgedeckten Pensionszusage

5.4.2 Rückdeckung mit Investmentfonds

Bei dieser Rückdeckungsvariante wird der reine Sparvorgang von der Risikoabsiche- 208
rung getrennt. Die vorzeitigen Versorgungsleistungen Tod und Berufsunfähigkeit werden, falls überhaupt zugesagt, über Risikoversicherungen rückgedeckt.

Das notwendige Kapital für die Altersrente wird über Investmentfonds rückgedeckt. Depotinhaber und Verfügungsberechtigter über das Fondsvermögen ist ausschließlich der Arbeitgeber. Er entscheidet auch grundsätzlich über die Anlagestrategie.

Steuerliche Behandlung von Investmentfonds

Im Unterschied zur Rückdeckungsversicherung ist der Kauf von Investmentanteilen 209
keine Betriebsausgabe und somit steuerlich nicht wirksam. Es handelt sich lediglich um einen Aktivtausch, also eine „Umbuchung“ von Bankguthaben in „Fondsguthaben“.

Das Fondsguthaben ist in der Steuerbilanz des Arbeitgebers zu erfassen, allerdings nicht mit seinem aktuellen Kurswert, sondern nur mit den Anschaffungskosten. Wertsteigerungen des Fonds wirken sich in der Bilanz des Unternehmens nicht aus bzw. erst bei Verkauf der Fondsanteile. Lediglich Dividenden oder Zusatzerträge erhöhen bei Thesaurierung die Anschaffungskosten. Somit kann das Unternehmen über die Jahre erhebliche nicht versteuerte stille Reserven bilden.

Ein großer Vorteil einer Rückdeckung mit Investmentfonds sind steuerliche Begünstigungen von Erträgen und Veräußerungsgewinnen im Betriebsvermögen. Bei Kapitalgesellschaften bleibt i.d.R. ein erheblicher Teil der Gewinne steuerfrei.

Versicherungs- oder Fondsrückdeckung

Die Rückdeckung mit Investmentfonds kann auf keinen Fall die Absicherung vor- 210
zeitiger Versorgungsfälle durch entsprechende Versicherungen ersetzen. Fraglich ist aber, ob der Sparprozess zur Finanzierung der Altersleistung besser über kapitalbildende Versicherungen oder über Investmentfonds erfolgen sollte. Die Antwort ist entscheidend von der individuellen Renditeerwartung und der individuellen Risikoeinschätzung der beiden Anlageformen abhängig. Die Risikotragfähigkeit hängt dabei sicherlich auch vom Alter ab: Für rentennahe Jahrgänge sind volatile Fondsanlagen eher nicht zu empfehlen, bei jungen Arbeitnehmern hingegen schon. In der schon seit Jahren vorherrschenden Niedrigzinsphase werden Fondsrückdeckungen jedoch zunehmend in der Praxis genutzt.

Neben steuerlichen und Renditekriterien spielen in der Praxis aber auch die Fragen der Gestaltung der Versorgung sowie die Abwicklung eine bedeutende Rolle. Die Rückdeckung mit Investmentfonds erfordert z.B. eine zusätzliche Abstimmung der Versicherungen für vorzeitige Versorgungsfälle mit der Fondsrückdeckung. Denn je höher der jeweils aktuelle Kurswert des Fonds ist, desto niedriger ist der zusätzliche Versicherungsbedarf zur Finanzierung der Todesfallleistung.

Es ist übrigens auch möglich, eine fondsgebundene Rückdeckungsversicherung abzuschließen. Dabei ist die Fondsanlage in einen Versicherungsmantel gepackt. Dabei wird der Fondswert am Bilanzstichtag jedoch als Aktivwert in der Bilanz aktiviert und es erfolgt keine Bilanzierung mit den Anschaffungskosten, so dass i.d.R. die direkte Anlage in Investmentfonds gewählt wird.

In der Praxis gibt es bei der Rückdeckung mit Investmentfonds eine Vielzahl von Gestaltungsvarianten, deren Darstellung den Rahmen einer Einführung in dieses Thema sprengen würde. Deshalb wird im Folgenden stellvertretend ein übliches Modell vorgestellt.

Rückdeckungsmodell für Entgeltumwandlung

211 Das Modell geht davon aus, dass ein Arbeitnehmer zunächst einmalig nur für ein Jahr Entgelt umwandelt. Die Gesamtversorgung des Arbeitnehmers im Alter setzt sich somit aus der Summe der Versorgungsbausteine der einzelnen Jahre zusammen. Das hat den Vorteil, dass Arbeitnehmer und Arbeitgeber jedes Jahr neu entscheiden können, ob und in welcher Höhe sie erneut umwandeln wollen.

Der Umwandlungsbetrag wird vom Arbeitgeber in einen Investmentfonds eingezahlt. Der Arbeitnehmer erhält eine Zusage auf lebenslange Altersrente, die aus dem einmaligen Umwandlungsbetrag finanzierbar ist. Somit ist sichergestellt, dass der Arbeitgeber ein biometrisches Risiko trägt, das wiederum Voraussetzung für die steuerliche Anerkennung der Zusage ist. Der Arbeitgeber hat allerdings die Wahl, bei Rentenbeginn eine einmalige Kapitalleistung zu gewähren. Zur Umrechnung des Umwandlungsbetrages in die zugesagte Rente (bzw. das alternativ gewährte Kapital) ist ein Rechnungszins erforderlich, den der Arbeitgeber als Mindestverzinsung garantiert. Je höher der Mindestzins, desto höher sind die Steuervorteile des Arbeitgebers aus der Rückstellungsbildung; aber umso höher ist auch das Risiko des Arbeitgebers, dass der Fonds diese Verzinsung nicht erwirtschaftet.

Die umgewandelten Gehaltsteile zuzüglich der Mindestverzinsung ergeben den zu Beginn des Rentenalters vorhandenen garantierten Kapitalstock. Für den Arbeitnehmer stellt die Garantieverzinsung lediglich eine Mindestleistung dar. Im Versorgungsfall erhält er den vollen Kurswert als einmalige Kapitalleistung.

Stirbt der Arbeitnehmer vor Rentenbeginn, so erhält die Witwe ein Todesfallkapital in Höhe des Kurswertes des Fonds zu diesem Zeitpunkt, aber mindestens in Höhe des zu diesem Zeitpunkt garantierten Versorgungskapitals.

Beispiel

Ein 40-jähriger Arbeitnehmer einer GmbH wandelt einmalig 10.000 € zugunsten einer Pensionszusage um. Hierfür erhält er im Alter 65 Jahre eine garantierte monatliche Rente von 125 € oder wahlweise eine Kapitalabfindung von 23.632 €. Grundlage für diese Berechnung ist ein Rechnungszins von 3,5 %. Der Umwandlungsbetrag wird in einen Aktienfonds investiert.

Ist zu Rentenbeginn der tatsächliche Fondswert höher als das garantierte Kapital, so erhält er den gesamten Fondswert. Im Beispiel sind dies bei einer Fondsrendite von 6 % p.a. ca. 45.500 €.

Ist der Fondswert geringer als die Mindestleistung von 23.632 €, so muss der Arbeitgeber die Differenz aus eigenen Mitteln aufbringen.

5.5 Weitere Gestaltungsmöglichkeiten

Die Pensionszusage bietet eine nahezu unendliche Zahl von Gestaltungsmöglichkeiten mit ebenso vielen Möglichkeiten zur Rückdeckung der eingegangenen Verpflichtung. Deshalb sollen hier nur einige Beispiele kurz vorgestellt werden. 212

Festbetragszusage

Die Festbetragszusage ist sozusagen die Grundform der Pensionszusage. Der Arbeitnehmer erhält eine Zusage auf einen festgelegten Versorgungsbetrag, z.B. 500 € monatliche Altersrente. Diese Form der Zusage ist für den Arbeitgeber am besten kalkulierbar, da sich die Höhe des Anspruches so lange nicht ändert, bis sich der Arbeitgeber hierzu entschließt. Allerdings verliert diese Zusageform im Laufe der Zeit auch erheblich an Motivationswirkung, da ihr realer Wert für den Arbeitnehmer durch den Kaufkraftverlust permanent abnimmt.

Festbetragszusage mit regelmäßiger Steigerung

Um die Motivationswirkung auf Dauer zu erhalten, empfiehlt es sich, in Festbetragszusagen Steigerungsbeträge vorzusehen, etwa eine Erhöhung der Anwartschaft auf monatliche Altersrente um 10 € pro zurückgelegtem Dienstjahr. Eine derartige Zusage ist für den Arbeitgeber ebenfalls gut kalkulierbar. Die Zusage von Steigerungsbeträgen bietet außerdem den Vorteil, dass alle zukünftigen Steigerungen bei der Berechnung der Pensionsrückstellungen bereits von Anfang an berücksichtigt werden können.

Gehaltsabhängige Zusage

Bei dieser Zusageform wird dem Arbeitnehmer eine Versorgung in Prozent seines letzten Gehaltes oder eines Durchschnittsgehaltes der letzten Jahre vor Rentenbeginn versprochen. Üblich ist es auch, zusätzlich eine Abhängigkeit von der Dienstzugehörigkeit vorzusehen.

Für den Arbeitnehmer ist eine solche Zusage nicht nur inflations-, sondern auch karrieregeschützt. Mit jeder Gehaltssteigerung steigt automatisch auch seine Versorgung an. Für den Arbeitgeber beinhaltet eine solche Zusage allerdings erhebliche Kalkulationsprobleme. Die Höhe der Versorgung steigt unabhängig vom Alter des Arbeitnehmers mit jeder Gehaltssteigerung. Der Finanzierungszeitraum wird aber mit zunehmendem Alter immer kürzer, der finanzielle Aufwand zur Finanzierung jeder Rentensteigerung immer höher.

Hinzu kommt, dass der Arbeitgeber die Steigerung aufgrund der zukünftigen Gehaltserhöhungen bei der Berechnung der Rückstellungen noch nicht berücksichtigen darf, da deren Eintritt noch ungewiss ist.

Zusage fester Steigerungen in der Rentenphase

Laufende Renten muss der Arbeitgeber gem. § 16 BetrAVG alle drei Jahre einer Anpassungsprüfung unterziehen und sie an die Kaufkraftentwicklung anpassen. Auch 213 diese Anpassungspflicht darf bei der Berechnung der Rückstellungen für die Steuerbilanz nicht berücksichtigt werden, es sei denn, in der Pensionszusage wurde eine regelmäßige Erhöhung fest vereinbart. Sofern der Arbeitgeber die Zahlung lebenslanger Renten beabsichtigt, empfiehlt es sich deshalb, eine moderate Rentensteigerung ab Rentenbeginn in die Zusage aufzunehmen und hierfür zusätzliche Rückstellungen zu bilden. Außerdem kann bei einer garantierten jährlichen Anpassung von mindestens 1 % auch jede weitergehende Anpassungsverpflichtung vermieden werden.

5.6 Vor- und Nachteile der rückgedeckten Pensionszusage

Liquiditätsgewinn durch Rückstellungsbildung

214 Durch die Möglichkeit, steuerlich Aufwand geltend zu machen, obwohl noch keine Versorgungsleistungen gezahlt werden, profitiert der Arbeitgeber zunächst aus der Gewährung der bAV. In Höhe der Steuerersparnis auf den gebuchten Aufwand entsteht ein Liquiditätsgewinn, der erst nach Eintritt des Versorgungsfalles durch die Auflösung der Rückstellungen nach und nach wieder verloren geht. Durch diesen Liquiditätsgewinn wird die Belastung des Arbeitgebers aus der Beitragszahlung zur Rückdeckung erheblich verringert.

Pflicht zum Bilanzausweis

215 Die Nutzung der Vorteile aus der Rückstellungsbildung birgt den Nachteil in sich, die Versorgungsverpflichtung in der Bilanz ausweisen zu müssen. So können auch externe Betrachter leicht sehen, ob und in welcher Höhe ein Arbeitgeber Pensionsverpflichtungen übernommen hat. Die Aktivierung der Rückdeckungsversicherung führt allerdings dazu, dass sofort erkennbar ist, dass der Arbeitgeber für diese Verpflichtung finanzielle Vorsorge getroffen hat.

Die in der Steuerbilanz ausgewiesenen Pensionsrückstellungen spiegeln jedoch wegen des vorgeschriebenen Rechnungszinssatzes von 6 % nicht den tatsächlichen Wert der Verpflichtung wider, der bei niedrigem Zinsniveau weit höher liegt. Auch die in den Rückstellungen berücksichtigten Wahrscheinlichkeiten für die Lebenserwartungen stellen nur Durchschnittswerte dar, die nur bei großen Kollektiven näherungsweise auch stimmen. Bei einzelnen Zusagen oder bei kleinen Kollektiven ist die Sterblichkeit rein zufällig, was dazu führt, dass auch die Rückstellungen – insb. bei laufenden Renten – keinesfalls einen realistischen Erwartungswert für den Wert der Verpflichtung darstellen.

Inzwischen hat der Gesetzgeber mit der Einführung des Bilanzrechtsmodernisierungsgesetzes (BilMoG) reagiert und verlangt zumindest für die Handelsbilanz eine deutlich realitätsnähere Festlegung des Rechnungszinses. Allerdings ist es in der Handelsbilanz auch möglich, durch Schaffung von sog. Plan- bzw. Deckungsvermögen einen Ausweis der Rückstellungen in der Bilanz zu verhindern (siehe hierzu Rn. 225).

Verfügbarkeit über die Rückdeckung und Beleihung

Auch wenn der Abschluss einer Rückdeckung grundsätzlich das Ziel hat, die Versorgungsverpflichtung auszufinanzieren, ist es gut zu wissen, dass der Arbeitgeber über den vorhandenen Wert jederzeit verfügen kann. Er kann ihn bei Bedarf auch beleihen oder abtreten. Das gilt allerdings nur, wenn die Versicherung nicht an den Versorgungsberechtigten verpfändet ist.

Beliebige Leistungshöhe und flexible Gestaltung

Im Gegensatz zu allen anderen Durchführungswegen ist die steuerliche Behandlung der Pensionszusage unabhängig von der Höhe der Versorgung. Es gibt also keine Obergrenzen, sofern die betriebliche Veranlassung der Versorgung erkennbar ist. Auch hinsichtlich der Gestaltung der Versorgungszusage hat der Arbeitgeber weitergehende Freiheiten als bei allen anderen Durchführungswegen.

Kapitalleistungen möglich

Anders als bei der Pensionskasse, dem Pensionsfonds und der Direktversicherung sind bei der Pensionszusage auch Zusagen auf Kapitalleistungen möglich.

Bei Fälligkeit der Kapitalleistung ist außerdem die ermäßigte Besteuerung nach § 34 EStG, die sog. „Fünftelungsregel", anwendbar.

Recht auf Entgeltumwandlung nicht erfüllbar

Mit dem Angebot einer Pensionszusage durch Entgeltumwandlung kann der Arbeit- 216
geber das diesbezügliche Recht der Arbeitnehmer nicht abgelten. Auf Verlangen der Arbeitnehmer muss der Arbeitgeber zusätzlich die Entgeltumwandlung über eine Pensionskasse, einen Pensionsfonds oder eine Direktversicherung anbieten.

Versorgung junger Arbeitnehmer nur eingeschränkt möglich

Die Pensionszusage eignet sich nur eingeschränkt für die Versorgung sehr junger Arbeitnehmer. Pensionsrückstellungen dürfen nämlich erst gebildet werden, wenn ein Versorgungsberechtigter mindestens 23 Jahre alt ist. Davon ausgenommen sind nur Pensionszusagen, die durch Entgeltumwandlung finanziert werden und deshalb unabhängig vom Alter sofort gesetzlich unverfallbar sind.

Aktivierungspflicht der Rückdeckungsversicherung

Die Pflicht zur Aktivierung der Rückdeckungsversicherung in der Steuerbilanz bedeutet eine Versteuerung sämtlicher Erträge aus der Versicherung. Hierdurch geht die durch die Rückstellungsbildung gewonnene Liquidität teilweise wieder verloren.

Allerdings belastet der Ausweis von Pensionsrückstellungen ohne einen entsprechenden Gegenposten auf der Aktivseite der Bilanz u.U. die Kreditwürdigkeit des Unternehmens oder erschwert den Unternehmensverkauf. Die Aktivierung der Rückdeckungsversicherung sorgt hier für den entsprechenden bilanziellen Ausgleich. Sie zeigt auch dem externen Betrachter, dass die Versorgungsverpflichtung ausfinanziert ist und somit kein zusätzliches betriebsfremdes Risiko getragen werden muss. Bei Eintritt vorzeitiger Versorgungsfälle bietet die Versicherung den bilanziellen Gegenposten zu den drastisch ansteigenden Pensionsrückstellungen.

Niedrige Aktivwerte bei Investmentfonds

217 Im Gegensatz zu einer Versicherungsrückdeckung sind Investmentfonds nur mit den Anschaffungskosten zu aktivieren und deren Erträge nur teilweise steuerpflichtig. Das schont die Liquidität des Unternehmens. Allerdings fehlt auch der bilanzielle Ausgleichsposten zu den Rückstellungen.

Verwaltungsaufwand, PSV-Beiträge, kein versicherungsvertragliches Verfahren

Die Pensionszusage ist ohne Zweifel ein verwaltungsaufwändiger Durchführungsweg. Zusage und Versicherung müssen jedes Jahr bilanziert werden, die Leistungen müssen selbst an die Versorgungsberechtigten ausgezahlt und die Lohnsteuer hiervon einbehalten und an das Finanzamt abgeführt werden. Beim Ausscheiden von Arbeitnehmern gibt es – außer im Rahmen der Abfindungsmöglichkeit – nicht die Möglichkeit der Mitgabe der Versicherung. Stattdessen müssen die unverfallbaren Ansprüche berechnet und bis zum Rentenbeginn des ausgeschiedenen Arbeitnehmers aufrechterhalten werden. Für unverfallbare Anwartschaften gibt es keine Möglichkeit, die PSV-Beitragspflicht zu vermeiden.

Im Gegenzug hat der Arbeitgeber dafür seine Versorgung selbst in der Hand und ist nicht von der Verwaltungsqualität einer externen Versorgungseinrichtung bzw. eines Versicherers abhängig.

Keine private Weiterführung möglich

Scheidet ein Arbeitnehmer mit einer rückgedeckten Pensionszusage bei seinem Arbeitgeber aus, so kann er die für ihn bestehende Versicherung nicht ohne weiteres privat weiterführen. Wenn beim Ausscheiden unverfallbare Ansprüche bestehen, so benötigt der Arbeitgeber die Versicherung weiterhin zur Rückdeckung dieser Ansprüche und kann sie somit nicht auf den Arbeitnehmer übertragen. Lediglich wenn die Ansprüche noch innerhalb der Abfindungsgrenzen liegen, kann der Arbeitgeber die Police als Abfindung auf den Arbeitnehmer übertragen.

Steuerfreie Übernahme von Versorgungswerken

Die Übernahme einer bestehenden Versorgungszusage oder eines kompletten Versorgungswerkes ist über Pensionszusagen relativ problemlos möglich. Insbesondere ist die Übernahme bei den betroffenen Arbeitnehmern nicht lohnsteuerpflichtig.

5.7 Auswirkungen in der Handelsbilanz

218 Mit dem BilMoG hat der Gesetzgeber im Jahr 2009 den Grundsatz der Maßgeblichkeit der Handelsbilanz für die Steuerbilanz teilweise aufgegeben. Dadurch werden Pensionszusagen in der Handels- und Steuerbilanz unterschiedlich bewertet.

Bewertung von Pensionsverpflichtungen in der Handelsbilanz

Ziel der Bewertungsvorschriften für die Handelsbilanz ist eine realitätsnähere Bewertung der Pensionsverpflichtungen eines Unternehmens. Das führt bei den meisten Pensionszusagen zu deutlich höheren Rückstellungsbeträgen als in der Steuerbilanz.

Anstelle eines gesetzlich vorgegebenen Rechnungszinses (6 % p.a. für die Steuerbilanz) ist für die Bewertung in der Handelsbilanz der aktuelle Marktzins zu verwenden. Das ist i.d.R. der von der Deutschen Bundesbank ermittelte durchschnittliche Marktzins der vergangenen zehn Jahre, der sich bei einer angenommenen Restlaufzeit von 15 Jahren ergibt.

§ 253 Abs. 2 S. 1 und 2 HGB: Zugangs- und Folgebewertung

(2) Rückstellungen mit einer Restlaufzeit von mehr als einem Jahr sind abzuzinsen mit dem ihrer Restlaufzeit entsprechenden durchschnittlichen Marktzinssatz, der sich im Falle von Rückstellungen für Altersversorgungsverpflichtungen aus den vergangenen zehn Geschäftsjahren und im Falle sonstiger Rückstellungen aus den vergangenen sieben Geschäftsjahren ergibt.

Aufgrund des anhaltend niedrigen Zinsniveaus lag der Rechnungszins zum 31.12.2020 bei 2,30 % (Zehn-Jahres-Durchschnitt) bzw. 1,6 % (Sieben-Jahres-Durchschnitt) und wird weiter sinken, wenn das Zinsniveau nicht wieder deutlich steigt. Allein durch diesen geringeren Zins ergeben sich deutlich höhere Rückstellungsbeträge. Zusätzlich sind in der Handelsbilanz auch bestimmte Trends bei der Rückstellungsberechnung zu berücksichtigen. Das sind z.B. voraussichtlich zu erwartende Rentensteigerungen aufgrund zukünftiger Gehaltserhöhungen (bei gehaltsabhängigen Leistungszusagen) oder aufgrund der Anpassungsverpflichtung nach § 16 BetrAVG. Bei der Bewertung größerer Gruppen von Versorgungsberechtigten sind auch Fluktuationswahrscheinlichkeiten zu berücksichtigen, die den Umfang der Versorgungsverpflichtung und somit die Rückstellungen reduzieren. Bei Einzelpersonen wird i.d.R. keine Fluktuationswahrscheinlichkeit berücksichtigt.

Auch das Bewertungsverfahren selbst verändert die Rückstellung gegenüber dem bisherigen Teilwertverfahren, das für die Steuerbilanz weiterhin vorgeschrieben ist. Der Gesetzgeber hat keine konkreten Vorgaben für das Berechnungsverfahren gemacht. In der Praxis wird meist die sog. „PUC-Methode" (projected unit credit method) verwendet, die auch „Anwartschaftsbarwertverfahren" genannt wird. Vereinfacht ausgedrückt entspricht die Rückstellung bei diesem Verfahren dem Barwert des bis zum Bilanzstichtag erdienten Teils der Versorgung.

Saldierung mit Deckungsvermögen

Mit dem BilMoG wurde im Jahr 2010 auch der Grundsatz der Einzelbewertung in der Handelsbilanz aufgegeben. Seitdem besteht die Möglichkeit der Reduzierung der Pensionsrückstellungen um sog. „Deckungsvermögen" (auch „Planvermögen" genannt). Das sind Vermögenswerte, die dauerhaft und ausschließlich zur Erfüllung der Versorgungsverpflichtungen reserviert sind. Diese Vermögenswerte müssen zur Erfüllung der Versorgungsverpflichtung jederzeit liquidierbar sein und dürfen deshalb kein betriebsnotwendiges Kapital (z.B. Betriebsgebäude) darstellen. Als Deckungsvermögen anerkannt sind z.B. Rückdeckungsversicherungen oder Investmentfondsanteile, die für den Fall der Insolvenz des Arbeitgebers an den Versorgungsberechtigten verpfändet sind. Möglich sind auch sog. „CTA-Modelle" (Treuhandmodelle bzw. „Contractual Trust Arrangements"), sofern ein Rückgriff des Insolvenzverwalters auf das Treuhandvermögen definitiv ausgeschlossen ist.

Bei Vorliegen von Deckungsvermögen muss nur noch der Teil der Pensionsrückstellungen in der Bilanz ausgewiesen werden, der den Wert des Vermögens übersteigt. Gleichzeitig wird auch das entsprechende Deckungsvermögen nicht als Aktivwert in der Bilanz aufgeführt. Die Saldierung muss allerdings im Bilanzanhang ausführlich erläutert werden.

6 Die Gruppenunterstützungskasse

Die Gruppenunterstützungskasse ist i.d.R. ein steuerbefreiter, eingetragener Verein, der ohne eigene Gewinnerzielungsabsicht das Ziel hat, die Altersversorgung von Arbeitnehmern seiner Trägerunternehmen zu verbessern. Hierzu sucht sich der Verein möglichst viele Arbeitgeber als Trägerunternehmen, die bereit sind, Zuwendungen an den Verein zu leisten. Die Zuwendungen gehen, ähnlich wie Spenden, in das Vermögen des Vereins über, werden vom Verein ertragsbringend investiert und später als Versorgungsleistungen an die Arbeitnehmer des jeweiligen Trägerunternehmens wieder ausgezahlt. Die Zuwendungen sind beim Trägerunternehmen in begrenztem Umfang als Betriebsausgaben abzugsfähig. 219

Lebenslange Leistungen

Unterstützungskassen können sowohl lebenslange als auch nicht lebenslange Leistungen gewähren. Für beide Leistungsarten gelten völlig unterschiedliche Regelungen zur steuerlichen Behandlung. In der Praxis gewähren Gruppenunterstützungskassen ausschließlich lebenslange Leistungen. Deshalb werden im Folgenden auch nur die steuerlichen Regelungen hierfür beschrieben. 220

Zu den lebenslangen Leistungen gehören alle Leistungen, die nicht von vornherein nur für eine bestimmte Anzahl von Jahren oder nur bis zu einem bestimmten Lebensalter gewährt werden. Sie müssen also grundsätzlich an die Lebensdauer der betreffenden Person gebunden sein. Abgekürzte Invalidenrenten gelten nur dann als lebenslang, wenn sie bei Erreichen der Altersgrenze von einer Altersrente aus der Unterstützungskasse abgelöst werden. Selbstständige Berufsunfähigkeitsversicherungen können somit nicht über Unterstützungskassen abgeschlossen werden. Auch Waisenrenten sind keine lebenslangen Leistungen. Eine Ausnahme von dieser Regelung gilt jedoch dann, wenn diese Leistungen gemeinsam mit lebenslangen Leistungen durch Abschluss einer Rückdeckungsversicherung von der Unterstützungskasse finanziert werden. In diesem Fall erkennt die Finanzverwaltung den Gesamtbeitrag als Zuwendung für lebenslange Leistungen an (BMF-Schreiben vom 21.4.1998).

Gewährt eine Unterstützungskasse anstelle laufender Leistungen einmalige Kapitalzahlungen, so können diese in lebenslänglich laufende Leistungen umgedeutet werden. Dabei ist es unerheblich, ob von vornherein eine Kapitalleistung vereinbart wurde oder ob erst zu einem späteren Zeitpunkt das einmalige Kapital an die Stelle der Rentenzahlung tritt.

Praxistipp

Häufig wird für den Fall des vorzeitigen Todes eines Arbeitnehmers kurz nach Rentenbeginn eine Rentengarantiezeit vereinbart. Hierbei handelt es sich um eine Zeitrente, die wohl nicht als lebenslange Leistung anzusehen ist. Deshalb sollte in der Versorgungsordnung statt der Garantiezeit eine entsprechende einmalige Kapitalleistung vereinbart werden.

Beteiligung an einer Gruppenunterstützungskasse

221 Durch die Beteiligung an einer Gruppenunterstützungskasse können auch kleinere Betriebe, für die die Gründung einer eigenen Unterstützungskasse zu aufwändig wäre, diesen Durchführungsweg nutzen. Zahlreiche Versicherungs- und Beratungsunternehmen verfügen über „eigene Kassen". Tatsächlich gehört auch eine typische „Versicherer-Unterstützungskasse" nicht dem Versicherer, sondern ist rechtlich völlig selbstständig und unabhängig vom Versicherer. Die Gründungsmitglieder solcher Kassen bestehen aber i.d.R. überwiegend aus Arbeitnehmern des Versicherers und die Verwaltung der Kasse erfolgt durch das Personal des Versicherers.

Der Arbeitgeber wird zunächst Mitglied der Kasse oder vereinbart mit der Kasse die Durchführung seiner bAV über die Kasse. Anschließend wird in einem Leistungsplan mit der Kasse vereinbart, welche Arbeitnehmer welche Leistungen von der Kasse erhalten sollen. Zur Finanzierung leistet das Unternehmen Zuwendungen an die Kasse, die innerhalb der Grenzen des § 4d EStG als Betriebsausgaben abgezogen werden können. Neben den Zuwendungen zur Finanzierung der Versorgungsleistungen muss das Trägerunternehmen i.d.R. Mitgliedsbeiträge oder Gebühren zahlen. Die Gebühren können an die Kasse oder auch direkt an den Dienstleister gezahlt werden, der die Verwaltung der Kasse übernimmt.

Die Unterstützungskasse führt zwar für jedes Trägerunternehmen ein gesondertes Teilvermögen, tatsächlich gehört dieses Teilvermögen aber der Kasse. Anders als z.B. bei einer Rückdeckungsversicherung zu einer Pensionszusage hat das Unternehmen deshalb keinen zu bilanzierenden Aktivwert in Höhe des Teilvermögens. Das Teilvermögen errechnet sich aus den Zuwendungen des Trägerunternehmens, zzgl. den darauf erzielten Vermögenserträgen, abzüglich der bereits erbrachten Versorgungsleistungen an Zugehörige dieses Unternehmens. In der Satzung oder durch vertragliche Vereinbarung mit dem Unternehmen ist festgelegt, dass das Teilvermögen eines Unternehmens ausschließlich zur Versorgung der Arbeitnehmer dieses Unternehmens verwendet wird. Die Berechnung des Teilvermögens ist außerdem notwendig, weil hiervon auch die möglichen Zuwendungen eines Trägerunternehmens abhängen. Auch bei Insolvenz eines einzelnen Trägerunternehmens ist die Bestimmung des Teilvermögens wichtig. Der PSVaG, der die unverfallbaren Anwartschaften übernimmt, hat dann einen Anspruch gegen die Unterstützungskasse auf einen Betrag in Höhe des Teils des Kassenvermögens, der auf dieses Trägerunternehmen entfällt (§ 9 BetrAVG).

Leistungen ohne Rechtsanspruch

222 Die Unterstützungskasse erteilt ihren Versorgungsberechtigten aufgrund ihrer Definition keinen Rechtsanspruch auf die zugesagten Leistungen. Die Versorgungsberechtigten werden hierdurch allerdings nicht benachteiligt, denn die Versorgung beruht auf einer Zusage des Arbeitgebers, für die dieser auch haftet, wenn die Unterstützungskasse die Leistung nicht erbringt (§ 1 Abs. 1 S. 3 BetrAVG).

Auch bei Insolvenz des Trägerunternehmens besteht für unverfallbare Ansprüche und laufende Renten eine Absicherung durch den PSVaG. Der Arbeitgeber muss deshalb auch für Unterstützungskassenzusagen ab Eintritt der Unverfallbarkeit Beiträge an den PSVaG zahlen. Die Beitragszahlungspflicht des Arbeitgebers besteht unabhängig vom tatsächlichen Risiko des PSVaG. Auch wenn alle Zusagen kongruent über Versicherungen rückgedeckt sind und diese Versicherungen an die Berechtigten verpfändet wurden, muss der Arbeitgeber PSV-Beiträge zahlen.

Der fehlende Rechtsanspruch der Unterstützungskasse führt dazu, dass sie keinen Versicherungsschutz gegen Beitragszahlung erbringt und somit auch nicht der Versicherungsaufsicht unterliegt. Deshalb ist die Unterstützungskasse auch in der Anlage ihres Vermögens völlig frei und unterliegt nicht der Versicherungsaufsicht.

Pauschaldotierte oder rückgedeckte Unterstützungskasse

In der Praxis entscheiden sich Gruppenunterstützungskassen trotz der grundsätzli- 223
chen Freiheit in der Vermögensanlage meist für bestimmte Anlagekonzepte. Das liegt auch daran, dass die steuerlich abzugsfähigen Zuwendungen des Arbeitgebers an die Unterstützungskasse von der Art der Vermögensanlage abhängig sind.

Eine vollständige und exakte Ausfinanzierung der Versorgungsleistungen jedes einzelnen Arbeitnehmers ist nur dann möglich, wenn die Unterstützungskasse zur Finanzierung ihrer Versorgungsversprechen Rückdeckungsversicherungen für jeden einzelnen Berechtigten abschließt. Der Arbeitgeber kann einer solchen rückgedeckten Unterstützungskasse die zur Zahlung der Versicherungsbeiträge benötigten Beträge in voller Höhe zuwenden.

Schließt die Unterstützungskasse keine Rückdeckungsversicherungen ab, sondern legt ihr Vermögen anderweitig an, so gelten pauschale Regelungen für die Zuwendungen, die in der Praxis dazu führen, dass in der Kasse mehr oder auch weniger als das benötigte Vermögen angesammelt wird. Gelingt es durch geschickte Gestaltung, mehr Vermögen als notwendig anzusammeln, so entstehen zusätzliche Vorteile für das Unternehmen. Kassen, die sich auf derartige Gestaltungen spezialisiert haben, nennt man üblicherweise pauschaldotierte Unterstützungskassen.

6.1 Steuerliche Behandlung der Unterstützungskasse

6.1.1 Voraussetzungen für die Steuerfreiheit

Unterstützungskassen sind grundsätzlich voll körperschaftsteuerpflichtig. Unter be- 224
stimmten Voraussetzungen können sie jedoch von der Körperschaftsteuer befreit werden.

Voraussetzungen für die Steuerbefreiung einer Unterstützungskasse:

- Leistungsempfänger der Kasse sind nur Zugehörige oder Arbeitnehmer des Trägerunternehmens
- Mehrzahl der Leistungsempfänger ist nicht Unternehmer oder Gesellschafter
- keine Zuschusspflicht der Leistungsempfänger

- Mitwirkungsrecht der Leistungsempfänger
- Beschränkung der Leistungshöhe
- Verwendung des Kassenvermögens nur für satzungsgemäße Zwecke
- zulässiges Kassenvermögen um nicht mehr als 25 % überschritten

Leistungsempfänger der Kasse sind nur Zugehörige oder Arbeitnehmer des Trägerunternehmens

225 Eine Unterstützungskasse darf als Anwärter und Leistungsempfänger nur Zugehörige und frühere Zugehörige des wirtschaftlichen Geschäftsbetriebes sowie Arbeitnehmer und arbeitnehmerähnliche Personen aufnehmen. Auch die Angehörigen der genannten Personenkreise dürfen Leistungsempfänger der Unterstützungskasse sein.

Zu den Zugehörigen des wirtschaftlichen Geschäftsbetriebes des Trägerunternehmens gehören auch selbstständige Personen, die für ein Trägerunternehmen tätig sind sowie der im Unternehmen mitarbeitende Gesellschafter oder Einzelunternehmer. Für Einzelunternehmer und Personengesellschafter darf das Unternehmen allerdings keine Zuwendungen als Betriebsausgaben leisten. Im Ergebnis kommt der Unternehmer somit in der Praxis nur dann in den Genuss von Versorgungsleistungen, wenn nach Tod oder Ausscheiden des letzten versorgungsberechtigten Arbeitnehmers noch übriges Vermögen in der Kasse liegt. Dieses übrige Vermögen kann dann zur Versorgung des Unternehmers verwendet werden.

Voraussetzung für eine Versorgung von Nicht-Arbeitnehmern ist eine gewisse soziale Abhängigkeit oder zumindest eine enge Bindung ans Trägerunternehmen. Das ist z.B. dann der Fall, wenn die Tätigkeit für das Trägerunternehmen den Mittelpunkt der beruflichen Tätigkeit des Selbstständigen darstellt. Das ist i.d.R. bei Handelsvertretern gegeben, die somit über eine Unterstützungskasse versorgt werden können. Die Dokumentation einer engen Bindung des Handelsvertreters an das Trägerunternehmen kann aber andererseits auch als Indiz für eine Scheinselbstständigkeit angesehen werden.

Mehrzahl der Leistungsempfänger ist nicht Unternehmer oder Gesellschafter

226 Um die Steuerbefreiung der Kasse zu erhalten, dürfen sich die Leistungsempfänger in der Mehrzahl nicht aus Unternehmern oder Gesellschaftern zusammensetzen (§ 1 KStDV). Es müssen also stets mindestens die Hälfte aller Leistungsempfänger Arbeitnehmer oder arbeitnehmerähnliche Personen sein. Dieses Kriterium gilt bei Gruppenunterstützungskassen für die Kasse insgesamt, nicht je Trägerunternehmen. Auch bei der Bemessung der Leistungshöhe dürfen die Gesellschafter nicht einseitig bevorzugt werden. Wie groß die Differenz zwischen Unternehmer- und Arbeitnehmerversorgung sein darf, ist nicht festgelegt. Es kommt also darauf an, für jeden Einzelfall eine sachliche, möglichst objektive Begründung für den Unterschied zu finden.

Keine Zuschusspflicht der Leistungsempfänger

Um den sozialen Charakter der Unterstützungskasse zu erhalten, dürfen die Leistungsempfänger weder zu laufenden Beiträgen noch zu sonstigen Zuschüssen verpflichtet werden (§ 3 KStDV). Eine Versorgung durch Entgeltumwandlung gilt nicht als Leistungsverpflichtung des Arbeitnehmers an die Unterstützungskasse. 227

Mitwirkungsrecht der Leistungsempfänger

Den Leistungsempfängern oder den Arbeitnehmervertretungen des Betriebes muss satzungsgemäß und tatsächlich das Recht zustehen, an der Verwaltung sämtlicher Beträge, die der Kasse zufließen, beratend mitzuwirken (§ 3 Nr. 2 KStDV, R 12 Abs. 4 KStR). Das Mitwirkungsrecht darf auch tatsächlich nicht eingeschränkt werden. Es erstreckt sich auf die Verwaltung und Anlage sämtlicher zufließender Beträge. Die beratende Mitwirkung der Leistungsberechtigten beschränkt sich aber auf das Recht, informiert zu werden und hierzu Stellung nehmen zu können. Ein Mitbestimmungsrecht bei Entscheidungen der Kasse steht den Leistungsberechtigten nicht zu. 228

Das Mitwirkungsrecht muss nicht jedem einzelnen Versorgungsberechtigten eingeräumt werden. Es genügt, wenn bei der Kasse ein Beirat gebildet wird, der sich aus Arbeitnehmern aller Trägerunternehmen zusammensetzt. Der Beirat muss allerdings die Gesamtheit der Betriebszugehörigen der Trägerunternehmen repräsentieren, d.h. er muss unmittelbar oder mittelbar von diesen gewählt worden sein. In der Praxis hat meist jedes Trägerunternehmen das Recht, ein Mitglied in den Beirat zu entsenden. Der Arbeitgeber verpflichtet sich gegenüber der Kasse, seinen Arbeitnehmern die Möglichkeit zur Wahl eines Beiratsmitgliedes einzuräumen.

Praxistipp

Wenn das Trägerunternehmen im Aufnahmeantrag der Unterstützungskasse einfach nur ein Beiratsmitglied bestimmt, dann gilt dieses nicht als repräsentativ gewählt. Dadurch wird die Steuerfreiheit der gesamten Unterstützungskasse gefährdet. Gerade in jüngerer Vergangenheit wurden in diesem Zusammenhang einige Satzungen von Unterstützungskassen im Rahmen von Betriebsprüfungen beanstandet und die Satzungen mussten zeitnah überarbeitet werden. Damit ist für Unterstützungskassen und Trägerunternehmen aber auch ein höherer Verwaltungsaufwand verbunden, wenn z.B. auch bereits unverfallbar ausgeschiedene Arbeitnehmer und Rentner noch in den Beiratsprozess einbezogen werden müssen.

In der Praxis taucht immer wieder die Frage auf, ob ein Beirat zwingend gebildet werden muss, denn bei zahlreichen Unterstützungskassen stellen die Trägerunternehmen trotz Aufforderung kein Beiratsmitglied. Da die Kasse keine Möglichkeit hat, die Versorgungsberechtigten zur Bildung eines Beirates zu zwingen, ist es für diese Fälle besonders wichtig, darauf zu achten, dass der Arbeitgeber sich schriftlich gegenüber der Unterstützungskasse verpflichtet hat, seinen Arbeitnehmern wenigstens die Möglichkeit einzuräumen, ein Beiratsmitglied zu stellen. So kann die Unterstützungskasse im Zweifelsfall zumindest nachweisen, dass sie alles Mögliche zur Bildung eines Beirates getan hat.

Um sich den Verwaltungsaufwand für regelmäßige Wahl, Einberufung und Sitzungen des Beirats zu sparen, sind in den letzten Jahren einige Kassen dazu übergegangen, jedem einzelnen Versorgungsberechtigten ein unmittelbares Mitwirkungsrecht zu geben. Das kann z.B. so aussehen, dass jeder Versorgungsberechtigte auf Wunsch einen Zugang zu einer Homepage erhält, auf der individuelle Informationen zur Kapitalanlage stehen und der Versorgungsberechtigte jederzeit die Möglichkeit hat, hierzu Stellung zu beziehen.

Beschränkung der Leistungshöhe

229 Für laufende Leistungen und Sterbegelder aus Unterstützungskassen sind in §§ 2 und 3 KStDV Höchstgrenzen festgelegt: Danach dürfen an 88 % der Leistungsempfänger maximal folgende Beträge jährlich gezahlt werden:

als Altersrente	jährlich	25.769 €
als Witwenrente	jährlich	17.179 €
als Waisenrente	jährlich	5.154 € für jede Halbwaise
	jährlich	10.308 € für jede Vollwaise
als Sterbegeld	jährlich	7.669 € Gesamtleistung

An weitere 8 % der Leistungsempfänger dürfen mit Ausnahme des Sterbegeldes folgende höhere Beträge geleistet werden:

als Altersrente	jährlich	38.654 €
als Witwenrente	jährlich	25.769 €
als Waisenrente	jährlich	7.731 € für jede Halbwaise
	jährlich	15.461 € für jede Vollwaise

Für die restlichen 4 % besteht keine Begrenzung hinsichtlich der Leistungshöhe. Diese Grenzen sind von der Unterstützungskasse insgesamt, also nicht von jedem einzelnen Trägerunternehmen, einzuhalten.

Soll ein Arbeitnehmer mehr als 25.769 € an jährlicher Altersrente erhalten, so müssen mindestens acht weitere Arbeitnehmer (= 88,9 %) mit geringeren Leistungen in der Kasse versorgt werden. Ist für einen Arbeitnehmer eine Versorgungsleistung von mehr als 38.654 € vorgesehen, so müssen mindestens 22 weitere (= 88 %) weniger als 25.769 € und zwei weitere (= 8 %) weniger als 38.654 € erhalten. Die steuerlichen Höchstbeträge sind allerdings so hoch, dass sie für die Versorgung von Arbeitnehmern in der Praxis kaum Bedeutung haben. Die Grenzen für die Witwen-/Witwerversorgung gelten auch für eingetragene Lebenspartner und für nicht eingetragene Lebensgefährten.

Werden anstatt laufender Renten einmalige Kapitalabfindungen gezahlt, müssen die genannten Grenzen von den zu kapitalisierenden Renten eingehalten werden. Hierbei ist ein Zinsfuß von 5,5 % zugrunde zu legen (R 5.5 Abs. 3 KStR). Wird einem männlichen Arbeitnehmer im Alter von 65 Jahren anstatt einer laufenden Rente von jährlich 25.769 € eine einmalige Kapitalzahlung versprochen, so darf diese nicht mehr als ca. 265.000 € betragen, um die Steuerbefreiung der Kasse zu erhalten.

Verwendung des Kassenvermögens nur für satzungsgemäße Zwecke

Die Unterstützungskasse muss sicherstellen, dass ihr Vermögen und ihre Einkünfte 230
ausschließlich, unmittelbar und auf Dauer für die Zwecke der Kasse gesichert sind. Diese Zweckbindung muss sich sowohl aus der Satzung als auch aus der tatsächlichen Geschäftsführung ergeben (§ 5 Abs. 1 Nr. 3c KStG). Deshalb sollte die Satzung auch eine Klausel enthalten, nach der die Unterstützungskasse kein Vermögen auf das Trägerunternehmen rückübertragen darf.

Die Zweckbindung des Kassenvermögens macht den Austritt eines Trägerunternehmens aus einer Gruppenunterstützungskasse in der Praxis häufig sehr schwierig. Die Kasse darf dem Trägerunternehmen nicht einfach „sein“ Teilvermögen zurückzahlen. Selbst wenn der Arbeitgeber den Versorgungsberechtigten eine gleichartige und gleichwertige Pensionszusage gewährt, sieht die Finanzverwaltung in der Übertragung von Kassenvermögen auf den Arbeitgeber einen Verstoß gegen die Zweckbindung des Kassenvermögens und somit eine rückwirkende Körperschaftsteuerpflicht der Kasse für die vergangenen zehn Jahre. Dieser Sichtweise der Finanzverwaltung ist zwar nicht zuzustimmen, aber die Finanzämter sind aufgrund R 5.4 Abs. 3 und 4 der KStR daran gebunden. Lediglich wenn ein neuer Arbeitgeber eines ausgeschiedenen Arbeitnehmers diesem eine Pensionszusage gewährt, ist eine Vermögensübertragung von der Kasse auf den neuen Arbeitgeber steuerlich zulässig.

Die Zweckbindung muss allerdings nicht beachtet werden, soweit das Kassenvermögen den zulässigen Wert um mehr als 25 % überschreitet (siehe hierzu Rn. 233 ff.). In diesem Fall darf auch ohne steuerliche Konsequenzen Vermögen übertragen werden.

Die Zweckbindung gilt auch dann als erfüllt, wenn die Kasse aufgrund der Unverfallbarkeitsbestimmungen des Betriebsrentengesetzes Leistungen erbringt, die in der Satzung nicht ausdrücklich genannt werden. So ist z.B. die Zweckbindung des Vermögens auch dann erfüllt, wenn einem unverfallbar ausscheidenden Arbeitnehmer eine Abfindung gem. § 3 BetrAVG gewährt wird. Hat ein ausscheidender Arbeitnehmer einen vertraglich unverfallbaren Anspruch, der über den gesetzlichen hinausgeht, so kann dieser ebenfalls abgefunden werden, ohne dass ein Verstoß gegen die Zweckbindung vorliegt. Das gilt unabhängig von der Höhe des Anspruchs (R 5.4 Abs. 3 S. 3 Nr. 1 KStR, bestätigt vom BMF-Schreiben vom 30.9.2016). Statt der Abfindung lässt R 5.4 Abs. 3 S. 3 Nr. 2 KStR auch die „Portabilität“ nach § 4 Abs. 2 BetrAVG zu. Das Kassenvermögen könnte also auch auf z.B. eine Direktversicherung beim neuen Arbeitgeber ohne Verstoß gegen die Zweckbindung übertragen werden. Da § 3 Nr. 55 EStG jedoch einen solchen Wechsel nicht lohnsteuerfrei stellt, kommen solche Wechsel in der Praxis nicht vor.

Ob arbeitsrechtlich zulässige Abfindungen im laufenden Arbeitsverhältnis bei der Kasse steuerunschädlich sind, ist in der Praxis umstritten. Da bei einem Verstoß gegen die Zweckbindung die gesamte Unterstützungskasse rückwirkend für die letzten zehn Jahre steuerpflichtig wird, verweigern die meisten Kassen Abfindungswünsche im laufenden Arbeitsverhältnis.

Praxistipp

Wenn ein einzelner Arbeitnehmer eine Abfindung im laufenden Arbeitsverhältnis wünscht, so kann ein Verstoß gegen die Zweckbindung wie folgt umgangen werden: Der Arbeitgeber zahlt die Abfindung an den Arbeitnehmer aus eigenem Vermögen und informiert die Unterstützungskasse, dass dieser Arbeitnehmer keine Ansprüche mehr hat. Die Kasse kündigt daraufhin die bestehende Rückdeckungsversicherung und verwendet den Rückkaufswert innerhalb der Kasse zur Bezahlung der Beiträge der übrigen Versicherungen desselben Trägerunternehmens. In derselben Höhe reduziert der Arbeitgeber seine Zuwendungen. Somit ist sichergestellt, dass kein Kassenvermögen zweckfremd verwendet wird.

Ebenso verstößt die Übertragung von Kassenvermögen von einer auf eine andere steuerbefreite Unterstützungskasse nach Maßgabe des BMF-Schreibens vom 18.2.2020 nicht gegen die Zweckbindung. Theoretisch kann ein Trägerunternehmen damit jederzeit die Unterstützungskasse wechseln, allerdings sind damit in der Praxis weitere Detailfragen verbunden, so dass dies nicht häufig vorkommt.

Um das Vermögen der Kasse für die satzungsgemäßen Zwecke zu sichern, muss es angelegt werden. Die Anlage kann auch beim Trägerunternehmen erfolgen, indem die Kasse ihre Mittel gegen angemessene Verzinsung dem Trägerunternehmen als Darlehen zur Verfügung stellt. Voraussetzung ist, dass die wirtschaftliche Leistungsfähigkeit des Betriebes in ausreichendem Maße für die Sicherheit der Mittel bürgt (R 5.4 Abs. 2 KStR). Allerdings darf sich die Unterstützungskasse durch die planmäßige Beleihung ihres Vermögens keinen weiteren Zweck setzen, um ihre Steuerpflicht nicht zu gefährden.

231 Die Zweckbindung des Kassenvermögens gilt auch bei Auflösung der Unterstützungskasse. In der Satzung muss deshalb festgelegt sein, dass das Vermögen der Kasse bei ihrer Auflösung nur den Leistungsempfängern bzw. deren Angehörigen zugutekommen darf oder für ausschließlich gemeinnützige oder mildtätige Zwecke verwendet wird (§ 1 Nr. 2 KStDV).

Segmentierung des Kassenvermögens

232 Für die Beurteilung der Körperschaftsteuerfreiheit kommt es ausschließlich auf die Verhältnisse bei der Kasse insgesamt an. Es spielt keine Rolle, wie viele Trägerunternehmen die Kasse hat. Übersteigen z.B. die Versorgungsleistungen für Arbeitnehmer eines Trägerunternehmens die festgelegten Höchstwerte, so ist dies steuerlich unbedeutend, wenn genügend andere Arbeitnehmer anderer Trägerunternehmen entspre-

chend niedrige Versorgungen haben, so dass die Höchstwerte in der Kasse insgesamt eingehalten werden.

Große Gruppenunterstützungskassen bieten in der Praxis häufig auch die Möglichkeit, einzelne Gesellschafter-Geschäftsführer zu versorgen. Das ist dann problemlos möglich, wenn in der Unterstützungskasse so viele „echte" Arbeitnehmer versorgt sind, dass trotz Aufnahme einzelner Gesellschafter-Geschäftsführer der Anteil der Gesellschafter noch unter 50 % liegt. Allerdings sollte hierbei berücksichtigt werden, dass dieses Verhältnis auch bei Austritt eines größeren Trägerunternehmens aus der Unterstützungskasse noch gewahrt bleibt. Problematisch ist die Aufnahme einzelner Personen in eine Unterstützungskasse aber auch aufgrund der Zweckbindung. Entfällt eine Versorgungsverpflichtung, z.B. bei Tod des Arbeitnehmers ohne Hinterbliebene, so unterliegt das freiwerdende Kapital i.d.R. weiterhin der Zweckbindung. Deshalb ist eine Auszahlung an das Trägerunternehmen nicht gestattet und das Geld muss in der Unterstützungskasse verbleiben. Sofern aber noch weitere Arbeitnehmer desselben Unternehmens über die Unterstützungskasse versorgt werden, können die freiwerdenden Kapitalbeträge z.B. zur Zahlung der Beiträge für die Rückdeckungsversicherungen der übrigen Arbeitnehmer verwendet werden. Daraus ergeben sich für den Arbeitgeber niedrigere Zuwendungen, wodurch wiederum das Unterstützungskassenkapital indirekt doch dem Arbeitgeber zufließt.

Einige Unterstützungskassen nehmen trotz dieser steuerlich eindeutigen Regelung eine Segmentierung der Kasse für jedes Trägerunternehmen vor. Das heißt, jedes Trägerunternehmen muss die Voraussetzungen zur Steuerfreiheit der Unterstützungskasse in seinem Teilvermögen selbst erfüllen. Da diese Restriktion strenger ist als es das Gesetz fordert, ist das Vorgehen unproblematisch.

Zulässiges Kassenvermögen um nicht mehr als 25 % überschritten

Die Steuerbefreiung der Unterstützungskasse ist an das zulässige Kassenvermögen 233
gebunden, das wiederum von der Anzahl und Höhe der Versorgungsverpflichtungen und von der Art der Zuwendungen abhängt. Die Steuerbefreiung der Kasse geht aber erst verloren, wenn das tatsächliche Vermögen der Kasse das zulässige Vermögen um mehr als 25 % übersteigt. Durch diesen Toleranzspielraum soll vermieden werden, dass bereits bei geringen Überschreitungen, z.B. durch unvorhergesehenes Ausscheiden von Zugehörigen mit verfallbaren Ansprüchen, die Kasse ihre Steuerbefreiung verliert.

6.1.2 Steuerpflicht der Unterstützungskasse

Partielle Steuerpflicht bei Überdotierung

Sobald das tatsächliche Vermögen der Kasse das zulässige Kassenvermögen am Ende 234
des Wirtschaftsjahres um mehr als 25 % übersteigt, ist die Kasse überdotiert und wird partiell steuerpflichtig. Die Steuerpflicht erstreckt sich aber nur auf den überdotierten Teil des Kassenvermögens. Es ist also nur der Anteil des Einkommens der Kasse steuerpflichtig, der auf den überdotierten Teil entfällt. Die partielle Steuerpflicht beginnt

am Anfang des Wirtschaftsjahres, an dessen Ende die Überdotierung festgestellt wurde, und gilt jeweils für einen Veranlagungszeitraum.

Beispiel

Die Vermögensverhältnisse einer steuerbefreiten Unterstützungskasse sollen am 31.12. folgendermaßen aussehen:

zulässiges Kassenvermögen	150.000 €
tatsächliches Kassenvermögen	250.000 €
Einkommen der Kasse	20.000 €

Überdotierung:

zulässiges Kassenvermögen	150.000 €
zzgl. 25 %	37.500 €
insgesamt	187.500 €
tatsächliches Kassenvermögen	250.000 €
überdotiertes Vermögen	62.500 €

Partielle Steuerpflicht:

Anteil des überdotierten Vermögens am Gesamtvermögen

62.500 € : 250.000 € = 25 %

Steuerpflichtiges Einkommen 5.000 €

20.000 € × 25 %

Aufhebung der Zweckbindung bei Überdotierung

235 Eine Unterstützungskasse, die überdotiert und dadurch partiell steuerpflichtig ist, unterliegt mit ihrem überdotierten Teil nicht mehr der Zweckbindung (§ 6 Abs. 6 KStG). Der überdotierte Teil kann also auch für nicht satzungsgemäße Zwecke verwendet werden. Die übrigen Voraussetzungen für die Steuerbefreiung der Kasse gelten aber weiterhin.

Die überdotierten Vermögensteile können auch an die Trägerunternehmen zurückübertragen werden. Um eine partielle Steuerpflicht von vornherein zu vermeiden, sehen zahlreiche Unterstützungskassen die automatische sofortige Rückübertragung von überdotierten Vermögensteilen an ihre Trägerunternehmen vor, sobald eine Überdotierung der Kasse insgesamt vorliegt. Da für die Zuwendungen Betriebsausgaben geltend gemacht wurden, sind die Rückzahlungen an die Trägerunternehmen bei diesen auch steuerpflichtig.

Die Vermögensbindung der Kasse an satzungsgemäße Zwecke wird erst aufgehoben, wenn die Gruppenunterstützungskasse insgesamt überdotiert ist. Einem einzelnen Trägerunternehmen, dessen Teilvermögen überdotiert ist, kann also nur Vermögen rückübertragen werden, wenn die Kasse insgesamt überdotiert ist. Umgekehrt können allerdings auch einem unterdotierten Trägerunternehmen Beträge erstattet werden, wenn die Kasse insgesamt überdotiert ist. Die Rückübertragungsmöglichkeit auf ein Trägerunternehmen hängt also erheblich von den Verhältnissen bei den anderen Trägerunternehmen ab.

Überdotierung bei der rückgedeckten Gruppenunterstützungskasse

Die Überdotierung einer Gruppenunterstützungskasse ist zumindest bei den großen 236
im Markt tätigen rückgedeckten Gruppenunterstützungskassen praktisch kaum möglich. Bei diesen Kassen entspricht das tatsächliche Kassenvermögen normalerweise exakt dem zulässigen Wert. Denn pro Leistungsanwärter darf die Unterstützungskasse als Vermögen das Deckungskapital einer Versicherung besitzen, die bei Rentenbeginn die erforderlichen Leistungen erbringt. Und das entspricht exakt dem tatsächlich vorhandenen Vermögen. Zu einer Überdotierung kann es i.d.R. nur kommen, wenn Versorgungsverpflichtungen entfallen, z.B. weil ein Arbeitnehmer stirbt, ohne dass es Hinterbliebene gibt, oder wenn ein Arbeitnehmer mit verfallbaren Ansprüchen ausscheidet. In einem solchen Fall liegt in der Kasse noch das für den nicht mehr vorhandenen Arbeitnehmer gebildete Vermögen, obwohl es für ihn kein zulässiges Kassenvermögen mehr gibt. Zu einer Überdotierung der Kasse käme es aber nur, wenn dieses übrige Vermögen mehr als 25 % des gesamten Kassenvermögens ausmachen würde; ein eher theoretischer Fall.

Das hat allerdings auch zur Folge, dass dieses übrige Vermögen i.d.R. nicht an das Trägerunternehmen ausgezahlt werden kann. Es kann lediglich innerhalb des Teilvermögens dieses Trägerunternehmens von der Unterstützungskasse, z.B. zur Zahlung der Versicherungsbeiträge für die übrigen Arbeitnehmer, verwendet werden.

Beispiel

Eine sehr große Unterstützungskasse hat ein Trägerunternehmen mit zehn Arbeitnehmern, für die zehn Versicherungen mit je 5.000 € Deckungskapital vorhanden sind. Das zulässige Deckungskapital entspricht somit exakt dem tatsächlichen Kassenvermögen.

Im Jahr 2021 scheiden drei Arbeitnehmer des Unternehmens mit verfallbaren Ansprüchen aus. Es stellt sich die Frage, was mit den drei Versicherungen zu je 5.000 € geschieht.

Das zulässige Kassenvermögen reduziert sich durch die verfallbaren Ansprüche auf 35.000 €. Das tatsächliche Vermögen bleibt bei 50.000 €.

Somit ist das zulässige Kassenvermögen dieses Trägerunternehmens nun mehr als 25 % überschritten. Für die Aufhebung der Zweckbindung ist es aber notwendig, dass das gesamte zulässige Vermögen der Unterstützungskasse um mehr als 25 % überschritten ist. Dazu müssten bei einer Unterstützungskasse mit z.B. 1.000 Versorgungsberechtigten in einem Jahr ca. 200 bis 250 Personen mit verfallbaren Ansprüchen ausscheiden.

Solange die Zweckbindung aber noch gilt, kann kein übriges Vermögen an ein Trägerunternehmen zurückgezahlt werden. In der Praxis bleibt nur die Möglichkeit, den Rückkaufswert der drei Versicherungen nach und nach zur Beitragszahlung für die anderen sieben Versicherungen zu verwenden.

Volle Steuerpflicht

237 Während eine Unterstützungskasse wegen zu hohen Vermögens nur partiell steuerpflichtig wird, entfällt die Steuerbefreiung insgesamt bei Verstoß gegen eine der übrigen Voraussetzungen. Auch die volle Steuerpflicht tritt i.d.R. mit Beginn des Wirtschaftsjahres ein, an dessen Ende der Verstoß festgestellt wird, und gilt zunächst für ein Jahr. Sind am Ende des folgenden Jahres die Voraussetzungen für die Steuerbefreiung wieder erfüllt, entfällt die Steuerpflicht.

Ein Verstoß gegen die Zweckbindung des Kassenvermögens führt jedoch zu einer rückwirkenden Steuerpflicht. In § 5 KStG wird nämlich verlangt, dass die Zweckbindung auf Dauer, also auch zukünftig, gesichert ist. Stellt sich nachträglich heraus, dass diese Voraussetzung nicht erfüllt ist, entfällt auch die Steuerbefreiung nachträglich. Allerdings beschränkt sich die rückwirkende Steuerpflicht gem. § 61 Abs. 3 AO auf die vergangenen zehn Jahre.

Ein Verstoß gegen die Zweckbindung des Kassenvermögens kann schon vorliegen, wenn die Kasse einem ausscheidenden Arbeitnehmer eine zu hohe Abfindung gewährt oder wegen falscher Berechnung der Überdotierung nicht überdotiertes Vermögen an ein Trägerunternehmen zurückzahlt. Auch eine planmäßige Darlehensgewährung an ein Trägerunternehmen ohne Überprüfung der Sicherheiten kann bereits einen Verstoß gegen die Zweckbindung bedeuten. Bei der Auswahl einer geeigneten Gruppenunterstützungskasse sollte deshalb auf das vorhandene Know-how der Verwaltung und des Managements geachtet werden.

6.2 Steuerliche Behandlung beim Arbeitgeber

6.2.1 Zuwendungen an die pauschaldotierte Unterstützungskasse

238 Die pauschaldotierte Unterstützungskasse ist die Grundform des Durchführungsweges Unterstützungskasse. Aufgrund des fehlenden Rechtsanspruches und der Freiheit in der Vermögensanlage hat der Gesetzgeber die steuerlich abzugsfähigen Zuwendungen des Trägerunternehmens an die Unterstützungskasse in § 4d EStG stark eingeschränkt, um einen Missbrauch zu vermeiden.

Die Höhe der steuerlich abzugsfähigen Dotierungen richtet sich nicht nach versicherungsmathematischen Grundsätzen, sondern nach den pauschalen Regelungen des § 4d EStG. Diese führen i.d.R. dazu, dass die versprochenen Versorgungsleistungen nur dann während der aktiven Zeit des Arbeitnehmers ausfinanziert werden können, wenn die Kasse auf die erhaltenen Zuwendungen ausreichend hohe Zinserträge erwirtschaftet. Bei älteren Versorgungsberechtigten wird das aufgrund der kurzen Laufzeit bis zum Rentenbeginn selten klappen. Bei sehr jungen Versorgungsberechtigten ist es dagegen denkbar, dass durch die Zinserträge sogar mehr Kapital angesammelt wird als für den Arbeitnehmer benötigt wird.

Zuwendungen zum Reservepolster

239 Der Arbeitgeber kann jedes Jahr Zuwendungen an die Unterstützungskasse zum Aufbau eines Reservepolsters leisten (§ 4d Abs. 1 S. 1 Nr. 1 b) EStG). Die Zuwendung rich-

tet sich nach Art und Höhe der jedem einzelnen Arbeitnehmer erteilten Versorgungszusage und nach dem Datum der Zusageerteilung. Bei einer erstmaligen Zusage vor dem 1.1.2009 können Zuwendungen nur für Leistungsanwärter als Betriebsausgabe abgezogen werden, die am Ende des Wirtschaftsjahres der Zuwendung das 28. Lebensjahr vollendet haben. Lag die erstmalige Zusageerteilung zwischen dem 1.1.2009 und dem 31.12.2017, so sind Zuwendungen ab Vollendung des 27. Lebensjahres möglich. Bei Zusagen seit dem 1.1.2018 muss der Arbeitnehmer lediglich 23 Jahre alt sein.

Voraussetzung ist aber immer, dass eine schriftliche Versorgungszusage besteht. Gewährt die Kasse einem Versorgungsberechtigten, der die o.g. Altersvoraussetzungen erfüllt, eine Altersversorgung, kann der Arbeitgeber der Kasse pro Jahr 25 % der zugesagten Jahresrente zuwenden. Dabei ist es unerheblich, ob daneben eine Anwartschaft auf Hinterbliebenen- oder Invaliditätsversorgung besteht. Gewährt die Kasse einem Arbeitnehmer ausschließlich Invaliditäts- oder Hinterbliebenenversorgung, beträgt der zuwendungsfähige Prozentsatz jeweils 6 %. Erhalten einzelne Personengruppen Altersversorgungsleistungen aus der Kasse, andere ausschließlich Invaliditäts- bzw. Hinterbliebenenleistungen, sind die Prozentsätze für die verschiedenen Personengruppen getrennt anzuwenden.

Anstelle des Versorgungsversprechens an jeden einzelnen Leistungsanwärter kann 240
der Berechnung der Zuwendungen auch der Durchschnittsbetrag der von der Kasse an Leistungsempfänger des Trägerunternehmens bereits gewährten Leistungen zugrunde gelegt werden.

Für jeden Leistungsanwärter kann dann, unabhängig von seiner individuellen Zusage, eine Zuwendung geleistet werden, die sich danach richtet, welche Versorgungsleistungen die heutigen Rentner des Trägerunternehmens von der Kasse erhalten. Bei Anwendung dieser Durchschnittsberechnung können aber nur für diejenigen Leistungsanwärter Zuwendungen geleistet werden, die am Ende des Wirtschaftsjahres bereits das 50. Lebensjahr vollendet haben. Diese Berechnungsmethode hat in der Praxis nur bei sehr alten Kassen mit Rentnerbeständen mit hohen Monatsrenten eine hohe Bedeutung.

Gewährt eine Unterstützungskasse anstelle laufender Leistungen einmalige Kapitalzahlungen, so können diese in lebenslang laufende Leistungen umgedeutet werden. Bei der Umrechnung gelten 10 % des Kapitalbetrages als Jahresbetrag einer lebenslang laufenden Leistung.

Zuwendungen bei Eintritt des Versorgungsfalles

Bei Eintritt des Versorgungsfalles, also bei Beginn der lebenslang laufenden Leistun- 241
gen, kann der Kasse das hierfür erforderliche Deckungskapital zugewendet werden (§ 4d Abs. 1 S. 1 Nr. 1 a) EStG).

Die Höhe des Deckungskapitals errechnet sich nach der dem EStG als Anlage 1 beigefügten Tabelle. Sie enthält entsprechend dem Geschlecht und dem erreichten Alter des Leistungsempfängers Vervielfältiger, mit denen die jährlichen Leistungen multipliziert werden.

Anlage 1 zu § 4d Abs. 1 EStG

Vervielfältiger für lebenslang laufende Leistungen

Erreichtes Alter (Jahre)	Vervielfältiger für Männer	Vervielfältiger für Frauen
[...]	[...]	[...]
40 bis 46	14	15
47 und 48	14	14
49 bis 52	13	14
53 bis 56	13	13
57 und 58	13	12
59 und 60	12	12
61 bis 63	12	11
64	11	11
65 bis 67	11	10
68 bis 71	10	9
[...]	[...]	[...]

Tab. 10: Vervielfältiger für lebenslang laufende Leistungen

Für die Bestimmung des Vervielfältigers ist das Alter bei Beginn der Leistungen maßgeblich. Die Vervielfältiger sind unabhängig davon anzuwenden, ob es sich bei den laufenden Leistungen um reine Altersrenten, Altersrenten mit Witwenrentenanwartschaften, Witwenrenten oder lebenslange Invalidenrenten handelt. Aus Vereinfachungsgründen wird nicht nach der Art der laufenden Leistungen unterschieden.

Das Deckungskapital kann grundsätzlich auch dann in voller Höhe zugewendet werden, wenn für den betreffenden Leistungsempfänger bereits ein Reservepolster gebildet wurde. Allerdings ist eine Zuwendung nur möglich, solange das zulässige Kassenvermögen noch nicht überschritten wurde.

Begrenzung durch das zulässige Kassenvermögen

242 Die Zuwendungsmöglichkeiten zum Deckungskapital und zum Reservepolster gelten nur, soweit das einem Trägerunternehmen zugeordnete Teilvermögen der Kasse bestimmte Grenzen nicht überschreitet. Diese Grenzen sind in § 4d EStG durch das zulässige Kassenvermögen bestimmt (§ 4d Abs. 1 Nr. 1 EStG). Die Begrenzung der Zuwendungsmöglichkeiten soll eine Überfinanzierung der Kasse durch die stark vereinfachten Zuwendungsregelungen vermeiden. Je länger ein Trägerunternehmen seine möglichen Zuwendungen hinauszögert, umso größer ist die Gefahr, dass zum gewünschten Zeitpunkt keine Zuwendungen mehr möglich sind, weil die Unterstützungskasse durch anderweitige Einkünfte – v.a. Zinserträge – die Grenze ihres zulässigen Vermögens bereits erreicht hat.

Das für ein Trägerunternehmen zulässige Kassenvermögen einer pauschaldotierten Unterstützungskasse besteht aus dem Deckungskapital für alle am Schluss des Wirtschaftsjahres laufenden Leistungen zzgl. des Achtfachen der Zuwendungen zum Reservepolster dieses Unternehmens. Bei der Wahl des Vervielfältigers zur Ermittlung des Deckungskapitals für laufende Leistungen ist das erreichte Alter am jeweiligen Bilanzstichtag maßgebend. Das zulässige Deckungskapital verringert sich also mit zunehmendem Alter eines Versorgungsberechtigten.

Das zulässige Reservepolster beträgt das Achtfache der möglichen Zuwendung. Die 243
Höhe des zulässigen Reservepolsters wird jedes Jahr neu berechnet und kann u.U. sehr starken Schwankungen unterliegen. Sinken in einem Wirtschaftsjahr die gewährten Leistungen der Kasse, so verringern sich die Zuwendungsmöglichkeiten. Zusätzlich verringert sich dadurch das höchstzulässige Reservepolster, wodurch es zu einer nochmaligen Einschränkung der Zuwendungen kommen kann.

Das zulässige Kassenvermögen ist am Schluss jedes Wirtschaftsjahres zu berechnen und mit dem tatsächlich vorhandenen Vermögen zu diesem Zeitpunkt zu vergleichen. Liegt das tatsächliche Vermögen über dem zulässigen Wert, sind keine Zuwendungen mehr möglich. Liegt es darunter, können die zulässigen Zuwendungen geleistet werden, solange dadurch das zulässige Vermögen nicht überschritten wird.

Beim Vergleich des zulässigen mit dem tatsächlichen Kassenvermögen zur Errech- 244
nung der Zuwendungsmöglichkeiten kommt es nicht auf die Zusammensetzung des Vermögens an. Entscheidend ist ausschließlich der Gesamtbetrag des jeweiligen Vermögens. Eine Einschränkung der Zuwendungsmöglichkeiten aufgrund eines zu hohen Kassenvermögens kann deshalb nicht den Zuwendungen des Deckungskapitals oder den Zuwendungen zum Reservepolster zugeordnet werden. Es ist völlig unerheblich, welche Zuwendungsart eingeschränkt wird, da auch für die Zuwendungen nur ein Gesamtbetrag errechnet wird. Die verschiedenen Teilbeträge sind reine Rechengrößen. Dadurch kann es dazu kommen, dass bei Wegfall einer laufenden Leistung, für die das Deckungskapital bereits voll zugewendet, aber noch nicht verbraucht war, die Zuwendungen zum Reservepolster eingeschränkt werden. Bei Wegfall einer laufenden Leistung verringert sich nämlich das zulässige Kassenvermögen um den Betrag des wegfallenden Deckungskapitals, während das tatsächliche Vermögen unverändert bleibt. Sinkt der zulässige Wert des Kassenvermögens dadurch unter den tatsächlichen Vermögenswert, sind in diesem Jahr keine Reservepolster- bzw. Deckungskapitalzuwendungen möglich, unabhängig davon, ob die Zuwendungen zum Reservepolster bereits ausgeschöpft waren oder nicht.

Beispiel: Zuwendungen zur pauschaldotierten Unterstützungskasse 245

Ein Arbeitgeber versorgt über eine Unterstützungskasse die folgenden männlichen Arbeitnehmer bzw. ehemaligen Arbeitnehmer. Für die drei Alt-Rentner wurde das Deckungskapital bereits voll zugewendet, für den Neurentner noch nicht.

10 Anwärter (27 bis 40 Jahre alt)	jährliche Rente	1.200 €
3 Alt-Rentner (65, 66, 67 Jahre)	jährliche Rente	1.200 €
1 Neu-Rentner (63 Jahre)	jährliche Rente	1.200 €
vorhandenes Teil-Kassenvermögen		62.000 €

Berechnung der Zuwendung:

Reservepolster: 10 × 25 % × 1.200 €	3.000 €
Deckungskapital für den Neurentner: 12 × 1.200 €	14.400 €
Gesamtzuwendung	17.400 €

Zulässiges Teil-Kassenvermögen:

Reservepolster: 8 × 3.000 €	24.000 €
Deckungskapital	
für 63-Jährigen (12 × 1.200 €	14.400 €
für die drei Altrentner (3 × 11 × 1.200 €	39.600 €
zulässiges Kassenvermögen	78.000 €

Begrenzung der Zuwendung:

zulässiges Vermögen	78.000 €
tatsächliches Vermögen	62.000 €
Zuwendungsgrenze	16.000 €

Aufgrund der Begrenzung durch das zulässige Kassenvermögen kann von der eigentlich möglichen Zuwendung nur ein Betrag von 16.000 € geleistet werden.

Die Begrenzung der Zuwendungen durch das zulässige Kassenvermögen kann nicht umgangen werden, indem das Trägerunternehmen mehreren Kassen beitritt. Denn für den Vergleich des zulässigen mit dem tatsächlichen Kassenvermögen sind alle Kassen zusammenzurechnen, denen das Trägerunternehmen beigetreten ist. Das gilt auch, wenn ein Trägerunternehmen sowohl Mitglied einer rückgedeckten als auch Mitglied einer pauschaldotierten Kasse ist. Die Überdotierung der pauschaldotierten Kasse führt dann dazu, dass der Arbeitgeber auch die Versicherungsbeiträge an die rückgedeckte Kasse nicht mehr steuerlich geltend machen kann. Dieser Sachverhalt wird in der Praxis sehr häufig übersehen.

Übersicht: Zuwendungen zur pauschaldotierten Unterstützungskasse für Zusagen seit 2018 246

Zuwendungsart	Zuwendung	Voraussetzung
Reservepolsterzuwendung	1. Möglichkeit: – für jeden Leistungsanwärter über 23 Jahre – pro Jahr – 6 % bei Invalidenversorgung – 6 % bei Hinterbliebenenversorgung – 25 % bei Altersversorgung mit oder ohne Invaliden-/Hinterbliebenenversorgung – der zugesagten Leistungen 2. Möglichkeit: – für jeden Leistungsanwärter über 50 Jahre – pro Jahr – 6 % bei Invalidenversorgung – 6 % bei Hinterbliebenenversorgung – 25 % bei Altersversorgung mit oder ohne Invaliden-/Hinterbliebenenversorgung – der durchschnittlichen laufenden Leistung	– schriftliche Zusage – tatsächliches Kassenvermögen maximal in Höhe des Deckungskapitals für alle laufenden Leistungen zzgl. dem Achtfachen der Reservepolsterzuwendung
Deckungskapitalzuwendung	– gem. Anlage 1 zum EStG – abhängig vom Alter bei Rentenbeginn – unabhängig von der Art der Leistung	– Versorgungsfall ist eingetreten – tatsächliches Kassenvermögen maximal in Höhe des Deckungskapitals für alle laufenden Leistungen zzgl. dem Achtfachen der Reservepolsterzuwendung

Tab. 11: Übersicht: Zuwendungen zur pauschaldotierten Unterstützungskasse für Zusagen seit 2018

6.2.2 Zuwendungen an die rückgedeckte Unterstützungskasse

Unterstützungskassen sind in der Anlage ihres Vermögens frei. Sie können die erhaltenen Zuwendungen auch zum Abschluss von Rückdeckungsversicherungen verwenden, um die Leistungen an die Versorgungsberechtigten sicherzustellen. Versicherungsnehmer und Bezugsberechtigter aus der Versicherung ist die Unterstützungskasse. Die Versicherung gehört zum Vermögen der Kasse. Weder das Trägerunternehmen noch der versicherte Versorgungsberechtigte haben einen Anspruch gegen die Versicherungsgesellschaft. Die Unterstützungskasse kann alleine entscheiden, bei welchem Versicherer die Versicherungen abgeschlossen werden. Neue Trägerunternehmen sollten daher vor Beitritt in eine Gruppenunterstützungskasse prüfen, ob sie mit der Wahl des Versicherers einverstanden sind. 247

Zuwendungen für Rückdeckungsversicherungen

248 Das Trägerunternehmen kann der Unterstützungskasse für jeden Leistungsanwärter den Betrag des Beitrages zuwenden, den die Kasse an einen Versicherer zahlt, soweit sie sich die Mittel für ihre Leistungen durch Abschluss einer Versicherung verschafft (§ 4d Abs. 1 S. 1 Nr. 1 c) EStG). Der Abzug des Beitrages ist also nur möglich, soweit sich die Kasse mit der Versicherung die erforderlichen Mittel verschafft. Die Versicherung darf nicht in beliebiger Höhe abgeschlossen werden, sondern nur, um die Leistungen der Kasse zu finanzieren.

Voraussetzungen für die Zuwendungen zur rückgedeckten Unterstützungskasse

- schriftliche Zusage
- Mindestalter 23 Jahre (bei Zusage ab 2018) für Altersversorgung oder unverfallbarer Anspruch
- Endalter mindestens 55 Jahre
- keine abgekürzte Beitragszahlungsdauer, d.h. Beiträge bis zum vorgesehenen Rentenbeginn
- gleichbleibende oder steigende Beiträge
- keine Beleihung
- kongruente Rückdeckung, d.h. keine Überfinanzierung
- zulässiges Kassenvermögen nicht überschritten, d.h. Verrechnung der Überschüsse mit den Beiträgen oder Umwandlung der Überschüsse in Deckungskapital

Wie bei der pauschaldotierten Unterstützungskasse ist auch bei Abschluss einer Rückdeckungsversicherung für einen Leistungsanwärter Voraussetzung, dass die Versorgungsleistungen schriftlich zugesagt worden sind und der Leistungsanwärter bis zum Ende des Jahres der Zuwendung das Mindestalter erreicht hat. Für Zusagen bis 31.12.2009 ist das Mindestalter 28 Jahre, bis 31.12.2017 27 Jahre und danach ist das Mindestalter 23 Jahre. Vor Erreichen des Mindestalters sind Zuwendungen nur möglich, wenn dem Leistungsberechtigten eine vertraglich unverfallbare Anwartschaft eingeräumt wird oder eine gesetzlich unverfallbare Anwartschaft besteht. Aufgrund des Mindestalters von 21 Jahren (ab 2018) für die Unverfallbarkeit kann es bei arbeitgeberfinanzierten Zusagen vorkommen, dass Arbeitnehmer (nach drei Jahren Zusage) bereits mit 21 Jahren einen gesetzlich unverfallbaren Anspruch haben. In diesem Fall sind ebenfalls Zuwendungen steuerlich abzugsfähig.

Die Rückdeckungsversicherung muss darüber hinaus bis zum Beginn der Altersrente laufen. Während der Versicherungsdauer müssen jährlich gleichbleibende oder steigende Prämien gezahlt werden. Eine gleichbleibende Prämie liegt auch vor, wenn die zu zahlende Prämie sich nur deshalb jährlich verringert, weil die Überschüsse aus der Rückdeckungsversicherung mit den Beiträgen verrechnet werden. Allerdings kann in diesem Fall nur noch der tatsächlich zu zahlende Beitrag der Kasse zugewendet werden.

Zwischenzeitlich hat die Finanzverwaltung erkannt, dass es praktisch nur in wenigen Fällen möglich ist, eine konstante oder steigende Prämie bis zum Rentenbeginn zu zahlen. Deshalb ist eine Reduzierung oder Einstellung der Beitragszahlung ohne steuerliche Nachteile möglich, wenn die Reduzierung auf einer Änderung der Versorgungszusage beruht. Das ist z.B. bei einem gehaltsabhängigen Beitrag immer dann der Fall, wenn ein Arbeitnehmer von Vollzeit auf Teilzeit wechselt, oder auch bei Beitragsfreistellung während der Elternzeit. Wenn allerdings variable Gehaltsteile in die Beitragsberechnung einfließen, dann muss sichergestellt sein, dass der Beitrag nicht planmäßig sinken kann. 249

Bei einer Entgeltumwandlung ist es nicht notwendig, einen Grund für die Reduzierung anzugeben. Es muss lediglich die Entgeltumwandlungsvereinbarung gekündigt und neu vereinbart werden.

Praxistipp: Vorsicht vor Umgehungsversuchen

In der Praxis wird Arbeitnehmern, die nur einen einmaligen Beitrag in eine Unterstützungskasse investieren wollen, gelegentlich angeboten, anstelle der einmaligen Entgeltumwandlung eine dauerhafte Vereinbarung zu schließen, die dann nach einem Jahr wieder gekündigt wird. Hierin kann allerdings eine Umgehung der gesetzlichen Vorschrift der laufenden Beitragszahlung gesehen werden. Für die tägliche Praxis hat sich die Faustregel als hilfreich erwiesen, dass jede ungeplante Änderung unschädlich ist, wohingegen jede bei Beginn bereits absehbare oder geplante Reduzierung der Entgeltumwandlung die Gefahr eines steuerlichen Missbrauchs beinhaltet.

Schließlich verlangt § 4d Abs. 1 S. 1 Nr. 1 c) EStG auch, dass die Rückdeckungsversicherung nicht beliehen oder abgetreten wird. Ansonsten ist nämlich nicht sichergestellt, dass der Kasse bei Eintritt des Versorgungsfalles tatsächlich die benötigten Versorgungsleistungen zur Verfügung stehen. Die Kasse verschafft sich mit dieser Versicherung also nicht mehr die Mittel für ihre Versorgungsleistungen.

Rückdeckung mit fondsgebundener Lebensversicherung

In der Praxis taucht häufig der Wunsch auf, anstelle herkömmlicher Kapitalversicherungen fondsgebundene Lebensversicherungen zur Rückdeckung zu verwenden, um hiermit höhere Renditen zu erzielen. Problematisch ist bei dieser Versicherungsart aber, dass es i.d.R. keine garantierten Versicherungssummen gibt, anhand derer z.B. die Rückdeckungsquote bestimmt werden kann. Mit Schreiben vom 13.5.1998 hat das BMF hierzu Stellung genommen. Danach wird eine fondsgebundene Lebensversicherung dem Grunde nach als Rückdeckungsversicherung anerkannt. Sofern aber keine garantierte Versicherungsleistung vereinbart ist, sind keine Zuwendungen in Höhe der Versicherungsbeiträge möglich, weil der in Aussicht gestellten Versorgungsleistung dann keine ausreichend konkret bestimmbare Versicherungsleistung gegenübersteht. Mit Schreiben vom 11.12.1998 hat das BMF diese Forderung konkretisiert. Es genügt nicht irgendeine garantierte Versorgungsleistung, sondern es muss zwingend auch eine Erlebensfallleistung garantiert werden. Sofern dies nicht der Fall ist, kön- 250 nen Zuwendungen nur im Rahmen der Reservepolsterzuwendung geleistet werden. Selbst wenn aber eine garantierte Leistung vereinbart wurde, sind Zuwendungen nur solange möglich, bis der Wert der Versicherung bzw. der Fondsanteile zum ersten Mal das Deckungskapital der garantierten Leistungen überschreitet. Das ist bei positiver Kursentwicklung bereits nach kurzer Zeit der Fall. Deshalb scheidet die fondsgebundene Lebensversicherung in der Praxis als Rückdeckungsversicherung aus.

Praxistipp

Auf dem Markt wird die Fonds-Lebensversicherung trotzdem immer wieder zur Rückdeckung angeboten. Hierbei muss zwischen fondsorientierter Lebensversicherung und Fonds-Lebensversicherung unterschieden werden. Bei einer fondsorientierten Lebensversicherung erhält der Kunde „normale" Überschusszuweisungen, deren Höhe sich an der Entwicklung eines Fonds orientiert. Diese Produkte sind i.d.R. steuerlich anzuerkennen.

Bei der echten Fonds-Lebensversicherung argumentieren die Anbieter i.d.R., dass es in der Police keine Überschüsse gibt, sondern ausschließlich Deckungskapital. Dieses wiederum wird in Anteilen am Fondsvermögen ausgedrückt.

Zuwendungen bei Eintritt des Versorgungsfalles

251 Grundsätzlich besteht auch die Möglichkeit, erst bei Eintritt des Versorgungsfalles für einen Leistungsempfänger eine Rückdeckungsversicherung abzuschließen. Die Beiträge hierfür kann der Arbeitgeber der Kasse sofort in voller Höhe zuwenden. Es werden keine weiteren Anforderungen an die Versicherung gestellt.

Diese Zuwendungsmöglichkeit ist insb. von Bedeutung, wenn eine bereits bestehende Versorgung erst im Rentenalter auf eine Unterstützungskasse übertragen werden soll. Das kann z.B. der Fall sein, wenn ein Unternehmen seine Pensionszusagen zum Zwecke der externen Rentnerverwaltung auslagern möchte oder wenn die Zusage an einen Gesellschafter-Geschäftsführer im Zusammenhang mit dem Verkauf der Gesellschaft auf einen externen Träger ausgelagert werden soll.

Strittig ist in der Praxis, ob anstelle einer Zuwendung in Höhe des Einmalbeitrags an eine Versicherung auch eine bereits bestehende Versicherung auf die Unterstützungskasse übertragen werden kann. Rein formal darf der Arbeitgeber nur den Geldbetrag zuwenden, den die Kasse zum Abschluss der Versicherung benötigt. Zahlreiche Gruppenkassen lehnen deshalb die Übertragung von Versicherungen anstelle einer Zuwendung ab.

Begrenzung durch das zulässige Kassenvermögen

252 Auch bei rückgedeckten Unterstützungskassen sind Zuwendungen nur möglich, solange das zulässige Kassenvermögen nicht überschritten ist. Allerdings ist die Berechnung des zulässigen Vermögens wesentlich einfacher. Hat die Unterstützungskasse zur Finanzierung ihrer Versorgungsleistungen Rückdeckungsversicherungen abgeschlossen, die die Voraussetzungen für die Zuwendung der Prämien erfüllen, so ent-

spricht das zulässige Kassenvermögen dem Wert der Rückdeckungsversicherungen. Erfüllen die Versicherungen die genannten Voraussetzungen nicht, werden sie nicht als Rückdeckungsversicherungen anerkannt. Es gelten dann die Vorschriften für die pauschaldotierte Unterstützungskasse.

Da sich bei einer rückgedeckten Unterstützungskasse auch das tatsächliche Kassenvermögen ausschließlich aus den Versicherungen zusammensetzt, dürfte es eigentlich niemals zu einer Überschreitung des zulässigen Kassenvermögens kommen. Leider hat der Gesetzgeber eine weitere Hürde eingebaut: Rückdeckungsversicherungen werden nämlich für die Ermittlung des zulässigen Kassenvermögens mit ihrem Deckungskapital bewertet. Bereits angefallene Überschüsse werden nicht berücksichtigt. Sie erhöhen das zulässige Kassenvermögen also nicht. Für die Ermittlung des tatsächlichen Kassenvermögens sind dagegen alle Ansprüche aus Versicherungen einschließlich des Überschussguthabens anzusetzen. Das gilt auch dann, wenn alle Überschüsse dem versorgungsberechtigten Arbeitnehmer zustehen. Durch diese unterschiedliche Bewertung kann es sehr leicht zu einer Überschreitung des zulässigen Kassenvermögens kommen und somit zu einer steuerlichen Nichtanerkennung der Zuwendungen des Arbeitgebers.

Verwendung der Überschüsse

Um eine Überschreitung des zulässigen Kassenvermögens zu vermeiden, muss die Bildung eines Überschussguthabens verhindert werden. Es besteht z.B. die Möglichkeit, die anfallenden Überschüsse mit den laufenden Beiträgen zu verrechnen. Somit ist sichergestellt, dass bei den Versicherungen kein Überschussguthaben vorhanden ist, das zu einer unterschiedlichen Bewertung führt. Allerdings können dann vom Unternehmen nur entsprechend geringere Zuwendungen geleistet werden.

Eine weitere Möglichkeit ist die Verwendung der Überschussanteile zur Erhöhung der Versicherungsleistung, also eine Umwandlung von Überschussguthaben in Deckungskapital. Zahlreiche Versicherungsgesellschaften bieten diese Vorgehensweise unter der Bezeichnung Bonussystem an. Jedes Jahr erhöht sich dabei die Versicherungsleistung aufgrund der Überschussbeteiligung um einen für die Zukunft garantierten Bonus. Allerdings darf das bei zuwendungsfähigen Rückdeckungsversicherungen nicht dazu führen, dass sich die Kasse mit der Versicherung mehr als die Mittel für ihre Versorgungsleistungen verschafft. Das Bonussystem ist deshalb nur möglich, wenn auch die Versorgungszusage jeweils auf den gestiegenen Wert der Versicherung angepasst wird.

Praxistipp

In der Praxis werden rückgedeckte Unterstützungskassen meist als beitragsorientierte Leistungszusagen angeboten. Dabei entspricht die Versorgungsleistung zu Beginn exakt den garantierten Versicherungsleistungen der zugehörigen Rückdeckungsversicherung. Zusätzlich enthält der Leistungsplan die Zusage, dass die Versorgung laufend angepasst wird, sobald sich die garantierten Versicherungsleistungen aus der zugeteilten Überschussbeteiligung erhöhen (Bonussystem). Hierdurch wird sichergestellt, dass während der gesamten Laufzeit das zulässige Kassenvermögen immer exakt dem tatsächlich vorhandenen Kassenvermögen entspricht.

Ausschluss der Reservepolsterzuwendung

253 Jede Versicherung, die von der Unterstützungskasse auf das Leben eines Versorgungsberechtigten abgeschlossen wird und die genannten Voraussetzungen erfüllt, wird damit automatisch zu einer Rückdeckungsversicherung i.S.d. § 4d EStG. Das Trägerunternehmen hat dann nur noch die Möglichkeit, der Kasse die Versicherungsbeiträge zuzuwenden. Die Zuwendungen zum Reservepolster entfallen. Es besteht also kein Wahlrecht zwischen den beiden Zuwendungsarten. Ist allerdings nur eine der genannten Voraussetzungen für die Rückdeckungsversicherung nicht erfüllt, so scheidet die Zuwendung der Versicherungsprämie aus und es können stattdessen nur Reservepolsterzuwendungen geleistet werden.

6.3 Steuerliche Behandlung beim Arbeitnehmer

6.3.1 Vor Eintritt des Versorgungsfalles

254 Für die Besteuerung von Versorgungsversprechen aus einer Unterstützungskasse gelten dieselben Grundsätze wie bei unmittelbaren Pensionszusagen. Eine Steuerpflicht besteht nur, wenn dem Arbeitnehmer Leistungen zugeflossen sind. Die Zuwendungen des Arbeitgebers an die Unterstützungskasse orientieren sich zwar an den Leistungsanwärtern, sie gelangen aber nicht in deren Verfügungsbereich. Die Unterstützungskasse ist gegenüber dem einzelnen Versorgungsberechtigten nicht verpflichtet, die erhaltenen Zuwendungen auch für ihn zu verwenden. Es fehlt deshalb während der Anwartschaftsphase an den Grundlagen für eine Besteuerung.

Auch das Versorgungsversprechen der Kasse selbst an den Arbeitnehmer ist nicht lohnsteuerpflichtig. Die Kasse gewährt auf die zugesagten Leistungen weder einen Rechtsanspruch noch legt sie ihre Mittel so an, dass von einem steuerlichen Zufluss beim Arbeitnehmer ausgegangen werden kann. Die Kapitalanlagen der Kasse gehören zu deren Vermögen und die Erträge daraus fließen ausschließlich der Kasse zu. Das gilt ebenso, wenn die Kasse ihr Vermögen in Rückdeckungsversicherungen anlegt. Der Versorgungsberechtigte ist lediglich versicherte Person. Versicherungsnehmer und Bezugsberechtigter ist die Kasse. Der Arbeitnehmer hat auch keinen Anspruch darauf, dass die Versicherung ausschließlich für ihn verwendet wird.

Praxistipp: Unterstützungskasse in der Lohnabrechnung

Da die Zuwendungen des Arbeitgebers zur Unterstützungskasse beim Arbeitnehmer gar nicht steuerbar sind, erscheinen diese i.d.R. auch nicht in der Lohnabrechnung und es gibt auch keine explizite Steuerbefreiung hierfür. Das gilt auch für die Entgeltumwandlung, bei der auf der Lohnabrechnung nur der Gehaltsverzicht erscheint, nicht aber die Zuwendung an die Kasse als Gegenleistung für die Umwandlung von Entgelt. In vielen Gehaltsabrechnungssystemen besteht allerdings die Möglichkeit, die für den Arbeitnehmer geleistete Zuwendung in der Lohnabrechnung auszuweisen. Das hat aber keine steuerlichen Auswirkungen.

6.3.2 Bei Eintritt des Versorgungsfalles

Da der Arbeitnehmer während der Anwartschaftsphase keine Steuer für das Versorgungsversprechen gezahlt hat, muss er die erhaltenen Leistungen in voller Höhe versteuern. Wie bei einer unmittelbaren Pensionszusage handelt es sich um Einkünfte aus nichtselbstständiger Arbeit gem. § 19 Abs. 1 EStG. Es gelten dieselben Freibeträge und steuerlichen Vergünstigungen wie bei der Pensionszusage. 255

Die Pflicht zur Abführung der Lohnsteuer trifft auch bei der Unterstützungskasse formell den Arbeitgeber bzw. den ehemaligen Arbeitgeber. Allerdings bieten die meisten Gruppenunterstützungskassen den Arbeitgebern die Übernahme dieser Aufgabe gegen Zahlung einer Gebühr an.

6.3.3 Entgeltumwandlung

Auch über eine Gruppenunterstützungskasse ist es grundsätzlich möglich, Gehaltsteile zugunsten einer bAV umzuwandeln. Diese Möglichkeit besteht sowohl bei der rückgedeckten Unterstützungskasse wie auch bei der pauschaldotierten Variante. 256

Rückgedeckte Unterstützungskasse

Bei der rückgedeckten Kasse leistet der Arbeitgeber in Höhe der umgewandelten Gehaltsteile Zuwendungen an die Unterstützungskasse. Die Versorgungsleistungen des Arbeitnehmers entsprechen den Versicherungsleistungen, die sich aus diesen Zuwendungen finanzieren lassen.

Die Umwandlung kann aus laufendem Gehalt oder aus Sonderzahlungen erfolgen. Der regelmäßige Umwandlungsbetrag muss aber der Höhe nach eindeutig festgelegt sein. Nur so kann sichergestellt werden, dass die Voraussetzung der gleichbleibenden Beitragszahlung zur Rückdeckungsversicherung auf Dauer erfüllt wird. Variable Bezüge, z.B. gewinnabhängige Tantiemen, eignen sich deshalb nicht für die Entgeltumwandlung über eine rückgedeckte Unterstützungskasse. Im Gegensatz zur Pensionszusage können über eine rückgedeckte Unterstützungskasse auch keine einmaligen Beträge umgewandelt werden.

Wie bereits oben ausgeführt bedeutet der steuerliche Zwang, bei einer rückgedeckten Unterstützungskasse laufende Beiträge bis zum Rentenbeginn zu zahlen, allerdings nicht, dass eine Reduzierung oder Einstellung der Entgeltumwandlung nicht möglich ist. Bei einer Entgeltumwandlung verlangt die Finanzverwaltung noch nicht einmal Gründe für die Reduzierung oder Einstellung der Beitragszahlung.

Exkurs: Pauschaldotierte Unterstützungskasse

Bei einer Entgeltumwandlung über eine pauschaldotierte Unterstützungskasse sind die steuerlich zulässigen Zuwendungen des Arbeitgebers weitgehend unabhängig von den monatlichen oder jährlichen Umwandlungsbeträgen. Sie richten sich vielmehr nach der zugesagten Versorgungsleistung, die sich allerdings wiederum aus den Umwandlungsbeträgen ermittelt. Bei jüngeren Versorgungsberechtigten (Faustregel: jünger als 40 Jahre bei Beginn der Entgeltumwandlung) sind die steuerlich abzugsfähigen Zuwendungen in den ersten Jahren i.d.R. deutlich höher als die tatsächlichen Umwandlungsbeträge. Hierdurch entsteht ein zusätzlicher Liquiditätsgewinn für den Arbeitgeber.

6.4 Portabilität bei rückgedeckter Unterstützungskasse

Arbeitsrechtliche Möglichkeiten

257 Scheidet ein Arbeitnehmer mit einer Unterstützungskassenversorgung beim Arbeitgeber mit unverfallbaren Ansprüchen aus, so besteht auch hier gem. § 4 BetrAVG grundsätzlich die arbeitsrechtliche Möglichkeit, dass die Zusage vom neuen Arbeitgeber übernommen wird oder dass das Versorgungskapital auf den Versorgungsträger des neuen Arbeitgebers übertragen wird. Arbeitsrechtlich spielt es dabei keine Rolle, in welchem Durchführungsweg die Versorgung beim neuen Arbeitgeber weitergeführt wird.

Übernahme nach § 4 Abs. 2 Nr. 1 BetrAVG

Eine Übernahme der Versorgung ist am einfachsten möglich, wenn der neue Arbeitgeber bereit ist, der vorhandenen Unterstützungskasse beizutreten und den bisherigen Leistungsplan unverändert fortzuführen. Wie bei der Direktversicherung haftet der neue Arbeitgeber aber anschließend vollumfänglich für die Versorgung. Der ehemalige Arbeitgeber ist schuldbefreit und hat mit der Versorgung nichts mehr zu tun. Die Umsetzung innerhalb der Kasse erfolgt, indem die Rückdeckungsversicherung dem Teilvermögen des neuen Arbeitgebers zugeordnet wird. Selbstverständlich ist hierzu die Zustimmung des ehemaligen Arbeitgebers erforderlich. Steuerlich hat die Zuordnung der Versicherung zum Vermögen des neuen Arbeitgebers keinerlei Auswirkungen, da der Wert der Versicherung ohnehin zum Vermögen der Kasse gehört.

In der Regel will der neue Arbeitgeber aber die Zusage des Vorarbeitgebers nicht übernehmen, sondern ist allenfalls zu einer Übertragung des Versorgungskapitals auf einen anderen Versorgungsträger bereit.

Übertragung des Versorgungskapitals nach § 4 Abs. 2 Nr. 2 BetrAVG

Ist der neue Arbeitgeber bereits Mitglied in einer anderen rückgedeckten Unterstützungskasse, die bereit ist, die vorhandene Versicherung zu übernehmen, so kann das Versorgungskapital in Gestalt der Rückdeckungsversicherung (theoretisch) auf die neue Unterstützungskasse übertragen und dort mit einer passenden Zusage ausgestattet werden. Die Übertragung des Versorgungskapitals ist gem. § 3 Nr. 55 EStG steuerfrei. Die zukünftigen laufenden Beiträge kann der neue Arbeitgeber der Kasse zuwenden.

Bietet der neue Arbeitgeber lediglich Direktversicherungen (oder Pensionskassen oder Pensionsfonds) an, so wäre eine Übertragung des Versorgungskapitals zwar arbeitsrechtlich möglich, scheitert aber in der Praxis an der steuerlichen Behandlung. Denn § 3 Nr. 55 EStG stellt den Wechsel von Unterstützungskasse zu Direktversicherung nicht steuerfrei. Die Entnahme des Kapitals aus der Unterstützungskasse würde deshalb zur sofortigen Lohnsteuerpflicht beim Arbeitnehmer führen, auch wenn die Einzahlung unmittelbar in eine Direktversicherung erfolgt.

Auch die Übertragung des Versorgungskapitals auf eine andere Unterstützungskasse scheitert in der Praxis an den steuerlichen Restriktionen. Das gilt zumindest dann, wenn nicht die Versicherung selbst übertragen wird, sondern deren Zeitwert, um in der neuen Unterstützungskasse eine neue Versicherung abzuschließen. § 3 Nr. 55 EStG stellt die Übertragung selbst zwar steuerfrei, aber die Einzahlung des Zeitwertes als Einmalbeitrag für eine neue Rückdeckungsversicherung in der neuen Kasse führt zu steuerlichen Problemen. Die neu abgeschlossene Versicherung wird nämlich gegen Einmalbeitrag abgeschlossen und verstößt somit gegen die Voraussetzungen einer „zulässigen“ Rückdeckungsversicherung. Deshalb dürfen für diese Versicherung auch zukünftig keine Zuwendungen als Betriebsausgabe geltend gemacht werden.

Eine Übertragung auf eine Pensionszusage beim neuen Arbeitgeber scheitert in der Praxis ebenfalls. Die meisten Kassen sind mit Blick auf die Zweckbindung des Kassenvermögens nicht bereit, Kassenvermögen auf den neuen Arbeitgeber zu übertragen. Einige Kassen stimmen der Übertragung allerdings zu, wenn der Arbeitgeber nachweist, dass er dem Arbeitnehmer eine entsprechende Pensionszusage gewährt und das übertragene Vermögen an den Arbeitnehmer verpfändet wird. Die Finanzverwaltung erlaubt in den Körperschaftsteuerrichtlinien die Übertragung von Deckungskapital von einer Unterstützungskasse auf einen neuen Arbeitgeber, zur Finanzierung einer Pensionszusage sogar ausdrücklich (R 5.4 Abs. 3 und 4 KStR).

Beispiel: Übertragung nach § 4 Abs. 2 Nr. 2 BetrAVG 258

Zwei Arbeitnehmer, A und B, die über eine Unterstützungskasse versorgt werden, wechseln den Arbeitgeber und wollen den Übertragungswert ihrer Versorgung zum neuen Arbeitgeber mitnehmen.

A wechselt zu einem Arbeitgeber mit Pensionszusagen. Die Unterstützungskasse zahlt in diesem Fall (unter Sicherstellung der Zweckbindung des Vermögens nach R 5.4 Abs. 3 S. 3 Nr. 2 KStR) den Übertragungswert an den neuen Arbeitgeber, der hierfür eine entsprechende Pensionszusage erteilt. Diese Übertragung ist lohnsteuerfrei, da sie innerhalb der gleichen Fördergruppe des § 3 Nr. 55 EStG vollzogen wurde. Auch an der steuerlichen Behandlung der späteren Leistungen ändert sich nichts, da beide Durchführungswege zur gleichen Einkunftsart gehören.

B wechselt zu einem Arbeitgeber mit einer Pensionskasse. Dieser Wechsel ist nicht lohnsteuerfrei, d.h. die Zahlung des Übertragungskapitals an die Pensionskasse ist steuerpflichtig. Bei Fälligkeit der Leistungen wird der Teil der Rente, der sich aus dem bereits versteuerten Übertragungswert ergeben hat, nur noch mit dem Ertragsanteil besteuert. Der übrige Teil unterliegt der vollen Besteuerung.

6.5 Pauschaldotierte Unterstützungskasse mit Beleihung

Pauschaldotierte Unterstützungskassen können ihr Vermögen auch in Form von 259
Darlehen bei ihren Trägerunternehmen anlegen. Diese Möglichkeit wird gelegentlich

dazu genutzt, Unterstützungskassen als „Finanzierungsmodelle" anzupreisen. Bei diesen Modellen fließen sämtliche (als Betriebsausgaben gebuchte) Zuwendungen des Trägerunternehmens sofort wieder als Darlehen an das Unternehmen zurück. Auch der vereinbarte Darlehenszins wird sofort nach Zahlung wieder als Darlehen an das Trägerunternehmen gewährt. Wie bei einer Pensionszusage bucht das Trägerunternehmen dadurch laufend steuermindernde Betriebsausgaben, obwohl keine tatsächlichen Zahlungen geleistet werden. Bei einer genügend langen Laufzeit des Modells und bei einer ausreichend hohen Verzinsung der durch die Steuerersparnis gewonnenen Liquidität lassen sich erhebliche Liquiditätsvorteile erwirtschaften, die zur Reduzierung der tatsächlichen Kosten der Versorgung führen. Bei einer Entgeltumwandlung kommt ggf. noch eine Zinsdifferenz hinzu, wenn der Arbeitgeber das nicht ausgezahlte Gehalt intern mit einem höheren Zins anlegen kann als er den Arbeitnehmern auf die Umwandlungsbeträge garantiert.

Beispiel

Ein Unternehmen gewährt einem 27-jährigen Arbeitnehmer eine bAV über eine pauschaldotierte Unterstützungskasse. Das Kassenvermögen wird in voller Höhe beliehen.

Zusage	100.000 € einmalige Kapitalzahlung im Alter 67 Jahre
Beleihungszins	7,2 %
Steuersatz des Unternehmens	30 %
Nettoverzinsung der Liquidität im Unternehmen	7 %
Reservepolsterzuwendung	2.500 € p.a.
maximales Reservepolster	20.000 €
partielle Steuerpflicht der Unterstützungskasse ab	25.000 €

(1) Jahresende	(2) Zuwendung zum Reservepolster in Euro	(3) Darlehensstand in Euro	(4) Betriebsausgaben in Euro	(5) Liquiditätsgewinn in Euro	(6) kumulierter Liquiditätsgewinn in Euro
1	2.500	2.500	2.500	750	750
2	2.500	5.180	2.680	804	1.607
3	2.500	8.053	2.873	862	2.581
4	2.500	11.133	3.080	924	3.685
5	2.500	14.434	3.302	990	4.934
6	2.500	17.974	3.539	1.062	6.341
7	732	20.000	2.026	608	7.393
8	0	21.440	1.440	432	8.342
9	0	22.984	1.544	463	9.389
10	0	24.639	1.655	496	10.543
11	0	26.397	1.774	517	11.798
[...]	0	[...]	[...]	[...]	[...]
20	0	47.889	3.233	724	29.028

(1) Jahresende	(2) Zuwendung zum Reservepolster in Euro	(3) Darlehensstand in Euro	(4) Betriebsausgaben in Euro	(5) Liquiditätsgewinn in Euro	(6) kumulierter Liquiditätsgewinn in Euro
[...]	0	[...]	[...]	[...]	[...]
30	0	89.766	6.076	1.127	69.586
[...]	0	[...]	[...]	[...]	[...]
40	0	165.191	11.196	1.853	156.923
nach Ausscheiden	0	0	11.894	−120.875	47.033

Erläuterungen zu den Spalten:

1. Die Zuwendungen sind nur ca. sechs Jahre möglich, weil das Kassenvermögen durch die Darlehenszinsen bereits im siebten Jahr den zulässigen Wert erreicht.
2. Der Darlehensstand entspricht dem Kassenvermögen. Er errechnet sich aus dem Darlehensstand des Vorjahres zzgl. Zuwendung des laufenden Jahres zzgl. Zinsen auf das Vorjahresdarlehen. Ab dem elften Jahr wird die Kasse partiell steuerpflichtig (Steuersatz der Kasse: 15 % zzgl. Solidaritätszuschlag), deshalb erhöht sich der Darlehensstand nicht mehr um die vollen 7,2 % Zinsen.
3. Die Betriebsausgaben errechnen sich aus der Zuwendung zzgl. Zinsaufwand (ohne Berücksichtigung von Kosten).
4. Der jährliche Liquiditätsgewinn ergibt sich aus dem erhaltenen Darlehen (= aktueller Darlehensstand abzüglich Vorjahresdarlehen) abzüglich der Nettobelastung aus Zuwendungen und Zinszahlungen (= Betriebsausgabe abzüglich Steuerersparnis hierauf).
5. Der kumulierte Liquiditätsgewinn errechnet sich aus dem Vorjahreswert zzgl. 7 % Verzinsung zuzüglich dem Liquiditätsgewinn des laufenden Jahres.

Ergebnis:

Bei Ausscheiden des Arbeitnehmers nach dem 40. Jahr verbleibt dem Unternehmen ein Liquiditätsgewinn von 47.033 €. Er errechnet sich aus dem kumulierten Liquiditätsgewinn (156.923 zzgl. 7 % Zins im letzten Jahr) abzüglich dem Liquiditätsaufwand im letzten Jahr (−120.875).

Das Unternehmen im o.g. Beispiel konnte aus den erzielten Steuerstundungen nicht nur die Zusage an den Arbeitnehmer i.H.v. 100.000 € voll finanzieren, sondern auch noch selbst einen Liquiditätsgewinn i.H.v. ca. 47.000 € erwirtschaften. Allerdings birgt dieses Modell nicht unerhebliche finanzielle Risiken für das Trägerunternehmen, von denen hier nur einige kurz angedeutet werden können:

Damit die Steuerfreiheit der Kasse nicht verloren geht, muss die Kasse vor der Darlehensvergabe prüfen, ob die wirtschaftliche Leistungsfähigkeit des Betriebes in ausreichendem Maße für die Sicherheit der Mittel bürgt. Ist das in der Zukunft nicht mehr der Fall, dürfen keine weiteren Darlehen mehr vergeben werden. Es ist außerdem notwendig, dass das Darlehen angemessen verzinst wird. Der Darlehenszins kann also nicht beliebig niedrig vereinbart werden, aber auch nicht zu hoch. Je höher der

Darlehenszins, umso schneller fließen dem Unternehmen die Liquiditätsvorteile zu, aber umso höher steigt auch das Darlehen insgesamt an, was zu einer bilanziellen Belastung des Unternehmens führen kann. Um einen hohen Liquiditätseffekt zeigen zu können, wurde im Beispiel ein Darlehenszins von 7,2 % unterstellt. Beim derzeitigen Zinsniveau dürfte dieser Zins aber von der Finanzverwaltung wohl gar nicht mehr steuerlich anerkannt werden.

Das Modell funktioniert außerdem nur, wenn die Anzahl der zu versorgenden Arbeitnehmer nicht steigt. Wird z.B. im 20. Jahr ein neuer Arbeitnehmer in die Unterstützungskasse aufgenommen, so sind für diesen keinerlei Zuwendungen möglich, weil das zulässige Kassenvermögen bereits weit überschritten ist. Die Versorgung dieses Arbeitnehmers muss sozusagen aus den Steuervorteilen der Versorgung der übrigen Arbeitnehmer finanziert werden. Das ist dann kein Problem, wenn die Motivation für die Einrichtung des Modells die Versorgung der Arbeitnehmer war und nicht die Erzielung von Steuer- und Liquiditätsvorteilen.

Probleme können auch entstehen, wenn zwar kein zusätzlicher Arbeitnehmer eingestellt wird, aber ein ausgeschiedener Arbeitnehmer durch einen älteren ersetzt wird. Die Liquidität steht dem Unternehmen dann nämlich nur bis zum Rentenbeginn des neuen Arbeitnehmers zur Verfügung. Würde im o.g. Beispiel der Arbeitnehmer nach zehn Jahren durch einen zehn Jahre älteren ersetzt, so ergäbe sich statt eines Liquiditätsgewinnes von ca. 47.000 € ein Verlust i.H.v. ca. 22.000 €.

Das o.g. Beispiel geht von einer Nettoverzinsung der Liquidität von 7 % aus. Das entspricht bei einem Steuersatz von 30 % und einer Bruttoverzinsung der Liquidität von 10 %. Es ist durchaus fraglich, ob es dem Unternehmen wirklich gelingen wird, über 40 Jahre eine Verzinsung von 10 % brutto zu erzielen. Würde im o.g. Beispiel die Nettoverzinsung auf 5 % sinken, so würde aus dem ursprünglichen Liquiditätsgewinn ein Verlust i.H.v. ca. 17.600 €. Allerdings hätte das Unternehmen dann immer noch die bAV des Arbeitnehmers i.H.v. 100.000 € mit einem Nettoaufwand von 17.600 € finanziert.

Das obige Beispiel geht absichtlich von extremen Annahmen aus, um die Systematik der pauschaldotierten Unterstützungskasse besser zeigen zu können. Im Vergleich zu einer rückgedeckten Unterstützungskasse sind die Zuwendungen zzgl. Darlehenszins bei der pauschaldotierten Unterstützungskasse in den ersten Jahren i.d.R. deutlich höher als die Prämien der Rückdeckungsversicherung. Hierdurch kann ein zusätzlicher Zinseffekt erwirtschaftet werden, der zwar nur in seltenen Fällen die vollständige Versorgung finanziert, aber immerhin eine deutliche Erleichterung für die Finanzierung sein kann. Vereinfacht kann gesagt werden, dass die pauschaldotierte Unterstützungskasse für diejenigen Arbeitgeber geeignet sein kann, die an eine höhere Verzinsung des Kassenvermögens glauben, als sie einem Rückdeckungsversicherer zutrauen, und die auch bereit sind, ihren Arbeitnehmern diese Verzinsung langfristig zu garantieren.

6.6 Vor- und Nachteile der rückgedeckten Gruppenunterstützungskasse

Kein Bilanzausweis

Versorgungszusagen, die über eine Unterstützungskasse erteilt werden, müssen in 260
der Bilanz des Trägerunternehmens nicht ausgewiesen werden. Das gilt sowohl für die Versorgungsverpflichtungen als auch für die abgeschlossenen Rückdeckungsversicherungen, die zum Vermögen der Kasse gehören. Die fehlende Bilanzierung ist für kleine und mittelständische Betriebe von Bedeutung, die durch einen Bilanzausweis eine Gefährdung ihrer Kreditwürdigkeit befürchten oder einfach den Verwaltungsaufwand aus der Rückstellungsbildung und Aktivierung scheuen. Auch Tochtergesellschaften ausländischer Unternehmen scheuen sich oftmals vor einem Bilanzausweis nach deutschem Recht.

Sofern die zugesagten Leistungen allerdings nicht vollständig durch Versicherungen rückgedeckt sind, ist die Unterdeckung im Anhang zur Handelsbilanz auszuweisen. Das ist der Fall, wenn bei laufenden Renten die Anpassungsverpflichtung des § 16 BetrAVG nicht durch garantierte Rentensteigerungen aus den Rückdeckungsversicherungen finanziert ist. Diese Restriktion lässt sich auch durch Vereinbarung von Kapitalzusagen leicht umgehen.

Geringer Verwaltungsaufwand

Zu den Serviceleistungen einer Unterstützungskasse gehört i.d.R. die weitgehende Übernahme von Verwaltungsarbeiten in Zusammenhang mit der bAV. So übernimmt die Unterstützungskasse z.B. den gesamten Schriftverkehr mit der Versicherungsgesellschaft, die jährliche Berechnung der PSV-Bemessungsgrundlage, zahlt die Leistungen an die Versorgungsberechtigten aus und kümmert sich auch um die Einbehaltung der Lohnsteuer. Allerdings kann die Kasse dem Trägerunternehmen nicht sämtliche Verwaltungsarbeiten abnehmen. Neben der Zahlung der Zuwendungen bleibt dem Unternehmen u.a. noch die Zahlung der PSV-Beiträge, die Meldung von Versorgungsfällen an die Kasse sowie die Ermöglichung der Mitwirkungsrechte der Arbeitnehmer. Somit ist die Unterstützungskasse trotz aller Erleichterungen verwaltungsintensiver als die Durchführungswege Pensionskasse, Direktversicherung und Pensionsfonds. Hinzu kommen die unvermeidbaren Auswirkungen der Komplexität des Durchführungsweges. Bei allen gewünschten Vertragsänderungen oder sonstigen Sonderwünschen des Arbeitgebers müssen jeweils alle technischen, tariflichen und rechtlichen Restriktionen der Versicherungsverträge berücksichtigt werden und zusätzlich sämtliche Restriktionen der Unterstützungskasse.

Recht auf Entgeltumwandlung nicht erfüllt

Wie bei der Pensionszusage kann der Arbeitgeber durch Angebote einer Entgeltum- 261
wandlung über eine Unterstützungskasse das diesbezügliche Recht der Arbeitnehmer nicht abgelten. Auf Verlangen der Arbeitnehmer muss der Arbeitgeber zusätzlich die Entgeltumwandlung über eine Pensionskasse, einen Pensionsfonds oder eine Direktversicherung anbieten.

Versorgung junger Arbeitnehmer nur eingeschränkt möglich

Für Arbeitnehmer, die jünger als 23 Jahre sind, kann das Trägerunternehmen mit steuerlicher Wirkung i.d.R. keine Zuwendungen für arbeitgeberfinanzierte Zusagen an die Kasse leisten. Für jüngere Arbeitnehmer sind nur Zuwendungen möglich, wenn es sich um Entgeltumwandlungen handelt. Das gesetzliche Mindestalter kann allerdings auch bei arbeitgeberfinanzierten Zusagen einfach umgangen werden, wenn der Arbeitgeber bereit ist, allen Arbeitnehmern einen vertraglich unverfallbaren Anspruch ab Aufnahme in die Kasse zu gewähren.

PSV-Beiträge, kein versicherungsvertragliches Verfahren

262 Die Unterstützungskasse übernimmt zwar i.d.R. die Berechnung der PSV-Bemessungsgrundlagen für das Unternehmen, die Meldung und Zahlung der Beiträge muss aber das Trägerunternehmen selbst vornehmen. Scheidet ein Arbeitnehmer mit unverfallbaren Ansprüchen aus dem Unternehmen aus, gibt es keine Möglichkeit, ihm die bestehende Rückdeckungsversicherung zu übertragen. Anders als bei der Direktversicherung und der Pensionskasse muss der unverfallbare Anspruch des Arbeitnehmers bis zum Eintritt des Versorgungsfalles aufrechterhalten werden. Eine Abfindung unverfallbarer Ansprüche ist nur für geringe Zusageleistungen möglich.

Keine private Weiterführung möglich

263 Scheidet ein Arbeitnehmer aus dem Trägerunternehmen aus, so ist bis auf die wenigen Fälle, in denen eine Abfindung möglich ist, eine Mitgabe und private Weiterführung der Versicherung nicht möglich. Die Versicherung gehört zum Vermögen der Unterstützungskasse und wird zumindest bei unverfallbaren Ansprüchen von dieser auch benötigt, um die unverfallbaren Ansprüche zu finanzieren.

Verwaltungsgebühren für Unterstützungskasse

Im Gegensatz zu den anderen Durchführungswegen fallen bei der Unterstützungskasse i.d.R. Gebühren bzw. Mitgliedsbeiträge an. Allerdings sind diese Beiträge meist nicht sehr hoch und werden wohl auch oft durch die Serviceleistungen der Kasse für das Trägerunternehmen wieder kompensiert.

Mangelnde Flexibilität

Ein großer Nachteil der Gruppenunterstützungskasse ist ihre mangelnde Flexibilität. Da zur Erhaltung der Steuerbefreiung der Kasse die Verhältnisse bei allen Trägerunternehmen maßgebend sind, bestehen i.d.R. nur begrenzte Gestaltungsmöglichkeiten. Insbesondere ein späterer Wechsel des Durchführungsweges oder eine Rückübertragung von Kassenvermögen auf ein Trägerunternehmen sind mit erheblichen praktischen Problemen verbunden. Auch die steuerliche Begrenzung der Leistungshöhe schränkt die Gestaltungsmöglichkeiten ein.

Die strengen steuerlichen Anforderungen zur Anerkennung von Rückdeckungsversicherungen sorgen ebenfalls für eine mangelnde Flexibilität bei der Ausfinanzierung der Versorgungsleistungen. Sie erlauben es z.B. nicht, die Versorgung über Einmalbeiträge oder eine abgekürzte Beitragszahlung innerhalb einiger weniger Jahre auszufinanzieren.

Kapitalleistungen möglich

Anders als bei der Pensionskasse, dem Pensionsfonds und der Direktversicherung 264
sind bei der Unterstützungskasse auch Zusagen auf Kapitalleistungen möglich. Bei Fälligkeit der Kapitalleistungen kann außerdem die ermäßigte Besteuerung nach § 34 EStG, die sog. „Fünftelungs-Regel", angewendet werden.

Einschränkung der Leistungshöhe

Um die Steuerfreiheit der Kasse nicht zu gefährden, können Versorgungszusagen 265
nicht in beliebiger Höhe erteilt werden. In der Regel dürfen nicht mehr als 25.769 € an jährlicher Altersrente geleistet werden. Bei entsprechender Anzahl von Leistungsberechtigten kann dieser Betrag in einzelnen Fällen auch überschritten werden.

7 Die Pensionskasse

Die Pensionskasse ist eine rechtsfähige Versorgungseinrichtung, die den Versorgungsberechtigten einen Rechtsanspruch auf ihre Leistungen einräumt. Da die Pensionskasse gegen die Zahlung von Beiträgen Versorgungsleistungen bietet und das damit verbundene Versorgungsrisiko übernimmt, handelt es sich rechtlich um ein Versicherungsunternehmen, das der Versicherungsaufsicht nach dem VAG unterliegt. Betrieben werden Pensionskassen entweder in der Rechtsform der AG oder als VVaG. 266

Bis 2001 gab es Pensionskassen üblicherweise nur als unternehmenseigene Kassen in Großunternehmen oder Konzernen oder als Branchen-Pensionskassen für einen begrenzten Kreis an berechtigten Unternehmen und deren Arbeitnehmer. Diese Kassen waren i.d.R. nicht auf Gewinnerzielung ausgerichtet. Im bAV-Markt erlangten Pensionskassen große Bedeutung, da von 2002 bis einschließlich 2004 die steuerliche Förderung nach § 3 Nr. 63 EStG nur für Pensionskassen galt. Seit 1.1.2005 sind Pensionskassen insb. aus Sicht des Arbeitgebers und des Arbeitnehmers nahezu identisch mit dem Durchführungsweg Direktversicherung. Deshalb wird im Folgenden überwiegend nur auf Abweichungen von im Markt tätigen steuerpflichtigen Pensionskassen zur Direktversicherung hingewiesen (vgl. zu Details der Pensionskasse auch Rn. 15). Insgesamt sind diese Pensionskassen weitgehend mit Versicherungsunternehmen vergleichbar, die Direktversicherungen anbieten. 267

7.1 Steuerliche Behandlung beim Arbeitgeber

§ 4c EStG behandelt zwar formal die Zuwendungen eines Arbeitgebers an eine Pensionskasse, in der Praxis werden diese aber wie bei einer Direktversicherung als Beiträge betrachtet. Die Voraussetzungen für den Abzug als Betriebsausgabe entsprechen im Ergebnis denen einer Direktversicherung. Auch für die eventuelle Aktivierung des Versicherungsanspruches gelten die Regelungen für Direktversicherungen. Beleihungen des Deckungskapitals der einzelnen Policen sind bei der Pensionskasse i.d.R. in deren Satzung ausgeschlossen. 268

Bei älteren regulierten Kassen (siehe Rn. 15) findet sich in der Satzung gelegentlich auch noch eine Nachschusspflicht des Arbeitgebers, falls in der Kasse Finanzierungsprobleme auftreten, oder die Möglichkeit für die Kasse, die Leistungen bei Finanzierungsproblemen zu reduzieren. Auch für derartige Leistungskürzungen der Kasse muss im Ergebnis der Arbeitgeber haften.

7.2 Steuerliche Behandlung beim Arbeitnehmer

Auch hinsichtlich der steuerlichen Behandlung beim Arbeitnehmer gelten dieselben Regelungen wie bei Direktversicherungen. Die Beiträge sind nach § 3 Nr. 63 EStG steuerfrei und es besteht auch die Möglichkeit der Pauschalbesteuerung nach § 40b EStG a.F., wenn die Voraussetzungen hierfür erfüllt sind. 269

Bei Pensionskassen erfolgte die Umstellung von der Pauschalbesteuerung nach § 40b EStG a.F. auf die Steuerfreiheit nach § 3 Nr. 63 EStG allerdings bereits im Jahr 2002. Da Pensionskassen immer schon lebenslange Altersrenten vorsahen und keine beliebige Vererbbarkeit im Todesfall, wurden alle bestehenden Verträge automatisch zum 1.1.2002 auf die Förderung nach § 3 Nr. 63 EStG umgestellt. Es gab diesbezüglich auch kein Wahlrecht der Begünstigten während einer Übergangsphase. Die große Verbreitung der Pensionskasse mit zahlreichen Neugründungen begann erst im Jahr 2002, so dass die Umstellung von Altverträgen relativ wenig Aufsehen verursachte.

Förderung nach § 40b EStG (neue Fassung) und § 3 Nr. 56 EStG bei Umlagefinanzierung

270 Der Wegfall des § 40b EStG a.F. seit 2005 gilt nur für kapitalgedeckte Pensionskassen und Direktversicherungen. Pensionskassen, die sich im Umlageverfahren finanzieren, werden weder nach § 3 Nr. 63 EStG gefördert noch gilt für sie § 40b EStG a.F. Umlagefinanzierte Pensionskassen kommen in der Praxis nur in der verpflichtenden Zusatzversorgung für Arbeitnehmer des öffentlichen Dienstes vor. Bei diesen Kassen gibt es weiterhin die Pauschalbesteuerung nach § 40b EStG (neue Fassung); dieser gilt im Gegensatz zum § 40b EStG a.F. für alte und neue Zusagen. Im Ergebnis handelt es sich trotz der nahezu identischen Bezeichnung des Paragrafen aber um zwei völlig unterschiedliche Regelungen.

Seit 2014 bleiben Beiträge an eine umlagefinanzierte Pensionskasse bis zu 2 % der Beitragsbemessungsgrenze in der gesetzlichen Rentenversicherung (BBG) steuerfrei. 2020 stieg der Betrag auf 3 % und ab 2025 gilt ein Wert von 4 % der BBG. Nutzt ein Arbeitnehmer allerdings gleichzeitig auch die Förderung des § 3 Nr. 63 EStG, so reduziert sich das Fördervolumen des § 3 Nr. 56 EStG um den Betrag, der nach § 3 Nr. 63 EStG steuerfrei eingezahlt wird.

Ist also ein Arbeitnehmer in der Pflichtversicherung einer umlagefinanzierten Pensionskasse, so verliert er in 2021 die Steuerfreiheit hierfür vollständig, wenn er gleichzeitig 3 % der BBG in eine Pensionskasse oder Direktversicherung nach § 3 Nr. 63 EStG umwandelt. In diesem Fall wäre der Arbeitnehmer steuerlich besser beraten, die Umwandlung über eine Unterstützungskasse durchzuführen.

Praxistipp

Bei der Analyse des § 40b EStG muss dringend darauf geachtet werden, dass im Zusammenhang mit kapitalgedeckten Direktversicherungen oder Pensionskassen ausschließlich die bis zum 31.12.2004 gültige „alte" Fassung relevant ist. Der aktuelle § 40b EStG gilt nur für umlagefinanzierte Pensionskassen.

Bei Eintritt des Versorgungsfalles

271 Auch die Besteuerung von Leistungen aus einer Pensionskasse entspricht exakt den Regelungen für Direktversicherungen.

7.3 Besonderheiten bei der Portabilität

Beim Wechsel des Arbeitgebers gelten dieselben arbeitsrechtlichen und steuerlichen Regelungen zur Portabilität wie bei der Direktversicherung. 272

Es gibt allerdings eine nennenswerte Anzahl von Pensionskassen, die dem Deckungskapitalübertragungsabkommen nicht beigetreten sind. Der Grund ist allerdings eher praktischer Art: Viele Pensionskassen erheben bei Rückkauf ohnehin keine Stornoabschläge und bei Neuabschluss keine Abschlusskosten. Die Kunden haben somit keinen Vorteil durch den Beitritt einer Pensionskasse zum Abkommen. Der Pensionskasse entstehen aber Verpflichtungen gegenüber den anderen Unterzeichnern des Abkommens.

Einige Pensionskassen erlauben per Satzung keine Übertragung des Deckungskapitals auf andere Versorgungsträger. Hier steht dann im Streitfall die Satzung der Kasse im Gegensatz zu dem gesetzlichen Anspruch des Arbeitnehmers auf Übertragung des Versorgungskapitals.

7.4 Vor- und Nachteile der Pensionskasse gegenüber der Direktversicherung

Leistung erst bei Beendigung der Erwerbstätigkeit

Die Leistungen aus einer Direktversicherung werden im Alter auch dann ausgezahlt, 273
wenn der Arbeitnehmer zum vereinbarten Termin noch berufstätig ist. Bei einer Pensionskasse ist dies nicht möglich. In § 118a Versicherungsaufsichtsgesetz (VAG) ist festgelegt, dass eine Pensionskasse die Leistungen erst gewähren darf, wenn das Erwerbseinkommen des Berechtigten zumindest teilweise entfallen ist.

8 Der Pensionsfonds

Obwohl der Pensionsfonds seit 2002 ein weiterer Durchführungsweg der bAV ist, wird er nicht im BetrAVG definiert, sondern im VAG. Allein hierdurch wird schon deutlich, dass es sich zumindest um einen versicherungsähnlichen Durchführungsweg handeln muss. 274

Der Pensionsfonds ist eine rechtlich selbstständige Versorgungseinrichtung, die den Arbeitnehmern ihrer Trägerunternehmen Versorgungsleistungen mit Rechtsanspruch gewährt. Die Finanzierung der Leistungen erfolgt zwingend im Kapitaldeckungsverfahren.

Die Gründung eines Pensionsfonds erfordert eine Erlaubnis durch die BaFin, die auch die Vermögensanlage des Pensionsfonds überwacht, denn der Pensionsfonds ist einem Versicherungsunternehmen sehr ähnlich.

§ 236 Abs. 2 und 2a Pensionsfonds

(2) Ein Pensionsfonds im Sinne dieses Gesetzes ist eine rechtsfähige Versorgungseinrichtung, die

1. *im Wege des Kapitaldeckungsverfahrens Leistungen der betrieblichen Altersversorgung für einen oder mehrere Arbeitgeber zugunsten von Arbeitnehmern erbringt,*
2. *die Höhe der Leistungen oder die Höhe der für diese Leistungen zu entrichtenden künftigen Beiträge nicht für alle vorgesehenen Leistungsfälle durch versicherungsförmige Garantien zusagen darf,*
3. *den Arbeitnehmern einen eigenen Anspruch auf Leistung gegen den Pensionsfonds einräumt und*
4. *verpflichtet ist, die Altersversorgungsleistung als lebenslange Zahlung oder als Einmalkapitalzahlung zu erbringen.*
5. *Eine lebenslange Zahlung im Sinne des Satzes 1 Nummer 4 kann mit einem teilweisen oder vollständigen Kapitalwahlrecht verbunden werden.*

(2a) Pensionsfonds können Altersversorgungsleistungen abweichend von Absatz 1 Satz 1 Nummer 4 erbringen, solange Beitragszahlungen durch den Arbeitgeber auch in der Rentenbezugszeit vorgesehen sind. Ein fester Termin für das Zahlungsende darf nicht vorgesehen werden. Satz 1 gilt nicht für Zusagen im Sinne des § 1 Absatz 2 Nummer 2 des Betriebsrentengesetzes.

[...]

Versicherungsförmig kalkulierender Pensionsfonds

Zu den Besonderheiten des Pensionsfonds gehört, dass er keine Garantien für das Verhältnis von Beiträgen und Leistungen übernehmen darf. Deshalb gibt es im Markt zwei Ausprägungen des Pensionsfonds. Ein versicherungsförmig kalkulierender Pensionsfonds legt sein Vermögen vollständig in Rückdeckungsversicherungen eines Versicherers an. Somit sind die ausgewiesenen Versorgungsleistungen zwar nicht formal, aber in der Praxis über die Versicherungen garantiert. Das Verhältnis von Beitrag und Leistung entspricht dann exakt demjenigen der Versicherungsverträge und ist mit dem Beitrag-Leistungsverhältnis einer Direktversicherung vergleichbar. 275

Der versicherungsförmig kalkulierende Pensionsfonds entspricht im Ergebnis weitgehend der Direktversicherung oder Pensionskasse. Er hat allerdings den Nachteil der Beitragspflicht zum PSVaG. Deshalb hat diese Ausprägung des Pensionsfonds in der Praxis nur eine sehr geringe Bedeutung.

Nicht versicherungsförmig kalkulierender Pensionsfonds

Der nicht versicherungsförmig kalkulierende Pensionsfonds legt sein Vermögen beliebig an, allerdings in den Grenzen der Pensionsfonds-Aufsichtsverordnung. Er kann deshalb auch zur Bestimmung des Verhältnisses von Beitrag und Leistung einen beliebigen Rechnungszins verwenden, sofern dieser aktuariell erzielbar erscheint. Erreicht der Pensionsfonds allerdings die geplante Verzinsung nicht, so reduziert er die versicherten Leistungen, sofern der Arbeitgeber nicht zur Leistung zusätzlicher Beiträge bereit ist. Diese Ausprägung des Pensionsfonds eignet sich besonders zur Auslagerung bestehender Pensionszusagen, da durch Anwendung eines höheren Zinses der erforderliche Beitrag deutlich geringer ist (siehe Rn. 280 ff.).

Leistungsarten

Ursprünglich waren die möglichen Leistungen des Pensionsfonds ausdrücklich auf lebenslange Altersversorgungsleistungen einschließlich Invaliditäts- und Hinterbliebenenleistungen beschränkt. Mittlerweile erlaubt § 236 VAG aber auch die Gewährung eines Kapitalwahlrechtes.

Im Rahmen der Dienstleistungsfreiheit ist es auch ausländischen (europäischen) Pensionsfonds erlaubt, in Deutschland tätig zu werden. Für diese Fonds gelten dann die aufsichtsrechtlichen Bestimmungen des jeweiligen Heimatlandes und somit u.U. auch abweichende Leistungsarten. Es ist aber fraglich, ob die Beiträge an einen solchen Pensionsfonds als Betriebsausgabe geltend gemacht werden können. Denn § 4e EStG legt fest, dass nur Beiträge an einen Pensionsfonds gem. § 236 VAG steuerlich abzugsfähig sind.

Pensionsfonds zur Finanzierung von Beitragszusagen

276 Der nicht versicherungsförmige Pensionsfonds eignet sich hervorragend zur Finanzierung von tarifvertraglichen Beitragszusagen, da die Anlagevorschriften identisch sind. Deshalb ist davon auszugehen, dass insb. diejenigen Pensionsfonds, die bereits nicht versicherungsförmige Leistungen anbieten, auch entsprechende Produktangebote für Beitragszusagen entwickeln werden.

8.1 Steuerliche Behandlung beim Arbeitgeber

277 Nach § 4e EStG darf ein Arbeitgeber Beiträge an einen Pensionsfonds als Betriebsausgaben abziehen, soweit mit der Beitragszahlung festgelegte Versorgungsleistungen finanziert oder Fehlbeträge des Pensionsfonds ausgeglichen werden. Außerdem muss eine betriebliche Veranlassung vorliegen.

Ein notwendiger Ausgleich von Fehlbeträgen kann dadurch entstehen, dass der Pensionsfonds nicht für alle Leistungsversprechen sowohl die Leistungen als auch die hierfür erforderlichen Beiträge garantieren darf. Erreicht der Pensionsfonds die in Aussicht gestellten Leistungen mit den kalkulierten Beiträgen nicht, so muss das Trägerunternehmen den Differenzbetrag zusätzlich aufbringen. Das gilt selbstverständlich nicht für tarifvertragliche Beitragszusagen.

§ 4e EStG: Beiträge an Pensionsfonds

(1) Beiträge an einen Pensionsfonds im Sinne des § 236 des Versicherungsaufsichtsgesetzes dürfen von dem Unternehmen, das die Beiträge leistet (Trägerunternehmen), als Betriebsausgaben abgezogen werden, soweit sie auf einer festgelegten Verpflichtung beruhen oder der Abdeckung von Fehlbeträgen bei dem Fonds dienen.

(2) Beiträge im Sinne des Absatzes 1 dürfen als Betriebsausgaben nicht abgezogen werden, soweit die Leistungen des Fonds, wenn sie vom Trägerunternehmen unmittelbar erbracht würden, bei diesem nicht betrieblich veranlasst wären.

[...]

Da es keine weiteren Vorschriften zur steuerlichen Behandlung der Zuwendungen gibt, ist es nicht notwendig, dass die Beitragszahlung an den Pensionsfonds in gleichmäßigen Jahresbeiträgen (wie z.B. bei der rückgedeckten Unterstützungskasse) erfolgt. Es können z.B. einmalige Beiträge oder jährlich schwankende Beiträge eingezahlt werden. Auch die vollständige Übernahme eines bestehenden Versorgungswerkes durch einen Pensionsfonds ist gegen Zahlung eines Einmalbeitrages möglich (siehe Rn. 280 ff.). Einschränkungen bestehen allerdings in der Praxis durch die lohnsteuerliche Behandlung beim Arbeitnehmer.

Keine Aktivierung

Da der Pensionsfonds den Versorgungsberechtigten einen Rechtsanspruch auf die 278
Leistungen gewährt, ist das entsprechende Deckungskapital auch den Versorgungsberechtigten steuerlich zuzurechnen. Es ist deshalb beim Arbeitgeber nicht zu aktivieren.

Leistungen

Bei Eintritt des Versorgungsfalles werden die Leistungen i.d.R. direkt vom Pensionsfonds an die Versorgungsberechtigten ausgezahlt. Dies hat für den Arbeitgeber keine steuerlichen Auswirkungen. Da die Leistungen von den Arbeitnehmern als sonstige Einkünfte zu versteuern sind, trifft den Arbeitgeber auch keine Pflicht zur Abführung von Lohnsteuer.

8.2 Steuerliche Behandlung beim Arbeitnehmer

Die steuerliche Behandlung des Pensionsfonds beim Arbeitnehmer entspricht z.T. – aber eben nicht vollständig – derjenigen von Pensionskassen und Direktversicherungen.

279 Grundsätzlich zählen Zuwendungen des Arbeitgebers an einen Pensionsfonds zum steuerpflichtigen Einkommen des Arbeitnehmers, da er auf die entsprechenden Versorgungsleistungen einen Rechtsanspruch hat. Das gilt sowohl für laufende als auch für einmalige Beitragszahlungen. Unter bestimmten Voraussetzungen kann der Arbeitnehmer aber die folgenden Steuervorteile nutzen:

- steuerfreie Beiträge nach § 3 Nr. 63 EStG
- Riester-Förderung nach § 10a EStG
- steuerfreie Übernahme eines Versorgungswerkes nach § 3 Nr. 66 EStG

Die Möglichkeit der Pauschalbesteuerung nach § 40b EStG a.F. besteht beim Pensionsfonds nicht. Aufgrund der nach wie vor geringen Bedeutung der Riester-Förderung innerhalb der bAV wird diese steuerliche Variante nicht näher betrachtet.

Förderung nach § 3 Nr. 63 EStG

Pensionsfondsbeiträge können bei Erfüllung der Voraussetzungen und innerhalb der Grenzen des § 3 Nr. 63 EStG lohnsteuerfrei geleistet werden. Die Details der Förderung entsprechen denen der Direktversicherung.

Bei Eintritt des Versorgungsfalles

Die Besteuerung von Leistungen aus einem Pensionsfonds hängt davon ab, wie die Beiträge, auf denen diese Leistungen beruhen, steuerlich behandelt wurden.

Wurden die Beitragszahlungen nach § 3 Nr. 63 EStG steuerfrei belassen, so sind die daraus resultierenden späteren Leistungen nach § 22 Nr. 5 EStG voll steuerpflichtig.

Wurden die Beitragszahlungen zu einem Pensionsfonds aus individuell versteuertem Einkommen gezahlt, so sind die Rentenleistungen nur mit dem Ertragsanteil zu versteuern.

Übernahme bestehender Versorgungszusagen

280 Die Übernahme einer bestehenden Versorgung oder einer Unterstützungskassenversorgung durch einen Pensionsfonds wird gelegentlich mit der Übernahme nach § 4 BetrAVG verwechselt. Während aber § 4 BetrAVG die Übernahme von Anwartschaften ausgeschiedener Arbeitnehmer durch einen neuen Arbeitgeber regelt, stellt die Übernahme nach § 3 Nr. 66 EStG lediglich einen Wechsel des Durchführungsweges beim selben Arbeitgeber dar.

Arbeitsrechtliche Folgen

Durch den Wechsel von einer Pensionszusage zu einem Pensionsfonds ändert sich der Schuldner der Versorgung nicht, denn auch beim Pensionsfonds haftet der Arbeitgeber letztendlich für die Erfüllung der Versorgung. Da es sich somit um einen Wechsel des Durchführungsweges handelt, ist theoretisch noch nicht einmal die Zustimmung der betroffenen Arbeitnehmer oder die Mitbestimmung des Betriebsrates notwendig. Allerdings werden sich in der Praxis im Zuge der Übertragung der Verpflichtung immer Leistungsveränderungen ergeben, die eine Zustimmung erfordern.

Allein schon aus der veränderten steuerlichen Behandlung durch unterschiedliche Freibeträge bei den betroffenen Durchführungswegen kann es zu Verschlechterungen beim Arbeitnehmer kommen, die an anderen Stellen eventuell ausgeglichen werden müssen. Während die ursprüngliche Pensionszusage oder die Unterstützungskasse Einkünfte aus nichtselbstständiger Tätigkeit verursachen, gehören die Einkünfte aus dem Pensionsfonds zu den sonstigen Einkünften. In der Praxis dürfte es also so gut wie immer notwendig sein, die Zustimmung der Betroffenen einzuholen.

Da der Arbeitgeber durch die Übertragung auf den Pensionsfonds nicht auch aus seiner Haftung für die Zusage entlassen wird, kann auch anschließend die Firma nicht liquidiert werden.

Steuerrechtliche Folgen

Die Einzahlung eines Einmalbetrages in den Pensionsfonds zur Übernahme einer 281
Versorgung ist beim Arbeitgeber eine Betriebsausgabe. Beim Arbeitnehmer ist die Einzahlung grundsätzlich lohnsteuerpflichtig. Allerdings hat der Gesetzgeber in § 3 Nr. 66 EStG die Möglichkeit geschaffen, dass unter bestimmten Voraussetzungen die Einzahlung beim Arbeitnehmer lohnsteuerfrei bleibt.

§ 3 Nr. 66 EStG: Steuerfreie Einnahmen

Steuerfrei sind [...]

66. Leistungen eines Arbeitgebers oder einer Unterstützungskasse an einen Pensionsfonds zur Übernahme bestehender Versorgungsverpflichtungen oder Versorgungsanwartschaften durch den Pensionsfonds, wenn ein Antrag nach § 4d Absatz 3 oder § 4e Absatz 3 gestellt worden ist;

§ 4d Abs. 3 EStG: Zuwendungen an Unterstützungskassen

(3) Abweichend von [...] können auf Antrag die insgesamt erforderlichen Zuwendungen an die Unterstützungskasse für den Betrag, den die Kasse an einen Pensionsfonds zahlt, der eine ihr obliegende Versorgungsverpflichtung ganz oder teilweise übernommen hat, nicht im Wirtschaftsjahr der Zuwendung, sondern erst in den dem Wirtschaftsjahr der Zuwendung folgenden zehn Wirtschaftsjahren gleichmäßig verteilt als Betriebsausgaben abgezogen werden. Der Antrag ist unwiderruflich; der jeweilige Rechtsnachfolger ist an den Antrag gebunden.

§ 4e Abs. 3 EStG: Beiträge an den Pensionsfonds

(3) Der Steuerpflichtige kann auf Antrag die insgesamt erforderlichen Leistungen an einen Pensionsfonds zur teilweisen oder vollständigen Übernahme einer bestehenden Versorgungsverpflichtung oder Versorgungsanwartschaft durch den Pensionsfonds erst in den dem Wirtschaftsjahr der Übertragung folgenden zehn Wirtschaftsjahren gleichmäßig verteilt als Betriebsausgaben abziehen. Der Antrag ist unwiderruflich; der jeweilige Rechtsnachfolger ist an den Antrag gebunden. Ist eine Pensionsrückstellung nach § 6a gewinnerhöhend aufzulösen, ist Satz 1 mit der Maßgabe anzuwenden, dass die Leistungen an den Pensionsfonds im Wirtschaftsjahr der Übertragung in Höhe der aufgelösten Rückstellung als Betriebsausgaben abgezogen werden können; der die aufgelöste Rückstellung übersteigende Betrag ist in den dem Wirtschaftsjahr der Übertragung folgenden zehn Wirtschaftsjahren gleichmäßig verteilt als Betriebsausgaben abzuziehen. Satz 3 gilt entsprechend, wenn es im Zuge der Leistungen des

Arbeitgebers an den Pensionsfonds zu Vermögensübertragungen einer Unterstützungskasse an den Arbeitgeber kommt.

282 Nach § 3 Nr. 66 EStG bleiben die Zahlungen in den Pensionsfonds nur unter folgenden Voraussetzungen beim Arbeitnehmer steuerfrei:

- Bei einer Unterstützungskasse muss der Arbeitgeber gem. § 4d Abs. 3 EStG beantragen, die zur Finanzierung der Auslagerung zusätzlich erforderlichen Zuwendungen an die Kasse nicht sofort, sondern über zehn Jahre verteilt als Betriebsausgaben geltend zu machen.
- Bei einer Pensionszusage muss der Arbeitgeber beantragen, dass nur in Höhe der aufzulösenden Rückstellungen eine sofortige Betriebsausgabe geltend gemacht wird. Der die aufzulösenden Rückstellungen übersteigende Teil der Zahlung an den Pensionsfonds für die Übernahme der Versorgung wird dann antragsgemäß gleichmäßig auf die folgenden zehn Jahre verteilt.

Durch den Wechsel von einer Pensionszusage oder einer Unterstützungskasse zum Pensionsfonds bleibt es somit bei der nachgelagerten Besteuerung für den Arbeitnehmer, sofern der Antrag vom Arbeitgeber auf Verteilung der Betriebsausgaben gestellt wird. Im Ergebnis wird der Arbeitgeber somit gezwungen, die erforderlichen zusätzlichen Betriebsausgaben über zehn Jahre zu verteilen. Dieser gesetzliche Zwang gilt aber nicht unmittelbar, sondern über die Verweigerung der lohnsteuerlichen Begünstigung, wenn der Arbeitgeber die Verteilung auf zehn Jahre nicht freiwillig vornimmt.

Beim Arbeitnehmer sind die späteren Leistungen allerdings nicht mehr Einkünfte aus nichtselbstständiger Arbeit, sondern sonstige Einkünfte. Um die Nachteile der geringeren Freibeträge bei Pensionsfonds etwas auszugleichen, hat der Gesetzgeber für Rentner eine Sonderregelung geschaffen: Wird eine Pensionszusage oder eine Unterstützungskassenversorgung, die bereits laufende Leistungen gewährte, auf einen Pensionsfonds übertragen, so kann der Rentner bei Fälligkeit der Leistungen trotzdem den Versorgungsfreibetrag und Zuschlag zum Versorgungsfreibetrag nach § 19 Abs. 2 EStG und den Arbeitnehmer-Pauschbetrag nach § 9a S. 1 Nr. 1 EStG geltend machen.

Bedeutung des Past Services

283 § 3 Nr. 66 EStG stellt „Leistungen zur Übernahme bestehender Versorgungsverpflichtungen oder Versorgungsanwartschaften“ von der Steuer frei. Die Finanzverwaltung interpretiert diese Regelung allerdings dahingehend, dass dies nur für den bis zur Auslagerung erdienten Teil gilt, den sog. „Past Service“. Bei unverfallbar Ausgeschiedenen und Rentnern ist ohne Zweifel stets die volle Anwartschaft als erdient anzusehen. Für die Auslagerung der Verpflichtungen gegenüber aktiven Arbeitnehmern muss deshalb zunächst der bis zum Auslagerungszeitpunkt erdiente Teil der Versorgung berechnet werden. Auch hierzu gibt es restriktive Regelungen der Finanzverwaltung, deren Details den Rahmen einer Einführung sprengen würden. Der BFH hat die diesbezüglichen Vorgaben des BMF-Schreibens vom 10.7.2015 mit Urteil vom 20.11.2019 (XI R 42/18) bestätigt.

Praxistipp

Bei der Auslagerung von Pensionsverpflichtungen aus einer unmittelbaren Pensionszusage gegenüber noch aktiven Arbeitnehmern kommt es damit im Jahr der Auslagerung regelmäßig zu einer Gewinnerhöhung. Denn nur der nach Maßgabe des BMF bzw. BFH bereits erdiente Teil der Pensionsrückstellungen nach § 6a EStG kann als Einmalbeitrag nach § 4e Abs. 3 EStG steuerlich als Betriebsausgabe geltend gemacht werden. Wird auch der zukünftig erdienbare Teil ausgelagert, dann wird auch dieser Teil der Rückstellungen aufgelöst. Da ein laufender Beitrag für die zukünftig erdienbaren Teile im Jahr der Auslagerung meist geringer ist als die aufzulösenden Rückstellungen, entsteht zusätzlicher Gewinn. Dies verwundert manche Arbeitgeber, die davon ausgehen, dass im Jahr der Auslagerung der Vorgang steuerneutral erfolgen sollte.

Die noch in der Zukunft zu erdienenden Ansprüche eines aktiven Arbeitnehmers müssen über Beiträge finanziert werden, die lediglich in den engen Grenzen des § 3 Nr. 63 EStG, nicht aber nach § 3 Nr. 66 EStG lohnsteuerfrei sind. Häufig reicht hierfür das steuerliche Fördervolumen des § 3 Nr. 63 EStG bei Weitem nicht aus. Aus diesem Grund werden in der Praxis für die zukünftig zu erdienenden Ansprüche häufig Zuwendungen zu einer rückgedeckten Unterstützungskasse geleistet, da diese Zuwendungen für den Arbeitnehmer – ohne Obergrenzen – in jedem Fall lohnsteuerfrei sind.

Pensionsfonds ohne Garantieleistungen

Um den erforderlichen Einmalbeitrag zur Auslagerung einer Zusage deutlich zu reduzieren, können Pensionsfonds anstelle des Garantiezinses von 0,9 % mit einem wesentlich höheren, marktgerechten Zins kalkulieren, wenn die Arbeitgeber sich verpflichten, für eventuelle Fehlbeträge aufzukommen. Hierdurch reduziert sich der zum Zeitpunkt der Auslagerung erforderliche Einmalbeitrag ganz erheblich. 284

Wird allerdings die zugrunde gelegte Verzinsung nicht erreicht und unterschreitet das Kapital des Pensionsfonds in der Leistungsphase das benötigte Deckungskapital, so muss der Arbeitgeber Nachschussbeträge leisten. Diese Nachschussbeträge sind steuerlich wiederum auf zehn Jahre zu verteilen.

Praxistipp

In der Praxis scheitern viele geplante Auslagerungen von Pensionszusagen bzw. Pensionsrückstellungen auf einen Pensionsfonds an dem erforderlichen hohen Einmalbeitrag. Denn um die Versorgung auszufinanzieren, liegt der notwendige Einmalbeitrag weit oberhalb der Pensionsrückstellungen nach § 6a EStG und meistens auch ein Stück oberhalb der Pensionsrückstellungen nach HGB. Das liegt insb. an den unterschiedlichen Rechnungsgrundlagen. Alternativ kann deshalb darüber nachgedacht werden, die Versorgung vollständig über eine Unterstützungskasse gegen laufenden Beitrag auszufinanzieren oder den Past Service als Pensionszusage weiterzuführen und lediglich den Future Service auszulagern.

8.3 Vor- und Nachteile des Pensionsfonds

285 Auch die Vor- und Nachteile des Pensionsfonds decken sich in weiten Teilen mit denen der Pensionskasse und der Direktversicherung:

- Recht auf Entgeltumwandlung erfüllt
- alle Zusagearten möglich
- kein Bilanzausweis beim Trägerunternehmen
- Versorgung junger Arbeitnehmer möglich
- private Weiterführung nach Ausscheiden möglich
- § 10a-EStG-Förderung
- steuerfreie Einzahlungen nach § 3 Nr. 63 EStG

Kein versicherungsvertragliches Verfahren

Anders als bei der Pensionskasse und der Direktversicherung ist beim Pensionsfonds das versicherungsvertragliche Verfahren beim vorzeitigen Ausscheiden von Arbeitnehmern nicht möglich. Die Versorgung kann deshalb bei vorzeitigem Ausscheiden eines Arbeitnehmers nicht mitgegeben werden, sondern muss innerhalb des Pensionsfonds ggf. beitragsfrei weitergeführt werden.

PSV-Beitragspflicht

Bei der Versorgung durch einen Pensionsfonds sieht das Betriebsrentengesetz keine Möglichkeit vor, die Beitragspflicht zum PSVaG zu vermeiden. Allerdings stellt die Höhe des Beitrages keine echte finanzielle Belastung dar, da er nur 20 % des Beitrages einer vergleichbaren Pensionszusage ausmacht. Die Bemessungsgrundlage für die Höhe der Beiträge muss aber jährlich durch ein versicherungsmathematisches Gutachten nachgewiesen werden.

Steuerfreie Auslagerung von Versorgungswerken

286 Der Pensionsfonds ist der einzige externe Durchführungsweg, der eine sofortige lohnsteuerfreie Auslagerung einer bestehenden Versorgung ermöglicht. Zudem können dafür auch Betriebsausgaben geltend gemacht werden, wenngleich Teile davon i.d.R. erst in den zehn auf die Auslagerung folgenden Jahren angesetzt werden können.

Keine Lohnsteuerpauschalierung

Einzahlungen in einen Pensionsfonds sind beim begünstigten Arbeitnehmer entweder steuerfrei (bzw. Sonderausgaben) oder aber individuell zu versteuern. Die Möglichkeit der Lohnsteuerpauschalierung nach § 40b EStG a.F., verbunden mit der günstigen Ertragsanteilbesteuerung der Leistungen, gibt es nicht. Eine Besteuerung mit dem Ertragsanteil gilt nur dann, wenn die Beiträge aus individuell versteuertem Gehalt gezahlt wurden.

Übersicht: Die Durchführungswege im Vergleich 287

	Pensionszusage	Rückgedeckte Unterstützungskasse	Direktversicherung
§ 10a EStG-Förderung möglich	Nein	Nein	Ja
Lohnsteuerpauschalierung nach § 40b EStG möglich	Nein	Nein	Ja
Nachgelagerte Besteuerung	Immer	Immer	Bei § 10a-EStG Förderung und § 3 Nr. 63 EStG
Lohnsteuerfreie Übernahme von Versorgungswerken gegen Einmalbeitrag	Möglich	Nur für Rentner	Nicht möglich
Pflicht zum Bilanzausweis	Ja	Nein	Nein
Lohnsteuerliche Begrenzung der Beitragshöhe	Nein	Nein	Ja
Steuerliche Begrenzung der Leistungshöhe	Nein	Ja	Nein
Beitragszusage mit Mindestleistung möglich	Nein	Nein	Ja
Recht auf Entgeltumwandlung erfüllbar	Nein	Nein	Ja
Beliebige Hinterbliebene möglich	Nein	Nein	Nur bei § 40b-EStG a.F. Förderung
Versorgung junger Arbeitnehmer möglich	Ab 23 Jahren oder Entgeltumwandlung	Ab 23 Jahren oder Entgeltumwandlung	Ja
Art der Leistung	Kapital oder Rente	Kapital oder Rente	Kapitalabfindung oder Rente
PSV-Beitragspflicht vermeidbar	Nein	Nein	Ja
Anlagevorschriften	Keine	Keine	VAG
Versicherungsvertragliches Verfahren bei Ausscheiden	Nein	Nein	Ja, außer bei Beitragszusagen
Private Weiterführung bei Ausscheiden möglich	Nein	Bedingt	Ja

	Pensionszusage	Rückgedeckte Unterstützungskasse	Direktversicherung
Sozialversicherungsfreiheit bei Arbeitgeber-Finanzierung	Ja	Ja	Bis 4 % der BBG p.a. und im Rahmen des § 40b EStG a.F.
Sozialversicherungsfreiheit bei Entgeltumwandlung	Bis 4 % der BBG p.a.	Bis 4 % der BBG p.a.	Bis 4 % der BBG p.a. und im Rahmen des § 40b EStG a.F.

Tab. 12: Übersicht: Die Durchführungswege im Vergleich

9 Die tarifvertragliche Beitragszusage nach §§ 21 f. BetrAVG

Mit der Einführung einer reinen Beitragszusage (BZ) durch das BRSG verfolgt der Gesetzgeber das Ziel, durch den Verzicht auf garantierte Mindestleistungen eine Kapitalanlage zu ermöglichen, die auf lange Sicht vermutlich zu höheren Erträgen führt. Der Verzicht auf Garantien wird in der Praxis mit dem Begriff „Zielrente“ umschrieben. 288

Gewährt ein Arbeitgeber eine reine BZ, so haftet er ausschließlich für die ordnungsgemäße Zahlung des Beitrags. Sämtliche darüber hinausgehende Ansprüche der Arbeitnehmer richten sich direkt gegen die Versorgungseinrichtung.

Da sich der Gesetzgeber offensichtlich selbst nicht ganz sicher war, ob dieses Konzept am Ende nicht zu Lasten der versorgungsberechtigten Arbeitnehmer geht, hat er die Einführung einer BZ an zahlreiche gesetzliche Bedingungen geknüpft.

9.1 Gesetzliche Rahmenbedingungen

Die BZ ist ausschließlich im Rahmen von Tarifverträgen möglich. Sie wird deshalb häufig auch „Sozialpartnermodell“ genannt. Die zukünftige Bedeutung tarifvertraglicher Regelungen zur bAV zeigt sich auch darin, dass der Gesetzgeber einen eigenen Abschnitt 7 „Betriebliche Altersversorgung und Tarifvertrag“ ins BetrAVG aufgenommen hat. Einerseits geht der Gesetzgeber davon aus, dass Gewerkschaften und Arbeitgeberverbände gleichberechtigte und kompetente Verhandlungspartner sind, andererseits traut er ihnen aber offensichtlich doch nicht ganz. Deshalb gibt es auch für tarifvertragliche bAV-Regelungen zusätzliche gesetzliche Mindeststandards. Für die BZ sind diese in den §§ 21–25 BetrAVG geregelt.

Pflichten der Tarifvertragsparteien

Die Tarifvertragsparteien dürfen nicht einfach nur eine Vereinbarung zur BZ schließen, sie müssen sich auch an der Durchführung und Steuerung der BZ beteiligen. Nach der Gesetzesbegründung ist darunter eine Beteiligung bei der Einführung und Implementierung der Zusage zu verstehen, z.B. durch Mitgliedschaft im Aufsichtsrat der Versorgungseinrichtung (§ 21 BetrAVG). Daraus folgt, dass der Tarifvertrag zwingend auch die durchführende Versorgungseinrichtung und die detaillierten Versorgungsregelungen enthalten muss. Da sich nicht tarifgebundene Arbeitgeber nur an einen Tarifvertrag zur BZ anlehnen können, wenn ihnen auch der Zugang zur durchführenden Versorgungseinrichtung ermöglicht wird, fordert der Gesetzgeber die Tarifvertragsparteien in § 22 Abs. 3 BetrAVG auf, nicht tarifgebundenen Arbeitgebern den Zugang nicht zu verwehren. Es handelt sich aber nur um eine „Soll-Vorschrift“. Das bedeutet, dass die Tarifvertragsparteien sich nicht daran halten müssen. Ebenso „sollen“ die Arbeitnehmer die Möglichkeit erhalten, auf eigenen Wunsch die vereinbarten Beiträge auch in einen Durchführungsweg mit Garantieleistungen zu investieren.

Pflichten der Versorgungseinrichtung

In § 22 Abs. 1 BetrAVG ist indirekt festgelegt, dass die BZ nur über Direktversicherung, Pensionskasse oder Pensionsfonds durchgeführt werden kann. Für alle drei Durchführungswege gibt es zur Durchführung der BZ spezielle Anlagevorschriften (§ 25 BetrAVG, §§ 33–40 der Pensionsfonds-Aufsichtsverordnung, §§ 244 a) bis d) des VAG), die von der Versorgungseinrichtung zwingend eingehalten werden müssen. Zusätzlich ist geregelt, dass ausschließlich lebenslange Leistungen gewährt werden dürfen, die der Höhe nach nicht garantiert werden dürfen. Das bedeutet, dass auch bereits laufende Renten jederzeit reduziert werden können und müssen, wenn das Vermögen der Versorgungseinrichtung weniger als 90 % des Wertes beträgt, der nach aktuellen Rechnungsgrundlagen notwendig wäre. Umgekehrt müssen die Leistungen erhöht werden, wenn der Deckungsgrad über 125 % liegt. Die Versorgungseinrichtung darf also maximal einen Puffer i.H.v. 25 % aufbauen.

Bei der Durchführung über einen Pensionsfonds gelten für die BZ dieselben Anlagevorschriften wie auch für den nicht versicherungsförmig kalkulierenden Pensionsfonds. Deshalb werden vermutlich diejenigen Pensionsfonds, die heute bereits eine versicherungsfreie Kalkulation anbieten, überwiegend auch in die neue Beitragszusage „einsteigen".

Pflichten des Arbeitgebers

Sofern es der Tarifvertrag und die Versorgungseinrichtung erlauben, kann sich auch ein nicht tarifgebundener Arbeitgeber an einen Tarifvertrag anlehnen. Es muss aber zwingend der einschlägige Tarifvertrag sein, also der, der gelten würde, wenn der Arbeitgeber tarifgebunden wäre (§ 24 BetrAVG).

Der Gesetzgeber hat die Tarifvertragspartner aufgefordert den Arbeitgeber zu verpflichten, zusätzlich zu den Beiträgen für die Arbeitnehmer einen sog. Sicherungsbeitrag an die Versorgungseinrichtung zu zahlen (§ 23 Abs. 1 BetrAVG). Dies ist nur eine „Soll"-Vorschrift. Es ist allerdings zu erwarten, dass gerade Gewerkschaften nur dann der BZ zustimmen, die keinerlei Garantien beinhalten, wenn es diesen zusätzlichen Sicherungsbeitrag des Arbeitgebers gibt. Diesen Sicherungsbeitrag sieht der Gesetzgeber einerseits als Gegenleistung für die entfallende Haftung des Arbeitgebers und andererseits zum Aufbau eines Sicherungspuffers, um schwankende Kapitalerträge ausgleichen zu können. Dieser Sicherungsbeitrag ist nicht als individueller Zusatzbeitrag je Arbeitnehmer gedacht, sondern als pauschale Zusatzleistung des Arbeitgebers zur Absicherung der Kapitalanlage. Wenn der Sicherungsbeitrag nicht dem einzelnen Arbeitnehmer zugerechnet wird, ist er auch nach § 3 Nr. 63a EStG steuerfrei.

Bei einer BZ durch Entgeltumwandlung ist der Arbeitgeber nach § 23 Abs. 2 BetrAVG verpflichtet, dem Arbeitnehmer einen Zuschuss von 15 % zu gewähren, soweit der Arbeitgeber hierdurch Sozialversicherungsbeiträge spart. Dieser Zuschuss ist nach § 22 Abs. 2 BetrAVG sofort unverfallbar. Er entspricht damit für die BZ den Regelungen des § 1a Abs. 1a BetrAVG für alle anderen Entgeltumwandlungen im Rahmen der bAV.

Darüber hinaus hat der Arbeitgeber bei der BZ keine weiteren Pflichten oder Haftungsrisiken.

9.2 Arbeitsrechtliche Besonderheiten

Keine Subsidiärhaftung des Arbeitgebers 289

In der Vergangenheit (bis einschließlich 2017) galt für alle Durchführungswege und alle Zusagearten der arbeitsrechtliche Grundsatz, dass der Arbeitgeber stets für die zugesagten Leistungen haftet, auch wenn die Durchführung über einen externen Träger erfolgt. Entsprechend richteten sich auch alle arbeitsrechtlichen Ansprüche, z.B. bei vorzeitigem Ausscheiden, vorzeitigem Rentenbeginn, stets gegen den Arbeitgeber. Dieses Konzept gilt für die tarifvertragliche BZ nicht.

§ 1 Zusage des Arbeitgebers auf betriebliche Altersversorgung

(1) […] Der Arbeitgeber steht für die Erfüllung der von ihm zugesagten Leistungen auch dann ein, wenn die Durchführung nicht unmittelbar über ihn erfolgt.

(2) Betriebliche Altersversorgung liegt auch vor, wenn

1. *[…]*
2. *der Arbeitgeber durch Tarifvertrag oder aufgrund eines Tarifvertrages in einer Betriebs- oder Dienstvereinbarung verpflichtet wird, Beiträge zur Finanzierung von Leistungen der betrieblichen Altersversorgung an einen Pensionsfonds, eine Pensionskasse oder eine Direktversicherung zu zahlen; die Einstandspflicht des Arbeitgebers nach Absatz 1 Satz 3 besteht nicht (reine Beitragszusage).*

Bei der BZ richten sich alle Ansprüche der Arbeitnehmer (bis auf den Anspruch auf bAV und auf Beitragszahlung inkl. Zuschuss) direkt gegen die Versorgungseinrichtung. Die entsprechenden Regelungen hierzu finden sich in § 22 BetrAVG.

§ 22 BetrAVG: Arbeitnehmer und Versorgungseinrichtung

[…]

(2) Die auf den gezahlten Beiträgen beruhende Anwartschaft auf Altersrente ist sofort unverfallbar. Die Erträge der Versorgungseinrichtung müssen auch dem ausgeschiedenen Arbeitnehmer zugutekommen.

(3) Der Arbeitnehmer hat gegenüber der Versorgungseinrichtung das Recht,

1. *nach Beendigung des Arbeitsverhältnisses*

a) *die Versorgung mit eigenen Beiträgen fortzusetzen oder*

b) *innerhalb eines Jahres das gebildete Versorgungskapital auf die neue Versorgungseinrichtung, an die Beiträge auf der Grundlage einer reinen Beitragszusage gezahlt werden, zu übertragen,*

13. *entsprechend § 4a Auskunft zu verlangen und*

14. *entsprechend § 6 vorzeitige Altersleistungen in Anspruch zu nehmen.*

[…]

Die auf den Beiträgen beruhende Anwartschaft ist sofort gesetzlich unverfallbar, unabhängig davon, ob es sich um Entgeltumwandlung oder arbeitgeberfinanzierte Beiträge handelt. Scheidet der Arbeitnehmer vorzeitig aus, bestimmt sich die Höhe der unverfallbaren Anwartschaft anhand der gezahlten Beiträge sowie aller daraus bis zum Versorgungsfall erwirtschafteten Erträge (gezahlte Beiträge zzgl. Erträge). Die Erträge der Versorgungseinrichtung müssen ausdrücklich auch dem ausgeschiedenen Arbeitnehmer zugutekommen. Da es keinerlei Garantien gibt, könnten bis zum Versorgungsfall statt Erträgen auch Verluste anfallen.

Der Arbeitnehmer kann seine Versorgung wahlweise auch mit eigenen Beiträgen fortführen oder das Kapital innerhalb eines Jahres auf einen anderen Versorgungsträger mit Beitragszusage übertragen lassen. Eine Übertragung auf einen anderen Durchführungsweg bzw. eine andere Zusageart kann der Ausscheidende nicht erzwingen. Unklar ist, ob eine einvernehmliche Übertragung auf eine andere Zusageart (z.B. auf eine Direktversicherung beim neuen Arbeitgeber) möglich ist. Nicht gesetzlich geregelt, aber wohl möglich, ist auch die Fortführung der Versorgung beim bisherigen Versorgungsträger mit Beitragszahlung durch den neuen Arbeitgeber.

Die Anwendung von § 6 BetrAVG bei vorzeitigem Rentenbeginn sowie von § 3 BetrAVG in Bezug auf die Abfindungsmöglichkeit von Kleinstanwartschaften sind ebenfalls in § 22 BetrAVG ausdrücklich auch für die Beitragszusage geregelt.

Die Anpassungsverpflichtung des § 16 BetrAVG gilt nicht für die BZ, weil die Anpassung sich hier ausschließlich nach den finanziellen Verhältnissen der Versorgungseinrichtung richtet. Ebenso erübrigt sich ein Insolvenzschutz durch den PSVaG, weil die Beitragszusage keinerlei Garantieleistungen gewährt, die vom PSVaG zu schützen wären.

Somit sind die arbeitsrechtlichen Regelungen bei der tarifvertraglichen BZ einfacher und kürzer als bei allen anderen Zusagearten.

9.3 Steuerliche Behandlung

Für die steuerliche Behandlung der tarifvertraglichen Beitragszusage gibt es keine eigenen Vorschriften. Die steuerliche Behandlung richtet sich somit nach dem gewählten Durchführungsweg. Da die Durchführung nur über Direktversicherung, Pensionskasse oder Pensionsfonds möglich ist, wird i.d.R. die steuerfreie Beitragszahlung nach § 3 Nr. 63 EStG greifen.

Grundsätzlich ist aber auch eine Pauschalbesteuerung nach § 40b EStG a.F. möglich, sofern die Voraussetzungen hierfür erfüllt sind und die Durchführung über Pensionskasse oder Direktversicherung erfolgt. Auch die Förderung für Geringverdiener nach § 100 EStG ist grundsätzlich bei einer Beitragszusage möglich.

10 Betriebliche Altersversorgung für Gesellschafter-Geschäftsführer

Die bAV hat für leitende Angestellte, z.B. Geschäftsführer, eine besondere Bedeutung. 290
Je weiter das Einkommen über der BBG liegt, desto tiefer klafft die Versorgungslücke. Geschäftsführer, die maßgeblich als Gesellschafter am Unternehmen beteiligt sind, haben u.U. sogar gar keine Ansprüche aus der gesetzlichen Rentenversicherung, wenn sie mangels abhängiger Beschäftigung i.S.d. § 7 Abs. 1 SGB IV nicht der Sozialversicherungspflicht unterliegen. Aus diesem Grund sind die sog. beherrschenden Gesellschafter-Geschäftsführer (im Folgenden: GGF) eine besonders wichtige Zielgruppe für die bAV.

Die Gestaltung der Versorgung hängt sehr stark davon ab, in welchem Ausmaß der Geschäftsführer an der Gesellschaft beteiligt ist, d.h., ob er als beherrschend, nicht beherrschend oder als Fremdgeschäftsführer einzuordnen ist. Die Frage, wann ein GGF als beherrschend oder nicht beherrschend gilt, wird in Arbeits-, Sozial- und Steuerrecht unterschiedlich beurteilt.

10.1 Arbeitsrechtliche Besonderheiten

10.1.1 Anwendbarkeit des BetrAVG

Arbeitsrechtlich ist zunächst die Frage zu klären, ob das BetrAVG auf die Versorgung des GGF anzuwenden ist. Das BetrAVG ist ein Arbeitnehmer-Schutzgesetz, das grundsätzlich nur für Arbeitnehmer gilt. Deshalb sind auch nur Pensionszusagen an einen Fremdgeschäftsführer oder einen nicht beherrschenden GGF geschützt. Hat der GGF kraft seiner Beteiligung eine beherrschende Stellung, ist er nicht als Arbeitnehmer, sondern als Unternehmer zu betrachten. Das BetrAVG kommt für ihn nicht zur Anwendung.

Nach der Rechtsprechung des BGH und des BAG ist ein GGF in folgenden Fällen als beherrschend anzusehen:

- Der GGF hält mindestens 50 % (oder mehr) der Kapital- und Stimmrechtsanteile.
- Der GGF hält zwar nur eine Minderheitsbeteiligung von mindestens 10 %,
  - Er kann jedoch aufgrund einer im Gesellschaftsvertrag oder in anderer Weise festgelegten Stimmrechtsverteilung einen beherrschenden Einfluss ausüben oder
  - Er verfügt zusammen mit anderen Geschäftsführern oder Personen mit geschäftsführerähnlicher Leitungsmacht und Minderheitsbeteiligung am Kapital und/oder den Stimmrechten der GmbH über eine Mehrheit der Kapital- und/oder Stimmrechtsanteile und es besteht eine „gleichgerichtete Interessenlage“ hinsichtlich der bAV.

Ob eine arbeitsrechtliche Beherrschung vorliegt, kann in der Praxis auch mit Hilfe des entsprechenden Merkblatts 300/M1 (Stand Juni 2020) des PSVaG geprüft werden, in dem die einzelnen Kriterien zur Prüfung dargelegt sind. Anhand der darin genannten Kriterien prüft der PSVaG im Insolvenzfall auch seine Leistungspflicht. Liegen die Voraussetzungen für eine Beherrschung vor, verweigert der PSVaG Leistungen.

10.1.2 Folgen für beherrschende Gesellschafter-Geschäftsführer

Arbeitsrechtlich beherrschende GGF fallen als Unternehmer nicht in den Anwendungsbereich des BetrAVG. Sollen für sie die Schutzrechte des BetrAVG trotzdem gelten, ist es erforderlich, alle wesentlichen Eckpunkte schriftlich zu regeln. Von besonderer Bedeutung sind insb. Regelungen zur Unverfallbarkeit, zur Anpassung laufender Leistungen und zur Insolvenzsicherung.

Unverfallbarkeit

291 In der Praxis wird häufig die Gewährung einer vertraglichen Unverfallbarkeit ab Beginn oder die Gewährung des vollen Rentenanspruches bei unverfallbarem Ausscheiden gewünscht. Regelungen in dieser Form sind rechtlich durchaus möglich. Steuerlich werden sie aber nur dann anerkannt, wenn die Höhe des unverfallbaren Rentenanspruches bei Pensionszusagen maximal dem zeitratierlich erdienten Teil der Versorgung ab Zusagedatum entspricht. Würde nämlich bei beherrschenden Gesellschafter-Geschäftsführern die Höhe des Rentenanspruches einer unverfallbaren Rente auf Basis des Betriebseintrittes berechnet, so würden auch Zeiten einbezogen werden, in denen die Pensionszusage noch nicht erteilt wurde, mit der Folge, dass gegen das sog. „Nachzahlungsverbot“ bei beherrschenden Gesellschafter-Geschäftsführern verstoßen würde. Bei Versorgung des GGF über eine rückgedeckte Unterstützungskasse ergibt sich die Höhe der Versorgung i.d.R. aus dem Wert der Rückdeckungsversicherung der Unterstützungskasse, die frühestens zum Zusagezeitpunkt abgeschlossen wurde.

Anpassung laufender Leistungen

292 Ohne ausdrückliche vertragliche Vereinbarung hat der GGF als späterer Rentner keinen Anspruch auf regelmäßige Anpassung seiner laufenden Rentenbezüge. Eine vorher nicht vereinbarte, aber trotzdem vorgenommene Anpassung führt wiederum zu steuerlichen Problemen. Deshalb ist es wichtig, in die Versorgungszusage eine entsprechende Regelung zur Anpassung aufzunehmen. Bei Pensionszusagen bietet es sich an, eine feste jährliche Rentensteigerung von 1 % bis maximal 3 % der Vorjahresrente zu vereinbaren, weil eine garantierte Rentensteigerung dann von Anfang an zu höheren Pensionsrückstellungen führt. Bei der rückgedeckten Unterstützungskasse kann die Rentenanpassung auf die Rentensteigerung der laufenden Rente aus der Überschussbeteiligung begrenzt werden. Eine Mindestanpassung gibt es beim GGF nicht, da er nicht dem BetrAVG unterliegt.

Insolvenzschutz

293 Der gesetzliche Insolvenzschutz durch den PSVaG kann für den beherrschenden GGF auch nicht durch vertragliche Vereinbarung erreicht werden. Selbst wenn ein beherrschender GGF regelmäßig Beiträge an den PSVaG abführt, kann er daraus im

Insolvenzfall keine Ansprüche gegen den PSVaG ableiten. Denn der PSVaG kommt ausschließlich für gesetzlich unverfallbare Anwartschaften auf. Um die Versorgung des GGF dennoch für den Fall der Insolvenz der Gesellschaft abzusichern, sind anderweitige vertragliche Regelungen notwendig.

Der in der Praxis am häufigsten gewählte Weg eines vertraglichen Insolvenzschutzes ist die Verpfändung von Rückdeckungsversicherungen oder Investmentfondsanteilen zugunsten des GGF und seiner Hinterbliebenen. Durch die Verpfändung erhält der GGF gegenwärtig keine Rechte, was insb. aus steuerlicher Sicht wichtig ist. Er kann aber sicher sein, dass seine Versorgungsansprüche im Insolvenzfall vorrangig befriedigt werden und der Insolvenzverwalter bzw. die Gläubiger bis zur Höhe des vertraglichen Versorgungsanspruches keinen Zugriff auf das verpfändete Vermögen haben.

Der Insolvenzverwalter hat zwar die Möglichkeit, eine bestehende und verpfändete Rückdeckungsversicherung zu kündigen. Er ist aber verpflichtet, den Rückkaufswert zu hinterlegen. Findet der Insolvenzverwalter allerdings einen Anlass, die Zusage selbst zu widerrufen, so geht auch die Verpfändung der Versicherung ins Leere, da ja der zugrunde liegende Anspruch nicht mehr besteht. Bei der Pensionszusage kann der Insolvenzverwalter dann frei über die Versicherung verfügen. Bei der rückgedeckten Unterstützungskasse bleibt die (dann nicht mehr verpfändete) Versicherung Teil des Kassenvermögens, das auf den PSVaG übergeht, sofern über die Unterstützungskasse auch noch andere Arbeitnehmer versorgt wurden, für deren Versorgung der PSVaG aufkommt.

Praxistipp

Die Verpfändung der Ansprüche aus den vorhandenen Rückdeckungsmitteln an den Gesellschafter-Geschäftsführer bedarf der Zustimmung der Gesellschafterversammlung in Form eines entsprechendes Gesellschafterbeschlusses. Ansonsten besteht die Gefahr, dass die Verpfändung der Rückdeckungsmittel als unwirksam anzusehen ist.

10.2 Sozialversicherungsrechtliche Besonderheiten

Abhängiges Beschäftigungsverhältnis

Die Frage, unter welchen Voraussetzungen ein Geschäftsführer von der Sozialver- 294
sicherungspflicht in allen Zweigen der Sozialversicherung und damit auch in der gesetzlichen Rentenversicherung befreit ist, ist nach den Abgrenzungskriterien der sozialgerichtlichen Rechtsprechung zu entscheiden. Im Einzelfall ist zu prüfen, ob der GGF im Rahmen einer selbstständigen Tätigkeit für die Gesellschaft tätig wird oder ob ein sozialversicherungspflichtiges, abhängiges Beschäftigungsverhältnis i.S.d. § 7 Abs. 1 SGB IV vorliegt.

Bei einer Kapital- bzw. Stimmrechtsbeteiligung am Unternehmen von mindestens 50 % geht die Rechtsprechung im Allgemeinen davon aus, dass eine sozialversicherungsfreie Beschäftigung vorliegt.

295 Bei einer Kapitalbeteiligung von unter 50 % ist eine abhängige Beschäftigung grundsätzlich dann zu verneinen, wenn der GGF über eine Sperrminorität verfügt und damit ihm unliebsame Entscheidungen der Gesellschaft verhindern kann.

Ein solcher Fall liegt beispielsweise vor, wenn der GGF nach dem Gesellschaftsvertrag zwar nur über 45 % der Anteile am Stammkapital verfügt, die Gesellschafterbeschlüsse aber nur einstimmig oder mit Mehrheit von 3⁄4 aller abgegebenen Stimmen zu fassen sind. Es kann dann nämlich in der Gesellschaft keine Entscheidung ohne den GGF getroffen werden.

296 Sind die kapital- und stimmrechtsmäßigen Kriterien für eine selbstständige Tätigkeit nicht erfüllt, so können weitere Indizien trotzdem zu einer nicht abhängigen Beschäftigung führen. Das kann z.B. dann der Fall sein, wenn der GGF völlig weisungsfrei arbeitet und/oder weitgehende Kontovollmachten hat. In der Vergangenheit kam es dabei auf die tatsächlichen Verhältnisse im Unternehmen an, auch wenn diese anders gelebt wurden als es vertraglich vereinbart war. Auf Basis mehrerer BSG-Urteile vom 29.8.2012 (z.B. B 12 KR 25/10) haben die GKV-Spitzenverbände per Rundschreiben vom 9.4.2014 ihre diesbezügliche Prüfpraxis geändert: Seit diesem Zeitpunkt spielen die tatsächlichen Verhältnisse bei der Beurteilung der Tätigkeit keine Rolle, wenn diese dem Arbeitsvertrag widersprechen. Denn vertraglich nicht zugesicherte Vollmachten oder Entscheidungsbefugnisse können von den Gesellschaftern jederzeit widerrufen werden. Auch ein besonderes Engagement aufgrund enger familiärer Bindung kann jederzeit – z.B. bei Streit in der Familie – beendet werden.

297 Bescheide auf Basis der alten Rechtslage werden aus formalen Gründen erfahrungsgemäß weiter anerkannt, solange sich an den dem Bescheid zugrunde liegenden Verhältnissen nichts ändert. Bei einer Veränderung der Verhältnisse ist allerdings eine erneute Statusfeststellung erforderlich. Dann findet auch eine Beurteilung anhand der Vertragsverhältnisse statt. Betroffene sollten vor Änderung der Verhältnisse genau überlegen, was geändert wird, wie dies vertraglich umgesetzt wird und wie sich dies letztlich auf den sozialversicherungsrechtlichen Status auswirkt.

298 **Praxistipp**

Ob ein GGF tatsächlich sozialversicherungsfrei oder -pflichtig ist, entscheiden die zuständigen Stellen von Amts wegen erst im Leistungsfall und zwar unabhängig davon, ob der GGF Sozialversicherungsbeiträge entrichtet hat oder nicht. Zu Unrecht entrichtete Beiträge führen i.d.R. nicht zu Leistungsansprüchen. Durch ein Statusfeststellungsverfahren kann die Sozialversicherungspflicht oder -freiheit verbindlich geklärt werden. Für GGF mit Beschäftigungsbeginn ab 1.1.2005 ist per Gesetz ein obligatorisches Statusfeststellungsverfahren durch die Clearingstelle der Deutschen Rentenversicherung bei Aufnahme der Beschäftigung vorgesehen. Es empfiehlt sich, bereits vor Einleitung des Verfahrens die relevanten Kriterien zu prüfen. Hierbei sollte man sich durch Experten unterstützen lassen, um das gewünschte Ergebnis mit höherer Wahrscheinlichkeit zu erreichen.

10.3 Steuerliche Besonderheiten

10.3.1 Abhängigkeit von der Gesellschaftsform

Ob ein Unternehmen die Aufwendungen für eine bAV ihres GGF steuerlich geltend machen kann, hängt in erster Linie von der Gesellschaftsform des Unternehmens ab. 299

Personengesellschaften

Bei Einzelunternehmen und Personengesellschaften (OHG, KG, GbR) steht der mitarbeitende Gesellschafter nicht in einem Arbeitsverhältnis, sondern ist Geschäftsführer aufgrund gesellschaftsrechtlicher Bestimmungen. Vergütungen an den Geschäftsführer sind Einkünfte aus dem Gewerbebetrieb. Die Versorgungsaufwendungen haben somit keine steuerliche Auswirkung. 300

Besonderheiten gelten bei der GmbH & Co. KG, die eine Sonderform der KG darstellt. Persönlich haftender Gesellschafter (Komplementär) ist i.d.R. die GmbH. Der Gesellschafter, der nur mit seiner Einlage haftet (Kommanditist), ist eine natürliche Person. Wird dem GGF der Komplementär-GmbH eine Pensionszusage erteilt, kommt es für deren steuerliche Anerkennung auf das Beteiligungsverhältnis des GGF an der GmbH und der (GmbH & Co) KG an. Ist er nur an der GmbH und nicht an der KG beteiligt, ist die Zusage steuerlich wirksam. Ist er allerdings auch direkt an der KG (als Kommanditist) beteiligt, wird er in steuerlicher Sicht insgesamt aufgrund seines Gesellschaftsverhältnisses und nicht mehr aufgrund eines Dienstverhältnisses bei der KG tätig. Eine steuerliche Anerkennung kann dann nicht erfolgen.

Etwas anderes gilt, wenn die GmbH neben der Aufgabe der Geschäftsführung der KG noch einen weiteren, klar abgrenzbaren Geschäftsbereich hat, der in keinem Zusammenhang zur KG steht. Dann kann sie ihrem GGF für den Teil der abgegrenzten Geschäftstätigkeit eine steuerlich anerkannte Pensionszusage geben, auch wenn er gleichzeitig Kommanditist der KG ist. Das ist in der Praxis allerdings sehr selten der Fall und sollte sicherheitshalber auch vorab mit dem zuständigen Betriebsstättenfinanzamt im Rahmen einer verbindlichen Auskunft nach § 89 AO geklärt werden.

Kapitalgesellschaften

Die Kapitalgesellschaft (z.B. GmbH oder AG) ist eine juristische Person und somit Träger von Rechten und Pflichten. Sie benötigt zur Handlungsfähigkeit einen Geschäftsführer, mit dem sie einen Anstellungsvertrag abschließt. Der Geschäftsführer kann Gesellschafter der GmbH oder ein Dritter sein. Sofern die Pensionszusage auf dem Anstellungsverhältnis zwischen der GmbH und dem Geschäftsführer basiert und nicht auf seiner gesellschaftsrechtlichen Stellung, kann die GmbH die Aufwendungen für eine bAV des GGF steuerlich geltend machen.

In der Praxis ist es häufig sehr schwer festzustellen, ob die Versorgung des GGF, insb. die Höhe der Versorgung, tatsächlich aufgrund des Anstellungsverhältnisses erfolgt oder ob sie nicht vielmehr aufgrund der Beteiligung des GGF am Unternehmen und im Hinblick auf eventuelle steuerliche Vorteile erteilt wurde. Deshalb nennt die Finanzverwaltung zahlreiche besondere Anforderungen und Voraussetzungen für die steuerliche Anerkennung von Versorgungszusagen an GGF.

10.3.2 Allgemeine Voraussetzungen für die steuerliche Anerkennung

301 Für die steuerliche Anerkennung einer Pensionszusage müssen im ersten Schritt die allgemeinen Voraussetzungen für die Bildung von Pensionsrückstellungen nach § 6a EStG erfüllt sein. Die Wichtigsten hiervon sind:

- schriftliche Zusage
- Beschluss der Gesellschafterversammlung
- Befreiung vom Selbstkontrahierungsverbot
- kein schädlicher Widerrufsvorbehalt

Schriftliche Zusage

302 Pensionsrückstellungen dürfen in der Steuerbilanz nur dann gebildet werden, wenn die Pensionszusage schriftlich erteilt worden ist. Die Zusage muss neben dem Zusagezeitpunkt eindeutige und präzise Angaben zu Art, Form, Voraussetzungen und Höhe der in Aussicht gestellten Leistungen enthalten. Soweit erforderlich, sind auch Angaben für die versicherungsmathematische Ermittlung der Höhe der Versorgungsverpflichtung (z.B. anzurechnender Rechnungszins oder anzuwendende biometrische Wahrscheinlichkeiten gemäß Sterbetafel nach Heubeck 2018G) schriftlich festzulegen.

Beschluss der Gesellschafterversammlung

303 Die Pensionszusage muss zivilrechtlich wirksam erteilt worden sein, d.h. es muss eine rechtsverbindliche Vereinbarung zwischen der Gesellschaft und dem GGF geben. Dies wiederum setzt die Mitwirkung der Gesellschafterversammlung voraus. Denn die Gesellschafterversammlung ist nicht nur für Abschluss und Aufhebung, sondern auch für jede Änderung des Dienstvertrages eines Geschäftsführers zuständig. Ein Gesellschafterbeschluss ist z.B. auch für die Verpfändung einer Rückdeckungsversicherung zur Finanzierung der Pensionszusage notwendig.

Ein Beschluss der Gesellschafterversammlung ist nicht nur für GGF, sondern auch für die Versorgung fremder Geschäftsführer notwendig.

Praxistipp: Gesellschafterbeschluss für Abschluss einer Rückdeckungsversicherung

Als Faustregel gilt, dass ein Gesellschafterbeschluss immer dann notwendig ist, wenn der Gesellschaft Vermögen zugunsten des GGF entzogen wird. Hierunter fällt die Erteilung der Zusage selbst, die zu einer Gewinnminderung bei der Gesellschaft führt. Der Abschluss einer Rückdeckungsversicherung entzieht der Gesellschaft dagegen kein Vermögen, da über die Versicherung jederzeit verfügt werden kann. Der Abschluss erfordert deshalb i.d.R. keine Zustimmung der Gesellschafter, es sei denn, das ist im Geschäftsführervertrag ausdrücklich geregelt. Wird die Versicherung hingegen zugunsten des GGF verpfändet, so wird der Gesellschaft der jederzeitige Zugriff auf die Versicherung entzogen zugunsten einer Absicherung der Zusage für den GGF. Hierfür ist deshalb i.d.R. die Zustimmung der Gesellschafterversammlung notwendig.

Pensionszusagen, die ein Geschäftsführer als Vertreter der Gesellschaft sich selbst erteilt, unterliegen dem sog. Selbstkontrahierungsverbot nach § 181 BGB. Sie sind zivilrechtlich nur dann wirksam und werden nur dann steuerlich anerkannt, wenn der Geschäftsführer zuvor vom Selbstkontrahierungsverbot befreit wurde. Damit die Befreiung eines Geschäftsführers vom Selbstkontrahierungsverbot steuerlich und zivilrechtlich wirksam ist, muss diese in der Satzung geregelt und in das Handelsregister eingetragen werden.

Kein schädlicher Widerrufsvorbehalt

Eine Pensionsrückstellung darf nur dann gebildet werden, wenn die Zusage entwe- 304
der keinen Widerrufsvorbehalt enthält oder nur einen Vorbehalt, der einen Widerruf lediglich nach billigem Ermessen zulässt, d.h. nur unter Abwägung der berechtigten Interessen des Geschäftsführers und des Unternehmens.

Die Einkommensteuerrichtlinien erläutern in Abschnitt R 6a Abs. 4–6 die Begriffe „Widerruf nach freiem Belieben" und „Widerruf nach billigem Ermessen" und bringen Beispiele für schädliche und unschädliche Vorbehalte. Bei der Formulierung eines Zusagetextes werden die vorgeschlagenen Formulierungen für einen unschädlichen Vorbehalt i.d.R. wörtlich übernommen.

R 6a Abs. 4 EStR: unschädlicher Vorbehalt

(4) [...] Danach sind z.B. die folgenden Vorbehalte als unschädlich anzusehen:

1. als allgemeiner Vorbehalt:

„Die Firma behält sich vor, die Leistungen zu kürzen oder einzustellen, wenn die bei Erteilung der Pensionszusage maßgebenden Verhältnisse sich nachhaltig so wesentlich geändert haben, dass der Firma die Aufrechterhaltung der zugesagten Leistungen auch unter objektiver Beachtung der Belange des Pensionsberechtigten nicht mehr zugemutet werden kann";

15. als spezielle Vorbehalte: „Die Firma behält sich vor, die zugesagten Leistungen zu kürzen oder einzustellen, wenn

a) die wirtschaftliche Lage des Unternehmens sich nachhaltig so wesentlich verschlechtert hat, dass ihm eine Aufrechterhaltung der zugesagten Leistungen nicht mehr zugemutet werden kann, oder

b) der Personenkreis, die Beiträge, die Leistungen oder das Pensionierungsalter bei der gesetzlichen Sozialversicherung oder anderen Versorgungseinrichtungen mit Rechtsanspruch sich wesentlich ändern, oder

c) die rechtliche, insbesondere die steuerrechtliche Behandlung der Aufwendungen, die zur planmäßigen Finanzierung der Versorgungsleistungen von der Firma gemacht werden oder gemacht worden sind, sich so wesentlich ändert, dass der Firma die Aufrechterhaltung der zugesagten Leistungen nicht mehr zugemutet werden kann, oder

d) der Pensionsberechtigte Handlungen begeht, die in grober Weise gegen Treu und Glauben verstoßen oder zu einer fristlosen Entlassung berechtigen würden",

oder inhaltlich ähnliche Formulierungen. [...]

Für Arbeitnehmer, die dem Schutz des BetrAVG unterliegen, haben die Widerrufsvorbehalte in der Praxis keine Bedeutung, denn ein Widerruf einer Pensionszusage ist nur unter strengen Voraussetzungen arbeitsrechtlich zulässig. Dieser Schutz gilt nicht für den beherrschenden GGF. Insbesondere im Fall einer Insolvenz besteht somit die Gefahr, dass der Insolvenzverwalter die Zusage widerruft. Deshalb sollte ggf. beim beherrschenden GGF auf diese Widerrufsvorbehalte verzichtet werden oder diese auf den noch nicht erdienten Teil der Zusage begrenzt werden.

10.3.3 Betriebliche Veranlassung

305 Versorgungsaufwendungen werden nur dann steuerlich anerkannt, wenn sie betrieblich und nicht durch das Gesellschaftsverhältnis veranlasst sind. Je höher die Beteiligung eines GGF an der Gesellschaft ist, desto näher liegt die Vermutung, dass die Versorgung aufgrund des Gesellschafter-Verhältnisses erteilt wurde. Deshalb gelten für beherrschende GGF z.T. besonders strenge Kriterien. Die Pensionszusage ist u.a. dann betrieblich veranlasst, wenn ein ordentlicher und gewissenhafter Geschäftsführer dieselbe Zusage auch einer anderen Person, die nicht Gesellschafter ist, unter sonst gleichen Umständen gewährt hätte.

Praxistipp

Auch im Steuerrecht ist zu prüfen, ob der GGF als beherrschend anzusehen ist. Ist dies der Fall, greifen für den beherrschenden GGF besondere Anforderungen zur steuerlichen Anerkennung. So muss eine zehnjährige Erdienbarkeitsfrist beachtet werden und es greift das Nachzahlungsverbot (vgl. Rn. 307 und 309). Alle anderen Kriterien gelten für beherrschende wie nicht beherrschende GGF gleichermaßen. Grundsätzlich ist die Beherrschung wie im Arbeitsrecht zu prüfen (vgl. Rn. 290). Im Detail gibt es allerdings Unterschiede: So bedarf es im Steuerrecht keiner Mindestbeteiligung von 10 % am Kapital/den Stimmrechten der GmbH. Außerdem reichen exakt 50 % am Kapital/den Stimmrechten nicht aus, um als steuerlich beherrschend zu gelten. Man braucht alleine oder zusammen mit anderen minderheitsbeteiligten GGF also mehr als 50 %.

Fehlt es an der betrieblichen Veranlassung, liegt eine verdeckte Gewinnausschüttung der Gesellschaft an den GGF vor. Der Aufwand für die Zusage kann dann nicht als Betriebsausgaben abgezogen werden. Im Gegenzug sind die erhaltenen Versorgungsleistungen vom GGF nicht lohnsteuerpflichtig, sondern als Gewinnausschüttung zu versteuern.

Bei der Prüfung der betrieblichen Veranlassung sind die folgenden Kriterien von Bedeutung: 306

Wirksamer Anstellungsvertrag

Zwischen Gesellschaft und GGF muss ein steuerlich wirksamer Anstellungsvertrag bestehen und von beiden Seiten auch tatsächlich durchgeführt werden. Der Arbeitnehmer muss seine vereinbarten Dienste erbringen und der Arbeitgeber das vereinbarte Gehalt zahlen. Diese Voraussetzungen gelten unabhängig vom Ausmaß der Beteiligung am Unternehmen, also auch für fremde Geschäftsführer.

Klarheit

Der Gesamtinhalt der Pensionszusage muss klar, eindeutig und vollständig sein. Es müssen sämtliche leistungsbestimmenden Merkmale (z.B. Leistungsarten, Leistungshöhe) ausdrücklich geregelt sein.

Die Voraussetzungen, unter denen die Leistungen gewährt werden, müssen zudem klar und eindeutig formuliert sein und dürfen nicht nach Belieben veränderbar sein, um eine gezielte Gewinnsteuerung der Gesellschaft zu verhindern.

Soweit die Versorgungsleistungen einer Pensionszusage z.B. von der Höhe der Bezüge des GGF abhängig sind, muss klar und eindeutig erkennbar sein, welche Bezüge damit gemeint sind.

Dieses – eigentlich selbstverständliche – Kriterium wird in der Praxis sehr häufig nicht eingehalten. Insbesondere wenn die Versorgungsleistung unmittelbar auf die Leistungen einer Versicherung Bezug nimmt, werden häufig die einzelnen Versicherungsleistungen nicht exakt auf die Zusage abgestimmt. Am 12.11.2013 (6 K 6326/10) lehnte z.B. das Finanzgericht Düsseldorf die Bildung von Rückstellungen für eine GGF-Zusage ab, die im Zuge einer Reduzierung auf die beitragsfreien Werte der Rückdeckungsversicherung begrenzt wurde. Die Versicherung war aber hinsichtlich der Ausgestaltung des Schutzes gar nicht kongruent zur Zusage, so dass der Bezug auf die reduzierten Versicherungsleistungen nicht eindeutig war. In diesem Zusammenhang ließen die Richter sogar durchblicken, dass ein bloßer Verweis auf die Versicherung u.U. ohnehin nicht für die steuerliche Anerkennung der Zusage ausreichen würde.

Nachzahlungsverbot

Pensionszusagen an beherrschende GGF unterliegen dem sog. Nachzahlungsverbot. 307
Danach sind rückwirkend vereinbarte Vergütungen zwischen der Gesellschaft und dem beherrschenden GGF steuerlich unwirksam und als verdeckte Gewinnausschüttung zu behandeln.

Eine Pensionszusage darf deshalb nicht für eine in der Vergangenheit ausgeübte Tätigkeit erteilt oder verbessert werden und auch nicht zu einem Zeitpunkt, zu dem der beherrschende GGF bereits ein Alter erreicht hat, in dem andere Arbeitnehmer normalerweise keine Versorgungszusage mehr erhalten.

Die Rechtsprechung lässt aber unter bestimmten Voraussetzungen folgende Ausnahmen vom Nachzahlungsverbot zu:

- Erhöhungen aufgrund von Wertsicherungsklauseln und rechtzeitig vereinbarter garantierter Steigerungsraten
- Erhöhungen bei entscheidender Änderung der Lebenshaltungskosten, wenn auch die Versorgung der übrigen Arbeitnehmer angepasst wird
- Anpassungen der Versorgungsleistungen, die auch für andere Arbeitnehmer des Unternehmens gelten
- nachträgliche Erteilung, Erweiterung oder Verbesserung der Pensionszusage aus sozialen Gründen, um z.B. einen bescheidenen Lebensunterhalt zu ermöglichen
- nachträgliche Anpassung der Zusage an geänderte steuerliche Erfordernisse

Ernsthaftigkeit und Verzicht

308 Eine Pensionszusage an nicht beherrschende und beherrschende GGF kann steuerlich nur dann anerkannt werden, wenn sie nicht nur zum Schein erteilt wird. Ein Indiz für mangelnde Ernsthaftigkeit einer Pensionszusage wird z.B. darin gesehen, wenn auf die Zusage später ohne triftigen Grund verzichtet wird. Der Verzicht auf die wirksam erteilte und steuerlich anerkannte Pensionszusage wird deshalb nach der Rechtsprechung des BFH i.d.R. wie eine Abfindung mit anschließender steuerlich neutraler Einlage in das Vermögen der Gesellschaft behandelt. Der GGF selbst muss den Einlagewert wie Einkünfte aus nichtselbstständiger Arbeit nach § 19 EStG versteuern.

Eine Ausnahme gilt allerdings bei wesentlich verschlechterter wirtschaftlicher Lage der Gesellschaft. In diesem Fall ist ein Verzicht nach Zusageerteilung ohne die Gefahr steuerlicher Sanktionen möglich.

Die Finanzverwaltung stellt allerdings an einen betrieblich veranlassten Verzicht strenge Anforderungen.

Liegt ein gesellschaftsrechtlich veranlasster Verzicht vor, so führt dieser nur dann nicht zu einer verdeckten Einlage, wenn lediglich auf den noch nicht erdienten Teil der Zusage verzichtet wird (BMF-Schreiben vom 14.8.2012).

Das Kriterium der Ernsthaftigkeit ist auch in Bezug auf das vereinbarte Pensionsalter von Bedeutung.

Mit Schreiben vom 9.12.2016 hat sich das Bundesfinanzministerium hierzu detailliert geäußert. Zusagen aus der Vergangenheit, die bis zum 9.12.2016 erteilt wurden, werden bei einem vereinbarten Pensionsalter von weniger als 65 Jahren anteilig als verdeckte Gewinnausschüttung betrachtet. Liegt das Pensionsalter sogar unter 60 Jahre, gilt die gesamte Zusage als verdeckte Gewinnausschüttung. Bei Zusagen, die nach dem 9.12.2016 erteilt wurden, gilt ein Endalter unter 67 Jahren anteilig als verdeckte Gewinnausschüttung, unter 62 Jahren vollständig.

Finanzierbarkeit

Eine Pensionszusage an nicht beherrschende oder beherrschende GGF muss für die Gesellschaft finanzierbar sein. Dahinter steckt die Überlegung, dass das Unternehmen einem nicht beteiligten Geschäftsführer im Zweifel keine Pensionszusage geben würde, mit deren Erfüllung sie sich wirtschaftlich überfordern würde. 309

Eine Versorgungszusage gilt als nicht finanzierbar, wenn die Passivierung des Barwertes der Pensionsverpflichtung zu einer Überschuldung des Unternehmens im insolvenzrechtlichen Sinne führen würde. Bei der Ermittlung des Verpflichtungsumfanges für die Überschuldungsprüfung kommt es nur auf den Barwert der Anwartschaft zum Bilanzstichtag an. Die Prüfung der Finanzierbarkeit hat außerdem grundsätzlich nur im Zeitpunkt der Zusageerteilung oder einer wesentlichen Zusageänderung zu erfolgen.

Erdienbarkeit

Eine Pensionszusage an einen nicht beherrschenden oder beherrschenden GGF muss nach Ansicht der Finanzverwaltung und des BFH zum Zeitpunkt der Zusageerteilung noch durch die bis zur Pensionierung verbleibende Dienstzeit erdienbar sein. Dies gilt auch für nachträgliche Erhöhungen und Verbesserungen.

Unabhängig von der Restdienstzeit ab Erteilung der Pensionszusage fehlt es stets an der Erdienbarkeit, wenn der beherrschende GGF bei Erteilung bereits das 60. Lebensjahr vollendet hat. Die steuerliche Anerkennung ist in diesem Fall zu versagen.

Dabei gilt eine Versorgung oder eine Erhöhung der Versorgung beim beherrschenden GGF als erdienbar, wenn der Zeitraum zwischen Erteilung der Pensionszusage und dem Erreichen der ernsthaft vereinbarten Altersgrenze mindestens zehn Jahre beträgt. Für den Eintritt in den Ruhestand ist nicht der planmäßige Rentenbeginn, sondern der frühestmögliche Rentenbeginn ausschlaggebend. Sollte die Pensionszusage eine vorgezogene Altersrente vorsehen, so muss die Zehnjahresfrist grundsätzlich bis zum Zeitpunkt einer vorgezogenen Rente eingehalten werden.

Auch für nicht beherrschende GGF fordert das BMF für die Anerkennung der Erdienbarkeit eine Mindestrestdienstzeit. Hier genügen aber drei Jahre, vorausgesetzt, die Betriebszugehörigkeit des nicht beherrschenden GGF beträgt bis zum vereinbarten Altersrentenbeginn mindestens zwölf Jahre.

Die Anforderungen an die Erdienbarkeit wurden in den vergangenen Jahren mehr und mehr verschärft. So verlangte die Finanzverwaltung die Zehnjahresfrist sogar bei der Entgeltumwandlung, obwohl hier das umgewandelte Gehalt jeweils definitiv schon erdient ist bzw. keine verdeckte Gewinnausschüttung vorliegen kann, da es aus Sicht der GmbH an sich egal ist, ob das Gehalt des GGF ausgezahlt oder z.B. als Beitrag in eine rückgedeckte Unterstützungskasse eingezahlt wird. Am 7.3.2018 (I R 89/15) hat der BFH deshalb entschieden, dass bei einer Entgeltumwandlung aus bereits laufendem, angemessenen Entgelt keine Erdienbarkeitsfristen eingehalten werden müssen. Daher können mittlerweile auch GGF in den letzten Jahren vor Rentenbeginn noch eine Entgeltumwandlung einrichten und so bestehende Versorgungslücken noch schließen.

Angemessenheit

310 Eine Pensionszusage für einen GGF wird steuerlich nur anerkannt, wenn sie dem Grunde und der Höhe nach angemessen ist. Als angemessen gilt eine Zusage, wenn die Gesamtvergütung des GGF unter Einbeziehung des Wertes der Pensionszusage nicht zu hoch ist. Der Wert der Pensionszusage wird mithilfe der fiktiven Jahresnettoprämie ermittelt. Das ist der Beitrag, den der GGF entsprechend seinem Alter bei Zusageerteilung jährlich an eine Versicherung zahlen müsste, um von dieser die zugesagten Leistungen zu erhalten. Bei der Berechnung sind die Rechnungsgrundlagen anzuwenden, die auch für die Berechnung der Pensionsrückstellung verwendet werden. Etwaige Abschluss- und Verwaltungskosten sind außer Ansatz zu lassen.

Zur Feststellung der Angemessenheit ist auch zu prüfen, ob die ermittelte Gesamtvergütung auch einem nicht beteiligten Geschäftsführer der Gesellschaft gewährt worden wäre (betriebsinterner Vergleich). Beschäftigt die Gesellschaft keine vergleichbaren Personen, hilft der betriebsexterne Vergleich mit Vergütungen, die gleichartige Unternehmen vergleichbaren Geschäftsführern zahlen.

Eine verdeckte Gewinnausschüttung ist nach der Rechtsprechung dann anzunehmen, wenn die vom Gericht ermittelte Angemessenheitsgrenze um mehr als 20 % überschritten wird. Abzustellen ist dabei auf die Verhältnisse im Zeitpunkt des Vertragsabschlusses.

311 Neben der Angemessenheit der Gesamtvergütung muss auch die Höhe der Versorgung selbst angemessen sein. Dies ist der Fall, wenn die Relation zwischen derzeitigem Aktivgehalt und Ruhestandsbezügen angemessen ist, d.h., wenn keine Überversorgung vorliegt.

Eine bAV gilt der Höhe nach als angemessen, wenn ausgehend von den Verhältnissen am Bilanzstichtag die gesamten Altersversorgungsleistungen (inklusive gesetzlicher Rentenversicherung) nicht höher als 75 % der Aktivbezüge des Berechtigten zum Bilanzstichtag sind. Schwankende Sonderzuwendungen, wie z.B. Tantiemezahlungen, sind mit dem Durchschnitt der letzten fünf Jahre anzusetzen.

Bei der Erteilung von Pensionszusagen kann diese Vorschrift jedoch u.U. zu steuerlichen Problemen führen, denn bestimmt das Unternehmen z.B. die Höhe der maximal möglichen Pensionszusage gemäß den dargestellten Regelungen zur Angemessenheit, so besteht die Gefahr, dass in Zeiten geringerer Tantiemezahlungen Teile der Zusage als nicht angemessen angesehen werden. Die Folge wäre, dass für den nicht angemessenen Teil der Zusage keine Pensionsrückstellungen gebildet werden können. Daher ist es Unternehmen zu empfehlen, bei Zusageerteilung sämtliche schwankenden Gehaltsbestandteile unberücksichtigt zu lassen, um einen Sicherheitsabschlag in Ansatz zu bringen.

Üblichkeit und Probezeiten

Bei nicht beherrschenden und beherrschenden GGF prüfen Finanzverwaltung und Rechtsprechung auch, ob die erteilte Pensionszusage üblich ist. 312

Hierzu wird primär ein Fremdvergleich mit einem nicht an der GmbH beteiligten Geschäftsführer des gleichen Unternehmens vorgenommen. Nachrangig wird gefragt, ob eine Zusage für eine gewisse Zahl von Fremdgeschäftsführern vergleichbarer Unternehmen unter gleichen Voraussetzungen erteilt worden wäre.

Mit Hinweis auf die Üblichkeit verlangt die Finanzverwaltung z.B. bei einem neu eingestellten GGF das Abwarten einer Probezeit bis zur Erteilung einer Pensionszusage. Denn ein ordentlicher Geschäftsleiter würde einem Geschäftsführer ohne Erprobung oder andere Nachweise ausreichender Eignung, Befähigung und Fachkenntnis für seine Aufgabe keine Pensionszusage erteilen. Das BMF betrachtet eine persönliche Probezeit von zwei bis drei Jahren als ausreichend. Ein kürzerer Zeitraum kann in Ausnahmefällen gelten, wenn die Gesellschaft aus eigener Erfahrung Kenntnisse über die Eignung und Befähigung des GGF hat. Das kann z.B. bei Umwandlung eines Einzelunternehmens in eine GmbH mit dem ehemaligen Unternehmer als GGF der Fall sein.

Bei Firmenneugründungen muss zusätzlich ein Mindestzeitraum zur Beurteilung der künftigen wirtschaftlichen Entwicklung und Leistungsfähigkeit des Unternehmens von regelmäßig fünf Jahren eingehalten werden (unternehmensbezogene Probezeit). Im Einzelfall kann sich der Zeitraum verkürzen, wenn eine günstige wirtschaftliche Entwicklung des Unternehmens bereits bei Zusageerteilung hinreichend deutlich abgeschätzt werden kann, wie z.B. in Fällen der Betriebsaufspaltung und Umwandlung eines Einzelunternehmens in eine GmbH.

Zwar hat der BFH am 7.3.2018 (I R 89/15) bereits festgestellt, dass es bei einer Entgeltumwandlung keine Erdienbarkeitsfristen zu beachten gilt. Von vielen Marktteilnehmern wird daraus abgeleitet, dass die Probezeiten bei der Entgeltumwandlung ebenfalls keine Rolle spielen. Diese Frage ist bis dato aber noch nicht zweifelsfrei durch Rechtsprechung oder das BMF geklärt, wenngleich viele Argumente dafürsprechen, auch die Probezeiten bei der Entgeltumwandlung unbeachtet zu lassen.

Praxistipp

Die Versorgung von beherrschenden GGF scheint angesichts der vorstehenden Ausführungen ein sehr kompliziertes Betätigungsfeld zu sein. Das ist aber in der Praxis nur dann der Fall, wenn die Voraussetzungen für die Erteilung, die Vertragsbedingungen sowie die Höhe der Versorgung offensichtlich das übliche Maß überschreiten. Orientiert man sich bei der Gestaltung der Versorgung daran, was im betreffenden Unternehmen vernünftigerweise auch einem fremden Geschäftsführer gewährt würde, so gibt es in der Praxis selten Probleme mit der steuerlichen Anerkennung.

Im Übrigen gelten alle steuerlichen Anforderungen nicht nur für die Pensionszusage, sondern sinngemäß auch für die Versorgung von GGF über rückgedeckte Unterstützungskassen.

10.4 Typische Problembereiche bei der Gesellschafter-Geschäftsführer-Versorgung

10.4.1 Formale Fehler in Pensionszusagen

313 Rechtsprechung und Finanzverwaltung beschäftigen sich seit vielen Jahren immer wieder mit der GGF-Versorgung. Das führt zu einem ständigen Anpassungsbedarf, um dauerhaft alle Voraussetzungen für eine steuerliche Anerkennung der Zusagen zu erhalten. Insbesondere ältere Pensionszusagen weisen meist erhebliche formale Mängel auf. Die folgenden fehlerhaften Regelungen finden sich in einer Vielzahl von Pensionszusagen an beherrschende GGF.

Fehlerhafte Regelungen zum vorzeitigen Ausscheiden

Die Unverfallbarkeitsbestimmungen des Betriebsrentengesetzes gelten nicht für beherrschende GGF. Unverfallbare Ansprüche bei vorzeitigem Ausscheiden müssen daher einzelvertraglich schriftlich vereinbart werden. Fehlt eine solche Vereinbarung, so verfällt der bAV-Anspruch bei vorzeitigem Ausscheiden vollständig. Eine einzelvertraglich vereinbarte sofortige Unverfallbarkeit darf aber nur den jeweils erdienten Teil des Vollanspruchs unverfallbar stellen. Andernfalls wird die steuerliche Anerkennung versagt. Gemäß Rechtsprechung und Finanzverwaltung darf der ratierlich erdiente Teilanspruch bei einem beherrschenden GGF nicht ab Diensteintritt, sondern erst ab Zusagezeitpunkt berechnet werden. Andernfalls besteht die Gefahr, dass bei vorzeitigem Ausscheiden der übersteigende Teil der Anwartschaft steuerlich nicht anerkannt wird und die Rückstellungen somit teilweise aufgelöst werden müssen. Sich daraus ergebende laufende Leistungen wären als verdeckte Gewinnausschüttung anzusehen.

Verweis auf das Betriebsrentengesetz

Insbesondere ältere Pensionszusagen an beherrschende GGF stellen oftmals einen generellen Bezug zum BetrAVG her, z.B. durch die Formulierung „im Übrigen gilt das BetrAVG". Diese Regelung verursacht aber auch ein weitgehendes Abfindungsverbot nach § 3 BetrAVG. Wird dennoch, z.B. bei Firmenverkauf und Ausscheiden des GGF, eine Abfindung unverfallbarer Anwartschaften vorgenommen, so unterstellt die Finanzverwaltung eine verdeckte Gewinnausschüttung in Höhe des Abfindungsbetrages und gleichzeitig eine verdeckte Einlage für den Verzicht auf die Pensionszusage.

Nicht eindeutige Definition der Berufsunfähigkeitsrente

Oftmals wurden in der Vergangenheit Berufsunfähigkeitsversorgungen ohne exakte Definition der Leistungsvoraussetzungen zugesagt oder durch Bezugnahme auf den Bescheid des Trägers der gesetzlichen Rentenversicherung abgestellt. Wenn zur Absicherung der BU-Rente eine Versicherung abgeschlossen wurde, dann stimmen deren Leistungsbedingungen aber in aller Regel nicht mit denen der gesetzlichen Erwerbsminderungsrente überein und auch nicht mit dem, was der GGF und/oder ein Richter im Zweifel unter Berufsunfähigkeit versteht. Damit besteht für das Unternehmen die Gefahr, dass eine Berufsunfähigkeitsrente aufgrund der Pensionszusage fällig wird, ohne dass entsprechende Mittel aus der Rückdeckungsversicherung zufließen.

Dieser Mangel wirkt sich aber i.d.R. nicht steuerlich aus, sondern führt zu Finanzierungsproblemen. Im Einzelfall wäre es allerdings auch denkbar, dass die Finanzverwaltung bei einer sehr ungenauen Definition die Rückstellungsbildung ganz versagt, weil die Regelung nicht eindeutig ist.

Fehlende Regelung zur Abfindung

Die Zahlung einer einmaligen wertgleichen Abfindung an Stelle der lebenslangen Rente ist eine sehr praktikable Lösung, um die Pensionszusage bei Rentenbeginn des GGF aus den Büchern der GmbH mit sofortiger Wirkung zu entfernen. Aktuell akzeptieren die meisten Finanzämter noch eine Abfindung mit dem sog. Heubeck-Barwert unter Anwendung eines Rechnungszinses von 6 % als wertgleich. Dieser relativ hohe Rechnungszins führt zu einer relativ geringen Abfindung.

Aufgrund des BFH-Urteils vom 11.9.2013 muss die Möglichkeit einer Abfindung klar und deutlich im Voraus in der Pensionszusage vereinbart sein. Es reicht nicht aus, die Pensionszusage unmittelbar vor Durchführung der Abfindung zu verändern.

Fehlerhafte Regelungen zur vorgezogenen Altersrente

Grundsätzlich besteht auch für beherrschende GGF die Möglichkeit, bereits vor dem planmäßigen Rentenbeginn eine vorgezogene Altersrente in Anspruch zu nehmen. Bei beherrschenden GGF ist diese Möglichkeit mangels Anwendbarkeit des BetrAVG explizit zu vereinbaren. Als Anspruchsvoraussetzung für eine vorgezogene Altersrente ist oftmals der Bezug einer vorgezogenen gesetzlichen Rente vereinbart. Nachdem beherrschende GGF regelmäßig von der Sozialversicherung befreit sind und oft gar keine Ansprüche auf gesetzliche Rente haben, ist eine Beanspruchung einer derart zugesagten vorgezogenen Altersrente gar nicht möglich. Die vorgezogene Altersrente sollte deshalb nur an die Voraussetzungen gekoppelt sein, dass der GGF mindestens 62 Jahre alt ist und seine Berufstätigkeit beendet hat.

Widerrufsvorbehalte

In Pensionszusagen an Angestellte oder nichtbeteiligte Geschäftsführer werden üblicherweise die steuerunschädlichen Widerrufsvorbehalte aufgenommen. Darin ist festgelegt, dass der Arbeitgeber das Recht hat, die Versorgung einzustellen oder zu widerrufen, wenn es seine wirtschaftliche Lage erfordert. Arbeitsrechtlich sind diese Vorbehalte nahezu irrelevant, da sie einer arbeitsgerichtlichen Kontrolle unterliegen.

Um die Gleichbehandlung zwischen fremden Arbeitnehmern und dem GGF zu demonstrieren, werden diese Vorbehalte häufig auch in Zusagen an beherrschende GGF aufgenommen. Diese unterliegen jedoch nicht dem Schutz der Arbeitsgerichte. Gerät die Firma in Insolvenz, so kann der Insolvenzverwalter die Pensionszusage widerrufen. Damit läuft auch eine eventuell vorgenommene Verpfändung der Rückdeckungsversicherung ins Leere. Deshalb sollte auf Widerrufsvorbehalte in GGF-Zusagen i.d.R. verzichtet werden.

Die o.g. Fehler sind nur eine Auswahl der in der Praxis am häufigsten vorkommenden Mängel in Pensionszusagen. Sie werden oftmals ergänzt durch unvollständige oder nicht unterschriebene Dokumente, fehlende Gesellschafterbeschlüsse sowie fehlerhafte Verpfändungserklärungen und unklare Formulierungen in Nachträgen.

10.4.2 Finanzierungslücken

314 In der Vergangenheit wurden viele Pensionszusagen erteilt, um vorrangig Steuern durch die Rückstellungsbildung zu sparen. Doch die Rückstellungen alleine stellen im Leistungsfall die erforderliche Liquidität nicht sicher. Deshalb wurden Pensionszusagen meist durch den Abschluss von Rückdeckungsversicherungen finanziert, deren voraussichtliche Ablaufleistung möglichst exakt der Rückstellung zum Zeitpunkt des Rentenbeginns entsprechen sollte. Der tatsächlich benötigte Kapitalbedarf bei Rentenbeginn ist jedoch deutlich höher, denn die Rückstellungen zum Rentenbeginn entsprechen lediglich dem Barwert nach § 6a EStG, berechnet nach den Heubeck-Richttafeln und mit einem Rechnungszins von 6 %. Dieser Teilwert entspricht jedoch nicht dem tatsächlich benötigten Kapitalstock, um eine lebenslange Rente mit Sicherheit finanzieren zu können. Die Folge sind erhebliche Lücken bei der Finanzierung der zugesagten Altersleistungen. Hinzu kommt häufig ein nicht ausreichender Versicherungsschutz zur Absicherung vorzeitiger Risiken wie Berufsunfähigkeit oder Tod.

Rückgang der Überschussbeteiligung

Aufgrund der anhaltend niedrigen Kapitalmarktzinsen und gleichzeitig gestiegener Lebenserwartung sind die Überschussanteile in der gesamten Versicherungsbranche in den vergangenen Jahren stetig gesunken. Das führt dazu, dass ein vor Jahren abgeschlossener Versicherungsvertrag im Versorgungsfall eine Leistung weit unterhalb der ursprünglich prognostizierten Ablaufleistung erbringt.

Verlängerung der Lebenserwartung

Der medizinische Fortschritt hat dazu geführt, dass die durchschnittliche Lebenserwartung in den vergangenen Jahrzehnten deutlich gestiegen ist. Um eine lebenslange Rente finanzieren zu können, ist deshalb ein wesentlich höherer Kapitalstock erforderlich. Aus diesem Grunde wurden auch die nach § 6a EStG anerkannten biometrischen Rechnungsgrundlagen mehrmals überarbeitet, letztmalig 2018 (Heubeck 2018G). Hinzu kommt, dass die Orientierung an der durchschnittlichen Lebenserwartung ohnehin nur für größere Personenbestände sinnvoll ist. Die Lebenserwartung eines einzelnen GGF wird nur in seltenen Fällen bzw. rein zufällig dem statistischen Durchschnitt entsprechen.

Nicht marktgerechte Verzinsung

Wenn sich der angenommene Kapitalbedarf an den steuerlichen Rückstellungen orientiert, dann wird damit automatisch auch eine Verzinsung von 6 % unterstellt. Dieser Zins ist derzeit jedoch kaum marktgerecht, zumal es sich kalkulatorisch um eine Nettoverzinsung nach Steuern handelt. Ist z.B. geplant, die Versorgung bei Eintritt in den Ruhestand auf ein Versicherungsunternehmen oder einen Pensionsfonds zu übertragen, so muss ein sehr viel niedrigerer Zins unterstellt werden. Allein hierdurch erhöht sich der Kapitalbedarf enorm.

Fehlender Inflationsausgleich

Ein weiterer bedeutender Verursacher von Finanzierungslücken ist die fehlende Vereinbarung einer Rentenanpassung. Denn um die Kaufkraft der Rentenleistung zu erhalten, ist eine regelmäßige Anpassung der Rentenleistung notwendig. Die gesetzliche Regelung zur Anpassungspflicht gemäß dem BetrAVG gilt nicht für beherrschende GGF. Die Anpassung muss daher vertraglich geregelt werden, z.B. durch eine garantierte Anpassung der laufenden Renten um jährlich 1–2 %. Eine Anpassung um jährlich 1 % ist zwar sinnvoll, erhöht aber den Kapitalbedarf im Alter 65 um ca. 6–7 %.

11 Der Versorgungsausgleich in der betrieblichen Altersversorgung

Mit Inkrafttreten des Versorgungsausgleichsgesetzes (VersAusglG) zum 1.9.2009 bürdete der Gesetzgeber Arbeitgebern und Versorgungsträgern einige zusätzliche Aufgaben bei Scheidung von Arbeitnehmern auf. Seitdem müssen die Versorgungsträger das Familiengericht nicht nur über bestehende bAV-Anwartschaften informieren, sondern einen konkreten Vorschlag für die Aufteilung der jeweiligen Anwartschaft auf die beiden (ehemaligen) Eheleute unterbreiten. Entsprechend dem Urteil des Familiengerichts müssen sie auch die Teilung der Anwartschaften selbst vornehmen. Bei jährlich ca. 1–2 Scheidungen pro 100 Arbeitnehmer bedeuten diese Pflichten durchaus eine nennenswerte Belastung. 315

11.1 Grundlagen

Vor 1.9.2009 wurden betriebliche Anrechte, wenn überhaupt, meist nur zu einem geringen Teil über die gesetzliche Rentenversicherung ausgeglichen. Das führte dazu, dass aus vielen Anrechten schuldrechtliche Ausgleichsansprüche weiter bestanden und im Versorgungsfall vom ausgleichsberechtigten Ehegatten beim ausgleichsverpflichteten Ehegatten direkt eingefordert werden mussten.

Das Ziel des neuen Versorgungsausgleichs war es, die in der Ehe erworbenen Betriebsrentenanwartschaften bereits bei Scheidung zwischen den Ehegatten vollständig und endgültig aufzuteilen. Der Ausgleich findet innerhalb jedes einzelnen Versorgungssystems statt, d.h. es erfolgt keine gegenseitige Verrechnung von bAV-Ansprüchen beider Ehegatten. Übrig bleiben dann nur noch Anrechte, die zum Zeitpunkt der Scheidung noch nicht „ausgleichsreif" sind und somit nicht geteilt werden können, wie z.B. noch verfallbare Betriebsrenten. Für diese noch nicht ausgeglichenen Anrechte können Ausgleichsberechtigte im Leistungsfall eine schuldrechtliche Ausgleichsrente vom ehemaligen Ehegatten verlangen.

Bei sehr kurzer Ehezeit (§ 3 Abs. 3 VersAusglG) oder bei sehr geringen bAV-Anwartschaften (§ 18 VersAusglG) unterbleibt i.d.R. der Versorgungsausgleich. Eine Anwartschaft auf monatliche Rente gilt als gering, wenn sie 2021 maximal 32,90 € monatlich beträgt.

Zur Erstellung eines Ausgleichsvorschlags wird zunächst der Wert der zu teilenden Anwartschaft zum Zeitpunkt des Ehezeit-Endes bestimmt. Das ist bei der bAV der unverfallbare Anspruch bei einem unterstellten Dienstaustritt zum Ehezeitende. Anschließend wird der Teil des erdienten Anspruchs ermittelt, der während der Ehezeit entstanden ist (Ehezeitanteil). Die Hälfte des Ehezeitanteils steht dem Ausgleichsberechtigten als Ausgleichswert zu.

Grundsatz: Interne Teilung

Bei Scheidung eines Arbeitnehmers ist der Versorgungsträger grundsätzlich verpflichtet, die Betriebsrente des Versorgungsberechtigten in zwei getrennte Anrechte aufzuteilen. Das gilt sowohl für Anwartschaften als auch für bereits laufende Leistungen. Den Aufwand für die zukünftige Verwaltung einer weiteren Anwartschaft oder 316

Leistung darf der Versorgungsträger bei der Berechnung des Ehezeitanteils einmalig durch Abzug sog. Teilungskosten berücksichtigen und somit auf die (ehemaligen) Ehepartner abwälzen. Der Ausgleichsberechtigte ist mit seinem eigenen Betriebsrentenanrecht beim Versorgungsträger wie ein ehemaliger Arbeitnehmer mit unverfallbaren Anwartschaften zu behandeln.

§ 10 VersAusglG: Interne Teilung

(1) Das Familiengericht überträgt für die ausgleichsberechtigte Person zulasten des Anrechts der ausgleichspflichtigen Person ein Anrecht in Höhe des Ausgleichswerts bei dem Versorgungsträger, bei dem das Anrecht der ausgleichspflichtigen Person besteht (interne Teilung).

[...]

Ausnahme: Externe Teilung

Bei der externen Teilung wird der gerichtlich festgelegte Ausgleichswert aus der Anwartschaft des Arbeitnehmers „entnommen" und bei einem Versorgungsträger des geschiedenen Ehegatten, z.B. in einen Riester-Vertrag, eingezahlt. Benennt die ausgleichsberechtigte Person keinen geeigneten Versorgungsträger, erfolgt die Zahlung an die sog. „Versorgungsausgleichskasse". Dabei handelt es sich um eine Pensionskasse, die aus einem Versicherungskonsortium als Auffang-Versorgungsträger gegründet wurde.

§ 14 VersAusglG: Externe Teilung

(1) Das Familiengericht begründet für die ausgleichsberechtigte Person zu Lasten des Anrechts der ausgleichspflichtigen Person ein Anrecht in Höhe des Ausgleichswerts bei einem anderen Versorgungsträger als demjenigen, bei dem das Anrecht der ausgleichspflichtigen Person besteht (externe Teilung).

[...]

Die externe Teilung ist immer möglich, wenn sich die ausgleichsberechtigte Person und der Versorgungsträger einigen. Bei Ausgleichswerten innerhalb bestimmter Höchstgrenzen kann der Versorgungsträger die externe Teilung auch einseitig verlangen. Gemäß § 14 i.V.m. § 17 VersAusglG ist das generell möglich bei Ausgleichswerten in Kapital bis zur Höhe von 7.896 €. Für Pensions- und Unterstützungskassenzusagen gilt eine deutlich höhere Grenze von 85.200 € (Werte für 2021). Allerdings dürfen bei der externen Teilung keine Kosten abgezogen werden, da kein zweites Anrecht verwaltet werden muss.

Steuerliche Behandlung

Begleitend zum VersAusglG wurden die steuerlichen Vorschriften in erfreulich einfacher Weise ergänzt. Nach § 3 Nr. 55a EStG ist die bei einer internen Teilung durchgeführte Übertragung von Anrechten für die ausgleichsberechtigte Person zulasten von Anrechten der ausgleichspflichtigen Person steuerfrei. Die Leistungen aus diesen Anrechten gehören bei der ausgleichsberechtigten Person zu den gleichen Einkünften wie bei der ausgleichspflichtigen Person.

Bei einer externen Teilung ist der an einen anderen Versorgungsträger geleistete Ausgleichswert nach § 3 Nr. 55b EStG dann steuerfrei, wenn die Leistungen des zugrunde liegenden Anrechts der nachgelagerten Besteuerung unterliegen und auch die Zielversorgung nachgelagert zu versteuern ist. Dabei ist es unerheblich, ob die ursprüngliche und die zukünftige nachgelagerte Besteuerung wirklich vollständig identisch sind. Wird der Ausgleichswert z.B. aus einer nach § 3 Nr. 63 EStG geförderten Direktversicherung entnommen und beim Ausgleichsberechtigten in eine Basisrente eingezahlt, so ist der Übertragungsvorgang steuerfrei, da die Basisrente grundsätzlich nachgelagert besteuert wird. Tritt der Rentenbeginn beim Ausgleichsberechtigten aber bereits nach einigen Jahren ein, so erfolgt aufgrund der langfristigen Übergangsregelung bei der Basisrente tatsächlich keine volle Besteuerung.

11.2 Arbeitgeberpflichten bei Pensionszusagen

Versorgungsträger ist bei Pensionszusagen der Arbeitgeber. Er muss dem Familien- 317
gericht zu einem Scheidungsfall nicht nur Auskunft über alle bestehenden Anrechte erteilen, sondern auch einen Ausgleichsvorschlag abgeben. Das gilt auch dann, wenn die zugesagten Leistungen mit den Leistungen einer Rückdeckungsversicherung übereinstimmen.

Um die zukünftigen Aufgaben mit einem vertretbaren Aufwand erledigen zu können, empfiehlt es sich besonders bei einer größeren Anzahl von Zusagen, eine Teilungsordnung zu erstellen, in der die o.g. Punkte festgelegt werden. Durch geschickte Gestaltung kann die Teilungsordnung gleich als Erläuterung zum Ausgleichsvorschlag verwendet werden. Auch der Aufwand für die versicherungsmathematischen Berechnungen lässt sich durch entsprechende Festlegungen minimieren.

Teilung auf Kapital- oder Rentenbasis

Gemäß § 45 VersAusglG kann der Arbeitgeber im Rahmen des Versorgungsausgleichs einfach die erreichten Rentenanwartschaften teilen. Aus einer während der Ehezeit aufgebauten Rente von 500 € werden dann zwei Renten zu je 250 €. Unterschiede in Alter und Geschlecht werden hierbei ignoriert. In der betrieblichen Altersversorgung wird diese Form der Teilung relativ selten praktiziert. Stattdessen wird meist versicherungsmathematisch auf Kapitalbasis geteilt.

§ 45 VersAusglG: Sondervorschriften für Anrechte nach dem Betriebsrentengesetz

(1) Bei einem Anrecht im Sinne des Betriebsrentengesetzes ist der Wert des Anrechts als Rentenbetrag nach § 2 des Betriebsrentengesetzes oder der Kapitalwert nach § 4 Abs. 5 des Betriebsrentengesetzes maßgeblich. Hierbei ist anzunehmen, dass die Betriebszugehörigkeit der ausgleichspflichtigen Person spätestens zum Ehezeitende beendet ist.

[...]

Bei der Teilung auf Kapitalbasis wird die zum Ende der Ehezeit erreichte Anwartschaft zunächst mit versicherungsmathematischen Rechnungsgrundlagen in einen Kapitalwert umgerechnet. Auch der Ehezeitanteil sowie der Ausgleichswert werden von vornherein als Kapitalbetrag angegeben. Bei der späteren Umsetzung des Scheidungsurteils werden aus den Kapitalwerten Versorgungsleistungen errechnet. Durch diese Berechnungsweise ergeben sich für Männer und Frauen sowie altersabhängig völlig unterschiedliche Rentenbeträge.

Praxistipp

Im Einzelfall kann eine Teilung auf Rentenbasis für den Arbeitgeber günstiger sein als eine Teilung auf Kapitalbasis. Falls nämlich ein ausgleichsberechtigter Ehegatte sehr viel jünger ist als der Ausgleichspflichtige, kann sich bei einer Teilung auf Kapitalbasis eine höhere Rente ergeben als bei Teilung auf Rentenbasis.

Versicherungsmathematische Rechnungsgrundlagen

Zur Durchführung der versicherungsmathematischen Berechnungen müssen die Rechnungsgrundlagen bestimmt werden. Das VersAusglG enthält hierzu keine Festlegungen, außer dass es sich um anerkannte versicherungsmathematische Rechnungsgrundlagen handeln muss. In der Praxis werden die aktuellen Rechnungsgrundlagen verwendet, die auch für die handelsrechtliche Bewertung der Pensionszusagen in der Bilanz des Unternehmens verwendet wurden. Als Rechnungszins ist gemäß BGH der siebenjährige Durchschnittszins nach § 253 Abs. 2 Satz 2 HGB für den Monat des Ehezeitendes zu verwenden (Urteil vom 21.9.2016 – XII ZB 84/13). Bei versicherungsorientierten Zusagen können u.U. auch die Rechnungsgrundlagen des Versicherers verwendet werden, die meist einen geringeren Zins ansetzen. Bei beitragsorientierten Versorgungen mit einem fest zugesagten Zins wird dieser Zins i.d.R. auch zur Barwertberechnung verwendet.

Bestimmung des Ehezeitanteils und des Ausgleichswertes

Um den Ehezeitanteil zu bestimmen, muss zunächst das Anrecht zum Ehezeitende ermittelt werden. Dieses entspricht nach § 45 Abs. 1 VersAusglG dem Wert der unverfallbaren Anwartschaft bei fiktivem Ausscheiden zum Ehezeitende. Ist der Anwärter bereits ausgeschieden, entspricht der Wert des Anrechts dem unverfallbaren Anspruch. Bei der üblichen Teilung auf Kapitalbasis wird die unverfallbare Anwartschaft mit den zuvor festgelegten versicherungsmathematischen Rechnungsgrundlagen in einen Kapitalwert umgerechnet. Befindet sich ein Anrecht bereits in der Leistungsphase, so entspricht das Anrecht zum Ehezeitende der laufenden Leistung. Bei Teilung auf Kapitalbasis ist gemäß BGH (Urteil vom 17.2.2016 – XII ZB 447/13) der (Rest-)Kapitalwert zum Termin der Rechtskraft des Urteils heranzuziehen.

Der Ehezeitanteil entspricht dem Teil des Anrechts zum Ehezeitende, der während der Ehezeit entstanden ist. Nach § 39 VersAusglG wird der Ehezeitanteil unmittelbar nach der Bezugsgröße errechnet, die bestimmten Zeitabschnitten zugeordnet werden kann. Das sind z.B. in der gesetzlichen Rentenversicherung die Entgeltpunkte pro Jahr.

Ist eine solche Bezugsgröße nicht vorhanden, wird der Ehezeitanteil gem. § 40 VersAusglG zeitratierlich bewertet. Dabei wird der Erdienungszeitraum der Versorgung bis zum Ehezeitende festgestellt. Dann wird der Teil dieser Zeitdauer ermittelt, der in der Ehezeit liegt. Aus diesen beiden Werten wird anschließend ein Ehezeitfaktor gebildet, mit dem der Wert des Anrechts zum Ehezeitende multipliziert wird. Bei klassischen Leistungszusagen ist nur in seltenen Fällen eine unmittelbare Bezugsgröße vorhanden, so dass meist die zeitratierliche Bewertung greift. Der Ausgleichswert entspricht der Hälfte des Ehezeitanteils, sofern der Arbeitgeber bei interner Teilung keine Teilungskosten geltend macht.

Beispiel

Unmittelbare oder zeitratierliche Ermittlung des Ehezeitanteils

Ein Arbeitgeber muss für folgenden Arbeitnehmer einen Ausgleichsvorschlag erstellen:

Betriebseintritt und Zusage: mit 25 Jahren

Heirat: mit 35 Jahren

Ehezeitende: mit 45 Jahren

Versicherungsmath. Barwertfaktor: 120-fache Monatsrente (Annahme)

Zusage: 10 € Altersrentenbaustein (mit 65 J.) pro Dienstjahr nach fünf Jahren Wartezeit, maximal aber für 30 Dienstjahre

1. Wert des Anrechts zum Ehezeitende

$$\text{unverfallbarer Anspruch} = \frac{20\text{ J.}}{40\text{ J.}} \times (30 \times 10\text{ €}) = 150\text{ €}$$

Bis zum Ehezeitende wurden 20 Jahre /40 Jahre x 300 € = 150 € an Altersrente erdient. Entsprechend dem o.g. Barwertfaktor ist der Kapitalwert des Anrechts somit 18.000 €.

2. Ehezeitanteil

Die Bezugsgröße ist nicht „10 € pro Dienstjahr“, da in den ersten fünf Jahren und in den letzten fünf Jahren vor Rentenbeginn keine Bausteine gewährt werden. Deshalb muss der Ehezeitanteil zeitratierlich ermittelt werden. Er beträgt 10 Jahre Ehezeit / 20 Jahre Erdienungszeit = 0,5.

$$\text{Ehezeitfaktor} = \frac{10\text{ J. (Ehezeit)}}{20\text{ J. (Zusagezeit)}} = 0{,}5$$

Kapitalwert des Ehezeitanteils = 18.000 € x 0,5 = 9.000 €

3. Ausgleichswert (ohne Teilungskosten)

9.000 € x 0,5 = 4.500 €

Interne oder externe Teilung

Die wichtigste Entscheidung, die der Arbeitgeber treffen muss, bezieht sich auf die Frage, ob er die Ausnahmeregelung des VersAusglG nutzen und eine externe Teilung verlangen will. Bei Pensionszusagen hat er dieses Recht aufgrund von § 14 Abs. 2 Nr. 2 i.V.m. § 17 VersAusglG, wenn der Ausgleichswert maximal 85.200 € beträgt (Beitragsbemessungsgrenze West der gesetzlichen Rentenversicherung in 2021). Der Arbeitgeber darf dann keine Teilungskosten geltend machen und er muss die erforderliche Liquidität sofort bereitstellen.

Praxistipp

Bestehen Pensionszusagen, verlangen die meisten Arbeitgeber in der Praxis innerhalb der genannten Grenze eine externe Teilung. Dadurch wird vermieden, dass ein zweites, „fremdes" Anrecht gebildet, verwaltet und in den Pensionsrückstellungen abgebildet werden muss. Allerdings gab es in der Praxis immer wieder Streit über die externe Teilung, da die ausgleichsberechtigte Person bei externer Teilung ggf. viel niedrigere Leistungen erhält als bei interner Teilung. Dies liegt an den unterschiedlichen Rechnungsgrundlagen von Arbeitgeber und externem Versorgungsträger wie z.B. der Versorgungsausgleichskasse. Das BVerfG hat daher am 26.5.2020 (1 BvL 5/18) entschieden, dass bei einer externen Teilung mit einem Transferverlust (Differenz zwischen Ausgleichsrente bei interner Teilung und externer Ausgleichsrente) von mehr als 10 % das zuständige Familiengericht für Ausgleich sorgen muss. Das Familiengericht dürfte in diesen Fällen also den vom Arbeitgeber an den externen Versorgungsträger zu zahlenden Ausgleichswert erhöhen, ohne dass dieser Erhöhungsbetrag vom Anrecht des Ausgleichspflichtigen abgezogen werden darf. Betroffene Arbeitgeber, denen dadurch eine echte finanzielle Mehrbelastung entsteht, haben dann aber stets die Möglichkeit, zur internen Teilung zu wechseln.

Teilungskosten bei interner Teilung

Bei der internen Teilung darf der Versorgungsträger gem. § 13 VersAusglG angemessene Teilungskosten je zur Hälfte mit den Anrechten beider Ehegatten verrechnen. Diese Kosten sollen nicht den Aufwand decken, der bei der Erstellung des Ausgleichsvorschlags anfällt, sondern die Kosten für die langfristige Verwaltung eines zusätzlichen Anrechts. In welcher Höhe Teilungskosten geltend gemacht werden können, hat der Gesetzgeber nicht festgelegt. Die von den Gerichten problemlos akzeptierten Teilungskosten betragen maximal 500 €. Je höher die angesetzten Teilungskosten, umso höher ist auch die Wahrscheinlichkeit, dass die Zusammensetzung der Kosten dem Gericht erläutert werden muss.

Versorgungsregeln für den Ausgleichsberechtigten bei interner Teilung

Bei einer internen Teilung erwirbt der Ausgleichsberechtigte ein eigenes Anrecht beim Arbeitgeber des ehemaligen Ehegatten und wird behandelt wie ein unverfallbar ausgeschiedener Arbeitnehmer. Der Arbeitgeber hat allerdings gem. § 11 Abs. 1 S. 1 Nr. 3 VersAusglG die Möglichkeit, das Anrecht auf eine reine Altersversorgung zu beschränken, wenn für die hierdurch entfallenden Risikoteile wie Berufsunfähigkeits- oder Todesfallschutz ein zusätzlicher Ausgleich geschaffen wird. Es ist allerdings wichtig, die dem Ausgleichsberechtigten zustehende Leistung exakt zu definieren, um Zweifelsfälle und Streitigkeiten in der Zukunft zu vermeiden.

§ 11 VersAusglG: Anforderungen an die interne Teilung

(1) Die interne Teilung muss die gleichwertige Teilhabe der Ehegatten an den in der Ehezeit erworbenen Anrechten sicherstellen. Dies ist gewährleistet, wenn im Vergleich zum Anrecht der ausgleichspflichtigen Person

1. *für die ausgleichsberechtigte Person ein eigenständiges und entsprechend gesichertes Anrecht übertragen wird,*
2. *ein Anrecht in Höhe des Ausgleichswerts mit vergleichbarer Wertentwicklung entsteht und*
3. *der gleiche Risikoschutz gewährt wird; der Versorgungsträger kann den Risikoschutz auf eine Altersversorgung beschränken, wenn er für das nicht abgesicherte Risiko einen zusätzlichen Ausgleich bei der Altersversorgung schafft.*

(2) Für das Anrecht der ausgleichsberechtigten Person gelten die Regelungen über das Anrecht der ausgleichspflichtigen Person entsprechend, soweit nicht besondere Regelungen für den Versorgungsausgleich bestehen.

Teilung von Rückdeckungsmitteln

Grundsätzlich erfolgt die Teilung einer Pensionszusage unabhängig von den zur Rückdeckung der Zusage vorgesehenen Mitteln. Bei einer individuellen Finanzierung jeder einzelnen Zusage durch eine „passende" Rückdeckungsversicherung wird i.d.R. aber der Wunsch bestehen, auch die Rückdeckung entsprechend anzupassen. Hierzu muss mit dem Versicherer u.a. geklärt werden, ob die Teilreduktion der Rückdeckungsversicherung mit Stornokosten belastet wird und ob die Einrichtung eines neuen Vertrages für den Ausgleichsberechtigten (bei interner Teilung) mit neuen Abschlusskosten einhergeht. Ein weiteres praktisches Problem ist der Rechnungszins der Rückdeckungsversicherung. Die meisten Versicherer gewähren für die neu abzuschließende Rückdeckungsversicherung mittlerweile denselben Rechnungszins, der für die Versicherung gewährt wird, aus dem der notwendige Einmalbeitrag entnommen wird.

Handelt es sich um Pensionszusagen, deren Leistungen sich direkt aus der Rückdeckung ergeben, ist der Arbeitgeber bei interner Teilung auf jeden Fall gezwungen, auch den bestehenden Vertrag zu teilen.

Anfrage des Familiengerichtes

Die Familiengerichte richten ihre Anfragen an die Arbeitgeber mittels einheitlicher Formulare. Zunächst muss der Arbeitgeber in der „Versorgungsübersicht" sämtliche Betriebsrentenanrechte angeben. Dazu gehören z.B. auch Direktversicherungen, die per Entgeltumwandlung finanziert werden, sowie Ansprüche bereits ausgeschiedener Arbeitnehmer. Für Arbeitnehmer mit Pensionszusagen muss der Arbeitgeber seinen Ausgleichsvorschlag in das Formular „Auskunftsbogen" eintragen und sämtliche Rechts- und Berechnungsgrundlagen beifügen. Bei externen Durchführungswegen muss der Arbeitgeber den Auskunftsbogen lediglich an den oder die Versorgungsträger weiterleiten.

Praxistipp

Der BGH hat entschieden, dass bei externer Teilung der Ausgleichswert grundsätzlich ab dem Ehezeitende zu verzinsen ist. Das ist insb. dann von Interesse, wenn das Ehezeitende bereits längere Zeit zurückliegt, z.B. bei abgetrennten Verfahren aus früheren Scheidungsfällen. Versorgungsträger sollten bei der Abgabe ihrer Ausgleichsvorschläge deshalb in den Erläuterungen klarstellen, dass abweichende Ausgleichswerte und Zinsen zulasten des Anrechts des Ausgleichspflichtigen gehen.

Umsetzung des Urteils

Ist das Urteil eingegangen und die Beschwerdefrist ohne Einsprüche aller am Versorgungsausgleich beteiligten Stellen abgelaufen, muss die Teilung umgesetzt werden. Bei externer Teilung ist der dem Urteil zu entnehmende Ausgleichswert an den Zielversorgungsträger zu zahlen. Gleichzeitig werden die Versorgungsleistungen der ausgleichspflichtigen Person gekürzt. Der Ausgleichswert wird als Abzugsbetrag dem Ausgleichspflichtigen belastet. Für die Rückrechnung des Kapitalbetrags in Versorgungsleistungen zum Umsetzungszeitpunkt ist normalerweise eine weitere versicherungsmathematische Berechnung erforderlich. Der Abzugsbetrag darf nicht einfach vom Vollanspruch des Ausgleichsverpflichteten abgezogen werden, sondern er muss in voller Höhe separat verwaltet werden. Andernfalls würde der Abzugsbetrag nämlich bei späterem unverfallbaren Ausscheiden des Arbeitnehmers nur anteilig berücksichtigt und der unverfallbare Anspruch somit zu hoch ausgewiesen werden.

11.3 Vorgehen bei externen Durchführungswegen

318 Bei den externen Durchführungswegen leitet der Arbeitgeber das Formular „Auskunftsbogen“ einfach an den Versorgungsträger weiter, der für die Erstellung des Ausgleichsvorschlags verantwortlich ist.

Direktversicherung, Pensionskasse, Pensionsfonds

Versicherungsgesellschaften als Versorgungsträger für Direktversicherungen, Pensionskassen und Pensionsfonds teilen zumeist intern und sind nur in Ausnahmefällen bereit, abweichenden Wünschen des Arbeitgebers zu folgen. Die Teilungsordnungen der Versicherungsgesellschaften, Pensionskassen und Pensionsfonds sind meistens an ein Muster des Gesamtverbandes der Deutschen Versicherungswirtschaft e.V. angelehnt. In der Regel führt diese Vorgehensweise nicht zu Nachteilen für den Arbeitgeber. Üblicherweise wird bei Direktversicherungen die ausgleichsberechtigte Person sofort mit der Teilung Versicherungsnehmer und für den Arbeitgeber fallen keine besonderen Aufgaben mehr an.

Rückgedeckte Unterstützungskassen

Auch auf das Verhalten von Unterstützungskassen beim Versorgungsausgleich hat der Arbeitgeber grundsätzlich keinen Einfluss, da es sich um rechtlich eigenständige Versorgungsträger handelt.

Rückgedeckte Unterstützungskassen haben ebenfalls meist detaillierte Teilungsordnungen und sind i.d.R. nicht bereit, individuelle Teilungswünsche des Arbeitgebers zu erfüllen. Falls keine gravierenden Gründe dagegensprechen, sollte ein Arbeitgeber versuchen, die Unterstützungskasse zu einer externen Teilung zu bewegen. Andernfalls muss er damit rechnen, für eine weitere Person Verwaltungskosten an die Kasse zu zahlen. Der Ausgleichswert ist bei kongruenter Rückdeckung aus dem vorhandenen Versicherungsvertrag finanzierbar, so dass bei der Scheidung keine Belastungen auf den Arbeitgeber zukommen. Bei einer internen Teilung kann der Ausgleichswert ebenfalls der Rückdeckungsversicherung des Ausgleichspflichtigen entnommen und damit per Einmaleinzahlung eine Rückdeckungsversicherung für den Ausgleichsberechtigten eingerichtet werden.

11.4 Spezialfälle des neuen Versorgungsausgleichs

Je komplexer die Versorgung, desto schwieriger kann die Berechnung des Ehezeit- 319
anteils und des Ausgleichswertes sein. Schwierigkeiten können z.B. auftreten, wenn bei einer Versorgung mehrere Versorgungsträger beteiligt und die einzelnen Teilversorgungen voneinander abhängig sind. Bei den früher verbreiteten kombinierten Versorgungen aus einer Direktversicherung nach § 40b EStG a.F. und einem direkt zugesagten Teil ist normalerweise eine detaillierte Verabredung mit dem Versicherer zum Vorgehen unumgänglich. Andernfalls besteht die Gefahr, dass der Versicherer sich nach den Regeln seiner Teilungsordnung richtet, die in diesen besonderen Fällen aber den Grundsatz der Halbteilung häufig zulasten des Ausgleichsverpflichteten nicht gewährleisten.

Besonderheiten gibt es auch bei Versorgungszusagen, deren Finanzierung auf Wertpapieren in Investmentdepots basiert. Der Wert dieser Versorgungen ändert sich u.U. täglich. Legt man dem Ausgleichswert den Tageswert zum Ehezeitende zugrunde, ist der Betrag schon veraltet, wenn es zur Teilung kommt. Das kann einerseits den Halbteilungsgrundsatz verletzen und andererseits in ungünstigen Fällen sogar zulasten des Arbeitgebers gehen.

Am 17.9.2014 (XII ZB 178/12) hat der BGH zunächst nur für die interne Teilung entschieden, dass fondsgebundene Versicherungen auf Basis der Fondsanteile geteilt werden dürfen. Das bedeutet, dass der Versorgungsträger im Ausgleichsvorschlag keinen festen Betrag in Euro angibt, sondern lediglich einen Prozentsatz am gesamten Fondswert. Am 19.7.2017 (XII ZB 201/17) hat der BGH dann auch für die externe Teilung verfügt, dass der Ausgleichswert anhand der während der Ehezeit erworbenen Fondsanteilen bestimmt werden kann. Voraussetzung dafür ist, dass der Wert eines Fondsanteils tagesgenau anhand einer jedermann zugänglichen Quelle ermittelt werden kann. Das ist bei allen Fonds der Fall, die der gesetzlichen Veröffentlichungspflicht des Ausgabe- und Rücknahmepreises gem. § 170 KAGB unterliegen.

Anhang

Auszüge aus wichtigen Gesetzen und Verordnungen

1 Betriebsrentengesetz (BetrAVG)

Stand: 22.12.2020

Erster Teil. Arbeitsrechtliche Vorschriften

Erster Abschnitt. Durchführung der betrieblichen Altersversorgung

§ 1 Zusage des Arbeitgebers auf betriebliche Altersversorgung

(1) Werden einem Arbeitnehmer Leistungen der Alters-, Invaliditäts- oder Hinterbliebenenversorgung aus Anlass seines Arbeitsverhältnisses vom Arbeitgeber zugesagt (betriebliche Altersversorgung), gelten die Vorschriften dieses Gesetzes. [2]Die Durchführung der betrieblichen Altersversorgung kann unmittelbar über den Arbeitgeber oder über einen der in § 1b Absatz 2 bis 4 genannten Versorgungsträger erfolgen. [3]Der Arbeitgeber steht für die Erfüllung der von ihm zugesagten Leistungen auch dann ein, wenn die Durchführung nicht unmittelbar über ihn erfolgt.

(2) Betriebliche Altersversorgung liegt auch vor, wenn

1. der Arbeitgeber sich verpflichtet, bestimmte Beiträge in eine Anwartschaft auf Alters-, Invaliditäts- oder Hinterbliebenenversorgung umzuwandeln (beitragsorientierte Leistungszusage),

2. der Arbeitgeber sich verpflichtet, Beiträge zur Finanzierung von Leistungen der betrieblichen Altersversorgung an einen Pensionsfonds, eine Pensionskasse oder eine Direktversicherung zu zahlen und für Leistungen zur Altersversorgung das planmäßig zuzurechnende Versorgungskapital auf der Grundlage der gezahlten Beiträge (Beiträge und die daraus erzielten Erträge), mindestens die Summe der zugesagten Beiträge, soweit sie nicht rechnungsmäßig für einen biometrischen Risikoausgleich verbraucht wurden, hierfür zur Verfügung zu stellen (Beitragszusage mit Mindestleistung),

2a. der Arbeitgeber durch Tarifvertrag oder auf Grund eines Tarifvertrages in einer Betriebs- oder Dienstvereinbarung verpflichtet wird, Beiträge zur Finanzierung von Leistungen der betrieblichen Altersversorgung an einen Pensionsfonds, eine Pensionskasse oder eine Direktversicherung nach § 22 zu zahlen; die Pflichten des Arbeitgebers nach Absatz 1 Satz 3, § 1a Absatz 4 Satz 2, den §§ 1b bis 6 und § 16 sowie die Insolvenzsicherungspflicht nach dem Vierten Abschnitt bestehen nicht (reine Beitragszusage),

3. künftige Entgeltansprüche in eine wertgleiche Anwartschaft auf Versorgungsleistungen umgewandelt werden (Entgeltumwandlung) oder

4. der Arbeitnehmer Beiträge aus seinem Arbeitsentgelt zur Finanzierung von Leistungen der betrieblichen Altersversorgung an einen Pensionsfonds, eine Pensionskasse oder eine Direktversicherung leistet und die Zusage des Arbeitgebers auch die Leistungen aus diesen Beiträgen umfasst; die Regelungen für Entgeltumwandlung sind hierbei entsprechend anzuwenden, soweit die zugesagten Leistungen aus diesen Beiträgen im Wege der Kapitaldeckung finanziert werden.

§ 1a Anspruch auf betriebliche Altersversorgung durch Entgeltumwandlung

(1) Der Arbeitnehmer kann vom Arbeitgeber verlangen, dass von seinen künftigen Entgeltansprüchen bis zu 4 vom Hundert der jeweiligen Beitragsbemessungsgrenze in der allgemeinen Rentenversicherung durch Entgeltumwandlung für seine betriebliche Altersversorgung verwendet werden. [2]Die Durchführung des Anspruchs des Arbeitnehmers wird durch Vereinbarung geregelt. [3]Ist der Arbeitgeber zu einer Durchführung über einen Pensionsfonds oder eine Pensionskasse (§ 1b Absatz 3) oder über eine Versorgungseinrichtung nach § 22 bereit, ist die betriebliche Altersversorgung dort durchzuführen; andernfalls kann der Arbeitnehmer verlangen, dass der Arbeitgeber für ihn eine Direktversicherung (§ 1b Absatz 2) abschließt. [4]Soweit der Anspruch geltend gemacht wird, muss der Arbeitnehmer jährlich einen Betrag in Höhe von mindestens einem Hundertsechzigstel der Bezugsgröße nach § 18 Absatz 1 des Vierten Buches Sozialgesetzbuch für seine betriebliche Altersversorgung verwenden. [5]Soweit der Arbeitnehmer Teile seines regelmäßigen Entgelts für betriebliche Altersversorgung verwendet, kann der Arbeitgeber verlangen, dass während eines laufenden Kalenderjahres gleich bleibende monatliche Beträge verwendet werden.

(1a) Der Arbeitgeber muss 15 Prozent des umgewandelten Entgelts zusätzlich als Arbeitgeberzuschuss an den Pensionsfonds, die Pensionskasse oder die Direktversicherung weiterleiten, soweit er durch die Entgeltumwandlung Sozialversicherungsbeiträge einspart.

(2) Soweit eine durch Entgeltumwandlung finanzierte betriebliche Altersversorgung besteht, ist der Anspruch des Arbeitnehmers auf Entgeltumwandlung ausgeschlossen.

(3) Soweit der Arbeitnehmer einen Anspruch auf Entgeltumwandlung für betriebliche Altersversorgung nach Abs. 1 hat, kann er verlangen, dass die Voraussetzungen für eine Förderung nach den §§ 10a, 82 Absatz 2 des Einkommensteuergesetzes erfüllt werden, wenn die betriebliche Altersversorgung über einen Pensionsfonds, eine Pensionskasse oder eine Direktversicherung durchgeführt wird.

(4) Falls der Arbeitnehmer bei fortbestehendem Arbeitsverhältnis kein Entgelt erhält, hat er das Recht, die Versicherung oder Versorgung mit eigenen Beiträgen fortzusetzen. [2]Der Arbeitgeber steht auch für die Leistungen aus diesen Beiträgen ein. [3]Die Regelungen über Entgeltumwandlung gelten entsprechend.

§ 1b Unverfallbarkeit und Durchführung der betrieblichen Altersversorgung

(1) Einem Arbeitnehmer, dem Leistungen aus der betrieblichen Altersversorgung zugesagt worden sind, bleibt die Anwartschaft erhalten, wenn das Arbeitsverhältnis vor Eintritt des Versorgungsfalls, jedoch nach Vollendung des 21. Lebensjahres endet und die Versorgungszusage zu diesem Zeitpunkt mindestens drei Jahre bestanden hat (un-

verfallbare Anwartschaft). [2]Ein Arbeitnehmer behält seine Anwartschaft auch dann, wenn er aufgrund einer Vorruhestandsregelung ausscheidet und ohne das vorherige Ausscheiden die Wartezeit und die sonstigen Voraussetzungen für den Bezug von Leistungen der betrieblichen Altersversorgung hätte erfüllen können. [3]Eine Änderung der Versorgungszusage oder ihre Übernahme durch eine andere Person unterbricht nicht den Ablauf der Fristen nach Satz 1. [4]Der Verpflichtung aus einer Versorgungszusage stehen Versorgungsverpflichtungen gleich, die auf betrieblicher Übung oder dem Grundsatz der Gleichbehandlung beruhen. [5]Der Ablauf einer vorgesehenen Wartezeit wird durch die Beendigung des Arbeitsverhältnisses nach Erfüllung der Voraussetzungen der Sätze 1 und 2 nicht berührt. [6]Wechselt ein Arbeitnehmer vom Geltungsbereich dieses Gesetzes in einen anderen Mitgliedstaat der Europäischen Union, bleibt die Anwartschaft in gleichem Umfange wie für Personen erhalten, die auch nach Beendigung eines Arbeitsverhältnisses innerhalb des Geltungsbereichs dieses Gesetzes verbleiben.

(2) Wird für die betriebliche Altersversorgung eine Lebensversicherung auf das Leben des Arbeitnehmers durch den Arbeitgeber abgeschlossen und sind der Arbeitnehmer oder seine Hinterbliebenen hinsichtlich der Leistungen des Versicherers ganz oder teilweise bezugsberechtigt (Direktversicherung), so ist der Arbeitgeber verpflichtet, wegen Beendigung des Arbeitsverhältnisses nach Erfüllung der in Absatz 1 Satz 1 und 2 genannten Voraussetzungen das Bezugsrecht nicht mehr zu widerrufen. [2]Eine Vereinbarung, nach der das Bezugsrecht durch die Beendigung des Arbeitsverhältnisses nach Erfüllung der in Absatz 1 Satz 1 und 2 genannten Voraussetzungen auflösend bedingt ist, ist unwirksam. [3]Hat der Arbeitgeber die Ansprüche aus dem Versicherungsvertrag abgetreten oder beliehen, so ist er verpflichtet, den Arbeitnehmer, dessen Arbeitsverhältnis nach Erfüllung der in Absatz 1 Satz 1 und 2 genannten Voraussetzungen geendet hat, bei Eintritt des Versicherungsfalles so zu stellen, als ob die Abtretung oder Beleihung nicht erfolgt wäre. [4]Als Zeitpunkt der Erteilung der Versorgungszusage im Sinne des Absatzes 1 gilt der Versicherungsbeginn, frühestens jedoch der Beginn der Betriebszugehörigkeit.

(3) Wird die betriebliche Altersversorgung von einer rechtsfähigen Versorgungseinrichtung durchgeführt, die dem Arbeitnehmer oder seinen Hinterbliebenen auf ihre Leistungen einen Rechtsanspruch gewährt (Pensionskasse und Pensionsfonds), so gilt Absatz 1 entsprechend. [2]Als Zeitpunkt der Erteilung der Versorgungszusage im Sinne des Absatzes 1 gilt der Versicherungsbeginn, frühestens jedoch der Beginn der Betriebszugehörigkeit.

(4) Wird die betriebliche Altersversorgung von einer rechtsfähigen Versorgungseinrichtung durchgeführt, die auf ihre Leistungen keinen Rechtsanspruch gewährt (Unterstützungskasse), so sind die nach Erfüllung der in Absatz 1 Satz 1 und 2 genannten Voraussetzungen und vor Eintritt des Versorgungsfalles aus dem Unternehmen ausgeschiedenen Arbeitnehmer und ihre Hinterbliebenen den bis zum Eintritt des Versorgungsfalles dem Unternehmen angehörenden Arbeitnehmern und deren Hinterbliebenen gleichgestellt. [2]Die Versorgungszusage gilt in dem Zeitpunkt als erteilt im Sinne des Absatzes 1, von dem an der Arbeitnehmer zum Kreis der Begünstigten der Unterstützungskasse gehört.

(5) Soweit betriebliche Altersversorgung durch Entgeltumwandlung einschließlich eines möglichen Arbeitgeberzuschusses nach § 1a Absatz 1a erfolgt, behält der Arbeitnehmer seine Anwartschaft, wenn sein Arbeitsverhältnis vor Eintritt des Versorgungsfalles endet; in den Fällen der Absätze 2 und 3

1. dürfen die Überschussanteile nur zur Verbesserung der Leistung verwendet,
2. muss dem ausgeschiedenen Arbeitnehmer das Recht zur Fortsetzung der Versicherung oder Versorgung mit eigenen Beiträgen eingeräumt und
3. muss das Recht zur Verpfändung, Abtretung oder Beleihung durch den Arbeitgeber ausgeschlossen werden.

[2]Im Fall einer Direktversicherung ist dem Arbeitnehmer darüber hinaus mit Beginn der Entgeltumwandlung ein unwiderrufliches Bezugsrecht einzuräumen.

§ 2 Höhe der unverfallbaren Anwartschaft

(1) Bei Eintritt des Versorgungsfalles wegen Erreichens der Altersgrenze, wegen Invalidität oder Tod haben ein vorher ausgeschiedener Arbeitnehmer, dessen Anwartschaft nach § 1b fortbesteht, und seine Hinterbliebenen einen Anspruch mindestens in Höhe des Teiles der ohne das vorherige Ausscheiden zustehenden Leistung, der dem Verhältnis der Dauer der Betriebszugehörigkeit zu der Zeit vom Beginn der Betriebszugehörigkeit bis zum Erreichen der Regelaltersgrenze in der gesetzlichen Rentenversicherung entspricht; an die Stelle des Erreichens der Regelaltersgrenze tritt ein früherer Zeitpunkt, wenn dieser in der Versorgungsregelung als feste Altersgrenze vorgesehen ist, spätestens der Zeitpunkt der Vollendung des 65. Lebensjahres, falls der Arbeitnehmer ausscheidet und gleichzeitig eine Altersrente aus der gesetzlichen Rentenversicherung für besonders langjährig Versicherte in Anspruch nimmt. [2]Der Mindestanspruch auf Leistungen wegen Invalidität oder Tod vor Erreichen der Altersgrenze ist jedoch nicht höher als der Betrag, den der Arbeitnehmer oder seine Hinterbliebenen erhalten hätten, wenn im Zeitpunkt des Ausscheidens der Versorgungsfall eingetreten wäre und die sonstigen Leistungsvoraussetzungen erfüllt gewesen wären.

(2) Ist bei einer Direktversicherung der Arbeitnehmer nach Erfüllung der Voraussetzungen des § 1b Absatz 1 und 5 vor Eintritt des Versorgungsfalls ausgeschieden, so gilt Absatz 1 mit der Maßgabe, daß sich der vom Arbeitgeber zu finanzierende Teilanspruch nach Absatz 1, soweit er über die von dem Versicherer nach dem Versicherungsvertrag aufgrund der Beiträge des Arbeitgebers zu erbringende Versicherungsleistung hinausgeht, gegen den Arbeitgeber richtet. [2]An die Stelle der Ansprüche nach Satz 1 tritt die von dem Versicherer auf Grund des Versicherungsvertrags zu erbringende Versicherungsleistung, wenn

1. spätestens nach 3 Monaten seit dem Ausscheiden des Arbeitnehmers das Bezugsrecht unwiderruflich ist und eine Abtretung oder Beleihung des Rechts aus dem Versicherungsvertrag durch den Arbeitgeber und Beitragsrückstände nicht vorhanden sind,

2. vom Beginn der Versicherung, frühestens jedoch vom Beginn der Betriebszugehörigkeit an, nach dem Versicherungsvertrag die Überschußanteile nur zur Verbesserung der Versicherungsleistung zu verwenden sind und
3. der ausgeschiedene Arbeitnehmer nach dem Versicherungsvertrag das Recht zur Fortsetzung der Versicherung mit eigenen Beiträgen hat.

[3]Die Einstandspflicht des Arbeitgebers nach § 1 Absatz 1 Satz 3 bleibt unberührt. [4]Der ausgeschiedene Arbeitnehmer darf die Ansprüche aus dem Versicherungsvertrag in Höhe des durch Beitragszahlungen des Arbeitgebers gebildeten geschäftsplanmäßigen Deckungskapitals oder, soweit die Berechnung des Deckungskapitals nicht zum Geschäftsplan gehört, des nach § 169 Absatz 3 und 4 des Versicherungsvertragsgesetzes berechneten Wertes weder abtreten noch beleihen. [5]In dieser Höhe darf der Rückkaufswert auf Grund einer Kündigung des Versicherungsvertrags nicht in Anspruch genommen werden; im Falle einer Kündigung wird die Versicherung in eine prämienfreie Versicherung umgewandelt. [6]§ 169 Absatz 1 des Versicherungsvertragsgesetzes findet insoweit keine Anwendung. [7]Eine Abfindung des Anspruchs nach § 3 ist weiterhin möglich.

(3) Für Pensionskassen gilt Absatz 1 mit der Maßgabe, daß sich der vom Arbeitgeber zu finanzierende Teilanspruch nach Absatz 1, soweit er über die von der Pensionskasse nach dem aufsichtsbehördlich genehmigten Geschäftsplan oder, soweit eine aufsichtsbehördliche Genehmigung nicht vorgeschrieben ist, nach den allgemeinen Versicherungsbedingungen und den fachlichen Geschäftsunterlagen im Sinne des § 9 Absatz 2 Nummer 2 in Verbindung mit § 219 Absatz 3 Nummer 1 Buchstabe b des Versicherungsaufsichtsgesetzes (Geschäftsunterlagen) auf Grund der Beiträge des Arbeitgebers zu erbringende Leistung hinausgeht, gegen den Arbeitgeber richtet. [2]An die Stelle der Ansprüche nach Satz 1 tritt die von der Pensionskasse auf Grund des Geschäftsplans oder der Geschäftsunterlagen zu erbringende Leistung, wenn nach dem aufsichtsbehördlich genehmigten Geschäftsplan oder den Geschäftsunterlagen

1. vom Beginn der Versicherung, frühestens jedoch vom Beginn der Betriebszugehörigkeit an, Überschußanteile, die auf Grund des Finanzierungsverfahrens regelmäßig entstehen, nur zur Verbesserung der Versicherungsleistung zu verwenden sind oder die Steigerung der Versorgungsanwartschaften des Arbeitnehmers der Entwicklung seines Arbeitsentgelts, soweit es unter den jeweiligen Beitragsbemessungsgrenzen der gesetzlichen Rentenversicherungen liegt, entspricht und
2. der ausgeschiedene Arbeitnehmer das Recht zur Fortsetzung der Versicherung mit eigenen Beiträgen hat.

[3]Absatz 2 Satz 3 bis 7 gilt entsprechend.

(3a) Für Pensionsfonds gilt Absatz 1 mit der Maßgabe, dass sich der vom Arbeitgeber zu finanzierende Teilanspruch, soweit er über die vom Pensionsfonds auf der Grundlage der nach dem geltenden Pensionsplan im Sinne des § 237 Absatz 1 Satz 3 des Versicherungsaufsichtsgesetzes berechnete Deckungsrückstellung hinausgeht, gegen den Arbeitgeber richtet.

(4) Eine Unterstützungskasse hat bei Eintritt des Versorgungsfalls einem vorzeitig ausgeschiedenen Arbeitnehmer, der nach § 1b Absatz 4 gleichgestellt ist, und seinen Hinterbliebenen mindestens den nach Absatz 1 berechneten Teil der Versorgung zu gewähren.

(5) Bei einer unverfallbaren Anwartschaft aus Entgeltumwandlung tritt an die Stelle der Ansprüche nach Absatz 1, 3a oder 4 die vom Zeitpunkt der Zusage auf betriebliche Altersversorgung bis zum Ausscheiden des Arbeitnehmers erreichte Anwartschaft auf Leistungen aus den bis dahin umgewandelten Entgeltbestandteilen; dies gilt entsprechend für eine unverfallbare Anwartschaft aus Beiträgen im Rahmen einer beitragsorientierten Leistungszusage.

(6) An die Stelle der Ansprüche nach den Absätzen 2, 3, 3a und 5 tritt bei einer Beitragszusage mit Mindestleistung das dem Arbeitnehmer planmäßig zuzurechnende Versorgungskapital auf der Grundlage der bis zu seinem Ausscheiden geleisteten Beiträge (Beiträge und die bis zum Eintritt des Versorgungsfalls erzielten Erträge), mindestens die Summe der bis dahin zugesagten Beiträge, soweit sie nicht rechnungsmäßig für einen biometrischen Risikoausgleich verbraucht wurden.

(6) (weggefallen)

§ 2a Berechnung und Wahrung des Teilanspruchs

(1) Bei der Berechnung des Teilanspruchs eines mit unverfallbarer Anwartschaft ausgeschiedenen Arbeitnehmers nach § 2 sind die Versorgungsregelung und die Bemessungsgrundlagen im Zeitpunkt des Ausscheidens zugrunde zu legen; Veränderungen, die nach dem Ausscheiden eintreten, bleiben außer Betracht.

(2) Abweichend von Absatz 1 darf ein ausgeschiedener Arbeitnehmer im Hinblick auf den Wert seiner unverfallbaren Anwartschaft gegenüber vergleichbaren nicht ausgeschiedenen Arbeitnehmern nicht benachteiligt werden. [2]Eine Benachteiligung gilt insbesondere als ausgeschlossen, wenn

1. die Anwartschaft
   a) als nominales Anrecht festgelegt ist,
   b) eine Verzinsung enthält, die auch dem ausgeschiedenen Arbeitnehmer zugutekommt, oder
   c) über einen Pensionsfonds, eine Pensionskasse oder eine Direktversicherung durchgeführt wird und die Erträge auch dem ausgeschiedenen Arbeitnehmer zugutekommen, oder
2. die Anwartschaft angepasst wird
   a) um 1 Prozent jährlich
   b) wie die Anwartschaften oder die Nettolöhne vergleichbarer nicht ausgeschiedener Arbeitnehmer,
   c) wie die laufenden Leistungen, die an die Versorgungsempfänger des Arbeitgebers erbracht werden, oder

d) entsprechend dem Verbraucherpreisindex für Deutschland.

(3) Ist bei der Berechnung des Teilanspruchs eine Rente der gesetzlichen Rentenversicherung zu berücksichtigen, so kann bei einer unmittelbaren oder über eine Unterstützungskasse durchgeführten Versorgungszusage das bei der Berechnung von Pensionsrückstellungen allgemein zulässige Verfahren zugrunde gelegt werden, es sei denn, der ausgeschiedene Arbeitnehmer weist die bei der gesetzlichen Rentenversicherung im Zeitpunkt des Ausscheidens erreichten Entgeltpunkte nach. [2]Bei einer Versorgungszusage, die über eine Pensionskasse oder einen Pensionsfonds durchgeführt wird, sind der aufsichtsbehördlich genehmigte Geschäftsplan, der Pensionsplan oder die sonstigen Geschäftsunterlagen zugrunde zu legen.

(4) Versorgungsanwartschaften, die der Arbeitnehmer nach seinem Ausscheiden erwirbt, dürfen nicht zu einer Kürzung des Teilanspruchs führen.

§ 3 Abfindung

(1) Unverfallbare Anwartschaften im Falle der Beendigung des Arbeitsverhältnisses und laufende Leistungen dürfen nur unter den Voraussetzungen der folgenden Absätze abgefunden werden.

(2) Der Arbeitgeber kann eine Anwartschaft ohne Zustimmung des Arbeitnehmers abfinden, wenn der Monatsbetrag der aus der Anwartschaft resultierenden laufenden Leistung bei Erreichen der vorgesehenen Altersgrenze 1 vom Hundert, bei Kapitalleistungen zwölf Zehntel der monatlichen Bezugsgröße nach § 18 des Vierten Buches Sozialgesetzbuch nicht übersteigen würde. [2]Dies gilt entsprechend für die Abfindung einer laufenden Leistung. [3]Die Abfindung einer Anwartschaft bedarf der Zustimmung des Arbeitnehmers, wenn dieser nach Beendigung des Arbeitsverhältnisses ein neues Arbeitsverhältnis in einem anderen Mitgliedstaat der Europäischen Union begründet und dies innerhalb von drei Monaten nach Beendigung des Arbeitsverhältnisses seinem ehemaligen Arbeitgeber mitteilt. [4]Die Abfindung ist unzulässig, wenn der Arbeitnehmer von seinem Recht auf Übertragung der Anwartschaft Gebrauch macht.

(3) Die Anwartschaft ist auf Verlangen des Arbeitnehmers abzufinden, wenn die Beiträge zur gesetzlichen Rentenversicherung erstattet worden sind.

(4) Der Teil der Anwartschaft, der während eines Insolvenzverfahrens erdient worden ist, kann ohne Zustimmung des Arbeitnehmers abgefunden werden, wenn die Betriebstätigkeit vollständig eingestellt und das Unternehmen liquidiert wird.

(5) Für die Berechnung des Abfindungsbetrages gilt § 4 Absatz 5 entsprechend.

(6) Die Abfindung ist gesondert auszuweisen und einmalig zu zahlen.

§ 4 Übertragung

(1) Unverfallbare Anwartschaften und laufende Leistungen dürfen nur unter den Voraussetzungen der folgenden Absätze übertragen werden.

(2) Nach Beendigung des Arbeitsverhältnisses kann im Einvernehmen des ehemaligen mit dem neuen Arbeitgeber sowie dem Arbeitnehmer

1. die Zusage vom neuen Arbeitgeber übernommen werden oder

2. der Wert der vom Arbeitnehmer erworbenen unverfallbaren Anwartschaft auf betriebliche Altersversorgung (Übertragungswert) auf den neuen Arbeitgeber übertragen werden, wenn dieser eine wertgleiche Zusage erteilt; für die neue Anwartschaft gelten die Regelungen über Entgeltumwandlung entsprechend.

(3) Der Arbeitnehmer kann innerhalb eines Jahres nach Beendigung des Arbeitsverhältnisses von seinem ehemaligen Arbeitgeber verlangen, dass der Übertragungswert auf den neuen Arbeitgeber oder auf die Versorgungseinrichtung nach § 22 des neuen Arbeitgebers übertragen wird, wenn

1. die betriebliche Altersversorgung über einen Pensionsfonds, eine Pensionskasse oder eine Direktversicherung durchgeführt worden ist und

2. der Übertragungswert die Beitragsbemessungsgrenze in der allgemeinen Rentenversicherung nicht übersteigt.

[2]Der Anspruch richtet sich gegen den Versorgungsträger, wenn die versicherungsförmige Lösung nach § 2 Absatz 2 oder 3 vorliegt oder soweit der Arbeitnehmer die Versicherung oder Versorgung mit eigenen Beiträgen fortgeführt hat. [3]Der neue Arbeitgeber ist verpflichtet, eine dem Übertragungswert wertgleiche Zusage zu erteilen und über einen Pensionsfonds, eine Pensionskasse oder eine Direktversicherung durchzuführen. [4]Für die neue Anwartschaft gelten die Regelungen über Entgeltumwandlung entsprechend. [5]Ist der neue Arbeitgeber zu einer Durchführung über eine Versorgungseinrichtung nach § 22 bereit, ist die betriebliche Altersversorgung dort durchzuführen; die Sätze 3 und 4 sind in diesem Fall nicht anzuwenden.

(4) Wird die Betriebstätigkeit eingestellt und das Unternehmen liquidiert, kann eine Zusage von einer Pensionskasse oder einem Unternehmen der Lebensversicherung ohne Zustimmung des Arbeitnehmers oder Versorgungsempfängers übernommen werden, wenn sichergestellt ist, dass die Überschussanteile ab Rentenbeginn entsprechend § 16 Absatz 3 Nummer 2 verwendet werden. Bei einer Pensionskasse nach § 7 Absatz 1 Satz 2 Nummer 3 muss sichergestellt sein, dass im Zeitpunkt der Übernahme der in der Rechtsverordnung zu § 235 Absatz 1 Nummer 4 des Versicherungsaufsichtsgesetzes in der jeweils geltenden Fassung festgesetzte Höchstzinssatz zur Berechnung der Deckungsrückstellung nicht überschritten wird. [2]§ 2 Absatz 2 Satz 4 bis 6 gilt entsprechend.

(5) Der Übertragungswert entspricht bei einer unmittelbar über den Arbeitgeber oder über eine Unterstützungskasse durchgeführten betrieblichen Altersversorgung dem Barwert der nach § 2 bemessenen künftigen Versorgungsleistung im Zeitpunkt der Übertragung; bei der Berechnung des Barwerts sind die Rechnungsgrundlagen sowie die anerkannten Regeln der Versicherungsmathematik maßgebend. [2]Soweit die betriebliche Altersversorgung über einen Pensionsfonds, eine Pensionskasse oder eine Direktversicherung durchgeführt worden ist, entspricht der Übertragungswert dem gebildeten Kapital im Zeitpunkt der Übertragung.

(6) Mit der vollständigen Übertragung des Übertragungswerts erlischt die Zusage des ehemaligen Arbeitgebers.

§ 4a Auskunftspflichten

(1) Der Arbeitgeber oder der Versorgungsträger hat dem Arbeitnehmer auf dessen Verlangen mitzuteilen,

1. ob und wie eine Anwartschaft auf betriebliche Altersversorgung erworben wird,
2. wie hoch der Anspruch auf betriebliche Altersversorgung aus der bisher erworbenen Anwartschaft ist und bei Erreichen der in der Versorgungsregelung vorgesehenen Altersgrenze voraussichtlich sein wird,
3. wie sich eine Beendigung des Arbeitsverhältnisses auf die Anwartschaft auswirkt und
4. wie sich die Anwartschaft nach einer Beendigung des Arbeitsverhältnisses entwickeln wird.

(2) Der Arbeitgeber oder der Versorgungsträger hat dem Arbeitnehmer oder dem ausgeschiedenen Arbeitnehmer auf dessen Verlangen mitzuteilen, wie hoch bei einer Übertragung der Anwartschaft nach § 4 Absatz 3 der Übertragungswert ist. [2]Der neue Arbeitgeber oder der Versorgungsträger hat dem Arbeitnehmer auf dessen Verlangen mitzuteilen, in welcher Höhe aus dem Übertragungswert ein Anspruch auf Altersversorgung bestehen würde und ob eine Invaliditäts- oder Hinterbliebenenversorgung bestehen würde.

(3) Der Arbeitgeber oder der Versorgungsträger hat dem ausgeschiedenen Arbeitnehmer auf dessen Verlangen mitzuteilen, wie hoch die Anwartschaft auf betriebliche Altersversorgung ist und wie sich die Anwartschaft künftig entwickeln wird. [2]Satz 1 gilt entsprechend für Hinterbliebene im Versorgungsfall.

(4) Die Auskunft muss verständlich, in Textform und in angemessener Frist erteilt werden.

Zweiter Abschnitt. Auszehrungsverbot

§ 5 Auszehrung und Anrechnung

(1) Die bei Eintritt des Versorgungsfalls festgesetzten Leistungen der betrieblichen Altersversorgung dürfen nicht mehr dadurch gemindert oder entzogen werden, daß Beträge, um die sich andere Versorgungsbezüge nach diesem Zeitpunkt durch Anpassung an die wirtschaftliche Entwicklung erhöhen, angerechnet oder bei der Begrenzung der Gesamtversorgung auf einen Höchstbetrag berücksichtigt werden.

(2) Leistungen der betrieblichen Altersversorgung dürfen durch Anrechnung oder Berücksichtigung anderer Versorgungsbezüge, soweit sie auf eigenen Beiträgen des Versorgungsempfängers beruhen, nicht gekürzt werden. [2]Dies gilt nicht für Renten aus den gesetzlichen Rentenversicherungen, soweit sie auf Pflichtbeiträgen beruhen, sowie für sonstige Versorgungsbezüge, die mindestens zur Hälfte auf Beiträgen oder Zuschüssen des Arbeitgebers beruhen.

Dritter Abschnitt. Altersgrenze

§ 6 Vorzeitige Altersleistung

Einem Arbeitnehmer, der die Altersrente aus der gesetzlichen Rentenversicherung als Vollrente in Anspruch nimmt, sind auf sein Verlangen nach Erfüllung der Wartezeit und sonstiger Leistungsvoraussetzungen Leistungen der betrieblichen Altersversorgung zu gewähren. [2]Fällt die Altersrente aus der gesetzlichen Rentenversicherung wieder weg oder wird sie auf einen Teilbetrag beschränkt, so können auch die Leistungen der betrieblichen Altersversorgung eingestellt werden. [3]Der ausgeschiedene Arbeitnehmer ist verpflichtet, die Aufnahme oder Ausübung einer Beschäftigung oder Erwerbstätigkeit, die zu einem Wegfall oder zu einer Beschränkung der Altersrente aus der gesetzlichen Rentenversicherung führt, dem Arbeitgeber oder sonstigen Versorgungsträger unverzüglich anzuzeigen.

Vierter Abschnitt. Insolvenzsicherung

§ 7 Umfang des Versicherungsschutzes

(1) Versorgungsempfänger, deren Ansprüche aus einer unmittelbaren Versorgungszusage des Arbeitgebers nicht erfüllt werden, weil über das Vermögen des Arbeitgebers oder über seinen Nachlaß das Insolvenzverfahren eröffnet worden ist, und ihre Hinterbliebenen haben gegen den Träger der Insolvenzsicherung einen Anspruch in Höhe der Leistung, die der Arbeitgeber aufgrund der Versorgungszusage zu erbringen hätte, wenn das Insolvenzverfahren nicht eröffnet worden wäre. [2]Satz 1 gilt entsprechend,

1. wenn Leistungen aus einer Direktversicherung aufgrund der in § 1b Absatz 2 Satz 3 genannten Tatbestände nicht gezahlt werden und der Arbeitgeber seiner Verpflichtung nach § 1b Absatz 2 Satz 3 wegen der Eröffnung des Insolvenzverfahrens nicht nachkommt,
2. wenn eine Unterstützungskasse die nach ihrer Versorgungsregelung vorgesehene Versorgung nicht erbringt, weil über das Vermögen oder den Nachlass eines Arbeitgebers, der der Unterstützungskasse Zuwendungen leistet, das Insolvenzverfahren eröffnet worden ist.
3. wenn über das Vermögen oder den Nachlass des Arbeitgebers, dessen Versorgungszusage von einem Pensionsfonds oder einer Pensionskasse durchgeführt wird, das Insolvenzverfahren eröffnet worden ist und soweit der Pensionsfonds oder die Pensionskasse die nach der Versorgungszusage des Arbeitgebers vorgesehene Leistung nicht erbringt; ein Anspruch gegen den Träger der Insolvenzsicherung besteht nicht, wenn eine Pensionskasse einem Sicherungsfonds nach dem Dritten Teil des Versicherungsaufsichtsgesetzes angehört oder in Form einer gemeinsamen Einrichtung nach § 4 des Tarifvertragsgesetzes organisiert ist.

[3]§ 14 des Versicherungsvertragsgesetzes findet entsprechende Anwendung. Der Eröffnung des Insolvenzverfahrens stehen bei der Anwendung der Sätze 1 bis 3 gleich

1. die Abweisung des Antrags auf Eröffnung des Insolvenzverfahrens mangels Masse,

2. der außergerichtliche Vergleich (Stundungs-, Quoten- oder Liquidationsvergleich) des Arbeitgebers mit seinen Gläubigern zur Abwendung eines Insolvenzverfahrens, wenn ihm der Träger der Insolvenzsicherung zustimmt,

3. die vollständige Beendigung der Betriebstätigkeit im Geltungsbereich dieses Gesetzes, wenn ein Antrag auf Eröffnung des Insolvenzverfahrens nicht gestellt worden ist und ein Insolvenzverfahren offensichtlich mangels Masse nicht in Betracht kommt.

(1a) Der Anspruch gegen den Träger der Insolvenzsicherung entsteht mit dem Beginn des Kalendermonats, der auf den Eintritt des Sicherungsfalles folgt. [2]Der Anspruch endet mit Ablauf des Sterbemonats des Begünstigten, soweit in der Versorgungszusage des Arbeitgebers nicht etwas anderen bestimmt ist. [3]In den Fällen des Absatzes 1 Satz 1 und 4 Nummer 1 und 3 umfaßt der Anspruch auch rückständige Versorgungsleistungen, soweit diese bis zu zwölf Monaten vor Entstehen der Leistungspflicht des Trägers der Insolvenzsicherung entstanden sind.

(2) Personen, die bei Eröffnung des Insolvenzverfahrens oder bei Eintritt der nach Absatz 1 Satz 4 gleichstehenden Voraussetzungen (Sicherungsfall) eine nach § 1b unverfallbare Versorgungsanwartschaft haben, und ihre Hinterbliebenen haben bei Eintritt des Versorgungsfalls einen Anspruch gegen den Träger der Insolvenzsicherung, wenn die Anwartschaft beruht

1. auf einer unmittelbaren Versorgungszusage des Arbeitgebers,

2. auf einer Direktversicherung und der Arbeitnehmer hinsichtlich der Leistungen des Versicherers widerruflich bezugsberechtigt ist oder die Leistungen auf Grund der in § 1b Absatz 2 Satz 3 genannten Tatbestände nicht gezahlt werden und der Arbeitgeber seiner Verpflichtung aus § 1b Absatz 2 Satz 3 wegen der Eröffnung des Insolvenzverfahrens nicht nachkommt.

3. auf einer Versorgungszusage des Arbeitgebers, die von einer Unterstützungskasse durchgeführt wird, oder

4. auf einer Versorgungszusage des Arbeitgebers, die von einem Pensionsfonds oder einer Pensionskasse nach Absatz 1 Satz 2 Nummer 3 durchgeführt wird, soweit der Pensionsfonds oder die Pensionskasse die nach der Versorgungszusage des Arbeitgebers vorgesehene Leistung nicht erbringt.

(2a) Die Höhe des Anspruchs nach Absatz 2 richtet sich

1. bei unmittelbaren Versorgungszusagen, Unterstützungskassen und Pensionsfonds nach § 2 Absatz 1,

2. bei Direktversicherungen nach § 2 Absatz 2 Satz 2,

3. bei Pensionskassen nach § 2 Absatz 3 Satz 2.

Die Betriebszugehörigkeit wird bis zum Eintritt des Sicherungsfalls berücksichtigt. § 2 Absatz 5 und 6 gilt entsprechend. Veränderungen der Versorgungsregelung und der Bemessungsgrundlagen, die nach dem Eintritt des Sicherungsfalls eintreten, sind nicht zu berücksichtigen; § 2a Absatz 2 findet keine Anwendung.

(3) Ein Anspruch auf laufende Leistungen gegen den Träger der Insolvenzsicherung beträgt jedoch im Monat höchstens das Dreifache der im Zeitpunkt der ersten Fälligkeit maßgebenden monatlichen Bezugsgröße gemäß § 18 des Vierten Buches Sozialgesetzbuch. [2]Satz 1 gilt entsprechend bei einem Anspruch auf Kapitalleistungen mit der Maßgabe, daß zehn vom Hundert der Leistung als Jahresbetrag einer laufenden Leistung anzusetzen sind.

(4) Ein Anspruch auf Leistungen gegen den Träger der Insolvenzsicherung vermindert sich in dem Umfang, in dem der Arbeitgeber oder sonstige Träger der Versorgung die Leistungen der betrieblichen Altersversorgung erbringt. [2]Wird im Insolvenzverfahren ein Insolvenzplan bestätigt, vermindert sich der Anspruch auf Leistungen gegen den Träger der Insolvenzsicherung insoweit, als nach dem Insolvenzplan der Arbeitgeber oder sonstige Träger der Versorgung einen Teil der Leistungen selbst zu erbringen hat. [3]Sieht der Insolvenzplan vor, daß der Arbeitgeber oder sonstige Träger der Versorgung die Leistungen der betrieblichen Altersversorgung von einem bestimmten Zeitpunkt an selbst zu erbringen hat, so entfällt der Anspruch auf Leistungen gegen den Träger der Insolvenzsicherung von diesem Zeitpunkt an. [4]Die Sätze 2 und 3 sind für den außergerichtlichen Vergleich nach Absatz 1 Satz 4 Nummer 2 entsprechend anzuwenden. [5]Im Insolvenzplan soll vorgesehen werden, daß bei einer nachhaltigen Besserung der wirtschaftlichen Lage des Arbeitgebers die vom Träger der Insolvenzsicherung zu erbringenden Leistungen ganz oder zum Teil vom Arbeitgeber oder sonstigen Träger der Versorgung wieder übernommen werden.

(5) Ein Anspruch gegen den Träger der Insolvenzsicherung besteht nicht, soweit nach den Umständen des Falles die Annahme gerechtfertigt ist, daß es der alleinige oder überwiegende Zweck der Versorgungszusage oder ihre Verbesserung oder der für die Direktversicherung in § 1b Absatz 2 Satz 3 genannten Tatbestände gewesen ist, den Träger der Insolvenzsicherung in Anspruch zu nehmen. [2]Diese Annahme ist insbesondere dann gerechtfertigt, wenn bei Erteilung oder Verbesserung der Versorgungszusage wegen der wirtschaftlichen Lage des Arbeitgebers zu erwarten war, daß die Zusage nicht erfüllt werde. [3]Ein Anspruch auf Leistungen gegen den Träger der Insolvenzsicherung besteht bei Zusagen und Verbesserungen von Zusagen, die in den beiden letzten Jahren vor dem Eintritt des Sicherungsfalls erfolgt sind, nur

1. für ab dem 1. Januar 2002 gegebene Zusagen, soweit bei Entgeltumwandlung Beträge von bis zu 4 vom Hundert der Beitragsbemessungsgrenze in der allgemeinen Rentenversicherung für eine betriebliche Altersversorgung verwendet werden oder

2. für im Rahmen von Übertragungen gegebene Zusagen, soweit der Übertragungswert die Beitragsbemessungsgrenze in der allgemeinen Rentenversicherung nicht übersteigt.

(6) Ist der Sicherungsfall durch kriegerische Ereignisse, innere Unruhen, Naturkatastrophen oder Kernenergie verursacht worden, kann der Träger der Insolvenzsicherung mit Zustimmung der Bundesanstalt für Finanzdienstleistungsaufsicht die Leistungen nach billigem Ermessen abweichend von den Absätzen 1 bis 5 festsetzen.

§ 8 Übertragung der Leistungspflicht

(1) Ein Anspruch gegen den Träger der Insolvenzsicherung auf Leistungen nach § 7 besteht nicht, wenn ein Unternehmen der Lebensversicherung sich dem Träger der Insolvenzsicherung gegenüber verpflichtet, diese Leistungen zu erbringen, und die nach § 7 Berechtigten ein unmittelbares Recht erwerben, die Leistungen zu fordern.

(2) An die Stelle des Anspruchs gegen den Träger der Insolvenzsicherung nach § 7 tritt auf Verlangen des Berechtigten die Versicherungsleistung aus einer auf sein Leben abgeschlossenen Rückdeckungsversicherung, wenn die Versorgungszusage auf die Leistungen der Rückdeckungsversicherung verweist. [2]Das Wahlrecht des Berechtigten nach Satz 1 besteht nicht, sofern die Rückdeckungsversicherung in die Insolvenzmasse des Arbeitgebers fällt oder die Aufsichtsbehörde das Vermögen nach § 9 Absatz 3a oder 3b nicht auf den Träger der Insolvenzsicherung überträgt. [3]Der Berechtigte hat das Recht, als Versicherungsnehmer in die Versicherung einzutreten und die Versicherung mit eigenen Beiträgen fortzusetzen; § 1b Absatz 5 Satz 1 Nummer 1 und § 2 Absatz 2 Satz 4 bis 6 gelten entsprechend. [4]Der Träger der Insolvenzsicherung informiert den Berechtigten über sein Wahlrecht nach Satz 1 und über die damit verbundenen Folgen für den Insolvenzschutz. [5]Das Wahlrecht erlischt sechs Monate nach Information durch den Träger der Insolvenzsicherung. [6]Der Versicherer informiert den Träger der Insolvenzsicherung unverzüglich über den Versicherungsnehmerwechsel.

§ 8a Abfindung durch den Träger der Insolvenzsicherung

Der Träger der Insolvenzsicherung kann eine Anwartschaft ohne Zustimmung des Arbeitnehmers abfinden, wenn der Monatsbetrag der aus der Anwartschaft resultierenden laufenden Leistung bei Erreichen der vorgesehenen Altersgrenze 1 vom Hundert, bei Kapitalleistungen zwölf Zehntel der monatlichen Bezugsgröße nach § 18 des Vierten Buches Sozialgesetzbuch nicht übersteigen würde oder wenn dem Arbeitnehmer die Beiträge zur gesetzlichen Rentenversicherung erstattet worden sind. [2]Dies gilt entsprechend für die Abfindung einer laufenden Leistung. [3]Die Abfindung ist darüber hinaus möglich, wenn sie an ein Unternehmen der Lebensversicherung gezahlt wird, bei dem der Versorgungsberechtigte im Rahmen einer Direktversicherung versichert ist. [4]§ 2 Absatz 2 Satz 4 bis 6 und § 3 Absatz 5 gelten entsprechend.

§ 9 Mitteilungspflicht, Forderungs- und Vermögensübergang

(1) Der Träger der Insolvenzsicherung teilt dem Berechtigten die ihm nach § 7 oder § 8 zustehenden Ansprüche oder Anwartschaften schriftlich mit. [2]Unterbleibt die Mitteilung, so ist der Anspruch oder die Anwartschaft spätestens ein Jahr nach dem Sicherungsfall bei dem Träger der Insolvenzsicherung anzumelden; erfolgt die Anmeldung später, so beginnen die Leistungen frühestens mit dem Ersten des Monats

der Anmeldung, es sei denn, daß der Berechtigte an der rechtzeitigen Anmeldung ohne sein Verschulden verhindert war.

(2) Ansprüche oder Anwartschaften des Berechtigten gegen den Arbeitgeber auf Leistungen der betrieblichen Altersversorgung, die den Anspruch gegen den Träger der Insolvenzsicherung begründen, gehen im Falle eines Insolvenzverfahrens mit dessen Eröffnung, in den übrigen Sicherungsfällen dann auf den Träger der Insolvenzsicherung über, wenn dieser nach Absatz 1 Satz 1 dem Berechtigten die ihm zustehenden Ansprüche oder Anwartschaften mitteilt. [2]Der Übergang kann nicht zum Nachteil des Berechtigten geltend gemacht werden. [3]Die mit der Eröffnung des Insolvenzverfahrens übergegangenen Anwartschaften werden im Insolvenzverfahren als unbedingte Forderungen nach § 45 der Insolvenzordnung geltend gemacht.

(3) Ist der Träger der Insolvenzsicherung zu Leistungen verpflichtet, die ohne den Eintritt des Sicherungsfalls eine Unterstützungskasse erbringen würde, geht deren Vermögen einschließlich der Verbindlichkeiten auf ihn über; die Haftung für die Verbindlichkeiten beschränkt sich auf das übergegangene Vermögen. [2]Wenn die übergegangenen Vermögenswerte den Barwert der Ansprüche und Anwartschaften gegen den Träger der Insolvenzsicherung übersteigen, hat dieser den übersteigenden Teil entsprechend der Satzung der Unterstützungskasse zu verwenden. [3]Bei einer Unterstützungskasse mit mehreren Trägerunternehmen hat der Träger der Insolvenzsicherung einen Anspruch gegen die Unterstützungskasse auf einen Betrag, der dem Teil des Vermögens der Kasse entspricht, der auf das Unternehmen entfällt, bei dem der Sicherungsfall eingetreten ist. [4]Die Sätze 1 bis 3 gelten nicht, wenn der Sicherungsfall auf den in § 7 Abs. 1 Satz 4 Nummer 2 genannten Gründen beruht, es sei denn, daß das Trägerunternehmen seine Betriebstätigkeit nach Eintritt des Sicherungsfall nicht fortsetzt und aufgelöst wird (Liquidationsvergleich).

(3a) Hat die Pensionskasse nach § 7 Absatz 1 Satz 2 Nummer 3 Kenntnis über den Sicherungsfall bei einem Arbeitgeber erlangt, dessen Versorgungszusage von ihr durchgeführt wird, hat sie dies und die Auswirkungen des Sicherungsfalls auf die Pensionskasse der Aufsichtsbehörde und dem Träger der Insolvenzsicherung unverzüglich mitzuteilen. [2]Sind bei der Pensionskasse vor Eintritt des Sicherungsfalls garantierte Leistungen gekürzt worden oder liegen der Aufsichtsbehörde Informationen vor, die eine dauerhafte Verschlechterung der finanziellen Lage der Pensionskasse wegen der Insolvenz des Arbeitgebers erwarten lassen, entscheidet die Aufsichtsbehörde nach Anhörung des Trägers der Insolvenzsicherung und der Pensionskasse nach pflichtgemäßem Ermessen, ob das dem Arbeitgeber zuzuordnende Vermögen der Pensionskasse einschließlich der Verbindlichkeiten auf den Träger der Insolvenzsicherung übertragen werden soll. [3]Die Aufsichtsbehörde teilt ihre Entscheidung dem Träger der Insolvenzsicherung und der Pensionskasse mit. [4]Die Übertragungsanordnung kann mit Nebenbestimmungen versehen werden. Absatz 3 Satz 1 zweiter Halbsatz gilt entsprechend. [5]Der Träger der Insolvenzsicherung kann nach Anhörung der Aufsichtsbehörde der Pensionskasse Finanzmittel zur Verfügung stellen. [6]Werden nach Eintritt des Sicherungsfalls von der Pensionskasse garantierte Leistungen gekürzt, gelten die Sätze 2 bis 6 entsprechend

(3b) Absatz 3a gilt entsprechend für den Pensionsfonds. Abweichend von Absatz 3a Satz 2 hat die Aufsichtsbehörde bei nicht versicherungsförmigen Pensionsplänen stets das dem Arbeitgeber zuzuordnende Vermögen einschließlich der Verbindlichkeiten auf den Träger der Insolvenzsicherung zu übertragen.

(4) In einem Insolvenzplan, der die Fortführung des Unternehmens oder eines Betriebes vorsieht, ist für den Träger der Insolvenzsicherung eine besondere Gruppe zu bilden, sofern er hierauf nicht verzichtet. [2]Sofern im Insolvenzplan nichts anderes vorgesehen ist, kann der Träger der Insolvenzsicherung, wenn innerhalb von drei Jahren nach der Aufhebung des Insolvenzverfahrens ein Antrag auf Eröffnung eines neuen Insolvenzverfahrens über das Vermögen des Arbeitgebers gestellt wird, in diesem Verfahren als Insolvenzgläubiger Erstattung der von ihm erbrachten Leistungen verlangen.

(5) Dem Träger der Insolvenzsicherung steht gegen den Beschluß, durch den das Insolvenzverfahren eröffnet wird, die sofortige Beschwerde zu.

§ 10 Beitragspflicht und Beitragsbemessung

(1) Die Mittel für die Durchführung der Insolvenzsicherung werden auf Grund öffentlich-rechtlicher Verpflichtung durch Beiträge aller Arbeitgeber aufgebracht, die Leistungen der betrieblichen Altersversorgung unmittelbar zugesagt haben, eine betriebliche Altersversorgung über eine Unterstützungskasse, eine Direktversicherung der in § 7 Absatz 1 Satz 2 und Absatz 2 Satz 1 Nummer 2 bezeichneten Art, einen Pensionsfonds oder eine Pensionskasse nach § 7 Absatz 1 Satz 2 Nummer 3 durchführen. [2]Der Versorgungsträger kann die Beiträge für den Arbeitgeber übernehmen.

(2) Die Beiträge müssen den Barwert der im laufenden Kalenderjahr entstehenden Ansprüche auf Leistungen der Insolvenzsicherung decken zuzüglich eines Betrages für die aufgrund eingetretener Insolvenzen zu sichernden Anwartschaften, der sich aus dem Unterschied der Barwerte dieser Anwartschaften am Ende des Kalenderjahres und am Ende des Vorjahres bemisst. [2]Der Rechnungszinsfuß bei der Berechnung des Barwerts der Ansprüche auf Leistungen der Insolvenzsicherung bestimmt sich nach § 235 Absatz 1 Nummer 4 des Versicherungsaufsichtsgesetzes; soweit keine Übertragung nach § 8 Absatz 1 stattfindet, ist der Rechnungszinsfuß bei der Berechnung des Barwerts der Anwartschaften um ein Drittel höher. [3]Darüber hinaus müssen die Beiträge die im gleichen Zeitraum entstehenden Verwaltungskosten und sonstigen Kosten, die mit der Gewährung der Leistungen zusammenhängen, und die Zuführung zu einem von der Bundesanstalt für Finanzdienstleistungsaufsicht festgesetzten Ausgleichsfonds decken; § 193 des Versicherungsaufsichtsgesetzes bleibt unberührt. [4]Auf die am Ende des Kalenderjahres fälligen Beiträge können Vorschüsse erhoben werden. [5]In Jahren, in denen sich außergewöhnlich hohe Beiträge ergeben würden, kann zu deren Ermäßigung der Ausgleichsfonds in einem von der Bundesanstalt für Finanzdienstleistungsaufsicht zu genehmigenden Umfang herangezogen werden; außerdem können die nach den Sätzen 1 bis 3 erforderlichen Beiträge auf das laufende und die bis zu vier folgenden Kalenderjahre verteilt werden.

(3) Die nach Absatz 2 erforderlichen Beiträge werden auf die Arbeitgeber nach Maßgabe der nachfolgenden Beträge umgelegt, soweit sie sich auf die laufenden Versor-

gungsleistungen und die nach § 1b unverfallbaren Versorgungsanwartschaften beziehen (Beitragsbemessungsgrundlage); diese Beträge sind festzustellen auf den Schluß des Wirtschaftsjahrs des Arbeitgebers, das im abgelaufenen Kalenderjahr geendet hat:

1. Bei Arbeitgebern, die Leistungen der betrieblichen Altersversorgung unmittelbar zugesagt haben, ist Beitragsbemessungsgrundlage der Teilwert der Pensionsverpflichtung (§ 6a Absatz 3 des Einkommensteuergesetzes).

2. Bei Arbeitgebern, die eine betriebliche Altersversorgung über eine Direktversicherung mit widerruflichem Bezugsrecht durchführen, ist Beitragsbemessungsgrundlage das geschäftsplanmäßige Deckungskapital oder, soweit die Berechnung des Deckungskapitals nicht zum Geschäftsplan gehört, die Deckungsrückstellung. [2]Für Versicherungen, bei denen der Versicherungsfall bereits eingetreten ist, und für Versicherungsanwartschaften, für die ein unwiderrufliches Bezugsrecht eingeräumt ist, ist das Deckungskapital oder die Deckungsrückstellung nur insoweit zu berücksichtigen, als die Versicherungen abgetreten oder beliehen sind.

3. Bei Arbeitgebern, die eine betriebliche Altersversorgung über eine Unterstützungskasse durchführen, ist Beitragsbemessungsgrundlage das Deckungskapital für die laufenden Leistungen (§ 4d Absatz 1 Nummer 1 Buchstabe a des Einkommensteuergesetzes) zuzüglich des Zwanzigfachen der nach § 4d Absatz 1 Nummer 1 Buchstabe b Satz 1 des Einkommensteuergesetzes errechneten jährlichen Zuwendungen für Leistungsanwärter im Sinne von § 4d Absatz 1 Nummer 1 Buchstabe b Satz 2 des Einkommensteuergesetzes.

4. Bei Arbeitgebern, die eine betriebliche Altersversorgung über einen Pensionsfonds oder eine Pensionskasse nach § 7 Absatz 1 Satz 2 Nummer 3 durchführen, ist Beitragsbemessungsgrundlage

   a) für unverfallbare Anwartschaften auf lebenslange Altersleistungen die Höhe der jährlichen Versorgungsleistung, die im Versorgungsfall, spätestens zum Zeitpunkt des Erreichens der Regelaltersgrenze in der gesetzlichen Rentenversicherung, erreicht werden kann, bei ausschließlich lebenslangen Invaliditäts- oder lebenslangen Hinterbliebenenleistungen jeweils ein Viertel dieses Wertes; bei Kapitalleistungen gelten 10 Prozent der Kapitalleistung, bei Auszahlungsplänen 10 Prozent der Ratensumme zuzüglich des Restkapitals als Höhe der lebenslangen jährlichen Versorgungsleistung,

   b) für lebenslang laufende Versorgungsleistungen 20 Prozent des nach Anlage 1 Spalte 2 zu § 4d Absatz 1 des Einkommensteuergesetzes berechneten Deckungskapitals; bei befristeten Versorgungsleistungen gelten 10 Prozent des Produktes aus maximal möglicher Restlaufzeit in vollen Jahren und der Höhe der jährlichen laufenden Leistung, bei Auszahlungsplänen 10 Prozent der zukünftigen Ratensumme zuzüglich des Restkapitals als Höhe der lebenslangen jährlichen Versorgungsleistung.

(4) Aus den Beitragsbescheiden des Trägers der Insolvenzsicherung findet die Zwangsvollstreckung in entsprechender Anwendung der Vorschriften der Zivilpro-

zeßordnung statt. [2]Die vollstreckbare Ausfertigung erteilt der Träger der Insolvenzsicherung.

§ 10a Säumniszuschläge, Zinsen, Verjährung

(1) Für Beiträge, die wegen Verstoßes des Arbeitgebers gegen die Meldepflicht erst nach Fälligkeit erhoben werden, kann der Träger der Insolvenzsicherung für jeden angefangenen Monat vom Zeitpunkt der Fälligkeit an einen Säumniszuschlag in Höhe von bis zu eins vom Hundert der nacherhobenen Beiträge erheben.

(2) Für festgesetzte Beiträge und Vorschüsse, die der Arbeitgeber nach Fälligkeit zahlt, erhebt der Träger der Insolvenzsicherung für jeden Monat Verzugszinsen in Höhe von 0,5 vom Hundert der rückständigen Beiträge. [2]Angefangene Monate bleiben außer Ansatz.

(3) Vom Träger der Insolvenzsicherung zu erstattende Beiträge werden vom Tage der Fälligkeit oder bei Feststellung des Erstattungsanspruchs durch gerichtliche Entscheidung vom Tage der Rechtshängigkeit an für jeden Monate mit 0,5 vom Hundert verzinst. [2]Angefangene Monate bleiben außer Ansatz.

(4) Ansprüche auf Zahlung der Beiträge zur Insolvenzsicherung gemäß § 10 sowie Erstattungsansprüche nach Zahlung nicht geschuldeter Beiträge zur Insolvenzsicherung verjähren in sechs Jahren. [2]Die Verjährungsfrist beginnt mit Ablauf des Kalenderjahres, in dem die Beitragspflicht entstanden oder der Erstattungsanspruch fällig geworden ist. [3]Auf die Verjährung sind die Vorschriften des Bürgerlichen Gesetzbuchs anzuwenden.

§ 11 Melde-, Auskunfts- und Mitteilungspflichten

(1) Der Arbeitgeber hat dem Träger der Insolvenzsicherung eine betriebliche Altersversorgung nach § 1b Absatz 1 bis 4 für seine Arbeitnehmer innerhalb von 3 Monaten nach Erteilung der unmittelbaren Versorgungszusage, dem Abschluß einer Direktversicherung, der Errichtung einer Unterstützungskasse, eines Pensionsfonds oder einer Pensionskasse nach § 7 Absatz 1 Satz 2 Nummer 3 mitzuteilen. [2]Der Arbeitgeber, der sonstige Träger der Versorgung, der Insolvenzverwalter und die nach § 7 Berechtigten sind verpflichtet, dem Träger der Insolvenzsicherung alle Auskünfte zu erteilen, die zur Durchführung der Vorschriften dieses Abschnitts erforderlich sind, sowie Unterlagen vorzulegen, aus denen die erforderlichen Angaben ersichtlich sind.

(2) Ein beitragspflichtiger Arbeitgeber hat dem Träger der Insolvenzsicherung spätestens bis zum 30. September eines jeden Kalenderjahrs die Höhe des nach § 10 Absatz 3 für die Bemessung des Beitrages maßgebenden Betrages bei unmittelbaren Versorgungszusagen auf Grund eines versicherungsmathematischen Gutachtens, bei Direktversicherungen auf Grund einer Bescheinigung des Versicherers und bei Unterstützungskassen Pensionsfonds und Pensionskassen auf Grund einer nachprüfbaren Berechnung mitzuteilen. [2]Der Arbeitgeber hat die in Satz 1 bezeichneten Unterlagen mindestens 6 Jahre aufzubewahren.

(3) Der Insolvenzverwalter hat dem Träger der Insolvenzsicherung die Eröffnung des Insolvenzverfahrens, Namen und Anschriften der Versorgungsempfänger und die

Höhe ihrer Versorgung nach § 7 unverzüglich mitzuteilen. [2]Er hat zugleich Namen und Anschriften der Personen, die bei Eröffnung des Insolvenzverfahrens eine nach § 1 unverfallbare Versorgungsanwartschaft haben, sowie die Höhe ihrer Anwartschaft nach § 7 mitzuteilen.

(4) Der Arbeitgeber, der sonstige Träger der Versorgung und die nach § 7 Berechtigten sind verpflichtet, dem Insolvenzverwalter Auskünfte über alle Tatsachen zu erteilen, auf die sich die Mitteilungspflicht nach Absatz 3 bezieht.

(5) In den Fällen, in denen ein Insolvenzverfahren nicht eröffnet wird (§ 7 Absatz 1 Satz 4) oder nach § 207 der Insolvenzordnung eingestellt worden ist, sind die Pflichten des Insolvenzverwalters nach Absatz 3 vom Arbeitgeber oder dem sonstigen Träger der Versorgung zu erfüllen.

(6) Kammern und andere Zusammenschlüsse von Unternehmern oder anderen selbständigen Berufstätigen, die als Körperschaften des öffentlichen Rechts errichtet sind, ferner Verbände und andere Zusammenschlüsse, denen Unternehmer oder andere selbständige Berufstätige kraft Gesetzes angehören oder anzugehören haben, haben den Träger der Insolvenzsicherung bei der Ermittlung der nach § 10 beitragspflichtigen Arbeitgeber zu unterstützen. [2]Die Aufsichtsbehörden haben auf Anfrage dem Träger der Insolvenzsicherung die unter ihrer Aufsicht stehenden Pensionskassen mitzuteilen.

(6a) Ist bei einem Arbeitgeber, dessen Versorgungszusage von einer Pensionskasse oder einem Pensionsfonds durchgeführt wird, der Sicherungsfall eingetreten, muss die Pensionskasse oder der Pensionsfonds dem Träger der Insolvenzsicherung beschlossene Änderungen von Versorgungsleistungen unverzüglich mitteilen.

(7) Die nach den Absätzen 1 bis 3 und 5 zu Mitteilungen und Auskünften und die nach Absatz 6 zur Unterstützung Verpflichteten haben die vom Träger der Insolvenzsicherung vorgesehenen Vordrucke und technischen Verfahren zu verwenden.

(8) Zur Sicherung der vollständigen Erfassung der nach § 10 beitragspflichtigen Arbeitgeber können die Finanzämter dem Träger der Insolvenzsicherung mitteilen, welche Arbeitgeber für die Beitragspflicht in Betracht kommen. [2]Die Bundesregierung wird ermächtigt, durch Rechtsverordnung mit Zustimmung des Bundesrates das Nähere zu bestimmen und Einzelheiten des Verfahrens zu regeln.

§ 12 Ordnungswidrigkeiten

(1) Ordnungswidrig handelt, wer vorsätzlich oder fahrlässig

1. entgegen § 11 Absatz 1 Satz 1, Absatz 2, Satz 1, Absatz 3, 5 oder 6a eine Mitteilung nicht, nicht richtig, nicht vollständig oder nicht rechtzeitig vornimmt,
2. entgegen § 11 Absatz 1 Satz 2 oder Absatz 4 eine Auskunft nicht, nicht richtig, nicht vollständig oder nicht rechtzeitig erteilt oder
3. entgegen § 11 Absatz 1 Satz 2 Unterlagen nicht, nicht richtig, nicht vollständig oder nicht rechtzeitig vorlegt oder entgegen § 11 Absatz 2 Satz 2 Unterlagen nicht aufbewahrt.

(2) Die Ordnungswidrigkeit kann mit einer Geldbuße bis zu zweitausendfünfhundert Euro geahndet werden.

(3) Verwaltungsbehörde im Sinne des § 36 Absatz 1 Nummer 1 des Gesetzes über Ordnungswidrigkeiten ist die Bundesanstalt für Finanzdienstleistungsaufsicht.

§ 13 (weggefallen)

§ 14 Träger der Insolvenzsicherung

(1) Träger der Insolvenzsicherung ist der Pensions-Sicherungs-Verein Versicherungsverein auf Gegenseitigkeit. [2]Er ist zugleich Träger der Insolvenzsicherung von Versorgungszusagen Luxemburger Unternehmen nach Maßgabe des Abkommens vom 22. September 2000 zwischen der Bundesrepublik Deutschland und dem Großherzogtum Luxemburg über Zusammenarbeit im Bereich der Insolvenzsicherung betrieblicher Altersversorgung.

(2) Der Pensions-Sicherungs-Verein Versicherungsverein auf Gegenseitigkeit unterliegt der Aufsicht durch die Bundesanstalt für Finanzdienstleistungsaufsicht. [2]Soweit dieses Gesetz nichts anderes bestimmt, gelten für ihn die Vorschriften für kleine Versicherungsunternehmen nach den §§ 212 bis 216 des Versicherungsaufsichtsgesetzes und die auf Grund des § 217 des Versicherungsaufsichtsgesetzes erlassenen Rechtsverordnungen entsprechend. [3]Die folgenden Vorschriften gelten mit folgenden Maßgaben:

1. § 212 Absatz 2 Nummer 1 des Versicherungsaufsichtsgesetzes gilt mit der Maßgabe, dass § 30 des Versicherungsaufsichtsgesetzes Anwendung findet;
2. § 212 Absatz 3 Nummer 6 des Versicherungsaufsichtsgesetzes gilt ohne Maßgabe; § 212 Absatz 3 Nummer 7, 10 und 12 des Versicherungsaufsichtsgesetzes gilt mit der Maßgabe, dass die dort genannten Vorschriften auch auf die interne Revision Anwendung finden; § 212 Absatz 3 Nummer 13 des Versicherungsaufsichtsgesetzes gilt mit der Maßgabe, dass die Bundesanstalt für Finanzdienstleistungsaufsicht bei Vorliegen der gesetzlichen Tatbestandsmerkmale die Erlaubnis zum Geschäftsbetrieb widerrufen kann;
3. § 214 Absatz 1 des Versicherungsaufsichtsgesetzes gilt mit der Maßgabe, dass grundsätzlich die Hälfte des Ausgleichsfonds den Eigenmitteln zugerechnet werden kann. Auf Antrag des Pensions-Sicherungs-Vereins Versicherungsverein auf Gegenseitigkeit kann die Bundesanstalt für Finanzdienstleistungsaufsicht im Fall einer Inanspruchnahme des Ausgleichsfonds nach § 10 Absatz 2 Satz 5 festsetzen, dass der Ausgleichsfonds vorübergehend zu einem hierüber hinausgehenden Anteil den Eigenmitteln zugerechnet werden kann; § 214 Absatz 6 des Versicherungsaufsichtsgesetzes findet keine Anwendung;
4. der Umfang des Sicherungsvermögens muss mindestens der Summe aus den Bilanzwerten der in § 125 Absatz 2 des Versicherungsaufsichtsgesetzes genannten Beträge und dem nicht den Eigenmitteln zuzurechnenden Teil des Ausgleichsfonds entsprechen;

5. § 134 Absatz 3 Satz 2 des Versicherungsaufsichtsgesetzes gilt mit der Maßgabe, dass die Aufsichtsbehörde die Frist für Maßnahmen des Pensions-Sicherungs-Vereins Versicherungsverein auf Gegenseitigkeit um einen angemessenen Zeitraum verlängern kann; § 134 Absatz 6 Satz 1 des Versicherungsaufsichtsgesetzes ist entsprechend anzuwenden;

6. § 135 Absatz 2 Satz 2 des Versicherungsaufsichtsgesetzes gilt mit der Maßgabe, dass die Aufsichtsbehörde die genannte Frist um einen angemessenen Zeitraum verlängern kann.

(3) Der Bundesminister für Arbeit und Sozialordnung weist durch Rechtsverordnung mit Zustimmung des Bundesrates die Stellung des Trägers der Insolvenzsicherung der Kreditanstalt für Wiederaufbau zu, bei der ein Fonds zur Insolvenzsicherung der betrieblichen Altersversorgung gebildet wird, wenn

1. bis zum 31. Dezember 1974 nicht nachgewiesen worden ist, dass der in Absatz 1 genannte Träger die Erlaubnis der Aufsichtsbehörde zum Geschäftsbetrieb erhalten hat,

2. der in Absatz 1 genannte Träger aufgelöst worden ist oder

3. die Aufsichtsbehörde den Geschäftsbetrieb des in Absatz 1 genannten Trägers untersagt oder die Erlaubnis zum Geschäftsbetrieb widerruft.

   [2]In den Fällen der Nummern 2 und 3 geht das Vermögen des in Absatz 1 genannten Trägers einschließlich der Verbindlichkeiten auf die Kreditanstalt für Wiederaufbau über, die es dem Fonds zur Insolvenzsicherung der betrieblichen Altersversorgung zuweist.

(4) Wird die Insolvenzsicherung von der Kreditanstalt für Wiederaufbau durchgeführt, gelten die Vorschriften dieses Abschnittes mit folgenden Abweichungen:

1. In § 7 Absatz 6 entfällt die Zustimmung der Bundesanstalt für Finanzdienstleistungsaufsicht.

2. § 10 Absatz 2 findet keine Anwendung. [2]Die von der Kreditanstalt für Wiederaufbau zu erhebenden Beiträge müssen den Bedarf für die laufenden Leistungen der Insolvenzsicherung im laufenden Kalenderjahr und die im gleichen Zeitraum entstehenden Verwaltungskosten und sonstigen Kosten, die mit der Gewährung der Leistungen zusammenhängen, decken. [3]Bei einer Zuweisung nach Absatz 2 Nummer 1 beträgt der Beitrag für die ersten 3 Jahre mindestens 0,1 vom Hundert der Beitragsbemessungsgrundlage gemäß § 10 Absatz 3; der nicht benötigte Teil dieses Beitragsaufkommens wird einer Betriebsmittelreserve zugeführt. [4]Bei einer Zuweisung nach Absatz 2 Nummer 2 oder 3 wird in den ersten 3 Jahren zu dem Beitrag nach Nummer 2 Satz 2 ein Zuschlag von 0,08 vom Hundert der Beitragsbemessungsgrundlage gemäß § 10 Absatz 3 zur Bildung einer Betriebsmittelreserve erhoben. [5]Auf die Beiträge können Vorschüsse erhoben werden.

3. In § 12 Absatz 3 tritt an die Stelle der Bundesanstalt für Finanzdienstleistungsaufsicht die Kreditanstalt für Wiederaufbau.

[2]Die Kreditanstalt für Wiederaufbau verwaltet den Fonds im eigenen Namen. [3]Für Verbindlichkeiten des Fonds haftet sie nur mit dem Vermögen des Fonds. [4]Dieser haftet nicht für die sonstigen Verbindlichkeiten der Bank. [5]§ 11 Absatz 1 Satz 1 des Gesetzes über die Kreditanstalt für Wiederaufbau in der Fassung der Bekanntmachung vom 23. Juni 1969 (BGBl. I S. 573), das zuletzt durch Artikel 14 des Gesetzes vom 21. Juni 2002 (BGBl. I S. 2010) geändert worden ist, ist in der jeweils geltenden Fassung auch für den Fonds anzuwenden.

§ 15 Verschwiegenheitspflicht

Personen, die bei dem Träger der Insolvenzsicherung beschäftigt oder für ihn tätig sind, dürfen fremde Geheimnisse, insbesondere Betriebs- oder Geschäftsgeheimnisse, nicht unbefugt offenbaren oder verwerten. [2]Sie sind nach dem Gesetz über die förmliche Verpflichtung nichtbeamteter Personen vom 2. März 1974 (Bundesgesetzbl. I S. 469, 547) von der Bundesanstalt für Finanzdienstleistungsaufsicht auf die gewissenhafte Erfüllung ihrer Obliegenheiten zu verpflichten.

Fünfter Abschnitt. Anpassung

§ 16 Anpassungsprüfungspflicht

(1) Der Arbeitgeber hat alle drei Jahre eine Anpassung der laufenden Leistungen der betrieblichen Altersversorgung zu prüfen und hierüber nach billigem Ermessen zu entscheiden; dabei sind insbesondere die Belange des Versorgungsempfängers und die wirtschaftliche Lage des Arbeitgebers zu berücksichtigen.

(2) Die Verpflichtung nach Absatz 1 gilt als erfüllt, wenn die Anpassung nicht geringer ist als der Anstieg

1. des Verbraucherpreisindexes für Deutschland oder
2. der Nettolöhne vergleichbarer Arbeitnehmergruppen des Unternehmens

   im Prüfungszeitraum.

(3) Die Verpflichtung nach Absatz 1 entfällt, wenn

1. der Arbeitgeber sich verpflichtet, die laufenden Leistungen jährlich um wenigstens eins vom Hundert anzupassen,
2. die betriebliche Altersversorgung über eine Direktversicherung im Sinne des § 1b Absatz 2 oder über eine Pensionskasse im Sinne des § 1b Absatz 3 durchgeführt wird und ab Rentenbeginn sämtliche auf den Rentenbestand entfallende Überschußanteile zur Erhöhung der laufenden Leistungen verwendet werden oder
3. eine Beitragszusage mit Mindestleistung erteilt wurde; Absatz 5 findet insoweit keine Anwendung.

(4) Sind laufende Leistungen nach Absatz 1 nicht oder nicht in vollem Umfang anzupassen (zu Recht unterbliebene Anpassung), ist der Arbeitgeber nicht verpflichtet, die Anpassung zu einem späteren Zeitpunkt nachzuholen. [2]Eine Anpassung gilt als

zu Recht unterblieben, wenn der Arbeitgeber dem Versorgungsempfänger die wirtschaftliche Lage des Unternehmens schriftlich dargelegt, der Versorgungsempfänger nicht binnen drei Kalendermonaten nach Zugang der Mitteilung schriftlich widersprochen hat und er auf die Rechtsfolgen eines nicht fristgemäßen Widerspruchs hingewiesen wurde.

(5) Soweit betriebliche Altersversorgung durch Entgeltumwandlung finanziert wird, ist der Arbeitgeber verpflichtet, die Leistungen mindestens entsprechend Absatz 3 Nummer 1 anzupassen oder im Falle der Durchführung über eine Direktversicherung oder eine Pensionskasse sämtliche Überschussanteile entsprechend Absatz 3 Nummer 2 zu verwenden.

(6) Eine Verpflichtung zur Anpassung besteht nicht für monatliche Raten im Rahmen eines Auszahlungsplans sowie für Renten ab Vollendung des 85. Lebensjahres im Anschluss an einen Auszahlungsplan.

Sechster Abschnitt. Geltungsbereich

§ 17 Persönlicher Geltungsbereich

(1) Arbeitnehmer im Sinne der §§ 1 bis 16 sind Arbeiter und Angestellte einschließlich der zu ihrer Berufsausbildung Beschäftigten; ein Berufsausbildungsverhältnis steht einem Arbeitsverhältnis gleich. [2]Die §§ 1 bis 16 gelten entsprechend für Personen, die nicht Arbeitnehmer sind, wenn ihnen Leistungen der Alters-, Invaliditäts- oder Hinterbliebenenversorgung aus Anlaß ihrer Tätigkeit für ein Unternehmen zugesagt worden sind. [3]Arbeitnehmer im Sinne von § 1a Absatz 1 sind nur Personen nach den Sätzen 1 und 2, soweit sie aufgrund der Beschäftigung oder Tätigkeit bei dem Arbeitgeber, gegen den sich der Anspruch nach § 1a richten würde, in der gesetzlichen Rentenversicherung pflichtversichert sind.

(2) Die §§ 7 bis 15 gelten nicht für den Bund, die Länder, die Gemeinden sowie die Körperschaften, Stiftungen und Anstalten des öffentlichen Rechts, bei denen das Insolvenzverfahren nicht zulässig ist, und solche juristische Personen des öffentlichen Rechts, bei denen der Bund, ein Land oder eine Gemeinde kraft Gesetzes die Zahlungsfähigkeit sichert.

(3) Gesetzliche Regelungen über Leistungen der betrieblichen Altersversorgung werden unbeschadet des § 18 durch die §§ 1 bis 16 und 26 bis 30 nicht berührt.

§ 18 Sonderregelungen für den öffentlichen Dienst

(1) Für Personen, die

1. bei der Versorgungsanstalt des Bundes und der Länder (VBL) oder einer kommunalen oder kirchlichen Zusatzversorgungseinrichtung versichert sind, oder
2. bei einer anderen Zusatzversorgungseinrichtung versichert sind, die mit einer der Zusatzversorgungseinrichtungen nach Nummer 1 ein Überleitungsabkommen abgeschlossen hat oder aufgrund satzungsrechtlicher Vorschriften von Zusatzversorgungseinrichtungen nach Nummer 1 ein solches Abkommen abschließen kann, oder

3. unter das Hamburgische Zusatzversorgungsgesetz oder unter das Bremische Ruhelohngesetz in ihren jeweiligen Fassungen fallen oder auf die diese Gesetze sonst Anwendung finden,

gelten die §§ 2, 2a Absatz 1, 3 und 4 sowie die §§ 5, 16, 27 und 28 nicht, soweit sich aus den nachfolgenden Regelungen nichts Abweichendes ergibt; § 4 gilt nicht, wenn die Anwartschaft oder die laufende Leistung ganz oder teilweise umlage- oder haushaltsfinanziert ist. [2]Soweit die betriebliche Altersversorgung über eine der in Satz 1 genannten Einrichtungen durchgeführt wird, finden die §§ 7 bis 15 keine Anwendung.

(2) Bei Eintritt des Versorgungsfalles vor dem 2. Januar 2002 erhalten die in Absatz 1 Nummer 1 und 2 bezeichneten Personen, deren Anwartschaft nach § 1b fortbesteht und deren Arbeitsverhältnis vor Eintritt des Versorgungsfalles geendet hat, von der Zusatzversorgungseinrichtung aus der Pflichtversicherung eine Zusatzrente nach folgenden Maßgaben:

1. Der monatliche Betrag der Zusatzrente beträgt für jedes Jahr der aufgrund des Arbeitsverhältnisses bestehenden Pflichtversicherung bei einer Zusatzversorgungseinrichtung 2,25 vom Hundert, höchstens jedoch 100 vom Hundert der Leistung, die bei dem höchstmöglichen Versorgungssatz zugestanden hätte (Voll-Leistung). Für die Berechnung der Voll-Leistung
   a) ist der Versicherungsfall der Regelaltersrente maßgebend,
   b) ist das Arbeitsentgelt maßgebend, das nach der Versorgungsregelung für die Leistungsbemessung maßgebend wäre, wenn im Zeitpunkt des Ausscheidens der Versicherungsfall im Sinne der Versorgungsregelung eingetreten wäre,
   c) findet § 2a Absatz 1 entsprechend Anwendung,
   d) ist im Rahmen einer Gesamtversorgung der im Falle einer Teilzeitbeschäftigung oder Beurlaubung nach der Versorgungsregelung für die gesamte Dauer des Arbeitsverhältnisses maßgebliche Beschäftigungsquotient nach der Versorgungsregelung als Beschäftigungsquotient auch für die übrige Zeit maßgebend,
   e) finden die Vorschriften der Versorgungsregelung über eine Mindestleistung keine Anwendung und
   f) ist eine anzurechnende Grundversorgung nach dem bei der Berechnung von Pensionsrückstellungen für die Berücksichtigung von Renten aus der gesetzlichen Rentenversicherung allgemein zulässigen Verfahren zu ermitteln. [2]Hierbei ist das Arbeitsentgelt nach Buchstabe b zugrunde zu legen und – soweit während der Pflichtversicherung Teilzeitbeschäftigung bestand – diese nach Maßgabe der Versorgungsregelung zu berücksichtigen.
2. Die Zusatzrente vermindert sich um 0,3 vom Hundert für jeden vollen Kalendermonat, den der Versorgungsfall vor Vollendung des 65. Lebensjahres eintritt,

höchstens jedoch um den in der Versorgungsregelung für die Voll-Leistung vorgesehenen Vomhundertsatz.

3. Übersteigt die Summe der Vomhundertsätze nach Nummer 1 aus unterschiedlichen Arbeitsverhältnissen 100, sind die einzelnen Leistungen im gleichen Verhältnis zu kürzen.

4. Die Zusatzrente muss monatlich mindestens den Betrag erreichen, der sich aufgrund des Arbeitsverhältnisses nach der Versorgungsregelung als Versicherungsrente aus den jeweils maßgeblichen Vomhundertsätzen der zusatzversorgungspflichtigen Entgelte oder der gezahlten Beiträge und Erhöhungsbeträge ergibt.

5. Die Vorschriften der Versorgungsregelung über das Erlöschen, das Ruhen und die Nichtleistung der Versorgungsrente gelten entsprechend. Soweit die Versorgungsregelung eine Mindestleistung in Ruhensfällen vorsieht, gilt dies nur, wenn die Mindestleistung der Leistung im Sinne der Nummer 4 entspricht.

6. Verstirbt die in Absatz 1 genannte Person und beginnt die Hinterbliebenenrente vor dem 2. Januar 2002, erhält eine Witwe oder ein Witwer 60 vom Hundert, eine Witwe oder ein Witwer im Sinne des § 46 Absatz 1 des Sechsten Buches Sozialgesetzbuch 42 vom Hundert, eine Halbwaise 12 vom Hundert und eine Vollwaise 20 vom Hundert der unter Berücksichtigung der in diesem Absatz genannten Maßgaben zu berechnenden Zusatzrente; die §§ 46, 48, 103 bis 105 des Sechsten Buches Sozialgesetzbuch sind entsprechend anzuwenden. [2]Die Leistungen an mehrere Hinterbliebene dürfen den Betrag der Zusatzrente nicht übersteigen; gegebenenfalls sind die Leistungen im gleichen Verhältnis zu kürzen.

7. Versorgungsfall ist der Versicherungsfall im Sinne der Versorgungsregelung.

(2a) Bei Eintritt des Versorgungsfalles oder bei Beginn der Hinterbliebenenrente nach dem 1. Januar 2002 erhalten die in Absatz 1 Nummer 1 und 2 genannten Personen, deren Anwartschaft nach § 1b fortbesteht und deren Arbeitsverhältnis vor Eintritt des Versorgungsfalles geendet hat, von der Zusatzversorgungseinrichtung die nach der jeweils maßgebenden Versorgungsregelung vorgesehenen Leistungen.

(3) Personen, auf die bis zur Beendigung ihres Arbeitsverhältnisses die Regelungen des Hamburgischen Zusatzversorgungsgesetzes oder des Bremischen Ruhelohngesetzes in ihren jeweiligen Fassungen Anwendung gefunden haben, haben Anspruch gegenüber ihrem ehemaligen Arbeitgeber auf Leistungen in sinngemäßer Anwendung des Absatzes 2 mit Ausnahme von Absatz 2 Nummer 3 und 4 sowie Nummer 5 Satz 2; bei Anwendung des Hamburgischen Zusatzversorgungsgesetzes bestimmt sich der monatliche Betrag der Zusatzrente abweichend von Absatz 2 nach der nach dem Hamburgischen Zusatzversorgungsgesetz maßgebenden Berechnungsweise. [2]An die Stelle des Stichtags 2. Januar 2002 tritt im Bereich des Hamburgischen Zusatzversorgungsgesetzes der 1. August 2003 und im Bereich des Bremischen Ruhelohngesetzes der 1. März 2007.

(4) Die Leistungen nach den Absätzen 2, 2a und 3 werden in der Pflichtversicherung jährlich zum 1. Juli um 1 Prozent erhöht. [2]In der freiwilligen Versicherung bestimmt

sich die Anpassung der Leistungen nach der jeweils maßgebenden Versorgungsregelung.

(5) Besteht bei Eintritt des Versorgungsfalles neben dem Anspruch auf Zusatzrente nach Absatz 2 oder auf die in Absatz 3 oder Absatz 7 bezeichneten Leistungen auch Anspruch auf eine Versorgungsrente oder Versicherungsrente der in Absatz 1 Satz 1 Nummer 1 und 2 bezeichneten Zusatzversorgungseinrichtungen oder Anspruch auf entsprechende Versorgungsleistungen der Versorgungsanstalt der deutschen Kulturorchester oder der Versorgungsanstalt der deutschen Bühnen oder nach den Regelungen des Ersten Ruhegeldgesetzes, des Zweiten Ruhegeldgesetzes oder des Bremischen Ruhelohngesetzes, in deren Berechnung auch die der Zusatzrente nach Absatz 2 zugrunde liegenden Zeiten berücksichtigt sind, ist nur die im Zahlbetrag höhere Rente zu leisten.

(6) Eine Anwartschaft auf Versorgungsleistungen kann bei Übertritt der anwartschaftsberechtigten Person in ein Versorgungssystem einer überstaatlichen Einrichtung in das Versorgungssystem dieser Einrichtung übertragen werden, wenn ein entsprechendes Abkommen zwischen der Zusatzversorgungseinrichtung oder der Freien und Hansestadt Hamburg oder der Freien Hansestadt Bremen und der überstaatlichen Einrichtung besteht.

(7) Für Personen, die bei der Versorgungsanstalt der deutschen Kulturorchester oder der Versorgungsanstalt der deutschen Bühnen pflichtversichert sind, gelten die §§ 2 und 3, mit Ausnahme von § 3 Absatz 2 Satz 3, sowie die §§ 4, 5, 16, 27 und 28 nicht; soweit die betriebliche Altersversorgung über die Versorgungsanstalten durchgeführt wird, finden die §§ 7 bis 15 keine Anwendung. [2]Bei Eintritt des Versorgungsfalles treten an die Stelle der Zusatzrente und der Leistungen an Hinterbliebene nach Absatz 2 und an die Stelle der Regelung in Absatz 4 die satzungsgemäß vorgesehenen Leistungen; Absatz 2 Nr. 5 findet entsprechend Anwendung. [3]Als pflichtversichert gelten auch die freiwillig Versicherten der Versorgungsanstalt der deutschen Kulturorchester und der Versorgungsanstalt der deutschen Bühnen.

(8) Gegen Entscheidungen der Zusatzversorgungseinrichtungen über Ansprüche nach diesem Gesetz ist der Rechtsweg gegeben, der für Versicherte der Einrichtung gilt.

(9) Bei Personen, die aus einem Arbeitsverhältnis ausscheiden, in dem sie nach § 5 Absatz 1 Satz 1 Nummer 2 des Sechsten Buches Sozialgesetzbuch versicherungsfrei waren, dürfen die Ansprüche nach § 2 Absatz 1 Satz 1 und 2 nicht hinter dem Rentenanspruch zurückbleiben, der sich ergeben hätte, wenn der Arbeitnehmer für die Zeit der versicherungsfreien Beschäftigung in der gesetzlichen Rentenversicherung nachversichert worden wäre; die Vergleichsberechnung ist im Versorgungsfall aufgrund einer Auskunft der Deutschen Rentenversicherung Bund vorzunehmen.

§ 18a Verjährung

Der Anspruch auf Leistungen aus der betrieblichen Altersversorgung verjährt in 30 Jahren. [2]Ansprüche auf regelmäßig wiederkehrende Leistungen unterliegen der regelmäßigen Verjährungsfrist nach den Vorschriften des Bürgerlichen Gesetzbuchs.

Siebter Abschnitt. Betriebliche Altersversorgung und Tarifvertrag

Unterabschnitt 1

Tariföffnung; Optionssysteme

§ 19 Allgemeine Tariföffnungsklausel

(1) Von den §§ 1a, 2, 2a Absatz 1, 3 und 4, § 3, mit Ausnahme des § 3 Absatz 2 Satz 3, von den §§ 4, 5, 16, 18a Satz 1, §§ 27 und 28 kann in Tarifverträgen abgewichen werden.

(2) Die abweichenden Bestimmungen haben zwischen nichttarifgebundenen Arbeitgebern und Arbeitnehmern Geltung, wenn zwischen diesen die Anwendung der einschlägigen tariflichen Regelung vereinbart ist.

(3) Im Übrigen kann von den Bestimmungen dieses Gesetzes nicht zuungunsten des Arbeitnehmers abgewichen werden.

§ 20 Tarifvertrag und Entgeltumwandlung; Optionssysteme

(1) Soweit Entgeltansprüche auf einem Tarifvertrag beruhen, kann für diese eine Entgeltumwandlung nur vorgenommen werden, soweit dies durch Tarifvertrag vorgesehen oder durch Tarifvertrag zugelassen ist.

(2) In einem Tarifvertrag oder auf Grund eines Tarifvertrages in einer Betriebs- oder Dienstvereinbarung kann geregelt werden, dass der Arbeitgeber für alle Arbeitnehmer oder für eine Gruppe von Arbeitnehmern des Unternehmens oder einzelner Betriebe eine automatische Entgeltumwandlung einführt, gegen die der Arbeitnehmer ein Widerspruchsrecht hat (Optionssystem). [2]Das Angebot des Arbeitgebers auf Entgeltumwandlung gilt als vom Arbeitnehmer angenommen, wenn er nicht widersprochen hat und das Angebot

1. in Textform und mindestens drei Monate vor der ersten Fälligkeit des umzuwandelnden Entgelts gemacht worden ist und
2. deutlich darauf hinweist,
   a) welcher Betrag und welcher Vergütungsbestandteil umgewandelt werden sollen und
   b) dass der Arbeitnehmer ohne Angabe von Gründen innerhalb einer Frist von mindestens einem Monat nach dem Zugang des Angebots widersprechen und die Entgeltumwandlung mit einer Frist von höchstens einem Monat beenden kann. [2]Nichttarifgebundene Arbeitgeber können ein einschlägiges tarifvertragliches Optionssystem anwenden oder aufgrund eines einschlägigen Tarifvertrages durch Betriebs- oder Dienstvereinbarung die Einführung eines Optionssystems regeln; Satz 2 gilt entsprechend.

Unterabschnitt 2 Tarifvertrag und reine Beitragszusage

§ 21 Tarifvertragsparteien

(1) Vereinbaren die Tarifvertragsparteien eine betriebliche Altersversorgung in Form der reinen Beitragszusage, müssen sie sich an deren Durchführung und Steuerung beteiligen.

(2) Die Tarifvertragsparteien sollen im Rahmen von Tarifverträgen nach Absatz 1 bereits bestehende Betriebsrentensysteme angemessen berücksichtigen. [2]Die Tarifvertragsparteien müssen insbesondere prüfen, ob auf der Grundlage einer Betriebs- oder Dienstvereinbarung oder, wenn ein Betriebs- oder Personalrat nicht besteht, durch schriftliche Vereinbarung zwischen Arbeitgeber und Arbeitnehmer, tarifvertraglich vereinbarte Beiträge für eine reine Beitragszusage für eine andere nach diesem Gesetz zulässige Zusageart verwendet werden dürfen.

(3) Die Tarifvertragsparteien sollen nichttarifgebundenen Arbeitgebern und Arbeitnehmern den Zugang zur durchführenden Versorgungseinrichtung nicht verwehren. [2]Der durchführenden Versorgungseinrichtung dürfen im Hinblick auf die Aufnahme und Verwaltung von Arbeitnehmern nichttarifgebundener Arbeitgeber keine sachlich unbegründeten Vorgaben gemacht werden.

(4) Wird eine reine Beitragszusage über eine Direktversicherung durchgeführt, kann eine gemeinsame Einrichtung nach § 4 des Tarifvertragsgesetzes als Versicherungsnehmer an die Stelle des Arbeitgebers treten.

§ 22 Arbeitnehmer und Versorgungseinrichtung

(1) Bei einer reinen Beitragszusage hat der Pensionsfonds, die Pensionskasse oder die Direktversicherung dem Versorgungsempfänger auf der Grundlage des planmäßig zuzurechnenden Versorgungskapitals laufende Leistungen der betrieblichen Altersversorgung zu erbringen. [2]Die Höhe der Leistungen darf nicht garantiert werden.

(2) Die auf den gezahlten Beiträgen beruhende Anwartschaft auf Altersrente ist sofort unverfallbar. [2]Die Erträge der Versorgungseinrichtung müssen auch dem ausgeschiedenen Arbeitnehmer zugutekommen.

(3) Der Arbeitnehmer hat gegenüber der Versorgungseinrichtung das Recht,

1. nach Beendigung des Arbeitsverhältnisses
   a) die Versorgung mit eigenen Beiträgen fortzusetzen oder
   b) innerhalb eines Jahres das gebildete Versorgungskapital auf die neue Versorgungseinrichtung, an die Beiträge auf der Grundlage einer reinen Beitragszusage gezahlt werden, zu übertragen,
2. entsprechend § 4a Auskunft zu verlangen und
3. entsprechend § 6 vorzeitige Altersleistungen in Anspruch zu nehmen.

(4) Die bei der Versorgungseinrichtung bestehende Anwartschaft ist nicht übertragbar, nicht beleihbar und nicht veräußerbar. [2]Sie darf vorbehaltlich des Satzes 3 nicht vorzeitig verwertet werden. [3]Die Versorgungseinrichtung kann Anwartschaften und laufende Leistungen bis zu der Wertgrenze in § 3 Absatz 2 Satz 1 abfinden; § 3 Absatz 2 Satz 3 gilt entsprechend.

(5) Für die Verjährung der Ansprüche gilt § 18a entsprechend.

§ 23 Zusatzbeiträge des Arbeitgebers

(1) Zur Absicherung der reinen Beitragszusage soll im Tarifvertrag ein Sicherungsbeitrag vereinbart werden.

(2) Bei einer reinen Beitragszusage ist im Fall der Entgeltumwandlung im Tarifvertrag zu regeln, dass der Arbeitgeber 15 Prozent des umgewandelten Entgelts zusätzlich als Arbeitgeberzuschuss an die Versorgungseinrichtung weiterleiten muss, soweit der Arbeitgeber durch die Entgeltumwandlung Sozialversicherungsbeiträge einspart.

§ 24 Nichttarifgebundene Arbeitgeber und Arbeitnehmer

Nichttarifgebundene Arbeitgeber und Arbeitnehmer können die Anwendung der einschlägigen tariflichen Regelung vereinbaren.

§ 25 Verordnungsermächtigung

Das Bundesministerium für Arbeit und Soziales wird ermächtigt, im Einvernehmen mit dem Bundesministerium der Finanzen durch Rechtsverordnung Mindestanforderungen an die Verwendung der Beiträge nach § 1 Absatz 2 Nummer 2a festzulegen. [2]Die Ermächtigung kann im Einvernehmen mit dem Bundesministerium der Finanzen auf die Bundesanstalt für Finanzdienstleistungsaufsicht übertragen werden. [3]Rechtsverordnungen nach den Sätzen 1 und 2 bedürfen nicht der Zustimmung des Bundesrates.

Zweiter Teil. Übergangs- und Schlußvorschriften

§ 26

Die §§ 1 bis 4 und 18 gelten nicht, wenn das Arbeitsverhältnis oder Dienstverhältnis vor dem Inkrafttreten des Gesetzes beendet worden ist.

§ 26a Übergangsvorschrift zu § 1a Absatz 1a

§ 1a Absatz 1a gilt für individual- und kollektivrechtliche Entgeltumwandlungsvereinbarungen, die vor dem 1. Januar 2019 geschlossen worden sind, erst ab dem 1. Januar 2022.

§ 27

§ 2 Absatz 2 Satz 2 Nr. 2 und 3 und Absatz 3 Satz 2 Nummer 1 und 2 gelten in Fällen, in denen vor dem Inkrafttreten des Gesetzes die Direktversicherung abgeschlossen worden ist oder die Versicherung des Arbeitnehmers bei einer Pensionskasse begonnen hat, mit der Maßgabe, daß die in diesen Vorschriften genannten Voraussetzungen spätestens für die Zeit nach Ablauf eines Jahres seit dem Inkrafttreten des Gesetzes erfüllt sein müssen.

§ 28

§ 5 gilt für Fälle, in denen der Versorgungsfall vor dem Inkrafttreten des Gesetzes eingetreten ist, mit der Maßgabe, daß diese Vorschrift bei der Berechnung der nach dem Inkrafttreten des Gesetzes fällig werdenden Versorgungsleistungen anzuwenden ist.

§ 29

§ 6 gilt für die Fälle, in denen das Altersruhegeld der gesetzlichen Rentenversicherung bereits vor dem Inkrafttreten des Gesetzes in Anspruch genommen worden ist, mit der Maßgabe, daß die Leistungen der betrieblichen Altersversorgung vom Inkrafttreten des Gesetzes an zu gewähren sind.

§ 30

(1) Ein Anspruch gegen den Träger der Insolvenzsicherung nach § 7 besteht nur, wenn der Sicherungsfall nach dem Inkrafttreten der §§ 7 bis 15 eingetreten ist; er kann erstmals nach dem Ablauf von sechs Monaten nach diesem Zeitpunkt geltend gemacht werden. [2]Die Beitragspflicht des Arbeitgebers beginnt mit dem Inkrafttreten der §§ 7 bis 15.

(2) Wenn die betriebliche Altersversorgung über eine Pensionskasse nach § 7 Absatz 1 Satz 2 Nummer 3 durchgeführt wird, besteht ein Anspruch gegen den Träger der Insolvenzsicherung, wenn der Sicherungsfall nach dem 31. Dezember 2021 eingetreten ist. [2]Die Beitragspflicht des Arbeitgebers, der betriebliche Altersversorgung über eine Pensionskasse nach § 7 Absatz 1 Satz 2 Nummer 3 durchführt, beginnt im Jahr 2021; der Beitrag beträgt in diesem Jahr 3 Promille der Beitragsbemessungsgrundlage nach § 10 Absatz 3 Nummer 4. [3]Zusätzlich zum Beitrag nach § 10 Absatz 2 Satz 1 wird für die betriebliche Altersversorgung nach Satz 2 für die Jahre 2022 bis 2025 ein Beitrag in Höhe von 1,5 Promille der Beitragsbemessungsgrundlage nach § 10 Absatz 3 Nummer 4 erhoben; die Beiträge sind zum Ende des jeweiligen Kalenderjahres fällig.

(3) Ist der Sicherungsfall nach Absatz 2 vor dem 1. Januar 2022 eingetreten, besteht ein Anspruch gegen den Träger der Insolvenzsicherung, wenn die Pensionskasse die nach der Versorgungszusage des Arbeitgebers vorgesehene Leistung um mehr als die Hälfte kürzt oder das Einkommen des ehemaligen Arbeitnehmers wegen einer Kürzung unter die von Eurostat für Deutschland ermittelte Armutsgefährdungsschwelle fällt. [3]Leistungen werden nur auf Antrag und nicht rückwirkend erbracht; sie können mit Nebenbestimmungen versehen werden. [4]Mit dem Antrag sind Unterlagen vorzulegen, die den Anspruch belegen. [5]Die Kosten, die dem Träger der Insolvenzsicherung insofern entstehen, werden vom Bund übernommen; Einzelheiten werden in einer Verwaltungsvereinbarung zwischen dem Träger der Insolvenzsicherung und dem Bundesministerium für Arbeit und Soziales im Einvernehmen mit dem Bundesministerium der Finanzen geregelt.

(4) Soweit die betriebliche Altersversorgung über einen Pensionsfonds durchgeführt wird, gelten für Sicherungsfälle, die vor dem 1. Januar 2022 eingetreten sind, die §§ 7, 8 und 9 in der am 31. Dezember 2019 geltenden Fassung; für die Beitragsjahre 2020 bis 2022 können Arbeitgeber die Beitragsbemessungsgrundlage nach § 10 Absatz 3 Nummer 4 in der am 31. Dezember 2019 geltenden Fassung ermitteln.

(5) Das Bundesministerium für Arbeit und Soziales untersucht 2026, ob die Beitragsbemessung nach § 10 Absatz 3 Nummer 4 bei betrieblicher Altersversorgung, die von Pensionskassen durchgeführt wird, weiterhin sachgerecht ist, insbesondere, ob die Höhe des Beitrags dem vom Träger der Insolvenzsicherung zu tragenden Risiko entspricht. [2]Das Bundesministerium für Arbeit und Soziales kann Dritte mit dieser Untersuchung beauftragen.

§ 30a (weggefallen)

§ 30b

§ 4 Absatz 3 gilt nur für Zusagen, die nach dem 31. Dezember 2004 erteilt wurden.

§ 30c

(1) § 16 Absatz 3 Nummer 1 gilt nur für laufende Leistungen, die auf Zusagen beruhen, die nach dem 31. Dezember 1998 erteilt werden.

(1a) § 16 Absatz 3 Nummer 2 gilt auch für Anpassungszeiträume, die vor dem 1. Januar 2016 liegen; in diesen Zeiträumen bereits erfolgte Anpassungen oder unterbliebene Anpassungen, gegen die der Versorgungsberechtigte vor dem 1. Januar 2016 Klage erhoben hat, bleiben unberührt.

(2) § 16 Absatz 4 gilt nicht für vor dem 1. Januar 1999 zu Recht unterbliebene Anpassungen.

(3) § 16 Absatz 5 gilt nur für laufende Leistungen, die auf Zusagen beruhen, die nach dem 31. Dezember 2000 erteilt werden.

(4) Für die Erfüllung der Anpassungsprüfungspflicht für Zeiträume vor dem 1. Januar 2003 gilt § 16 Absatz 2 Nummer 1 mit der Maßgabe, dass an die Stelle des Verbraucherpreisindexes für Deutschland der Preisindex für die Lebenshaltung von 4-Personen-Haushalten von Arbeitern und Angestellten mit mittlerem Einkommen tritt.

§ 30d Übergangsregelung zu § 18

(1) Ist der Versorgungsfall vor dem 1. Januar 2001 eingetreten oder ist der Arbeitnehmer vor dem 1. Januar 2001 aus dem Beschäftigungsverhältnis bei einem öffentlichen Arbeitgeber ausgeschieden und der Versorgungsfall nach dem 31. Dezember 2000 und vor dem 2. Januar 2002 eingetreten, sind für die Berechnung der Voll-Leistung die Regelungen der Zusatzversorgungseinrichtungen nach § 18 Absatz 1 Satz 1 Nummer 1 und 2 oder die Gesetze im Sinne des § 18 Absatz 1 Satz 1 Nummer 3 sowie die weiteren Berechnungsfaktoren jeweils in der am 31. Dezember 2000 und vor dem 02. Januar 2002 geltenden Fassung maßgebend; § 18 Absatz 2 Nummer 1 Buchstabe b bleibt unberührt. [2]Die Steuerklasse III/O ist zugrunde zu legen. [3]Ist der Versorgungsfall vor dem 1. Januar 2001 eingetreten, besteht der Anspruch auf Zusatzrente mindestens in der Höhe, wie er sich aus § 18 in der Fassung vom 16. Dezember 1997 (BGBl. I S. 2998) ergibt.

(2) Die Anwendung des § 18 ist in den Fällen des Absatzes 1 ausgeschlossen, soweit eine Versorgungsrente der in § 18 Absatz 1 Satz 1 Nummer 1 und 2 bezeichneten Zusatzversorgungseinrichtungen oder eine entsprechende Leistung aufgrund der Re-

gelungen des Ersten Ruhegeldgesetzes, des Zweiten Ruhegeldgesetzes oder des Bremischen Ruhelohngesetzes bezogen wird, oder eine Versicherungsrente abgefunden wurde.

(2a) Für Personen, deren Beschäftigungsverhältnis vor dem 1. Januar 2002 vor Eintritt des Versorgungsfalls geendet hat und deren Anwartschaft nach § 1b fortbesteht, haben die in § 18 Absatz 1 Satz 1 Nummer 1 und 2 bezeichneten Zusatzversorgungseinrichtungen bei Eintritt des Versorgungsfalls nach dem 1. Januar 2002 die Anwartschaft für Zeiten bis zum 1. Januar 2002 nach § 18 Absatz 2 unter Berücksichtigung des § 18 Absatz 5 zu ermitteln.

(3) Für Arbeitnehmer im Sinne des § 18 Absatz 1 Satz 1 Nummer 4, 5 und 6 in der bis zum 31. Dezember 1998 geltenden Fassung, für die bis zum 31. Dezember 1998 ein Anspruch auf Nachversicherung nach § 18 Absatz 6 entstanden ist, gilt Absatz 1 Satz 1 für die aufgrund der Nachversicherung zu ermittelnde Voll-Leistung entsprechend mit der Maßgabe, dass sich der nach § 2 zu ermittelnde Anspruch gegen den ehemaligen Arbeitgeber richtet. [2]Für den nach § 2 zu ermittelnden Anspruch gilt § 18 Absatz 2 Nummer 1 Buchstabe b entsprechend; für die übrigen Bemessungsfaktoren ist auf die Rechtslage am 31. Dezember 2000 abzustellen. [3]Leistungen der gesetzlichen Rentenversicherung, die auf einer Nachversicherung wegen Ausscheidens aus einem Dienstordnungsverhältnis beruhen, und Leistungen, die die zuständige Versorgungseinrichtung aufgrund von Nachversicherungen im Sinne des § 18 Absatz 6 in der am 31. Dezember 1998 geltenden Fassung gewährt, werden auf den Anspruch nach § 2 angerechnet. [4]Hat das Arbeitsverhältnis im Sinne des § 18 Absatz 9 bereits am 31. Dezember 1998 bestanden, ist in die Vergleichsberechnung nach § 18 Absatz 9 auch die Zusatzrente nach § 18 in der bis zum 31. Dezember 1998 geltenden Fassung einzubeziehen.

§ 30e

(1) § 1 Absatz 2 Nummer 4 zweiter Halbsatz gilt für Zusagen, die nach dem 31. Dezember 2002 erteilt werden.

(2) § 1 Absatz 2 Nummer 4 zweiter Halbsatz findet auf Pensionskassen, deren Leistungen der betrieblichen Altersversorgung durch Beiträge der Arbeitnehmer und Arbeitgeber gemeinsam finanziert und die als beitragsorientierte Leistungszusage oder als Leistungszusage durchgeführt werden, mit der Maßgabe Anwendung, dass dem ausgeschiedenen Arbeitnehmer das Recht zur Fortführung mit eigenen Beiträgen nicht eingeräumt werden und eine Überschussverwendung gemäß § 1b Absatz 5 Nummer 1 nicht erfolgen muss. [2]Wird dem ausgeschiedenen Arbeitnehmer ein Recht zur Fortführung nicht eingeräumt, gilt für die Höhe der unverfallbaren Anwartschaft § 2 Absatz 5 entsprechend. [3]Für die Anpassung laufender Leistungen gelten die Regelungen nach § 16 Absatz 1 bis 4. Die Regelung in Absatz 1 bleibt unberührt.

§ 30f

(1) Wenn Leistungen der betrieblichen Altersversorgung vor dem 1. Januar 2001 zugesagt worden sind, ist § 1b Absatz 1 mit der Maßgabe anzuwenden, dass die Anwartschaft erhalten bleibt, wenn das Arbeitsverhältnis vor Eintritt des Versorgungsfalles,

jedoch nach Vollendung des 35. Lebensjahres endet und die Versorgungszusage zu diesem Zeitpunkt

1. mindestens zehn Jahre oder
2. bei mindestens zwölfjähriger Betriebszugehörigkeit mindestens drei Jahre

bestanden hat; in diesen Fällen bleibt die Anwartschaft auch erhalten, wenn die Zusage ab dem 1. Januar 2001 fünf Jahre bestanden hat und bei Beendigung des Arbeitsverhältnisses das 30. Lebensjahr vollendet ist. [2]§ 1b Absatz 5 findet für Anwartschaften aus diesen Zusagen keine Anwendung.

(2) Wenn Leistungen der betrieblichen Altersversorgung vor dem 1. Januar 2009 und nach dem 31. Dezember 2000 zugesagt worden sind, ist § 1b Absatz 1 Satz 1 mit der Maßgabe anzuwenden, dass die Anwartschaft erhalten bleibt, wenn das Arbeitsverhältnis vor Eintritt des Versorgungsfalls, jedoch nach Vollendung des 30. Lebensjahres endet und die Versorgungszusage zu diesem Zeitpunkt fünf Jahre bestanden hat; in diesen Fällen bleibt die Anwartschaft auch erhalten, wenn die Zusage ab dem 1. Januar 2009 fünf Jahre bestanden hat und bei Beendigung des Arbeitsverhältnisses das 25. Lebensjahr vollendet ist.

(3) Wenn Leistungen der betrieblichen Altersversorgung vor dem 1. Januar 2018 und nach dem 31. Dezember 2008 zugesagt worden sind, ist § 1b Absatz 1 Satz 1 mit der Maßgabe anzuwenden, dass die Anwartschaft erhalten bleibt, wenn das Arbeitsverhältnis vor Eintritt des Versorgungsfalls, jedoch nach Vollendung des 25. Lebensjahres endet und die Versorgungszusage zu diesem Zeitpunkt fünf Jahre bestanden hat; in diesen Fällen bleibt die Anwartschaft auch erhalten, wenn die Zusage ab dem 1. Januar 2018 drei Jahre bestanden hat und bei Beendigung des Arbeitsverhältnisses das 21. Lebensjahr vollendet ist.

§ 30g

(1) § 2a Absatz 2 gilt nicht für Beschäftigungszeiten vor dem 1. Januar 2018. [2]Für Beschäftigungszeiten nach dem 31. Dezember 2017 gilt § 2a Absatz 2 nicht, wenn das Versorgungssystem vor dem 20. Mai 2014 für neue Arbeitnehmer geschlossen war.

(2) § 2 Absatz 5 gilt nur für Anwartschaften, die auf Zusagen beruhen, die nach dem 31. Dezember 2000 erteilt worden sind. [2]Im Einvernehmen zwischen Arbeitgeber und Arbeitnehmer kann § 2 Absatz 5 auch auf Anwartschaften angewendet werden, die auf Zusagen beruhen, die vor dem 1. Januar 2001 erteilt worden sind.

(3) § 3 findet keine Anwendung auf laufende Leistungen, die vor dem 1. Januar 2005 erstmals gezahlt worden sind.

§ 30h

§ 20 Absatz 1 gilt für Entgeltumwandlungen, die auf Zusagen beruhen, die nach dem 29. Juni 2001 erteilt werden.

§ 30i

(1) Der Barwert der bis zum 31. Dezember 2005 aufgrund eingetretener Insolvenzen zu sichernden Anwartschaften wird einmalig auf die beitragspflichtigen Arbeitgeber entsprechend § 10 Absatz 3 umgelegt und vom Träger der Insolvenzsicherung nach Maßgabe der Beträge zum Schluss des Wirtschaftsjahres, das im Jahr 2004 geendet hat, erhoben. [2]Der Rechnungszinsfuß bei der Berechnung des Barwerts beträgt 3,67 vom Hundert.

(2) Der Betrag ist in 15 gleichen Raten fällig. [2]Die erste Rate wird am 31. März 2007 fällig, die weiteren zum 31. März der folgenden Kalenderjahre. [3]Bei vorfälliger Zahlung erfolgt eine Diskontierung der einzelnen Jahresraten mit dem zum Zeitpunkt der Zahlung um ein Drittel erhöhten Rechnungszinsfuß nach der nach § 235 Nummer 4 des Versicherungsaufsichtsgesetzes erlassenen Rechtsverordnung, wobei nur volle Monate berücksichtigt werden.

(3) Der abgezinste Gesamtbetrag ist gemäß Absatz 2 am 31. März 2007 fällig, wenn die sich ergebende Jahresrate nicht höher als 50 Euro ist.

(4) Insolvenzbedingte Zahlungsausfälle von ausstehenden Raten werden im Jahr der Insolvenz in die erforderlichen jährlichen Beiträge gemäß § 10 Absatz 2 eingerechnet.

§ 30j (Übergangsregelung zu § 20 Absatz 2)

§ 20 Absatz 2 gilt nicht für Optionssysteme, die auf der Grundlage von Betriebs- oder Dienstvereinbarungen vor dem 1. Juni 2017 eingeführt worden sind.

§ 31

Auf Sicherungsfälle, die vor dem 1. Januar 1999 eingetreten sind, ist dieses Gesetz in der bis zu diesem Zeitpunkt geltenden Fassung anzuwenden.

§ 32

Dieses Gesetz tritt vorbehaltlich des Satzes 2 am Tag nach seiner Verkündung in Kraft. Die §§ 7 bis 15 treten am 1. Januar 1975 in Kraft.

2 Einkommensteuergesetz (EStG)

Auszug, Stand: 25.1.2019

§ 3

Steuerfrei sind

[...]

55. der in den Fällen des § 4 Absatz 2 Nummer 2 und Absatz 3 des Betriebsrentengesetzes vom 19. Dezember 1974 (BGBl. I S. 3610), das zuletzt durch Artikel 8 des Gesetzes vom 5. Juli 2004 (BGBl. I S. 1427) geändert worden ist, in der jeweils geltenden Fassung geleistete Übertragungswert nach § 4 Absatz 5 des Betriebsrentengesetzes, wenn die betriebliche Altersversorgung beim ehemaligen und neuen Arbeitgeber über einen Pensionsfonds, eine Pensionskasse oder ein Unternehmen der Lebensversicherung durchgeführt wird; dies gilt auch, wenn eine Versorgungsanwartschaft aus einer betrieblichen Altersversorgung auf Grund vertraglicher Vereinbarung ohne Fristerfordernis unverfallbar ist. [2]Satz 1 gilt auch, wenn der Übertragungswert vom ehemaligen Arbeitgeber oder von einer Unterstützungskasse an den neuen Arbeitgeber oder eine andere Unterstützungskasse geleistet wird. [3]Die Leistungen des neuen Arbeitgebers, der Unterstützungskasse, des Pensionsfonds, der Pensionskasse oder des Unternehmens der Lebensversicherung auf Grund des Betrags nach Satz 1 und 2 gehören zu den Einkünften, zu denen die Leistungen gehören würden, wenn die Übertragung nach § 4 Absatz 2 Nummer 2 und Absatz 3 des Betriebsrentengesetzes nicht stattgefunden hätte;

55a. die nach § 10 des Versorgungsausgleichsgesetzes vom 3. April 2009 (BGBl. I S. 700) in der jeweils geltenden Fassung (interne Teilung) durchgeführte Übertragung von Anrechten für die ausgleichsberechtigte Person zu Lasten von Anrechten der ausgleichspflichtigen Person. [2]Die Leistungen aus diesen Anrechten gehören bei der ausgleichsberechtigten Person zu den Einkünften, zu denen die Leistungen bei der ausgleichspflichtigen Person gehören würden, wenn die interne Teilung nicht stattgefunden hätte;

55b. der nach § 14 des Versorgungsausgleichsgesetzes (externe Teilung) geleistete Ausgleichswert zur Begründung von Anrechten für die ausgleichsberechtigte Person zu Lasten von Anrechten der ausgleichspflichtigen Person, soweit Leistungen aus diesen Anrechten zu steuerpflichtigen Einkünften nach den §§ 19, 20 und 22 führen würden. [2]Satz 1 gilt nicht, soweit Leistungen, die auf dem begründeten Anrecht beruhen, bei der ausgleichsberechtigten Person zu Einkünften nach § 20 Absatz 1 Nummer 6 oder § 22 Nummer 1 Satz 3 Buchstabe a Doppelbuchstabe bb führen würden. [3]Der Versorgungsträger der ausgleichspflichtigen Person hat den Versorgungsträger der ausgleichsberechtigten Person über die für die Besteuerung der Leistungen erforderlichen Grundlagen zu informieren. [4]Dies gilt nicht, wenn der Versorgungsträger der ausgleichsberechtigten Person die Grundlagen bereits kennt oder aus den bei ihm vorhandenen Daten feststellen kann und dieser Umstand dem Versorgungsträger der ausgleichspflichtigen Person mitgeteilt worden ist; [...]

56. Zuwendungen des Arbeitgebers nach § 19 Abs. 1 Satz 1 Nummer 3 Satz 1 aus dem ersten Dienstverhältnis an eine Pensionskasse zum Aufbau einer nicht kapitalgedeckten betrieblichen Altersversorgung, bei der eine Auszahlung der zugesagten Alters-, Invaliditäts- oder Hinterbliebenenversorgung entsprechend § 82 Absatz 2 Satz 2 vorgesehen ist, soweit diese Zuwendungen im Kalenderjahr 2 Prozent der Beitragsbemessungsgrenze in der allgemeinen Rentenversicherung nicht übersteigen. [2]Der in Satz 1 genannte Höchstbetrag erhöht sich ab 1. Januar 2020 auf 3 Prozent und ab 1. Januar 2025 auf 4 Prozent der Beitragsbemessungsgrenze in der allgemeinen Rentenversicherung. [3]Die Beträge nach den Sätzen 1 und 2 sind jeweils um die nach § 3 Nummer 63 Satz 1, 3 oder Satz 4 steuerfreien Beträge zu mindern;

[...]

63. Beiträge des Arbeitgebers aus dem ersten Dienstverhältnis an einen Pensionsfonds, eine Pensionskasse oder für eine Direktversicherung zum Aufbau einer kapitalgedeckten betrieblichen Altersversorgung, bei der eine Auszahlung der zugesagten Alters-, Invaliditäts- oder Hinterbliebenenversorgungsleistungen entsprechend § 82 Absatz 2 Satz 2 vorgesehen ist, soweit die Beiträge im Kalenderjahr 8 Prozent der Beitragsbemessungsgrenze in der allgemeinen Rentenversicherung nicht übersteigen. [2]Dies gilt nicht, soweit der Arbeitnehmer nach § 1a Absatz 3 des Betriebsrentengesetzes verlangt hat, dass die Voraussetzungen für eine Förderung nach § 10a oder Abschnitt XI erfüllt werden. [3]Aus Anlass der Beendigung des Dienstverhältnisses geleistete Beiträge im Sinne des Satzes 1 sind steuerfrei, soweit sie 4 Prozent der Beitragsbemessungsgrenze in der allgemeinen Rentenversicherung, vervielfältigt mit der Anzahl der Kalenderjahre, in denen das Dienstverhältnis des Arbeitnehmers zu dem Arbeitgeber bestanden hat, höchstens jedoch zehn Kalenderjahre, nicht übersteigen. [4]Beiträge im Sinne des Satzes 1, die für Kalenderjahre nachgezahlt werden, in denen das erste Dienstverhältnis ruhte und vom Arbeitgeber im Inland kein steuerpflichtiger Arbeitslohn bezogen wurde, sind steuerfrei, soweit sie 8 Prozent der Beitragsbemessungsgrenze in der allgemeinen Rentenversicherung, vervielfältigt mit der Anzahl dieser Kalenderjahre, höchstens jedoch zehn Kalenderjahre, nicht übersteigen;

63a. Sicherungsbeiträge des Arbeitgebers nach § 23 Absatz 1 des Betriebsrentengesetzes, soweit sie nicht unmittelbar dem einzelnen Arbeitnehmer gutgeschrieben oder zugerechnet werden; [...]

65.

a) Beiträge des Trägers der Insolvenzsicherung (§ 14 des Betriebsrentengesetzes) zugunsten eines Versorgungsberechtigten und seiner Hinterbliebenen an eine Pensionskasse oder ein Unternehmen der Lebensversicherung zur Ablösung von Verpflichtungen, die der Träger der Insolvenzsicherung im Sicherungsfall gegenüber dem Versorgungsberechtigten und seinen Hinterbliebenen hat,

b) Leistungen zur Übernahme von Versorgungsleistungen oder unverfallbaren Versorgungsanwartschaften durch eine Pensionskasse oder ein Unternehmen der Lebensversicherung in den in § 4 Absatz 4 des Betriebsrentengesetzes bezeichneten Fällen,

c) der Erwerb von Ansprüchen durch den Arbeitnehmer gegenüber einem Dritten im Fall der Eröffnung des Insolvenzverfahrens oder in den Fällen des § 7 Absatz 1 Satz 4 des Betriebsrentengesetzes, soweit der Dritte neben dem Arbeitgeber für die Erfüllung von Ansprüchen auf Grund bestehender Versorgungsverpflichtungen oder Versorgungsanwartschaften gegenüber dem Arbeitnehmer und dessen Hinterbliebenen einsteht; dies gilt entsprechend, wenn der Dritte für Wertguthaben aus einer Vereinbarung über die Altersteilzeit nach dem Altersteilzeitgesetz vom 23. Juli 1996 (BGBl. I S. 1078), zuletzt geändert durch Artikel 234 der Verordnung vom 31. Oktober 2006 (BGBl. I S. 2407), in der jeweils geltenden Fassung oder auf Grund von Wertguthaben aus einem Arbeitszeitkonto in den im ersten Halbsatz genannten Fällen für den Arbeitgeber einsteht und

d) der Erwerb von Ansprüchen durch den Arbeitnehmer im Zusammenhang mit dem Eintritt in die Versicherung nach § 8 Absatz 3 des Betriebsrentengesetzes.

[2]In den Fällen nach Buchstabe a, b und c gehören die Leistungen der Pensionskasse, des Unternehmens der Lebensversicherung oder des Dritten zu den Einkünften, zu denen jene Leistungen gehören würden, die ohne Eintritt eines Falles nach Buchstabe a, b und c zu erbringen wären. [3]Soweit sie zu den Einkünften aus nichtselbständiger Arbeit im Sinne des § 19 gehören, ist von ihnen Lohnsteuer einzubehalten. [4]Für die Erhebung der Lohnsteuer gelten die Pensionskasse, das Unternehmen der Lebensversicherung oder der Dritte als Arbeitgeber und der Leistungsempfänger als Arbeitnehmer. [5]Im Fall des Buchstaben d gehören die Versorgungsleistungen des Unternehmens der Lebensversicherung oder der Pensionskasse, soweit sie auf Beiträgen beruhen, die bis zum Eintritt des Arbeitnehmers in die Versicherung geleistet wurden, zu den sonstigen Einkünften im Sinne des § 22 Nummer 5 Satz 1; soweit der Arbeitnehmer in den Fällen des § 8 Absatz 3 des Betriebsrentengesetzes die Versicherung mit eigenen Beiträgen fortgesetzt hat, sind die auf diesen Beiträgen beruhenden Versorgungsleistungen sonstige Einkünfte im Sinne des § 22 Nummer 5 Satz 1 oder Satz 2;

66. Leistungen eines Arbeitgebers oder einer Unterstützungskasse an einen Pensionsfonds zur Übernahme bestehender Versorgungsverpflichtungen oder Versorgungsanwartschaften durch den Pensionsfonds, wenn ein Antrag nach § 4d Absatz 3 oder § 4e Absatz 3 gestellt worden ist; [...]

§ 4b Direktversicherung

[1]Der Versicherungsanspruch aus einer Direktversicherung, die von einem Steuerpflichtigen aus betrieblichem Anlass abgeschlossen wird, ist dem Betriebsvermögen des Steuerpflichtigen nicht zuzurechnen, soweit am Schluss des Wirtschaftsjahres hinsichtlich der Leistungen des Versicherers die Person, auf deren Leben die Lebensversicherung abgeschlossen ist, oder ihre Hinterbliebenen bezugsberechtigt sind. [2]Das gilt auch, wenn der Steuerpflichtige die Ansprüche aus dem Versicherungsvertrag abgetreten oder beliehen hat, sofern er sich der bezugsberechtigten Person gegenüber schriftlich verpflichtet, sie bei Eintritt des Versicherungsfalls so zu stellen, als ob die Abtretung oder Beleihung nicht erfolgt wäre.

§ 4c Zuwendungen an Pensionskassen

(1) [1]Zuwendungen an eine Pensionskasse dürfen von dem Unternehmen, das die Zuwendungen leistet (Trägerunternehmen), als Betriebsausgaben abgezogen werden, soweit sie auf einer in der Satzung oder im Geschäftsplan der Kasse festgelegten Verpflichtung oder auf einer Anordnung der Versicherungsaufsichtsbehörde beruhen oder der Abdeckung von Fehlbeträgen bei der Kasse dienen. [2]Soweit die allgemeinen Versicherungsbedingungen und die fachlichen Geschäftsunterlagen im Sinne des § 219 Absatz 3 Nummer 1 Buchstabe b des Versicherungsaufsichtsgesetzes nicht zum Geschäftsplan gehören, gelten diese als Teil des Geschäftsplans.

(2) Zuwendungen im Sinne des Absatzes 1 dürfen als Betriebsausgaben nicht abgezogen werden, soweit die Leistungen der Kasse, wenn sie vom Trägerunternehmen unmittelbar erbracht würden, bei diesem nicht betrieblich veranlasst wären.

§ 4d Zuwendungen an Unterstützungskassen

(1) [1]Zuwendungen an eine Unterstützungskasse dürfen von dem Unternehmen, das die Zuwendungen leistet (Trägerunternehmen), als Betriebsausgaben abgezogen werden, soweit die Leistungen der Kasse, wenn sie vom Trägerunternehmen unmittelbar erbracht würden, bei diesem betrieblich veranlasst wären und sie die folgenden Beträge nicht übersteigen:

1. bei Unterstützungskassen, die lebenslänglich laufende Leistungen gewähren:

   a) das Deckungskapital für die laufenden Leistungen nach der dem Gesetz als Anlage 1 beigefügten Tabelle. [2]Leistungsempfänger ist jeder ehemalige Arbeitnehmer des Trägerunternehmens, der von der Unterstützungskasse Leistungen erhält; soweit die Kasse Hinterbliebenenversorgung gewährt, ist Leistungsempfänger der Hinterbliebene eines ehemaligen Arbeitnehmers des Trägerunternehmens, der von der Kasse Leistungen erhält. [3]Dem ehemaligen Arbeitnehmer stehen andere Personen gleich, denen Leistungen der Alters-, Invaliditäts- oder Hinterbliebenenversorgung aus Anlass ihrer ehemaligen Tätigkeit für das Trägerunternehmen zugesagt worden sind;

   b) in jedem Wirtschaftsjahr für jeden Leistungsanwärter,

      aa) wenn die Kasse nur Invaliditätsversorgung oder nur Hinterbliebenenversorgung gewährt, jeweils 6 Prozent,

      bb) wenn die Kasse Altersversorgung mit oder ohne Einschluss von Invaliditätsversorgung oder Hinterbliebenenversorgung gewährt, 25 Prozent

   der jährlichen Versorgungsleistungen, die der Leistungsanwärter oder, wenn nur Hinterbliebenenversorgung gewährt wird, dessen Hinterbliebene nach den Verhältnissen am Schluss des Wirtschaftsjahres der Zuwendung im letzten Zeitpunkt der Anwartschaft, spätestens zum Zeitpunkt des Erreichens der Regelaltersgrenze der gesetzlichen Rentenversicherung erhalten können. [2]Leistungsanwärter ist jeder Arbeitnehmer oder ehemalige Arbeitnehmer des Trägerunternehmens, der von der Unterstützungskasse schriftlich zugesagte Leistungen erhalten kann und am Schluss des Wirtschaftsjahres, in dem die Zuwendung erfolgt,

aa) bei erstmals nach dem 31. Dezember 2017 zugesagten Leistungen das 23. Lebensjahr vollendet hat,

bb) bei erstmals nach dem 31. Dezember 2008 und vor dem 1. Januar 2018 zugesagten Leistungen das 27. Lebensjahr vollendet hat oder

cc) bei erstmals vor dem 1. Januar 2009 zugesagten Leistungen das 28. Lebensjahr vollendet hat;

soweit die Kasse nur Hinterbliebenenversorgung gewährt, gilt als Leistungsanwärter jeder Arbeitnehmer oder ehemalige Arbeitnehmer des Trägerunternehmens, der am Schluss des Wirtschaftsjahres, in dem die Zuwendung erfolgt, das nach dem ersten Halbsatz maßgebende Lebensjahr vollendet hat und dessen Hinterbliebene die Hinterbliebenenversorgung erhalten können. [3]Das Trägerunternehmen kann bei der Berechnung nach Satz 1 statt des dort maßgebenden Betrags den Durchschnittsbetrag der von der Kasse im Wirtschaftsjahr an Leistungsempfänger im Sinne des Buchstabens a Satz 2 gewährten Leistungen zugrunde legen. [4]In diesem Fall sind Leistungsanwärter im Sinne des Satzes 2 nur die Arbeitnehmer oder ehemaligen Arbeitnehmer des Trägerunternehmens, die am Schluss des Wirtschaftsjahres, in dem die Zuwendung erfolgt, das 50. Lebensjahr vollendet haben. 5Dem Arbeitnehmer oder ehemaligen Arbeitnehmer als Leistungsanwärter stehen andere Personen gleich, denen schriftlich Leistungen der Alters-, Invaliditäts- oder Hinterbliebenenversorgung aus Anlass ihrer Tätigkeit für das Trägerunternehmen zugesagt worden sind;

c) den Betrag des Beitrages, den die Kasse an einen Versicherer zahlt, soweit sie sich die Mittel für ihre Versorgungsleistungen, die der Leistungsanwärter oder Leistungsempfänger nach den Verhältnissen am Schluss des Wirtschaftsjahres der Zuwendung erhalten kann, durch Abschluss einer Versicherung verschafft. [2]Bei Versicherungen für einen Leistungsanwärter ist der Abzug des Beitrages nur zulässig, wenn der Leistungsanwärter die in Buchstabe b Satz 2 und 5 genannten Voraussetzungen erfüllt, die Versicherung für die Dauer bis zu dem Zeitpunkt abgeschlossen ist, für den erstmals Leistungen der Altersversorgung vorgesehen sind, mindestens jedoch bis zu dem Zeitpunkt, an dem der Leistungsanwärter das 55. Lebensjahr vollendet hat, und während dieser Zeit jährlich Beiträge gezahlt werden, die der Höhe nach gleich bleiben oder steigen. [3]Das Gleiche gilt für Leistungsanwärter, die das nach Buchstabe b Satz 2 jeweils maßgebende Lebensjahr noch nicht vollendet haben, für Leistungen der Invaliditäts- oder Hinterbliebenenversorgung, für Leistungen der Altersversorgung unter der Voraussetzung, dass die Leistungsanwartschaft bereits unverfallbar ist. [4]Ein Abzug ist ausgeschlossen, wenn die Ansprüche aus der Versicherung der Sicherung eines Darlehens dienen. [5]Liegen die Voraussetzungen der Sätze 1 bis 4 vor, sind die Zuwendungen nach den Buchstaben a und b in dem Verhältnis zu vermindern, in dem die Leistungen der Kasse durch die Versicherung gedeckt sind;

d) den Betrag, den die Kasse einem Leistungsanwärter im Sinne des Buchstabens b Satz 2 und 5 vor Eintritt des Versorgungsfalls als Abfindung für künftige Versorgungsleistungen gewährt, den Übertragungswert nach § 4 Absatz 5 des Betriebsrentengesetzes oder den Betrag, den sie an einen anderen Versorgungsträger zahlt, der eine ihr obliegende Versorgungsverpflichtung übernommen hat.

[2]Zuwendungen dürfen nicht als Betriebsausgaben abgezogen werden, wenn das Vermögen der Kasse ohne Berücksichtigung künftiger Versorgungsleistungen am Schluss des Wirtschaftsjahres das zulässige Kassenvermögen übersteigt. [3]Bei der Ermittlung des Vermögens der Kasse ist am Schluss des Wirtschaftsjahres vorhandener Grundbesitz mit 200 Prozent der Einheitswerte anzusetzen, die zu dem Feststellungszeitpunkt maßgebend sind, der dem Schluss des Wirtschaftsjahres folgt; Ansprüche aus einer Versicherung sind mit dem Wert des geschäftsplanmäßigen Deckungskapitals zuzüglich der Guthaben aus Beitragsrückerstattung am Schluss des Wirtschaftsjahres anzusetzen, und das übrige Vermögen ist mit dem gemeinen Wert am Schluss des Wirtschaftsjahres zu bewerten. [4]Zulässiges Kassenvermögen ist die Summe aus dem Deckungskapital für alle am Schluss des Wirtschaftsjahres laufenden Leistungen nach der dem Gesetz als Anlage 1 beigefügten Tabelle für Leistungsempfänger im Sinne des Satzes 1 Buchstabe a und dem Achtfachen der nach Satz 1 Buchstabe b abzugsfähigen Zuwendungen. [5]Soweit sich die Kasse die Mittel für ihre Leistungen durch Abschluss einer Versicherung verschafft, ist, wenn die Voraussetzungen für den Abzug des Beitrages nach Satz 1 Buchstabe c erfüllt sind, zulässiges Kassenvermögen der Wert des geschäftsplanmäßigen Deckungskapitals aus der Versicherung am Schluss des Wirtschaftsjahres; in diesem Fall ist das zulässige Kassenvermögen nach Satz 4 in dem Verhältnis zu vermindern, in dem die Leistungen der Kasse durch die Versicherung gedeckt sind. [6]Soweit die Berechnung des Deckungskapitals nicht zum Geschäftsplan gehört, tritt an die Stelle des geschäftsplanmäßigen Deckungskapitals der nach § 169 Absatz 3 und 4 des Versicherungsvertragsgesetzes berechnete Wert, beim zulässigen Kassenvermögen ohne Berücksichtigung des Guthabens aus Beitragsrückerstattung. [7]Gewährt eine Unterstützungskasse anstelle von lebenslänglich laufenden Leistungen eine einmalige Kapitalleistung, so gelten 10 Prozent der Kapitalleistung als Jahresbetrag einer lebenslänglich laufenden Leistung;

2. bei Kassen, die keine lebenslänglich laufenden Leistungen gewähren, für jedes Wirtschaftsjahr 0,2 Prozent der Lohn- und Gehaltssumme des Trägerunternehmens, mindestens jedoch den Betrag der von der Kasse in einem Wirtschaftsjahr erbrachten Leistungen, soweit dieser Betrag höher ist als die in den vorangegangenen fünf Wirtschaftsjahren vorgenommenen Zuwendungen abzüglich der in dem gleichen Zeitraum erbrachten Leistungen. [2]Diese Zuwendungen dürfen nicht als Betriebsausgaben abgezogen werden, wenn das Vermögen der Kasse am Schluss des Wirtschaftsjahres das zulässige Kassenvermögen übersteigt. [3]Als zulässiges Kassenvermögen kann 1 Prozent der durchschnittlichen Lohn- und Gehaltssumme der letzten drei Jahre angesetzt werden. [4]Hat die Kasse bereits

10 Wirtschaftsjahre bestanden, darf das zulässige Kassenvermögen zusätzlich die Summe der in den letzten zehn Wirtschaftsjahren gewährten Leistungen nicht übersteigen. [5]Für die Bewertung des Vermögens der Kasse gilt Nummer 1 Satz 3 entsprechend. [6]Bei der Berechnung der Lohn- und Gehaltssumme des Trägerunternehmens sind Löhne und Gehälter von Personen, die von der Kasse keine nicht lebenslänglich laufenden Leistungen erhalten können, auszuscheiden.

[2]Gewährt eine Kasse lebenslänglich laufende und nicht lebenslänglich laufende Leistungen, so gilt Satz 1 Nummer 1 und 2 nebeneinander. [3]Leistet ein Trägerunternehmen Zuwendungen an mehrere Unterstützungskassen, so sind diese Kassen bei der Anwendung der Nummern 1 und 2 als Einheit zu behandeln.

(2) [1]Zuwendungen im Sinne des Absatzes 1 sind von dem Trägerunternehmen in dem Wirtschaftsjahr als Betriebsausgaben abzuziehen, in dem sie geleistet werden. [2]Zuwendungen, die bis zum Ablauf eines Monats nach Aufstellung oder Feststellung der Bilanz des Trägerunternehmens für den Schluss eines Wirtschaftsjahres geleistet werden, können von dem Trägerunternehmen noch für das abgelaufene Wirtschaftsjahr durch eine Rückstellung gewinnmindernd berücksichtigt werden. [3]Übersteigen die in einem Wirtschaftsjahr geleisteten Zuwendungen die nach Absatz 1 abzugsfähigen Beträge, so können die übersteigenden Beträge im Wege der Rechnungsabgrenzung auf die folgenden drei Wirtschaftsjahre vorgetragen und im Rahmen der für diese Wirtschaftsjahre abzugsfähigen Beträge als Betriebsausgaben behandelt werden. [4]§ 5 Absatz 1 Satz 2 ist nicht anzuwenden.

(3) [1]Abweichend von Absatz 1 Satz 1 Nummer 1 Satz 1 Buchstabe d und Absatz 2 können auf Antrag die insgesamt erforderlichen Zuwendungen an die Unterstützungskasse für den Betrag, den die Kasse an einen Pensionsfonds zahlt, der eine ihr obliegende Versorgungsverpflichtung ganz oder teilweise übernommen hat, nicht im Wirtschaftsjahr der Zuwendung, sondern erst in den dem Wirtschaftsjahr der Zuwendung folgenden zehn Wirtschaftsjahren gleichmäßig verteilt als Betriebsausgaben abgezogen werden. [2]Der Antrag ist unwiderruflich; der jeweilige Rechtsnachfolger ist an den Antrag gebunden.

§ 4e Beiträge an Pensionsfonds

(1) Beiträge an einen Pensionsfonds im Sinne des § 236 des Versicherungsaufsichtsgesetzes dürfen von dem Unternehmen, das die Beiträge leistet (Trägerunternehmen), als Betriebsausgaben abgezogen werden, soweit sie auf einer festgelegten Verpflichtung beruhen oder der Abdeckung von Fehlbeträgen bei dem Fonds dienen.

(2) Beiträge im Sinne des Absatzes 1 dürfen als Betriebsausgaben nicht abgezogen werden, soweit die Leistungen des Fonds, wenn sie vom Trägerunternehmen unmittelbar erbracht würden, bei diesem nicht betrieblich veranlasst wären.

(3) [1]Der Steuerpflichtige kann auf Antrag die insgesamt erforderlichen Leistungen an einen Pensionsfonds zur teilweisen oder vollständigen Übernahme einer bestehenden Versorgungsverpflichtung oder Versorgungsanwartschaft durch den Pensionsfonds erst in den dem Wirtschaftsjahr der Übertragung folgenden zehn Wirtschaftsjahren gleichmäßig verteilt als Betriebsausgaben abziehen. [2]Der Antrag ist unwiderruflich;

der jeweilige Rechtsnachfolger ist an den Antrag gebunden. [3]Ist eine Pensionsrückstellung nach § 6a gewinnerhöhend aufzulösen, ist Satz 1 mit der Maßgabe anzuwenden, dass die Leistungen an den Pensionsfonds im Wirtschaftsjahr der Übertragung in Höhe der aufgelösten Rückstellung als Betriebsausgaben abgezogen werden können; der die aufgelöste Rückstellung übersteigende Betrag ist in den dem Wirtschaftsjahr der Übertragung folgenden zehn Wirtschaftsjahren gleichmäßig verteilt als Betriebsausgaben abzuziehen. [4]Satz 3 gilt entsprechend, wenn es im Zuge der Leistungen des Arbeitgebers an den Pensionsfonds zu Vermögensübertragungen einer Unterstützungskasse an den Arbeitgeber kommt. [...]

§ 6a Pensionsrückstellung

(1) Für eine Pensionsverpflichtung darf eine Rückstellung (Pensionsrückstellung) nur gebildet werden, wenn und soweit

1. der Pensionsberechtigte einen Rechtsanspruch auf einmalige oder laufende Pensionsleistungen hat,
2. die Pensionszusage keine Pensionsleistungen in Abhängigkeit von künftigen gewinnabhängigen Bezügen vorsieht und keinen Vorbehalt enthält, dass die Pensionsanwartschaft oder die Pensionsleistung gemindert oder entzogen werden kann, oder ein solcher Vorbehalt sich nur auf Tatbestände erstreckt, bei deren Vorliegen nach allgemeinen Rechtsgrundsätzen unter Beachtung billigen Ermessens eine Minderung oder ein Entzug der Pensionsanwartschaft oder der Pensionsleistung zulässig ist, und
3. die Pensionszusage schriftlich erteilt ist; die Pensionszusage muss eindeutige Angaben zu Art, Form, Voraussetzungen und Höhe der in Aussicht gestellten künftigen Leistungen enthalten.

(2) Eine Pensionsrückstellung darf erstmals gebildet werden

1. vor Eintritt des Versorgungsfalls für das Wirtschaftsjahr, in dem die Pensionszusage erteilt wird, frühestens jedoch für das Wirtschaftsjahr, bis zu dessen Mitte der Pensionsberechtigte bei
   a) erstmals nach dem 31. Dezember 2017 zugesagten Pensionsleistungen das 23. Lebensjahr vollendet,
   b) erstmals nach dem 31. Dezember 2008 und vor dem 1. Januar 2018 zugesagten Pensionsleistungen das 27. Lebensjahr vollendet,
   c) erstmals nach dem 31. Dezember 2000 und vor dem 1. Januar 2009 zugesagten Pensionsleistungen das 28. Lebensjahr vollendet,
   d) erstmals vor dem 1. Januar 2001 zugesagten Pensionsleistungen das 30. Lebensjahr vollendet

   oder bei nach dem 31. Dezember 2000 vereinbarten Entgeltumwandlungen im Sinne von § 1 Absatz 2 des Betriebsrentengesetzes für das Wirtschaftsjahr, in dessen Verlauf die Pensionsanwartschaft gemäß den Vorschriften des Betriebsrentengesetzes unverfallbar wird,

2. nach Eintritt des Versorgungsfalls für das Wirtschaftsjahr, in dem der Versorgungsfall eintritt.

(3) [1]Eine Pensionsrückstellung darf höchstens mit dem Teilwert der Pensionsverpflichtung angesetzt werden. [2]Als Teilwert einer Pensionsverpflichtung gilt

1. vor Beendigung des Dienstverhältnisses des Pensionsberechtigten der Barwert der künftigen Pensionsleistungen am Schluss des Wirtschaftsjahres abzüglich des sich auf denselben Zeitpunkt ergebenden Barwerts betragsmäßig gleich bleibender Jahresbeträge, bei einer Entgeltumwandlung im Sinne von § 1 Absatz 2 des Betriebsrentengesetzes mindestens jedoch der Barwert der gemäß den Vorschriften des Betriebsrentengesetzes unverfallbaren künftigen Pensionsleistungen am Schluss des Wirtschaftsjahres. [2]Die Jahresbeträge sind so zu bemessen, dass am Beginn des Wirtschaftsjahres, in dem das Dienstverhältnis begonnen hat, ihr Barwert gleich dem Barwert der künftigen Pensionsleistungen ist; die künftigen Pensionsleistungen sind dabei mit dem Betrag anzusetzen, der sich nach den Verhältnissen am Bilanzstichtag ergibt. [3]Es sind die Jahresbeträge zugrunde zu legen, die vom Beginn des Wirtschaftsjahres, in dem das Dienstverhältnis begonnen hat, bis zu dem in der Pensionszusage vorgesehenen Zeitpunkt des Eintritts des Versorgungsfalls rechnungsmäßig aufzubringen sind. [4]Erhöhungen oder Verminderungen der Pensionsleistungen nach dem Schluss des Wirtschaftsjahres, die hinsichtlich des Zeitpunktes ihres Wirksamwerdens oder ihres Umfangs ungewiss sind, sind bei der Berechnung des Barwerts der künftigen Pensionsleistungen und der Jahresbeträge erst zu berücksichtigen, wenn sie eingetreten sind. [5]Wird die Pensionszusage erst nach dem Beginn des Dienstverhältnisses erteilt, so ist die Zwischenzeit für die Berechnung der Jahresbeträge nur insoweit als Wartezeit zu behandeln, als sie in der Pensionszusage als solche bestimmt ist. [6]Hat das Dienstverhältnis schon vor der Vollendung des nach Absatz 2 Nummer 1 maßgebenden Lebensjahres des Pensionsberechtigten bestanden, gilt es als zu Beginn des Wirtschaftsjahres begonnen, bis zu dessen Mitte der Pensionsberechtigte das nach Absatz 2 Nummer 1 maßgebende Lebensjahr vollendet; bei nach dem 31. Dezember 2000 vereinbarten Entgeltumwandlungen im Sinne von § 1 Absatz 2 des Betriebsrentengesetzes gilt für davor liegende Wirtschaftsjahre als Teilwert der Barwert der gemäß den Vorschriften des Betriebsrentengesetzes unverfallbaren künftigen Pensionsleistungen am Schluss des Wirtschaftsjahres;
2. nach Beendigung des Dienstverhältnisses des Pensionsberechtigten unter Aufrechterhaltung seiner Pensionsanwartschaft oder nach Eintritt des Versorgungsfalls der Barwert der künftigen Pensionsleistungen am Schluss des Wirtschaftsjahres; Nummer 1 Satz 4 gilt sinngemäß.

   [3]Bei der Berechnung des Teilwerts der Pensionsverpflichtung sind ein Rechnungszinsfuß von 6 Prozent und die anerkannten Regeln der Versicherungsmathematik anzuwenden.

(4) [1]Eine Pensionsrückstellung darf in einem Wirtschaftsjahr höchstens um den Unterschied zwischen dem Teilwert der Pensionsverpflichtung am Schluss des Wirt-

schaftsjahres und am Schluss des vorangegangenen Wirtschaftsjahres erhöht werden. [2]Soweit der Unterschiedsbetrag auf der erstmaligen Anwendung neuer oder geänderter biometrischer Rechnungsgrundlagen beruht, kann er nur auf mindestens drei Wirtschaftsjahre gleichmäßig verteilt der Pensionsrückstellung zugeführt werden; Entsprechendes gilt beim Wechsel auf andere biometrische Rechnungsgrundlagen. [3]In dem Wirtschaftsjahr, in dem mit der Bildung einer Pensionsrückstellung frühestens begonnen werden darf (Erstjahr), darf die Rückstellung bis zur Höhe des Teilwerts der Pensionsverpflichtung am Schluss des Wirtschaftsjahres gebildet werden; diese Rückstellung kann auf das Erstjahr und die beiden folgenden Wirtschaftsjahre gleichmäßig verteilt werden. [4]Erhöht sich in einem Wirtschaftsjahr gegenüber dem vorangegangenen Wirtschaftsjahr der Barwert der künftigen Pensionsleistungen um mehr als 25 Prozent, so kann die für dieses Wirtschaftsjahr zulässige Erhöhung der Pensionsrückstellung auf dieses Wirtschaftsjahr und die beiden folgenden Wirtschaftsjahre gleichmäßig verteilt werden. [5]Am Schluss des Wirtschaftsjahres, in dem das Dienstverhältnis des Pensionsberechtigten unter Aufrechterhaltung seiner Pensionsanwartschaft endet oder der Versorgungsfall eintritt, darf die Pensionsrückstellung stets bis zur Höhe des Teilwerts der Pensionsverpflichtung gebildet werden; die für dieses Wirtschaftsjahr zulässige Erhöhung der Pensionsrückstellung kann auf dieses Wirtschaftsjahr und die beiden folgenden Wirtschaftsjahre gleichmäßig verteilt werden. [6]Satz 2 gilt in den Fällen der Sätze 3 bis 5 entsprechend.

(5) Die Absätze 3 und 4 gelten entsprechend, wenn der Pensionsberechtigte zu dem Pensionsverpflichteten in einem anderen Rechtsverhältnis als einem Dienstverhältnis steht. […]

§ 9a Pauschbeträge für Werbungskosten

[1]Für Werbungskosten sind bei der Ermittlung der Einkünfte die folgenden Pauschbeträge abzuziehen, wenn nicht höhere Werbungskosten nachgewiesen werden:

1.
   a) von den Einnahmen aus nichtselbständiger Arbeit vorbehaltlich Buchstabe b:

      ein Arbeitnehmer-Pauschbetrag von 1 000 Euro;

   b) von den Einnahmen aus nichtselbständiger Arbeit, soweit es sich um Versorgungsbezüge im Sinne des § 19 Absatz 2 handelt:

      ein Pauschbetrag von 102 Euro;

2. (weggefallen)

3. von den Einnahmen im Sinne des § 22 Nummer 1, 1a und 5:

   ein Pauschbetrag von insgesamt 102 Euro.

[2]Der Pauschbetrag nach Satz 1 Nummer 1 Buchstabe b darf nur bis zur Höhe der um den Versorgungsfreibetrag einschließlich des Zuschlags zum Versorgungsfreibetrag (§ 19 Absatz 2) geminderten Einnahmen, die Pauschbeträge nach Satz 1 Nummer 1

Buchstabe a und Nummer 3 dürfen nur bis zur Höhe der Einnahmen abgezogen werden. […]

§ 10

(1) Sonderausgaben sind die folgenden Aufwendungen, wenn sie weder Betriebsausgaben noch Werbungskosten sind oder wie Betriebsausgaben oder Werbungskosten behandelt werden:

[…]

2.

a) Beiträge zu den gesetzlichen Rentenversicherungen oder zur landwirtschaftlichen Alterskasse sowie zu berufsständischen Versorgungseinrichtungen, die den gesetzlichen Rentenversicherungen vergleichbare Leistungen erbringen;

b) Beiträge des Steuerpflichtigen

aa) zum Aufbau einer eigenen kapitalgedeckten Altersversorgung, wenn der Vertrag nur die Zahlung einer monatlichen, auf das Leben des Steuerpflichtigen bezogenen lebenslangen Leibrente nicht vor Vollendung des 62. Lebensjahres oder zusätzlich die ergänzende Absicherung des Eintritts der Berufsunfähigkeit (Berufsunfähigkeitsrente), der verminderten Erwerbsfähigkeit (Erwerbsminderungsrente) oder von Hinterbliebenen (Hinterbliebenenrente) vorsieht. [2]Hinterbliebene in diesem Sinne sind der Ehegatte des Steuerpflichtigen und die Kinder, für die er Anspruch auf Kindergeld oder auf einen Freibetrag nach § 32 Absatz 6 hat. [3]Der Anspruch auf Waisenrente darf längstens für den Zeitraum bestehen, in dem der Rentenberechtigte die Voraussetzungen für die Berücksichtigung als Kind im Sinne des § 32 erfüllt;

bb) für seine Absicherung gegen den Eintritt der Berufsunfähigkeit oder der verminderten Erwerbsfähigkeit (Versicherungsfall), wenn der Vertrag nur die Zahlung einer monatlichen, auf das Leben des Steuerpflichtigen bezogenen lebenslangen Leibrente für einen Versicherungsfall vorsieht, der bis zur Vollendung des 67. Lebensjahres eingetreten ist. [2]Der Vertrag kann die Beendigung der Rentenzahlung wegen eines medizinisch begründeten Wegfalls der Berufsunfähigkeit oder der verminderten Erwerbsfähigkeit vorsehen. [3]Die Höhe der zugesagten Rente kann vom Alter des Steuerpflichtigen bei Eintritt des Versicherungsfalls abhängig gemacht werden, wenn der Steuerpflichtige das 55. Lebensjahr vollendet hat.

[2]Die Ansprüche nach Buchstabe b dürfen nicht vererblich, nicht übertragbar, nicht beleihbar, nicht veräußerbar und nicht kapitalisierbar sein. [3]Anbieter und Steuerpflichtiger können vereinbaren, dass bis zu zwölf Monatsleistungen in einer Auszahlung zusammengefasst werden oder eine

Kleinbetragsrente im Sinne von § 93 Absatz 3 Satz 2 abgefunden wird. [4]Bei der Berechnung der Kleinbetragsrente sind alle bei einem Anbieter bestehenden Verträge des Steuerpflichtigen jeweils nach Buchstabe b Doppelbuchstabe aa oder Doppelbuchstabe bb zusammenzurechnen. [5]Neben den genannten Auszahlungsformen darf kein weiterer Anspruch auf Auszahlungen bestehen. [6]Zu den Beiträgen nach den Buchstaben a und b ist der nach § 3 Nummer 62 steuerfreie Arbeitgeberanteil zur gesetzlichen Rentenversicherung und ein diesem gleichgestellter steuerfreier Zuschuss des Arbeitgebers hinzuzurechnen. [7]Beiträge nach § 168 Absatz 1 Nummer 1b oder 1c oder nach § 172 Absatz 3 oder 3a des Sechsten Buches Sozialgesetzbuch werden abweichend von Satz 6 nur auf Antrag des Steuerpflichtigen hinzugerechnet;

3. Beiträge zu

   a) Krankenversicherungen, soweit diese zur Erlangung eines durch das Zwölfte Buch Sozialgesetzbuch bestimmten sozialhilfegleichen Versorgungsniveaus erforderlich sind und sofern auf die Leistungen ein Anspruch besteht. [2]Für Beiträge zur gesetzlichen Krankenversicherung sind dies die nach dem Dritten Titel des Ersten Abschnitts des Achten Kapitels des Fünften Buches Sozialgesetzbuch oder die nach dem Sechsten Abschnitt des Zweiten Gesetzes über die Krankenversicherung der Landwirte festgesetzten Beiträge. [3]Für Beiträge zu einer privaten Krankenversicherung sind dies die Beitragsanteile, die auf Vertragsleistungen entfallen, die, mit Ausnahme der auf das Krankengeld entfallenden Beitragsanteile, in Art, Umfang und Höhe den Leistungen nach dem Dritten Kapitel des Fünften Buches Sozialgesetzbuch vergleichbar sind; § 158 Absatz 2 des Versicherungsaufsichtsgesetzes gilt entsprechend. [4]Wenn sich aus den Krankenversicherungsbeiträgen nach Satz 2 ein Anspruch auf Krankengeld oder ein Anspruch auf eine Leistung, die anstelle von Krankengeld gewährt wird, ergeben kann, ist der jeweilige Beitrag um 4 Prozent zu vermindern;

   b) gesetzlichen Pflegeversicherungen (soziale Pflegeversicherung und private Pflege-Pflichtversicherung).

   [2]Als eigene Beiträge des Steuerpflichtigen können auch eigene Beiträge im Sinne der Buchstaben a oder b eines Kindes behandelt werden, wenn der Steuerpflichtige die Beiträge des Kindes, für das ein Anspruch auf einen Freibetrag nach § 32 Absatz 6 oder auf Kindergeld besteht, durch Leistungen in Form von Bar- oder Sachunterhalt wirtschaftlich getragen hat, unabhängig von Einkünften oder Bezügen des Kindes. [3]Satz 2 gilt entsprechend, wenn der Steuerpflichtige die Beiträge für ein unterhaltsberechtigtes Kind trägt, welches nicht selbst Versicherungsnehmer ist, sondern der andere Elternteil. [4]Hat der Steuerpflichtige in den Fällen des Absatzes 1a Nummer 1 eigene Beiträge im Sinne des Buchstaben a oder des Buchstaben b zum Erwerb einer Krankenversicherung oder gesetzlichen Pflegeversicherung für einen geschiedenen oder dauernd getrennt lebenden unbeschränkt einkommensteuerpflichtigen Ehegatten geleistet, dann werden diese abweichend

von Satz 1 als eigene Beiträge des geschiedenen oder dauernd getrennt lebenden unbeschränkt einkommensteuerpflichtigen Ehegatten behandelt. [5]Beiträge, die für nach Ablauf des Veranlagungszeitraums beginnende Beitragsjahre geleistet werden und in der Summe das Dreifache der auf den Veranlagungszeitraum entfallenden Beiträge überschreiten, sind in dem Veranlagungszeitraum anzusetzen, für den sie geleistet wurden;

3a. Beiträge zu Kranken- und Pflegeversicherungen, soweit diese nicht nach Nummer 3 zu berücksichtigen sind; Beiträge zu Versicherungen gegen Arbeitslosigkeit, zu Erwerbs- und Berufsunfähigkeitsversicherungen, die nicht unter Nummer 2 Satz 1 Buchstabe b fallen, zu Unfall- und Haftpflichtversicherungen sowie zu Risikoversicherungen, die nur für den Todesfall eine Leistung vorsehen; Beiträge zu Versicherungen im Sinne des § 10 Absatz 1 Nummer 2 Buchstabe b Doppelbuchstabe bb bis dd in der am 31. Dezember 2004 geltenden Fassung, wenn die Laufzeit dieser Versicherungen vor dem 1. Januar 2005 begonnen hat und ein Versicherungsbeitrag bis zum 31. Dezember 2004 entrichtet wurde; § 10 Absatz 1 Nummer 2 Satz 2 bis 6 und Absatz 2 Satz 2 in der am 31. Dezember 2004 geltenden Fassung ist in diesen Fällen weiter anzuwenden;

4. gezahlte Kirchensteuer; dies gilt nicht, soweit die Kirchensteuer als Zuschlag zur Kapitalertragsteuer oder als Zuschlag auf die nach dem gesonderten Tarif des § 32d Absatz 1 ermittelte Einkommensteuer gezahlt wurde;

5. zwei Drittel der Aufwendungen, höchstens 4 000 Euro je Kind, für Dienstleistungen zur Betreuung eines zum Haushalt des Steuerpflichtigen gehörenden Kindes im Sinne des § 32 Absatz 1, welches das 14. Lebensjahr noch nicht vollendet hat oder wegen einer vor Vollendung des 25. Lebensjahres eingetretenen körperlichen, geistigen oder seelischen Behinderung außerstande ist, sich selbst zu unterhalten. [2]Dies gilt nicht für Aufwendungen für Unterricht, die Vermittlung besonderer Fähigkeiten sowie für sportliche und andere Freizeitbetätigungen. [3]Ist das zu betreuende Kind nicht nach § 1 Absatz 1 oder Absatz 2 unbeschränkt einkommensteuerpflichtig, ist der in Satz 1 genannte Betrag zu kürzen, soweit es nach den Verhältnissen im Wohnsitzstaat des Kindes notwendig und angemessen ist. [4]Voraussetzung für den Abzug der Aufwendungen nach Satz 1 ist, dass der Steuerpflichtige für die Aufwendungen eine Rechnung erhalten hat und die Zahlung auf das Konto des Erbringers der Leistung erfolgt ist;

6. (weggefallen)

7. Aufwendungen für die eigene Berufsausbildung bis zu 6 000 Euro im Kalenderjahr. [2]Bei Ehegatten, die die Voraussetzungen des § 26 Absatz 1 Satz 1 erfüllen, gilt Satz 1 für jeden Ehegatten. [3]Zu den Aufwendungen im Sinne des Satzes 1 gehören auch Aufwendungen für eine auswärtige Unterbringung. [4]§ 4 Absatz 5 Satz 1 Nummer 6b sowie § 9 Absatz 1 Satz 3 Nummer 4 und 5, Absatz 2, 4 Satz 8 und Absatz 4a sind bei der Ermittlung der Aufwendungen anzuwenden.

8. (weggefallen)

9. 30 Prozent des Entgelts, höchstens 5 000 Euro, das der Steuerpflichtige für ein Kind, für das er Anspruch auf einen Freibetrag nach § 32 Absatz 6 oder auf Kindergeld hat, für dessen Besuch einer Schule in freier Trägerschaft oder einer überwiegend privat finanzierten Schule entrichtet, mit Ausnahme des Entgelts für Beherbergung, Betreuung und Verpflegung. [2]Voraussetzung ist, dass die Schule in einem Mitgliedstaat der Europäischen Union oder in einem Staat belegen ist, auf den das Abkommen über den Europäischen Wirtschaftsraum Anwendung findet, und die Schule zu einem von dem zuständigen inländischen Ministerium eines Landes, von der Kultusministerkonferenz der Länder oder von einer inländischen Zeugnisanerkennungsstelle anerkannten oder einem inländischen Abschluss an einer öffentlichen Schule als gleichwertig anerkannten allgemein bildenden oder berufsbildenden Schul-, Jahrgangs- oder Berufsabschluss führt. [3]Der Besuch einer anderen Einrichtung, die auf einen Schul-, Jahrgangs- oder Berufsabschluss im Sinne des Satzes 2 ordnungsgemäß vorbereitet, steht einem Schulbesuch im Sinne des Satzes 1 gleich. [4]Der Besuch einer Deutschen Schule im Ausland steht dem Besuch einer solchen Schule gleich, unabhängig von ihrer Belegenheit. [5]Der Höchstbetrag nach Satz 1 wird für jedes Kind, bei dem die Voraussetzungen vorliegen, je Elternpaar nur einmal gewährt.

(1a) 1Sonderausgaben sind auch die folgenden Aufwendungen:

1. Unterhaltsleistungen an den geschiedenen oder dauernd getrennt lebenden unbeschränkt einkommensteuerpflichtigen Ehegatten, wenn der Geber dies mit Zustimmung des Empfängers beantragt, bis zu 13 805 Euro im Kalenderjahr. [2]Der Höchstbetrag nach Satz 1 erhöht sich um den Betrag der im jeweiligen Veranlagungszeitraum nach Absatz 1 Nummer 3 für die Absicherung des geschiedenen oder dauernd getrennt lebenden unbeschränkt einkommensteuerpflichtigen Ehegatten aufgewandten Beiträge. [3]Der Antrag kann jeweils nur für ein Kalenderjahr gestellt und nicht zurückgenommen werden. [4]Die Zustimmung ist mit Ausnahme der nach § 894 der Zivilprozessordnung als erteilt geltenden bis auf Widerruf wirksam. [5]Der Widerruf ist vor Beginn des Kalenderjahres, für das die Zustimmung erstmals nicht gelten soll, gegenüber dem Finanzamt zu erklären. [6]Die Sätze 1 bis 5 gelten für Fälle der Nichtigkeit oder der Aufhebung der Ehe entsprechend. [7]Voraussetzung für den Abzug der Aufwendungen ist die Angabe der erteilten Identifikationsnummer (§ 139b der Abgabenordnung) der unterhaltenen Person in der Steuererklärung des Unterhaltsleistenden, wenn die unterhaltene Person der unbeschränkten oder beschränkten Steuerpflicht unterliegt. [8]Die unterhaltene Person ist für diese Zwecke verpflichtet, dem Unterhaltsleistenden ihre erteilte Identifikationsnummer (§ 139b der Abgabenordnung) mitzuteilen. [9]Kommt die unterhaltene Person dieser Verpflichtung nicht nach, ist der Unterhaltsleistende berechtigt, bei der für ihn zuständigen Finanzbehörde die Identifikationsnummer der unterhaltenen Person zu erfragen;

2. auf besonderen Verpflichtungsgründen beruhende, lebenslange und wiederkehrende Versorgungsleistungen, die nicht mit Einkünften in wirtschaftlichem Zusammenhang stehen, die bei der Veranlagung außer Betracht bleiben, wenn der Empfänger unbeschränkt einkommensteuerpflichtig ist. [2]Dies gilt nur für

a) Versorgungsleistungen im Zusammenhang mit der Übertragung eines Mitunternehmeranteils an einer Personengesellschaft, die eine Tätigkeit im Sinne der §§ 13, 15 Absatz 1 Satz 1 Nummer 1 oder des § 18 Absatz 1 ausübt,

b) Versorgungsleistungen im Zusammenhang mit der Übertragung eines Betriebs oder Teilbetriebs, sowie

c) Versorgungsleistungen im Zusammenhang mit der Übertragung eines mindestens 50 Prozent betragenden Anteils an einer Gesellschaft mit beschränkter Haftung, wenn der Übergeber als Geschäftsführer tätig war und der Übernehmer diese Tätigkeit nach der Übertragung übernimmt.

[3]Satz 2 gilt auch für den Teil der Versorgungsleistungen, der auf den Wohnteil eines Betriebs der Land- und Forstwirtschaft entfällt. [4]Voraussetzung für den Abzug der Aufwendungen ist die Angabe der erteilten Identifikationsnummer (§ 139b der Abgabenordnung) des Empfängers in der Steuererklärung des Leistenden; Nummer 1 Satz 8 und 9 gilt entsprechend;

3. Ausgleichsleistungen zur Vermeidung eines Versorgungsausgleichs nach § 6 Absatz 1 Satz 2 Nummer 2 und § 23 des Versorgungsausgleichsgesetzes sowie § 1408 Absatz 2 und § 1587 des Bürgerlichen Gesetzbuchs, soweit der Verpflichtete dies mit Zustimmung des Berechtigten beantragt und der Berechtigte unbeschränkt einkommensteuerpflichtig ist. [2]Nummer 1 Satz 3 bis 5 gilt entsprechend. [3]Voraussetzung für den Abzug der Aufwendungen ist die Angabe der erteilten Identifikationsnummer (§ 139b der Abgabenordnung) des Berechtigten in der Steuererklärung des Verpflichteten; Nummer 1 Satz 8 und 9 gilt entsprechend;

4. Ausgleichszahlungen im Rahmen des Versorgungsausgleichs nach den §§ 20 bis 22 und 26 des Versorgungsausgleichsgesetzes und nach den §§ 1587f, 1587g und 1587i des Bürgerlichen Gesetzbuchs in der bis zum 31. August 2009 geltenden Fassung sowie nach § 3a des Gesetzes zur Regelung von Härten im Versorgungsausgleich, soweit die ihnen zu Grunde liegenden Einnahmen bei der ausgleichspflichtigen Person der Besteuerung unterliegen, wenn die ausgleichsberechtigte Person unbeschränkt einkommensteuerpflichtig ist. [2]Nummer 3 Satz 3 gilt entsprechend.

(2) [1]Voraussetzung für den Abzug der in Absatz 1 Nummer 2, 3 und 3a bezeichneten Beträge (Vorsorgeaufwendungen) ist, dass sie

1. nicht in unmittelbarem wirtschaftlichen Zusammenhang mit steuerfreien Einnahmen stehen; ungeachtet dessen sind Vorsorgeaufwendungen im Sinne des Absatzes 1 Nummer 2, 3 und 3a zu berücksichtigen, soweit

   a) sie in unmittelbarem wirtschaftlichen Zusammenhang mit in einem Mitgliedstaat der Europäischen Union oder einem Vertragsstaat des Abkommens über den Europäischen Wirtschaftsraum oder in der Schweizerischen Eidgenossenschaft erzielten Einnahmen aus nichtselbständiger Tätigkeit stehen,

b) diese Einnahmen nach einem Abkommen zur Vermeidung der Doppelbesteuerung im Inland steuerfrei sind und

c) der Beschäftigungsstaat keinerlei steuerliche Berücksichtigung von Vorsorgeaufwendungen im Rahmen der Besteuerung dieser Einnahmen zulässt;

steuerfreie Zuschüsse zu einer Kranken- oder Pflegeversicherung stehen insgesamt in unmittelbarem wirtschaftlichen Zusammenhang mit den Vorsorgeaufwendungen im Sinne des Absatzes 1 Nummer 3,

2. geleistet werden an

a) [1]Versicherungsunternehmen,

aa) die ihren Sitz oder ihre Geschäftsleitung in einem Mitgliedstaat der Europäischen Union oder einem Vertragsstaat des Abkommens über den Europäischen Wirtschaftsraum haben und das Versicherungsgeschäft im Inland betreiben dürfen, oder

bb) denen die Erlaubnis zum Geschäftsbetrieb im Inland erteilt ist.

[2]Darüber hinaus werden Beiträge nur berücksichtigt, wenn es sich um Beträge im Sinne des Absatzes 1 Nummer 3 Satz 1 Buchstabe a an eine Einrichtung handelt, die eine anderweitige Absicherung im Krankheitsfall im Sinne des § 5 Absatz 1 Nummer 13 des Fünften Buches Sozialgesetzbuch oder eine der Beihilfe oder freien Heilfürsorge vergleichbare Absicherung im Sinne des § 193 Absatz 3 Satz 2 Nummer 2 des Versicherungsvertragsgesetzes gewährt. [3]Dies gilt entsprechend, wenn ein Steuerpflichtiger, der weder seinen Wohnsitz noch seinen gewöhnlichen Aufenthalt im Inland hat, mit den Beiträgen einen Versicherungsschutz im Sinne des Absatzes 1 Nummer 3 Satz 1 erwirbt,

b) berufsständische Versorgungseinrichtungen,

c) einen Sozialversicherungsträger oder

d) einen Anbieter im Sinne des § 80.

[2]Vorsorgeaufwendungen nach Absatz 1 Nummer 2 Buchstabe b werden nur berücksichtigt, wenn die Beiträge zugunsten eines Vertrags geleistet wurden, der nach § 5a des Altersvorsorgeverträge-Zertifizierungsgesetzes zertifiziert ist, wobei die Zertifizierung Grundlagenbescheid im Sinne des § 171 Absatz 10 der Abgabenordnung ist.

(2a) [1]Bei Vorsorgeaufwendungen nach Absatz 1 Nummer 2 Buchstabe b hat der Anbieter als mitteilungspflichtige Stelle nach Maßgabe des § 93c der Abgabenordnung und unter Angabe der Vertrags- oder der Versicherungsdaten die Höhe der im jeweiligen Beitragsjahr geleisteten Beiträge und die Zertifizierungsnummer an die zentrale Stelle (§ 81) zu übermitteln. [2]§ 22a Absatz 2 gilt entsprechend. [3]§ 72a Absatz 4 und § 93c Absatz 4 der Abgabenordnung finden keine Anwendung.

(2b) [1]Bei Vorsorgeaufwendungen nach Absatz 1 Nummer 3 hat das Versicherungsunternehmen, der Träger der gesetzlichen Kranken- und Pflegeversicherung, die Künstlersozialkasse oder eine Einrichtung im Sinne des Absatzes 2 Satz 1 Nummer 2 Buchstabe a Satz 2 als mitteilungspflichtige Stelle nach Maßgabe des § 93c der Abgabenordnung und unter Angabe der Vertrags- oder der Versicherungsdaten die Höhe der im jeweiligen Beitragsjahr geleisteten und erstatteten Beiträge sowie die in § 93c Absatz 1 Nummer 2 Buchstabe c der Abgabenordnung genannten Daten mit der Maßgabe, dass insoweit als Steuerpflichtiger die versicherte Person gilt, an die zentrale Stelle (§ 81) zu übermitteln; sind Versicherungsnehmer und versicherte Person nicht identisch, sind zusätzlich die Identifikationsnummer und der Tag der Geburt des Versicherungsnehmers anzugeben. [2]Satz 1 gilt nicht, soweit diese Daten mit der elektronischen Lohnsteuerbescheinigung (§ 41b Absatz 1 Satz 2) oder der Rentenbezugsmitteilung (§ 22a Absatz 1 Satz 1 Nummer 4) zu übermitteln sind. [3]§ 22a Absatz 2 gilt entsprechend. [4]Zuständige Finanzbehörde im Sinne des § 72a Absatz 4 und des § 93c Absatz 4 der Abgabenordnung ist das Bundeszentralamt für Steuern. [5]Wird in den Fällen des § 72a Absatz 4 der Abgabenordnung eine unzutreffende Höhe der Beiträge übermittelt, ist die entgangene Steuer mit 30 Prozent des zu hoch ausgewiesenen Betrags anzusetzen.

(3) [1]Vorsorgeaufwendungen nach Absatz 1 Nummer 2 sind bis zu dem Höchstbeitrag zur knappschaftlichen Rentenversicherung, aufgerundet auf einen vollen Betrag in Euro, zu berücksichtigen. [2]Bei zusammenveranlagten Ehegatten verdoppelt sich der Höchstbetrag. [3]Der Höchstbetrag nach Satz 1 oder 2 ist bei Steuerpflichtigen, die

1. Arbeitnehmer sind und die während des ganzen oder eines Teils des Kalenderjahres
    a) in der gesetzlichen Rentenversicherung versicherungsfrei oder auf Antrag des Arbeitgebers von der Versicherungspflicht befreit waren und denen für den Fall ihres Ausscheidens aus der Beschäftigung auf Grund des Beschäftigungsverhältnisses eine lebenslängliche Versorgung oder an deren Stelle eine Abfindung zusteht oder die in der gesetzlichen Rentenversicherung nachzuversichern sind oder
    b) nicht der gesetzlichen Rentenversicherungspflicht unterliegen, eine Berufstätigkeit ausgeübt und im Zusammenhang damit auf Grund vertraglicher Vereinbarungen Anwartschaftsrechte auf eine Altersversorgung erworben haben, oder
2. Einkünfte im Sinne des § 22 Nummer 4 erzielen und die ganz oder teilweise ohne eigene Beitragsleistung einen Anspruch auf Altersversorgung erwerben,

um den Betrag zu kürzen, der, bezogen auf die Einnahmen aus der Tätigkeit, die die Zugehörigkeit zum genannten Personenkreis begründen, dem Gesamtbeitrag (Arbeitgeber- und Arbeitnehmeranteil) zur allgemeinen Rentenversicherung entspricht. [4]Im Kalenderjahr 2013 sind 76 Prozent der nach den Sätzen 1 bis 3 ermittelten Vorsorgeaufwendungen anzusetzen. [5]Der sich danach ergebende Betrag, vermindert um den nach § 3 Nummer 62 steuerfreien Arbeitgeberanteil zur gesetzlichen Rentenversicherung und einen diesem gleichgestellten steuerfreien Zuschuss des Arbeitgebers, ist als Sonderausgabe abziehbar. [6]Der Prozentsatz in Satz 4 erhöht sich in den folgenden Kalenderjahren bis zum Kalenderjahr 2025 um je 2 Prozentpunkte je Kalenderjahr. [7]Beiträge nach § 168 Absatz 1 Nummer 1b oder 1c oder nach § 172 Absatz 3 oder 3a des Sechsten Buches Sozialgesetzbuch vermindern den abziehbaren Betrag nach Satz 5 nur, wenn der Steuerpflichtige die Hinzurechnung dieser Beiträge zu den Vorsorgeaufwendungen nach Absatz 1 Nummer 2 Satz 7 beantragt hat.

(4) [1]Vorsorgeaufwendungen im Sinne des Absatzes 1 Nummer 3 und 3a können je Kalenderjahr insgesamt bis 2 800 Euro abgezogen werden. [2]Der Höchstbetrag beträgt 1 900 Euro bei Steuerpflichtigen, die ganz oder teilweise ohne eigene Aufwendungen einen Anspruch auf vollständige oder teilweise Erstattung oder Übernahme von Krankheitskosten haben oder für deren Krankenversicherung Leistungen im Sinne des § 3 Nummer 9, 14, 57 oder 62 erbracht werden. [3]Bei zusammen veranlagten Ehegatten bestimmt sich der gemeinsame Höchstbetrag aus der Summe der jedem Ehegatten unter den Voraussetzungen von Satz 1 und 2 zustehenden Höchstbeträge. [4]Übersteigen die Vorsorgeaufwendungen im Sinne des Absatzes 1 Nummer 3 die nach den Sätzen 1 bis 3 zu berücksichtigenden Vorsorgeaufwendungen, sind diese abzuziehen und ein Abzug von Vorsorgeaufwendungen im Sinne des Absatzes 1 Nummer 3a scheidet aus.

(4a) [1]Ist in den Kalenderjahren 2013 bis 2019 der Abzug der Vorsorgeaufwendungen nach Absatz 1 Nummer 2 Buchstabe a, Absatz 1 Nummer 3 und Nummer 3a in der für das Kalenderjahr 2004 geltenden Fassung des § 10 Absatz 3 mit folgenden Höchstbeträgen für den Vorwegabzug

Kalenderjahr	**Vorwegabzug für den Steuerpflichtigen**	**Vorwegabzug im Fall der Zusammenveranlagung von Ehegatten**
2013	2 100	4 200
2014	1 800	3 600
2015	1 500	3 000
2016	1 200	2 400
2017	900	1 800
2018	600	1 200
2019	300	600

zuzüglich des Erhöhungsbetrags nach Satz 3 günstiger, ist der sich danach ergebende Betrag anstelle des Abzugs nach Absatz 3 und 4 anzusetzen. [2]Mindestens ist bei Anwendung des Satzes 1 der Betrag anzusetzen, der sich ergeben würde, wenn zusätzlich noch die Vorsorgeaufwendungen nach Absatz 1 Nummer 2 Buchstabe b in die Günstigerprüfung einbezogen werden würden; der Erhöhungsbetrag nach Satz 3 ist nicht hinzuzurechnen. [3]Erhöhungsbetrag sind die Beiträge nach Absatz 1 Nummer 2 Buchstabe b, soweit sie nicht den um die Beiträge nach Absatz 1 Nummer 2 Buchstabe a und den nach § 3 Nummer 62 steuerfreien Arbeitgeberanteil zur gesetzlichen Rentenversicherung und einen diesem gleichgestellten steuerfreien Zuschuss verminderten Höchstbetrag nach Absatz 3 Satz 1 bis 3 überschreiten; Absatz 3 Satz 4 und 6 gilt entsprechend.

(4b) [1]Erhält der Steuerpflichtige für die von ihm für einen anderen Veranlagungszeitraum geleisteten Aufwendungen im Sinne des Satzes 2 einen steuerfreien Zuschuss, ist dieser den erstatteten Aufwendungen gleichzustellen. [2]Übersteigen bei den Sonderausgaben nach Absatz 1 Nummer 2 bis 3a die im Veranlagungszeitraum erstatteten Aufwendungen die geleisteten Aufwendungen (Erstattungsüberhang), ist der Erstattungsüberhang mit anderen im Rahmen der jeweiligen Nummer anzusetzenden Aufwendungen zu verrechnen. [3]Ein verbleibender Betrag des sich bei den Aufwendungen nach Absatz 1 Nummer 3 und 4 ergebenden Erstattungsüberhangs ist dem Gesamtbetrag der Einkünfte hinzuzurechnen. [4]Nach Maßgabe des § 93c der Abgabenordnung haben Behörden im Sinne des § 6 Absatz 1 der Abgabenordnung und andere öffentliche Stellen, die einem Steuerpflichtigen für die von ihm geleisteten Beiträge im Sinne des Absatzes 1 Nummer 2, 3 und 3a steuerfreie Zuschüsse gewähren oder Vorsorgeaufwendungen im Sinne dieser Vorschrift erstatten als mitteilungspflichtige Stellen, neben den nach § 93c Absatz 1 der Abgabenordnung erforderlichen Angaben, die zur Gewährung und Prüfung des Sonderausgabenabzugs nach § 10 erforderlichen Daten an die zentrale Stelle zu übermitteln. [5]§ 22a Absatz 2 gilt entsprechend. [6]§ 72a Absatz 4 und § 93c Absatz 4 der Abgabenordnung finden keine Anwendung.

(5) Durch Rechtsverordnung wird bezogen auf den Versicherungstarif bestimmt, wie der nicht abziehbare Teil der Beiträge zum Erwerb eines Krankenversicherungsschutzes im Sinne des Absatzes 1 Nummer 3 Buchstabe a Satz 3 durch einheitliche prozentuale Abschläge auf die zugunsten des jeweiligen Tarifs gezahlte Prämie zu ermitteln ist, soweit der nicht abziehbare Beitragsteil nicht bereits als gesonderter Tarif oder Tarifbaustein ausgewiesen wird.

(6) Absatz 1 Nummer 2 Buchstabe b Doppelbuchstabe aa ist für Vertragsabschlüsse vor dem 1. Januar 2012 mit der Maßgabe anzuwenden, dass der Vertrag die Zahlung der Leibrente nicht vor der Vollendung des 60. Lebensjahres vorsehen darf.

[…]

§ 10c Sonderausgaben-Pauschbetrag

[1]Für Sonderausgaben nach § 10 Absatz 1 Nummer 4, 5, 7 und 9 sowie Absatz 1a und nach § 10b wird ein Pauschbetrag von 36 Euro abgezogen (Sonderausgaben-Pauschbetrag), wenn der Steuerpflichtige nicht höhere Aufwendungen nachweist. [2]Im Fall der Zusammenveranlagung von Ehegatten verdoppelt sich der Sonderausgaben-Pauschbetrag.

§ 19 [Nichtselbständige Arbeit (§ 2 Abs. 1 Satz 1 Nummer 4)]

(1) [1]Zu den Einkünften aus nichtselbständiger Arbeit gehören

1. Gehälter, Löhne, Gratifikationen, Tantiemen und andere Bezüge und Vorteile für eine Beschäftigung im öffentlichen oder privaten Dienst;

   […]

2. Wartegelder, Ruhegelder, Witwen- und Waisengelder und andere Bezüge und Vorteile aus früheren Dienstleistungen, auch soweit sie von Arbeitgebern ausgleichspflichtiger Personen an ausgleichsberechtigte Personen infolge einer nach § 10 oder § 14 des Versorgungsausgleichsgesetzes durchgeführten Teilung geleistet werden;

3. laufende Beiträge und laufende Zuwendungen des Arbeitgebers aus einem bestehenden Dienstverhältnis an einen Pensionsfonds, eine Pensionskasse oder für eine Direktversicherung für eine betriebliche Altersversorgung. [2]Zu den Einkünften aus nichtselbständiger Arbeit gehören auch Sonderzahlungen, die der Arbeitgeber neben den laufenden Beiträgen und Zuwendungen an eine solche Versorgungseinrichtung leistet, mit Ausnahme der Zahlungen des Arbeitgebers

    a) zur erstmaligen Bereitstellung der Kapitalausstattung zur Erfüllung der Solvabilitätskapitalanforderung nach den §§ 89, 213, 234g oder 238 des Versicherungsaufsichtsgesetzes,

    b) zur Wiederherstellung einer angemessenen Kapitalausstattung nach unvorhersehbaren Verlusten oder zur Finanzierung der Verstärkung der Rechnungsgrundlagen auf Grund einer unvorhersehbaren und nicht nur vorübergehenden Änderung der Verhältnisse, wobei die Sonderzahlungen nicht zu einer Absenkung des laufenden Beitrags führen oder durch die Absenkung des laufenden Beitrags Sonderzahlungen ausgelöst werden dürfen,

    c) in der Rentenbezugszeit nach § 236 Absatz 2 des Versicherungsaufsichtsgesetzes oder

    d) in Form von Sanierungsgeldern;

    Sonderzahlungen des Arbeitgebers sind insbesondere Zahlungen an eine Pensionskasse anlässlich

    a) seines Ausscheidens aus einer nicht im Wege der Kapitaldeckung finanzierten betrieblichen Altersversorgung oder

    b) des Wechsels von einer nicht im Wege der Kapitaldeckung zu einer anderen nicht im Wege der Kapitaldeckung finanzierten betrieblichen Altersversorgung.

    [3]Von Sonderzahlungen im Sinne des Satzes 2 zweiter Halbsatz Buchstabe b ist bei laufenden und wiederkehrenden Zahlungen entsprechend dem periodischen Bedarf nur auszugehen, soweit die Bemessung der Zahlungsverpflichtungen des Arbeitgebers in das Versorgungssystem nach dem Wechsel die Bemessung der Zahlungsverpflichtung zum Zeitpunkt des Wechsels übersteigt. [4]Sanierungsgelder sind Sonderzahlungen des Arbeitgebers an eine Pensionskasse anlässlich der Systemumstellung einer nicht im Wege der Kapitaldeckung finanzierten betrieblichen Altersversorgung auf der Finanzierungs- oder Leistungsseite, die der Finanzierung der zum Zeitpunkt der Umstellung bestehenden Versorgungsverpflichtungen oder Versorgungsanwartschaften dienen; bei laufenden und wiederkehrenden Zahlungen entsprechend dem periodischen Bedarf ist nur von

Sanierungsgeldern auszugehen, soweit die Bemessung der Zahlungsverpflichtungen des Arbeitgebers in das Versorgungssystem nach der Systemumstellung die Bemessung der Zahlungsverpflichtung zum Zeitpunkt der Systemumstellung übersteigt.

[2]Es ist gleichgültig, ob es sich um laufende oder um einmalige Bezüge handelt und ob ein Rechtsanspruch auf sie besteht.

(2) [1]Von Versorgungsbezügen bleiben ein nach einem Prozentsatz ermittelter, auf einen Höchstbetrag begrenzter Betrag (Versorgungsfreibetrag) und ein Zuschlag zum Versorgungsfreibetrag steuerfrei. [2]Versorgungsbezüge sind

1. das Ruhegehalt, Witwen- oder Waisengeld, der Unterhaltsbeitrag oder ein gleichartiger Bezug
   a) auf Grund beamtenrechtlicher oder entsprechender gesetzlicher Vorschriften,
   b) nach beamtenrechtlichen Grundsätzen von Körperschaften, Anstalten oder Stiftungen des öffentlichen Rechts oder öffentlich-rechtlichen Verbänden von Körperschaften

   oder

2. in anderen Fällen Bezüge und Vorteile aus früheren Dienstleistungen wegen Erreichens einer Altersgrenze, verminderter Erwerbsfähigkeit oder Hinterbliebenenbezüge; Bezüge wegen Erreichens einer Altersgrenze gelten erst dann als Versorgungsbezüge, wenn der Steuerpflichtige das 63. Lebensjahr oder, wenn er schwerbehindert ist, das 60. Lebensjahr vollendet hat.

[3]Der maßgebende Prozentsatz, der Höchstbetrag des Versorgungsfreibetrags und der Zuschlag zum Versorgungsfreibetrag sind der nachstehenden Tabelle zu entnehmen:

Jahr des Versorgungsbeginns	**Versorgungsfreibetrag**		**Zuschlag zum Versorgungsfreibetrag in Euro**
	in % der Versorgungsbezüge	**Höchstbetrag in Euro**	
bis 2005	40,0	3.000	900
ab 2006	38,4	2.880	864
2007	36,8	2.760	828
2008	35,2	2.640	792
2009	33,6	2.520	756
2010	32,0	2.400	720
2011	30,4	2.280	684
2012	28,8	2.160	648
2013	27,2	2.040	612

Jahr des Versorgungsbeginns	Versorgungsfreibetrag		Zuschlag zum Versorgungsfreibetrag in Euro
	in % der Versorgungsbezüge	Höchstbetrag in Euro	
2014	25,6	1.920	576
2015	24,0	1.800	540
2016	22,4	1.680	504
2017	20,8	1.560	468
2018	19,2	1.440	432
2019	17,6	1.320	396
2020	16,0	1.200	360
2021	15,2	1.140	342
2022	14,4	1.080	324
2023	13,6	1.020	306
2024	12,8	960	288
2025	12,0	900	270
2026	11,2	840	252
2027	10,4	780	234
2028	9,6	720	216
2029	8,8	660	198
2030	8,0	600	180
2031	7,2	540	162
2032	6,4	480	144
2033	5,6	420	126
2034	4,8	360	108
2035	4,0	300	90
2036	3,2	240	72
2037	2,4	180	54
2038	1,6	120	36
2039	0,8	60	18
2040	0,0	0	0

[4]Bemessungsgrundlage für den Versorgungsfreibetrag ist

a) bei Versorgungsbeginn vor 2005

   das Zwölffache des Versorgungsbezugs für Januar 2005,

b) bei Versorgungsbeginn ab 2005

   das Zwölffache des Versorgungsbezugs für den ersten vollen Monat,

jeweils zuzüglich voraussichtlicher Sonderzahlungen im Kalenderjahr, auf die zu diesem Zeitpunkt ein Rechtsanspruch besteht. [5]Der Zuschlag zum Versorgungsfreibetrag darf nur bis zur Höhe der um den Versorgungsfreibetrag geminderten

Bemessungsgrundlage berücksichtigt werden. [6]Bei mehreren Versorgungsbezügen mit unterschiedlichem Bezugsbeginn bestimmen sich der insgesamt berücksichtigungsfähige Höchstbetrag des Versorgungsfreibetrags und der Zuschlag zum Versorgungsfreibetrag nach dem Jahr des Beginns des ersten Versorgungsbezugs. [7]Folgt ein Hinterbliebenenbezug einem Versorgungsbezug, bestimmen sich der Prozentsatz, der Höchstbetrag des Versorgungsfreibetrags und der Zuschlag zum Versorgungsfreibetrag für den Hinterbliebenenbezug nach dem Jahr des Beginns des Versorgungsbezugs. [8]Der nach den Sätzen 3 bis 7 berechnete Versorgungsfreibetrag und Zuschlag zum Versorgungsfreibetrag gelten für die gesamte Laufzeit des Versorgungsbezugs. [9]Regelmäßige Anpassungen des Versorgungsbezugs führen nicht zu einer Neuberechnung. [10]Abweichend hiervon sind der Versorgungsfreibetrag und der Zuschlag zum Versorgungsfreibetrag neu zu berechnen, wenn sich der Versorgungsbezug wegen Anwendung von Anrechnungs-, Ruhens-, Erhöhungs- oder Kürzungsregelungen erhöht oder vermindert. [11]In diesen Fällen sind die Sätze 3 bis 7 mit dem geänderten Versorgungsbezug als Bemessungsgrundlage im Sinne des Satzes 4 anzuwenden; im Kalenderjahr der Änderung sind der höchste Versorgungsfreibetrag und Zuschlag zum Versorgungsfreibetrag maßgebend. [12]Für jeden vollen Kalendermonat, für den keine Versorgungsbezüge gezahlt werden, ermäßigen sich der Versorgungsfreibetrag und der Zuschlag zum Versorgungsfreibetrag in diesem Kalenderjahr um je ein Zwölftel.

§ 20 [Kapitalvermögen (§ 2 Absatz 1 Satz 1 Nummer 5)]

(1) Zu den Einkünften aus Kapitalvermögen gehören

[…]

6. der Unterschiedsbetrag zwischen der Versicherungsleistung und der Summe der auf sie entrichteten Beiträge (Erträge) im Erlebensfall oder bei Rückkauf des Vertrags bei Rentenversicherungen mit Kapitalwahlrecht, soweit nicht die lebenslange Rentenzahlung gewählt und erbracht wird, und bei Kapitalversicherungen mit Sparanteil, wenn der Vertrag nach dem 31. Dezember 2004 abgeschlossen worden ist. [2]Wird die Versicherungsleistung nach Vollendung des 60. Lebensjahres des Steuerpflichtigen und nach Ablauf von zwölf Jahren seit dem Vertragsabschluss ausgezahlt, ist die Hälfte des Unterschiedsbetrags anzusetzen. [3]Bei entgeltlichem Erwerb des Anspruchs auf die Versicherungsleistung treten die Anschaffungskosten an die Stelle der vor dem Erwerb entrichteten Beiträge. [4]Die Sätze 1 bis 3 sind auf Erträge aus fondsgebundenen Lebensversicherungen, auf Erträge im Erlebensfall bei Rentenversicherungen ohne Kapitalwahlrecht, soweit keine lebenslange Rentenzahlung vereinbart und erbracht wird, und auf Erträge bei Rückkauf des Vertrages bei Rentenversicherungen ohne Kapitalwahlrecht entsprechend anzuwenden. [5]Ist in einem Versicherungsvertrag eine gesonderte Verwaltung von speziell für diesen Vertrag zusammengestellten Kapitalanlagen vereinbart, die nicht auf öffentlich vertriebene Investmentfondsanteile oder Anlagen, die die Entwicklung eines veröffentlichten Indexes abbilden, beschränkt ist, und kann der wirtschaftlich Berechtigte unmittelbar oder mittelbar über die Veräußerung der Vermögensgegenstände und die Wiederanlage der Erlöse

bestimmen (vermögensverwaltender Versicherungsvertrag), sind die dem Versicherungsunternehmen zufließenden Erträge dem wirtschaftlich Berechtigten aus dem Versicherungsvertrag zuzurechnen; Sätze 1 bis 4 sind nicht anzuwenden. [6]Satz 2 ist nicht anzuwenden, wenn

a) in einem Kapitallebensversicherungsvertrag mit vereinbarter laufender Beitragszahlung in mindestens gleichbleibender Höhe bis zum Zeitpunkt des Erlebensfalls die vereinbarte Leistung bei Eintritt des versicherten Risikos weniger als 50 Prozent der Summe der für die gesamte Vertragsdauer zu zahlenden Beiträge beträgt und

b) bei einem Kapitallebensversicherungsvertrag die vereinbarte Leistung bei Eintritt des versicherten Risikos das Deckungskapital oder den Zeitwert der Versicherung spätestens fünf Jahre nach Vertragsabschluss nicht um mindestens 10 Prozent des Deckungskapitals, des Zeitwerts oder der Summe der gezahlten Beiträge übersteigt. [2]Dieser Prozentsatz darf bis zum Ende der Vertragslaufzeit in jährlich gleichen Schritten auf Null sinken.

[7]Hat der Steuerpflichtige Ansprüche aus einem von einer anderen Person abgeschlossenen Vertrag entgeltlich erworben, gehört zu den Einkünften aus Kapitalvermögen auch der Unterschiedsbetrag zwischen der Versicherungsleistung bei Eintritt eines versicherten Risikos und den Aufwendungen für den Erwerb und Erhalt des Versicherungsanspruches; insoweit findet Satz 2 keine Anwendung. [8]Satz 7 gilt nicht, wenn die versicherte Person den Versicherungsanspruch von einem Dritten erwirbt oder aus anderen Rechtsverhältnissen entstandene Abfindungs- und Ausgleichsansprüche arbeitsrechtlicher, erbrechtlicher oder familienrechtlicher Art durch Übertragung von Ansprüchen aus Versicherungsverträgen erfüllt werden. 9Bei fondsgebundenen Lebensversicherungen sind 15 Prozent des Unterschiedsbetrages steuerfrei oder dürfen nicht bei der Ermittlung der Einkünfte abgezogen werden, soweit der Unterschiedsbetrag aus Investmenterträgen stammt;

[...]

§ 22 Arten der sonstigen Einkünfte

Sonstige Einkünfte sind

1. Einkünfte aus wiederkehrenden Bezügen, soweit sie nicht zu den in § 2 Absatz 1 Nummer 1 bis 6 bezeichneten Einkunftsarten gehören; § 15b ist sinngemäß anzuwenden. [2]Werden die Bezüge freiwillig oder auf Grund einer freiwillig begründeten Rechtspflicht oder einer gesetzlich unterhaltsberechtigten Person gewährt, so sind sie nicht dem Empfänger zuzurechnen; dem Empfänger sind dagegen zuzurechnen

[...]

[3]Zu den in Satz 1 bezeichneten Einkünften gehören auch

a) Leibrenten und andere Leistungen,

aa) die aus den gesetzlichen Rentenversicherungen, der landwirtschaftlichen Alterskasse, den berufsständischen Versorgungseinrichtungen und aus Rentenversicherungen im Sinne des § 10 Absatz 1 Nummer 2 Buchstabe b erbracht werden, soweit sie jeweils der Besteuerung unterliegen. [2]Bemessungsgrundlage für den der Besteuerung unterliegenden Anteil ist der Jahresbetrag der Rente. [3]Der der Besteuerung unterliegende Anteil ist nach dem Jahr des Rentenbeginns und dem in diesem Jahr maßgebenden Prozentsatz aus der nachstehenden Tabelle zu entnehmen:

Jahr des Rentenbeginns	**Besteuerungsanteil in %**
bis 2005	50
ab 2006	52
2007	54
2008	56
2009	58
2010	60
2011	62
2012	64
2013	66
2014	68
2015	70
2016	72
2017	74
2018	76
2019	78
2020	80
2021	81
[...]	[...]
2040	100

[4]Der Unterschiedsbetrag zwischen dem Jahresbetrag der Rente und dem der Besteuerung unterliegenden Anteil der Rente ist der steuerfreie Teil der Rente. [5]Dieser gilt ab dem Jahr, das dem Jahr des Rentenbeginns folgt, für die gesamte Laufzeit des Rentenbezugs. [6]Abweichend hiervon ist der steuerfreie Teil der Rente bei einer Veränderung des Jahresbetrags der Rente in dem Verhältnis anzupassen, in dem der veränderte Jahresbetrag der Rente zum Jahresbetrag der Rente steht, der der Ermittlung des steuerfreien Teils der Rente zugrunde liegt. [7]Regelmäßige Anpassungen des Jahresbetrags der Rente führen nicht zu einer Neuberechnung und bleiben bei einer Neuberechnung außer Betracht. [8]Folgen nach dem 31. Dezember 2004 Renten aus derselben Versicherung einander nach, gilt für die spätere Rente Satz 3 mit der Maßgabe, dass sich der Prozentsatz nach dem Jahr richtet, das sich er-

gibt, wenn die Laufzeit der vorhergehenden Renten von dem Jahr des Beginns der späteren Rente abgezogen wird; der Prozentsatz kann jedoch nicht niedriger bemessen werden als der für das Jahr 2005. [9]Verstirbt der Rentenempfänger, ist ihm die Rente für den Sterbemonat noch zuzurechnen;

bb) die nicht solche im Sinne des Doppelbuchstaben aa sind und bei denen in den einzelnen Bezügen Einkünfte aus Erträgen des Rentenrechts enthalten sind. [2]Dies gilt auf Antrag auch für Leibrenten und andere Leistungen, soweit diese auf bis zum 31. Dezember 2004 geleisteten Beiträgen beruhen, welche oberhalb des Betrags des Höchstbeitrags zur gesetzlichen Rentenversicherung gezahlt wurden; der Steuerpflichtige muss nachweisen, dass der Betrag des Höchstbeitrags mindestens zehn Jahre überschritten wurde; soweit hiervon im Versorgungsausgleich übertragene Rentenanwartschaften betroffen sind, gilt § 4 Absatz 1 und 2 des Versorgungsausgleichsgesetzes entsprechend. [3]Als Ertrag des Rentenrechts gilt für die gesamte Dauer des Rentenbezugs der Unterschiedsbetrag zwischen dem Jahresbetrag der Rente und dem Betrag, der sich bei gleichmäßiger Verteilung des Kapitalwerts der Rente auf ihre voraussichtliche Laufzeit ergibt; dabei ist der Kapitalwert nach dieser Laufzeit zu berechnen. [4]Der Ertrag des Rentenrechts (Ertragsanteil) ist aus der nachstehenden Tabelle zu entnehmen:

Bei Beginn der Rente vollendetes Lebensjahr des Rentenberechtigten	**Ertragsanteil in %**
0 bis 1	59
2 bis 3	58
4 bis 5	57
[...]	[...]
60 bis 61	22
62	21
63	20
64	19
65 bis 66	18
67	17
68	16
69 bis 70	15
71	14
72 bis 73	13
74	12
75	11
76 bis 77	10
78 bis 79	9
80	8
[...]	[...]

[5]Die Ermittlung des Ertrags aus Leibrenten, die vor dem 1. Januar 1955 zu laufen begonnen haben, und aus Renten, deren Dauer von der Lebenszeit mehrerer Personen oder einer anderen Person als des Rentenberechtigten abhängt, sowie aus Leibrenten, die auf eine bestimmte Zeit beschränkt sind, wird durch eine Rechtsverordnung bestimmt. [6]Doppelbuchstabe aa Satz 9 gilt entsprechend;

[...]

4. Entschädigungen, Amtszulagen, Zuschüsse zu Kranken- und Pflegeversicherungsbeiträgen, Übergangsgelder, Überbrückungsgelder, Sterbegelder, Versorgungsabfindungen, Versorgungsbezüge, die auf Grund des Abgeordnetengesetzes oder des Europaabgeordnetengesetzes, sowie vergleichbare Bezüge, die auf Grund der entsprechenden Gesetze der Länder gezahlt werden, und die Entschädigungen, das Übergangsgeld, das Ruhegehalt und die Hinterbliebenenversorgung, die auf Grund des Abgeordnetenstatuts des Europäischen Parlaments von der Europäischen Union gezahlt werden. [2]Werden zur Abgeltung des durch das Mandat veranlassten Aufwandes Aufwandsentschädigungen gezahlt, so dürfen die durch das Mandat veranlassten Aufwendungen nicht als Werbungskosten abgezogen werden. [3]Wahlkampfkosten zur Erlangung eines Mandats im Bundestag, im Europäischen Parlament oder im Parlament eines Landes dürfen nicht als Werbungskosten abgezogen werden. [4]Es gelten entsprechend

   a) [...]

   b) für Versorgungsbezüge § 19 Absatz 2 nur bezüglich des Versorgungsfreibetrags; beim Zusammentreffen mit Versorgungsbezügen im Sinne des § 19 Absatz 2 Satz 2 bleibt jedoch insgesamt höchstens ein Betrag in Höhe des Versorgungsfreibetrags nach § 19 Absatz 2 Satz 3 im Veranlagungszeitraum steuerfrei,

   c) für das Übergangsgeld, das in einer Summe gezahlt wird, und für die Versorgungsabfindung § 34 Absatz 1,

   d) [...]

5. Leistungen aus Altersvorsorgeverträgen, Pensionsfonds, Pensionskassen und Direktversicherungen. [2]Soweit die Leistungen nicht auf Beiträgen, auf die § 3 Nummer 63, 63a, § 10a, Abschnitt XI oder Abschnitt XII angewendet wurden, nicht auf Zulagen im Sinne des Abschnitts XI, nicht auf Zahlungen im Sinne des § 92a Absatz 2 Satz 4 Nummer 1 und des § 92a Absatz 3 Satz 9 Nummer 2, nicht auf steuerfreien Leistungen nach § 3 Nummer 66 und nicht auf Ansprüchen beruhen, die durch steuerfreie Zuwendungen nach § 3 Nummer 56 oder die durch die nach § 3 Nummer 55b Satz 1 oder § 3 Nummer 55c steuerfreie Leistung aus einem neu begründeten Anrecht erworben wurden,

   a) ist bei lebenslangen Renten sowie bei Berufsunfähigkeits-, Erwerbsminderungs- und Hinterbliebenenrenten Nummer 1 Satz 3 Buchstabe a entsprechend anzuwenden,

b) ist bei Leistungen aus Versicherungsverträgen, Pensionsfonds, Pensionskassen und Direktversicherungen, die nicht solche nach Buchstabe a sind, § 20 Absatz 1 Nummer 6 in der jeweils für den Vertrag geltenden Fassung entsprechend anzuwenden,

c) unterliegt bei anderen Leistungen der Unterschiedsbetrag zwischen der Leistung und der Summe der auf sie entrichteten Beiträge der Besteuerung; § 20 Absatz 1 Nummer 6 Satz 2 gilt entsprechend.

[3]In den Fällen des § 93 Absatz 1 Satz 1 und 2 gilt das ausgezahlte geförderte Altersvorsorgevermögen nach Abzug der Zulagen im Sinne des Abschnitts XI als Leistung im Sinne des Satzes 2. [4]Als Leistung im Sinne des Satzes 1 gilt auch der Verminderungsbetrag nach § 92a Absatz 2 Satz 5 und der Auflösungsbetrag nach § 92a Absatz 3 Satz 5. [5]Der Auflösungsbetrag nach § 92a Absatz 2 Satz 6 wird zu 70 Prozent als Leistung nach Satz 1 erfasst. [6]Tritt nach dem Beginn der Auszahlungsphase zu Lebzeiten des Zulageberechtigten der Fall des § 92a Absatz 3 Satz 1 ein, dann ist

a) innerhalb eines Zeitraums bis zum zehnten Jahr nach dem Beginn der Auszahlungsphase das Eineinhalbfache,

b) innerhalb eines Zeitraums zwischen dem zehnten und 20. Jahr nach dem Beginn der Auszahlungsphase das Einfache

des nach Satz 5 noch nicht erfassten Auflösungsbetrags als Leistung nach Satz 1 zu erfassen; § 92a Absatz 3 Satz 9 gilt entsprechend mit der Maßgabe, dass als noch nicht zurückgeführter Betrag im Wohnförderkonto der noch nicht erfasste Auflösungsbetrag gilt. [7]Bei erstmaligem Bezug von Leistungen, in den Fällen des § 93 Absatz 1 sowie bei Änderung der im Kalenderjahr auszuzahlenden Leistung hat der Anbieter (§ 80) nach Ablauf des Kalenderjahres dem Steuerpflichtigen nach amtlich vorgeschriebenem Muster den Betrag der im abgelaufenen Kalenderjahr zugeflossenen Leistungen im Sinne der Sätze 1 bis 3 je gesondert mitzuteilen; mit Einverständnis des Steuerpflichtigen kann die Mitteilung elektronisch bereitgestellt werden. [8]Werden dem Steuerpflichtigen Abschluss- und Vertriebskosten eines Altersvorsorgevertrages erstattet, gilt der Erstattungsbetrag als Leistung im Sinne des Satzes 1. [9]In den Fällen des § 3 Nummer 55a richtet sich die Zuordnung zu Satz 1 oder Satz 2 bei der ausgleichsberechtigten Person danach, wie eine nur auf die Ehezeit bezogene Zuordnung der sich aus dem übertragenen Anrecht ergebenden Leistung zu Satz 1 oder Satz 2 bei der ausgleichspflichtigen Person im Zeitpunkt der Übertragung ohne die Teilung vorzunehmen gewesen wäre. [10]Dies gilt sinngemäß in den Fällen des § 3 Nummer 55 und 55e. [11]Wird eine Versorgungsverpflichtung nach § 3 Nummer 66 auf einen Pensionsfonds übertragen und hat der Steuerpflichtige bereits vor dieser Übertragung Leistungen auf Grund dieser Versorgungsverpflichtung erhalten, so sind insoweit auf die Leistungen aus dem Pensionsfonds im Sinne des Satzes 1 die Beträge nach § 9a Satz 1 Nummer 1 und § 19 Absatz 2 entsprechend anzuwenden; § 9a Satz 1 Nummer 3 ist nicht anzuwenden. [12]Wird auf Grund einer internen Teilung nach § 10 des Versorgungsausgleichsgesetzes oder einer externen Teilung nach § 14 des Versorgungsausgleichsgesetzes ein Anrecht zugunsten der ausgleichsberechtigten Person begründet, so gilt dieser Vertrag insoweit zu dem gleichen Zeitpunkt als abgeschlossen wie der Vertrag der ausgleichspflichtigen Person, wenn die aus dem Vertrag der ausgleichspflichtigen Person ausgezahlten Leistungen zu einer Besteuerung nach Satz 2 führen. [13]Für Leistungen aus Altersvorsorgeverträgen nach § 93 Absatz 3 ist § 34 Absatz 1 entsprechend anzuwenden. [14]Soweit Begünstigungen, die mit denen in Satz 2 vergleichbar sind, bei der deutschen Besteuerung gewährt wurden, gelten die darauf beruhenden Leistungen ebenfalls als Leistung nach Satz 1. [15]§ 20 Absatz 1 Nummer 6 Satz 9 in der ab dem 27. Juli 2016 geltenden Fassung findet keine Anwendung. [16]Nummer 1 Satz 3 Buchstabe a Doppelbuchstabe aa Satz 9 gilt entsprechend.

[...]

§ 24a Altersentlastungsbetrag

[1]Der Altersentlastungsbetrag ist bis zu einem Höchstbetrag im Kalenderjahr ein nach einem Prozentsatz ermittelter Betrag des Arbeitslohns und der positiven Summe der Einkünfte, die nicht solche aus nichtselbständiger Arbeit sind. [2]Bei der Bemessung des Betrags bleiben außer Betracht:

1. Versorgungsbezüge im Sinne des § 19 Absatz 2;
2. Einkünfte aus Leibrenten im Sinne des § 22 Nummer 1 Satz 3 Buchstabe a;
3. Einkünfte im Sinne des § 22 Nummer 4 Satz 4 Buchstabe b;
4. Einkünfte im Sinne des § 22 Nummer 5 Satz 1, soweit § 22 Nummer 5 Satz 11 anzuwenden ist;
5. Einkünfte im Sinne des § 22 Nummer 5 Satz 2 Buchstabe a.

[3]Der Altersentlastungsbetrag wird einem Steuerpflichtigen gewährt, der vor dem Beginn des Kalenderjahres, in dem er sein Einkommen bezogen hat, das 64. Lebensjahr vollendet hatte. [4]Im Fall der Zusammenveranlagung von Ehegatten zur Einkommensteuer sind die Sätze 1 bis 3 für jeden Ehegatten gesondert anzuwenden. [5]Der maßgebende Prozentsatz und der Höchstbetrag des Altersentlastungsbetrags sind der nachstehenden Tabelle zu entnehmen:

Das auf die Vollendung des 64. Lebensjahres folgende Kalenderjahr	**Altersentlastungsbetrag**	
	in % der Einkünfte	**Höchstbetrag in Euro**
2005	40,0	1.900
2006	38,4	1.824
2007	36,8	1.748
2008	35,2	1.672
2009	33,6	1.596
2010	32,0	1.520
2011	30,4	1.444

Das auf die Vollendung des 64. Lebensjahres folgende Kalenderjahr	Altersentlastungsbetrag	
	in % der Einkünfte	Höchstbetrag in Euro
2012	28,8	1.368
2013	27,2	1.292
2014	25,6	1.216
2015	24,0	1.140
[...]	[...]	[...]
2039	0,8	38
2040	0,0	0

[...]

§ 32 Kinder, Freibeträge für Kinder

(1) Kinder sind

1. im ersten Grad mit dem Steuerpflichtigen verwandte Kinder,
2. Pflegekinder (Personen, mit denen der Steuerpflichtige durch ein familienähnliches, auf längere Dauer berechnetes Band verbunden ist, sofern er sie nicht zu Erwerbszwecken in seinen Haushalt aufgenommen hat und das Obhuts- und Pflegeverhältnis zu den Eltern nicht mehr besteht).

(2) [1]Besteht bei einem angenommenen Kind das Kindschaftsverhältnis zu den leiblichen Eltern weiter, ist es vorrangig als angenommenes Kind zu berücksichtigen. [2]Ist ein im ersten Grad mit dem Steuerpflichtigen verwandtes Kind zugleich ein Pflegekind, ist es vorrangig als Pflegekind zu berücksichtigen.

(3) Ein Kind wird in dem Kalendermonat, in dem es lebend geboren wurde, und in jedem folgenden Kalendermonat, zu dessen Beginn es das 18. Lebensjahr noch nicht vollendet hat, berücksichtigt.

(4) [1]Ein Kind, das das 18. Lebensjahr vollendet hat, wird berücksichtigt, wenn es

1. noch nicht das 21. Lebensjahr vollendet hat, nicht in einem Beschäftigungsverhältnis steht und bei einer Agentur für Arbeit im Inland als Arbeitsuchender gemeldet ist oder
2. noch nicht das 25. Lebensjahr vollendet hat und
   a) für einen Beruf ausgebildet wird oder
   b) sich in einer Übergangszeit von höchstens vier Monaten befindet, die zwischen zwei Ausbildungsabschnitten oder zwischen einem Ausbildungsabschnitt und der Ableistung des gesetzlichen Wehr- oder Zivildienstes, einer vom Wehr- oder Zivildienst befreienden Tätigkeit als Entwicklungshelfer oder als Dienstleistender im Ausland nach § 14b des Zivildienstgesetzes oder der Ableistung des freiwilligen Wehrdienstes nach § 58b des Soldatengesetzes oder der Ableistung eines freiwilligen Dienstes im Sinne des Buchstaben d liegt, oder

c) eine Berufsausbildung mangels Ausbildungsplatzes nicht beginnen oder fortsetzen kann oder

d) ein freiwilliges soziales Jahr oder ein freiwilliges ökologisches Jahr im Sinne des Jugendfreiwilligendienstegesetzes oder eine Freiwilligenaktivität im Rahmen des Europäischen Solidaritätskorps im Sinne der Verordnung (EU) Nr. 2018/1475 des Europäischen Parlaments und des Rates vom 2. Oktober 2018 zur Festlegung des rechtlichen Rahmens des Europäischen Solidaritätskorps sowie zur Änderung der Verordnung (EU) Nr. 1288/2013 und der Verordnung (EU) Nr. 1293/2013 sowie des Beschlusses Nr. 1313/2013/EU (ABl. L 250 vom 4.10.2018, S. 1) oder einen anderen Dienst im Ausland im Sinne von § 5 des Bundesfreiwilligendienstgesetzes oder einen entwicklungspolitischen Freiwilligendienst „weltwärts" im Sinne der Förderleitlinie des Bundesministeriums für wirtschaftliche Zusammenarbeit und Entwicklung vom 1. Januar 2016 oder einen Freiwilligendienst aller Generationen im Sinne von § 2 Absatz 1a des Siebten Buches Sozialgesetzbuch oder einen Internationalen Jugendfreiwilligendienst im Sinne der Richtlinie des Bundesministeriums für Familie, Senioren, Frauen und Jugend vom 25. Mai 2018 (GMBl S. 545) oder einen Bundesfreiwilligendienst im Sinne des Bundesfreiwilligendienstgesetzes leistet oder

3. wegen körperlicher, geistiger oder seelischer Behinderung außerstande ist, sich selbst zu unterhalten; Voraussetzung ist, dass die Behinderung vor Vollendung des 25. Lebensjahres eingetreten ist.

[2]Nach Abschluss einer erstmaligen Berufsausbildung oder eines Erststudiums wird ein Kind in den Fällen des Satzes 1 Nummer 2 nur berücksichtigt, wenn das Kind keiner Erwerbstätigkeit nachgeht. [3]Eine Erwerbstätigkeit mit bis zu 20 Stunden regelmäßiger wöchentlicher Arbeitszeit, ein Ausbildungsdienstverhältnis oder ein geringfügiges Beschäftigungsverhältnis im Sinne der §§ 8 und 8a des Vierten Buches Sozialgesetzbuch sind unschädlich.

(5) [1]In den Fällen des Absatzes 4 Satz 1 Nummer 1 oder Nummer 2 Buchstabe a und b wird ein Kind, das

1. den gesetzlichen Grundwehrdienst oder Zivildienst geleistet hat, oder
2. sich anstelle des gesetzlichen Grundwehrdienstes freiwillig für die Dauer von nicht mehr als drei Jahren zum Wehrdienst verpflichtet hat, oder
3. eine vom gesetzlichen Grundwehrdienst oder Zivildienst befreiende Tätigkeit als Entwicklungshelfer im Sinne des § 1 Absatz 1 des Entwicklungshelfer-Gesetzes ausgeübt hat,

für einen der Dauer dieser Dienste oder der Tätigkeit entsprechenden Zeitraum, höchstens für die Dauer des inländischen gesetzlichen Grundwehrdienstes oder bei anerkannten Kriegsdienstverweigerern für die Dauer des inländischen gesetzlichen Zivildienstes über das 21. oder 25. Lebensjahr hinaus berücksichtigt. [2]Wird der gesetzliche Grundwehrdienst oder Zivildienst in einem Mitgliedstaat der Europäischen Union oder einem Staat, auf den das Abkommen über den Europäischen Wirtschaftsraum Anwendung findet, geleistet, so ist die Dauer dieses Dienstes maßgebend. [3]Absatz 4 Satz 2 und 3 gilt entsprechend.

(6) [1]Bei der Veranlagung zur Einkommensteuer wird für jedes zu berücksichtigende Kind des Steuerpflichtigen ein Freibetrag von 2 730 Euro für das sächliche Existenzminimum des Kindes (Kinderfreibetrag) sowie ein Freibetrag von 1 464 Euro für den Betreuungs- und Erziehungs- oder Ausbildungsbedarf des Kindes vom Einkommen abgezogen. [2]Bei Ehegatten, die nach den §§ 26, 26b zusammen zur Einkommensteuer veranlagt werden, verdoppeln sich die Beträge nach Satz 1, wenn das Kind zu beiden Ehegatten in einem Kindschaftsverhältnis steht. [3]Die Beträge nach Satz 2 stehen dem Steuerpflichtigen auch dann zu, wenn

1. der andere Elternteil verstorben oder nicht unbeschränkt einkommensteuerpflichtig ist oder
2. der Steuerpflichtige allein das Kind angenommen hat oder das Kind nur zu ihm in einem Pflegekindschaftsverhältnis steht.

[4]Für ein nicht nach § 1 Absatz 1 oder 2 unbeschränkt einkommensteuerpflichtiges Kind können die Beträge nach den Sätzen 1 bis 3 nur abgezogen werden, soweit sie nach den Verhältnissen seines Wohnsitzstaates notwendig und angemessen sind. [5]Für jeden Kalendermonat, in dem die Voraussetzungen für einen Freibetrag nach den Sätzen 1 bis 4 nicht vorliegen, ermäßigen sich die dort genannten Beträge um ein Zwölftel. [6]Abweichend von Satz 1 wird bei einem unbeschränkt einkommensteuerpflichtigen Elternpaar, bei dem die Voraussetzungen des § 26 Absatz 1 Satz 1 nicht vorliegen, auf Antrag eines Elternteils der dem anderen Elternteil zustehende Kinderfreibetrag auf ihn übertragen, wenn er, nicht jedoch der andere Elternteil, seiner Unterhaltspflicht gegenüber dem Kind für das Kalenderjahr im Wesentlichen nachkommt oder der andere Elternteil mangels Leistungsfähigkeit nicht unterhaltspflichtig ist. [7]Eine Übertragung nach Satz 6 scheidet für Zeiträume aus, für die Unterhaltsleistungen nach dem Unterhaltsvorschussgesetz gezahlt werden. [8]Bei minderjährigen Kindern wird der dem Elternteil, in dessen Wohnung das Kind nicht gemeldet ist, zustehende Freibetrag für den Betreuungs- und Erziehungs- oder Ausbildungsbedarf auf Antrag des anderen Elternteils auf diesen übertragen, wenn bei dem Elternpaar die Voraussetzungen des § 26 Absatz 1 Satz 1 nicht vorliegen. [9]Eine Übertragung nach Satz 8 scheidet aus, wenn der Übertragung widersprochen wird, weil der Elternteil, bei dem das Kind nicht gemeldet ist, Kinderbetreuungskosten trägt oder das Kind regelmäßig in einem nicht unwesentlichen Umfang betreut. [10]Die den Eltern nach den Sätzen 1 bis 9 zustehenden Freibeträge können auf Antrag auch auf einen Stiefelternteil oder Großelternteil übertragen werden, wenn dieser das Kind in seinen Haushalt aufgenommen hat oder dieser einer Unterhaltspflicht gegenüber dem Kind unterliegt. [11]Die Übertragung nach Satz 10 kann auch mit Zustimmung des berechtigten Elternteils erfolgen, die nur für künftige Kalenderjahre widerrufen werden kann.

[…]

§ 40b Pauschalierung der Lohnsteuer bei bestimmten Zukunftssicherungsleistungen

(1) Der Arbeitgeber kann die Lohnsteuer von den Zuwendungen zum Aufbau einer nicht kapitalgedeckten betrieblichen Altersversorgung an eine Pensionskasse mit einem Pauschsteuersatz von 20 Prozent der Zuwendungen erheben.

(2) [1]Absatz 1 gilt nicht, soweit die zu besteuernden Zuwendungen des Arbeitgebers für den Arbeitnehmer 1 752 Euro im Kalenderjahr übersteigen oder nicht aus seinem ersten Dienstverhältnis bezogen werden. [2]Sind mehrere Arbeitnehmer gemeinsam in der Pensionskasse versichert, so gilt als Zuwendung für den einzelnen Arbeitnehmer der Teilbetrag, der sich bei einer Aufteilung der gesamten Zuwendungen durch die Zahl der begünstigten Arbeitnehmer ergibt, wenn dieser Teilbetrag 1 752 Euro nicht übersteigt; hierbei sind Arbeitnehmer, für die Zuwendungen von mehr als 2 148 Euro im Kalenderjahr geleistet werden, nicht einzubeziehen. [3]Für Zuwendungen, die der Arbeitgeber für den Arbeitnehmer aus Anlass der Beendigung des Dienstverhältnisses erbracht hat, vervielfältigt sich der Betrag von 1 752 Euro mit der Anzahl der Kalenderjahre, in denen das Dienstverhältnis des Arbeitnehmers zu dem Arbeitgeber bestanden hat; in diesem Fall ist Satz 2 nicht anzuwenden. [4]Der vervielfältigte Betrag vermindert sich um die nach Absatz 1 pauschal besteuerten Zuwendungen, die der Arbeitgeber in dem Kalenderjahr, in dem das Dienstverhältnis beendet wird, und in den sechs vorangegangenen Kalenderjahren erbracht hat.

(3) Von den Beiträgen für eine Unfallversicherung des Arbeitnehmers kann der Arbeitgeber die Lohnsteuer mit einem Pauschsteuersatz von 20 Prozent der Beiträge erheben, wenn mehrere Arbeitnehmer gemeinsam in einem Unfallversicherungsvertrag versichert sind und der Teilbetrag, der sich bei einer Aufteilung der gesamten Beiträge nach Abzug der Versicherungsteuer durch die Zahl der begünstigten Arbeitnehmer ergibt, 100 Euro im Kalenderjahr nicht übersteigt.

(4) In den Fällen des § 19 Absatz 1 Satz 1 Nummer 3 Satz 2 hat der Arbeitgeber die Lohnsteuer mit einem Pauschsteuersatz in Höhe von 15 Prozent der Sonderzahlungen zu erheben.

(5) [1]§ 40 Absatz 3 ist anzuwenden. [2]Die Anwendung des § 40 Absatz 1 Satz 1 Nummer 1 auf Bezüge im Sinne des Absatzes 1, des Absatzes 3 und des Absatzes 4 ist ausgeschlossen.

[...]

§ 40b Absatz 1 und 2 in der bis zum 31. Dezember 2004 gültigen Fassung

§ 40b Pauschalierung der Lohnsteuer bei bestimmten Zukunftssicherungsleistungen

(1) [1]Der Arbeitgeber kann die Lohnsteuer von den Beiträgen für eine Direktversicherung des Arbeitnehmers und von den Zuwendungen an eine Pensionskasse mit einem Pauschsteuersatz von 20 vom Hundert der Beiträge und Zuwendungen erheben. [2]Die pauschale Erhebung der Lohnsteuer von Beiträgen für eine Direktversicherung ist nur zulässig, wenn die Versicherung nicht auf den Erlebensfall eines früheren als

des 60. Lebensjahrs abgeschlossen und eine vorzeitige Kündigung des Versicherungsvertrags durch den Arbeitnehmer ausgeschlossen worden ist.

(2) [1]Absatz 1 gilt nicht, soweit die zu besteuernden Beiträge und Zuwendungen des Arbeitgebers für den Arbeitnehmer 1.752 Euro im Kalenderjahr übersteigen oder nicht aus seinem ersten Dienstverhältnis bezogen werden. [2]Sind mehrere Arbeitnehmer gemeinsam in einem Direktversicherungsvertrag oder in einer Pensionskasse versichert, so gilt als Beitrag oder Zuwendung für den einzelnen Arbeitnehmer der Teilbetrag, der sich bei einer Aufteilung der gesamten Beiträge oder der gesamten Zuwendungen durch die Zahl der begünstigten Arbeitnehmer ergibt, wenn dieser Teilbetrag 1.752 Euro nicht übersteigt; hierbei sind Arbeitnehmer, für die Beiträge und Zuwendungen von mehr als 2.148 Euro im Kalenderjahr geleistet werden, nicht einzubeziehen. [3]Für Beiträge und Zuwendungen, die der Arbeitgeber für den Arbeitnehmer aus Anlass der Beendigung des Dienstverhältnisses erbracht hat, vervielfältigt sich der Betrag von 1.752 Euro mit der Anzahl der Kalenderjahre, in denen das Dienstverhältnis des Arbeitnehmers zu dem Arbeitgeber bestanden hat; in diesem Fall ist Satz 2 nicht anzuwenden. [4]Der vervielfältigte Betrag vermindert sich um die nach Abs. 1 pauschal besteuerten Beiträge und Zuwendungen, die der Arbeitgeber in dem Kalenderjahr, in dem das Dienstverhältnis beendet wird, und in den sechs vorangegangenen Kalenderjahren erbracht hat.

[...]

§ 82 Altersvorsorgebeiträge

[...]

(2) [1]Zu den Altersvorsorgebeiträgen gehören auch

a) die aus dem individuell versteuerten Arbeitslohn des Arbeitnehmers geleisteten Beiträge an einen Pensionsfonds, eine Pensionskasse oder eine Direktversicherung zum Aufbau einer kapitalgedeckten betrieblichen Altersversorgung und

b) Beiträge des Arbeitnehmers und des ausgeschiedenen Arbeitnehmers, die dieser im Fall der zunächst durch Entgeltumwandlung (§ 1a des Betriebsrentengesetzes) finanzierten und nach § 3 Nummer 63 oder § 10a und diesem Abschnitt geförderten kapitalgedeckten betrieblichen Altersversorgung nach Maßgabe des § 1a Absatz 4, des § 1b Absatz 5 Satz 1 Nummer 2 und des § 22 Absatz 3 Nummer 1 Buchstabe a des Betriebsrentengesetzes selbst erbringt.

[2]Satz 1 gilt nur dann, wenn

1.

   a) vereinbart ist, dass die zugesagten Altersversorgungsleistungen als monatliche Leistungen in Form einer lebenslangen Leibrente oder als Ratenzahlungen im Rahmen eines Auszahlungsplans mit einer anschließenden Teilkapitalverrentung ab spätestens dem 85. Lebensjahr ausgezahlt werden und die Leistungen während der gesamten Auszahlungsphase gleich bleiben oder steigen; dabei können bis zu zwölf Monatsleistungen in einer Auszahlung zusammengefasst und bis zu 30 Prozent des zu Beginn der Auszahlungsphase zur Verfügung stehenden Kapitals außerhalb der monatlichen Leistungen ausgezahlt werden, und

b) ein vereinbartes Kapitalwahlrecht nicht oder nicht außerhalb des letzten Jahres vor dem vertraglich vorgesehenen Beginn der Altersversorgungsleistung ausgeübt wurde, oder

2. bei einer reinen Beitragszusage nach § 1 Absatz 2 Nummer 2a des Betriebsrentengesetzes der Pensionsfonds, die Pensionskasse oder die Direktversicherung eine lebenslange Zahlung als Altersversorgungsleistung zu erbringen hat.

[3]Die §§ 3 und 4 des Betriebsrentengesetzes stehen dem vorbehaltlich des § 93 nicht entgegen.

(3) Zu den Altersvorsorgebeiträgen gehören auch die Beitragsanteile, die zur Absicherung der verminderten Erwerbsfähigkeit des Zulageberechtigten und zur Hinterbliebenenversorgung verwendet werden, wenn in der Leistungsphase die Auszahlung in Form einer Rente erfolgt.

[...]

§ 100 Förderbetrag zur betrieblichen Altersversorgung

(1) [1]Arbeitgeber im Sinne des § 38 Absatz 1 dürfen vom Gesamtbetrag der einzubehaltenden Lohnsteuer für jeden Arbeitnehmer mit einem ersten Dienstverhältnis einen Teilbetrag des Arbeitgeberbeitrags zur kapitalgedeckten betrieblichen Altersversorgung (Förderbetrag) entnehmen und bei der nächsten Lohnsteuer-Anmeldung gesondert absetzen. [2]Übersteigt der insgesamt zu gewährende Förderbetrag den Betrag, der insgesamt an Lohnsteuer abzuführen ist, so wird der übersteigende Betrag dem Arbeitgeber auf Antrag von dem Finanzamt, an das die Lohnsteuer abzuführen ist, aus den Einnahmen der Lohnsteuer ersetzt.

(2) [1]Der Förderbetrag beträgt im Kalenderjahr 30 Prozent des zusätzlichen Arbeitgeberbeitrags nach Absatz 3, höchstens 288 Euro. [2]In Fällen, in denen der Arbeitgeber bereits im Jahr 2016 einen zusätzlichen Arbeitgeberbeitrag an einen Pensionsfonds, eine Pensionskasse oder für eine Direktversicherung geleistet hat, ist der jeweilige Förderbetrag auf den Betrag beschränkt, den der Arbeitgeber darüber hinaus leistet.

(3) Voraussetzung für die Inanspruchnahme des Förderbetrags nach den Absätzen 1 und 2 ist, dass

1. der Arbeitslohn des Arbeitnehmers im Lohnzahlungszeitraum, für den der Förderbetrag geltend gemacht wird, im Inland dem Lohnsteuerabzug unterliegt;
2. der Arbeitgeber für den Arbeitnehmer zusätzlich zum ohnehin geschuldeten Arbeitslohn im Kalenderjahr mindestens einen Betrag in Höhe von 240 Euro an einen Pensionsfonds, eine Pensionskasse oder für eine Direktversicherung zahlt;
3. im Zeitpunkt der Beitragsleistung der laufende Arbeitslohn (§ 39b Absatz 2 Satz 1 und 2), der pauschal besteuerte Arbeitslohn (§ 40a Absatz 1 und 3) oder das pauschal besteuerte Arbeitsentgelt (§ 40a Absatz 2 und 2a) nicht mehr beträgt als

a) 85,84 Euro bei einem täglichen Lohnzahlungszeitraum,

b) 600,84 Euro bei einem wöchentlichen Lohnzahlungszeitraum,

c) 2 575 Euro bei einem monatlichen Lohnzahlungszeitraum oder

d) 30 900 Euro bei einem jährlichen Lohnzahlungszeitraum;

4. eine Auszahlung der zugesagten Alters-, Invaliditäts- oder Hinterbliebenenversorgungsleistungen entsprechend § 82 Absatz 2 Satz 2 vorgesehen ist;

5. sichergestellt ist, dass von den Beiträgen jeweils derselbe prozentuale Anteil zur Deckung der Vertriebskosten herangezogen wird; der Prozentsatz kann angepasst werden, wenn die Kalkulationsgrundlagen geändert werden, darf die ursprüngliche Höhe aber nicht überschreiten.

(4) [1]Für die Inanspruchnahme des Förderbetrags sind die Verhältnisse im Zeitpunkt der Beitragsleistung maßgeblich; spätere Änderungen der Verhältnisse sind unbeachtlich. [2]Abweichend davon sind die für den Arbeitnehmer nach Absatz 1 geltend gemachten Förderbeträge zurückzugewähren, wenn eine Anwartschaft auf Leistungen aus einer nach Absatz 1 geförderten betrieblichen Altersversorgung später verfällt und sich daraus eine Rückzahlung an den Arbeitgeber ergibt. [3]Der Förderbetrag ist nur zurückzugewähren, soweit er auf den Rückzahlungsbetrag entfällt. [4]Der Förderbetrag ist in der Lohnsteuer-Anmeldung für den Lohnzahlungszeitraum, in dem die Rückzahlung zufließt, der an das Betriebsstättenfinanzamt abzuführenden Lohnsteuer hinzuzurechnen.

(5) Für den Förderbetrag gelten entsprechend:

1. die §§ 41, 41a, 42e, 42f und 42g,

2. die für Steuervergütungen geltenden Vorschriften der Abgabenordnung mit Ausnahme des § 163 der Abgabenordnung und

3. die §§ 195 bis 203 der Abgabenordnung, die Strafvorschriften des § 370 Absatz 1 bis 4, der §§ 371, 375 Absatz 1 und des § 376, die Bußgeldvorschriften der §§ 378, 379 Absatz 1 und 4 und der §§ 383 und 384 der Abgabenordnung, die §§ 385 bis 408 für das Strafverfahren und die §§ 409 bis 412 der Abgabenordnung für das Bußgeldverfahren.

(6) [1]Der Arbeitgeberbeitrag im Sinne des Absatzes 3 Nummer 2 ist steuerfrei, soweit er im Kalenderjahr 960 Euro nicht übersteigt. [2]Die Steuerfreistellung des § 3 Nummer 63 bleibt hiervon unberührt.

3 Körperschaftsteuergesetz (KStG)

Auszug, Stand: 25.1.2019

§ 5 Befreiungen

(1) [1]Von der Körperschaftsteuer sind befreit

[...]

3. rechtsfähige Pensions-, Sterbe- und Krankenkassen, die den Personen, denen die Leistungen der Kasse zugute kommen oder zugute kommen sollen (Leistungsempfängern), einen Rechtsanspruch gewähren, und rechtsfähige Unterstützungskassen, die den Leistungsempfängern keinen Rechtsanspruch gewähren,

   a) wenn sich die Kasse beschränkt

      aa) auf Zugehörige oder frühere Zugehörige einzelner oder mehrerer wirtschaftlicher Geschäftsbetriebe oder

      bb) auf Zugehörige oder frühere Zugehörige der Spitzenverbände der freien Wohlfahrtspflege (Arbeiterwohlfahrt-Bundesverband e.V., Deutscher Caritasverband e.V., Deutscher Paritätischer Wohlfahrtsverband e.V., Deutsches Rotes Kreuz, Diakonisches Werk - Innere Mission und Hilfswerk der Evangelischen Kirche in Deutschland sowie Zentralwohlfahrtsstelle der Juden in Deutschland e.V.) einschließlich ihrer Untergliederungen, Einrichtungen und Anstalten und sonstiger gemeinnütziger Wohlfahrtsverbände oder

      cc) auf Arbeitnehmer sonstiger Körperschaften, Personenvereinigungen und Vermögensmassen im Sinne der §§ 1 und 2; den Arbeitnehmern stehen Personen, die sich in einem arbeitnehmerähnlichen Verhältnis befinden, gleich;

   zu den Zugehörigen oder Arbeitnehmern rechnen jeweils auch deren Angehörige;

   b) [1]wenn sichergestellt ist, dass der Betrieb der Kasse nach dem Geschäftsplan und nach Art und Höhe der Leistungen eine soziale Einrichtung darstellt. [2]Diese Voraussetzung ist bei Unterstützungskassen, die Leistungen von Fall zu Fall gewähren, nur gegeben, wenn sich diese Leistungen mit Ausnahme des Sterbegeldes auf Fälle der Not oder Arbeitslosigkeit beschränken;

   c) wenn vorbehaltlich des § 6 die ausschließliche und unmittelbare Verwendung des Vermögens und der Einkünfte der Kasse nach der Satzung und der tatsächlichen Geschäftsführung für die Zwecke der Kasse dauernd gesichert ist;

   d) [1]wenn bei Pensions-, Sterbe- und Krankenkassen am Schluss des Wirtschaftsjahrs, zu dem der Wert der Deckungsrückstellung versicherungsmathematisch zu berechnen ist, das nach den handelsrechtlichen Grundsätzen ordnungsmäßiger Buchführung unter Berücksichtigung des Geschäftsplans sowie der allgemeinen Versicherungsbedingungen und der fachlichen Geschäftsunterlagen im Sinne des § 219 Absatz 3 Nummer 1 des Versicherungsaufsichtsgesetzes auszuweisende Vermögen nicht höher ist als bei einem Versicherungsverein auf Gegenseitigkeit die Verlustrücklage und bei einer Kasse anderer Rechtsform der dieser Rücklage entsprechende Teil des Vermögens. [2]Bei der Ermittlung des Vermögens ist eine Rückstellung für Beitragsrückerstattung nur insoweit abziehbar, als den Leistungsempfängern ein Anspruch auf die Überschussbeteiligung zusteht. [3]Übersteigt das Vermögen der Kasse den bezeichneten Betrag, so ist die Kasse nach Maßgabe des § 6 Absatz 1 bis 4 steuerpflichtig; und

e) [1]wenn bei Unterstützungskassen am Schluss des Wirtschaftsjahrs das Vermögen ohne Berücksichtigung künftiger Versorgungsleistungen nicht höher ist als das um 25 Prozent erhöhte zulässige Kassenvermögen. [2]Für die Ermittlung des tatsächlichen und des zulässigen Kassenvermögens gilt § 4d des Einkommensteuergesetzes. [3]Übersteigt das Vermögen der Kasse den in Satz 1 bezeichneten Betrag, so ist die Kasse nach Maßgabe des § 6 Absatz 5 steuerpflichtig;

[…]

15. der Pensions-Sicherungs-Verein Versicherungsverein auf Gegenseitigkeit,

a) wenn er mit Erlaubnis der Versicherungsaufsichtsbehörde ausschließlich die Aufgaben des Trägers der Insolvenzsicherung wahrnimmt, die sich aus dem Gesetz zur Verbesserung der betrieblichen Altersversorgung vom 19. Dezember 1974 (BGBl. I S. 3610) ergeben, und

b) wenn seine Leistungen nach dem Kreis der Empfänger sowie nach Art und Höhe den in den §§ 7 bis 9, 17 und 30 des Gesetzes zur Verbesserung der betrieblichen Altersversorgung bezeichneten Rahmen nicht überschreiten;

[…]

§ 6 Einschränkung der Befreiung von Pensions-, Sterbe-, Kranken- und Unterstützungskassen

(1) Übersteigt am Schluss des Wirtschaftsjahrs, zu dem der Wert der Deckungsrückstellung versicherungsmathematisch zu berechnen ist, das Vermögen einer Pensions-, Sterbe- oder Krankenkasse im Sinne des § 5 Absatz 1 Nummer 3 den in Buchstabe d dieser Vorschrift bezeichneten Betrag, so ist die Kasse steuerpflichtig, soweit ihr Einkommen anteilig auf das übersteigende Vermögen entfällt.

(2) Die Steuerpflicht entfällt mit Wirkung für die Vergangenheit, soweit das übersteigende Vermögen innerhalb von 18 Monaten nach dem Schluss des Wirtschaftsjahrs, für das es festgestellt worden ist, mit Zustimmung der Versicherungsaufsichtsbehörde zur Leistungserhöhung, zur Auszahlung an das Trägerunternehmen, zur Verrechnung mit Zuwendungen des Trägerunternehmens, zur gleichmäßigen Herabsetzung künftiger Zuwendungen des Trägerunternehmens oder zur Verminderung der Beiträge der Leistungsempfänger verwendet wird.

(3) Wird das übersteigende Vermögen nicht in der in Absatz 2 bezeichneten Weise verwendet, so erstreckt sich die Steuerpflicht auch auf die folgenden Kalenderjahre, für die der Wert der Deckungsrückstellung nicht versicherungsmathematisch zu berechnen ist.

(4) [1]Bei der Ermittlung des Einkommens der Kasse sind Beitragsrückerstattungen oder sonstige Vermögensübertragungen an das Trägerunternehmen außer in den Fällen des Absatzes 2 nicht abziehbar. [2]Das Gleiche gilt für Zuführungen zu einer Rückstellung für Beitragsrückerstattung, soweit den Leistungsempfängern ein Anspruch auf die Überschussbeteiligung nicht zusteht.

(5) [1]Übersteigt am Schluss des Wirtschaftsjahrs das Vermögen einer Unterstützungskasse im Sinne des § 5 Absatz 1 Nummer 3 den in Buchstabe e dieser Vorschrift bezeichneten Betrag, so ist die Kasse steuerpflichtig, soweit ihr Einkommen anteilig auf das übersteigende Vermögen entfällt. [2]Bei der Ermittlung des Einkommens sind Zuwendungen des Trägerunternehmens nicht erhöhend und Versorgungsleistungen der Kasse sowie Vermögensübertragungen an das Trägerunternehmen nicht mindernd zu berücksichtigen.

[...]

6) [1]Auf den Teil des Vermögens einer Pensions-, Sterbe-, Kranken- oder Unterstützungskasse, der am Schluss des Wirtschaftsjahrs den in § 5 Absatz 1 Nummer 3 Buchstabe d oder e bezeichneten Betrag übersteigt, ist Buchstabe c dieser Vorschrift nicht anzuwenden. [2]Bei Unterstützungskassen gilt dies auch, soweit das Vermögen vor dem Schluss des Wirtschaftsjahrs den in § 5 Absatz 1 Nummer 3 Buchstabe e bezeichneten Betrag übersteigt.

4 Körperschaftsteuerdurchführungsverordnung (KStDV)

Auszug, Stand: 25.1.2019

§ 1 Allgemeines

Rechtsfähige Pensions-, Sterbe-, Kranken- und Unterstützungskassen sind nur dann eine soziale Einrichtung im Sinne des § 5 Absatz 1 Nummer 3 Buchstabe b des Gesetzes, wenn sie die folgenden Voraussetzungen erfüllen:

1. Die Leistungsempfänger dürfen sich in der Mehrzahl nicht aus dem Unternehmer oder dessen Angehörigen und bei Gesellschaften in der Mehrzahl nicht aus den Gesellschaftern oder deren Angehörigen zusammensetzen.
2. Bei Auflösung der Kasse darf ihr Vermögen vorbehaltlich der Regelung in § 6 des Gesetzes satzungsmäßig nur den Leistungsempfängern oder deren Angehörigen zugute kommen oder für ausschließlich gemeinnützige oder mildtätige Zwecke verwendet werden.
3. Außerdem müssen bei Kassen mit Rechtsanspruch der Leistungsempfänger die Voraussetzungen des § 2, bei Kassen ohne Rechtsanspruch der Leistungsempfänger die Voraussetzungen des § 3 erfüllt sein.

§ 2 Kassen mit Rechtsanspruch der Leistungsempfänger

(1) Bei rechtsfähigen Pensions- oder Sterbekassen, die den Leistungsempfängern einen Rechtsanspruch gewähren, dürfen die jeweils erreichten Rechtsansprüche der Leistungsempfänger vorbehaltlich des Absatzes 2 die folgenden Beträge nicht übersteigen:

als Pension	25.769 Euro jährlich,
als Witwengeld	17.179 Euro jährlich,
als Waisengeld	5.154 Euro jährlich für jede Halbwaise,
	10.308 Euro jährlich für jede Vollwaise,
als Sterbegeld	7.669 Euro als Gesamtleistung.

(2) Die jeweils erreichten Rechtsansprüche, mit Ausnahme des Anspruchs auf Sterbegeld, dürfen in nicht mehr als 12 vom Hundert aller Fälle auf höhere als die in Absatz 1 bezeichneten Beträge gerichtet sein. Dies gilt in nicht mehr als 4 vom Hundert aller Fälle uneingeschränkt. Im Übrigen dürfen die jeweils erreichten Rechtsansprüche die folgenden Beträge nicht übersteigen:

als Pension	38.654 Euro jährlich,
als Witwengeld	25.769 Euro jährlich,
als Waisengeld	7.731 Euro jährlich für jede Halbwaise,
	15.461 Euro jährlich für jede Vollwaise.

§ 3 Kassen ohne Rechtsanspruch der Leistungsempfänger

Rechtsfähige Unterstützungskassen, die den Leistungsempfängern keinen Rechtsanspruch gewähren, müssen die folgenden Voraussetzungen erfüllen:

1. Die Leistungsempfänger dürfen zu laufenden Beiträgen oder zu sonstigen Zuschüssen nicht verpflichtet sein.
2. Den Leistungsempfängern oder den Arbeitnehmervertretungen des Betriebs oder der Dienststelle muß satzungsgemäß und tatsächlich das Recht zustehen, an der Verwaltung sämtlicher Beträge, die der Kasse zufließen, beratend mitzuwirken.
3. Die laufenden Leistungen und das Sterbegeld dürfen die in § 2 bezeichneten Beträge nicht übersteigen.

5 Versicherungsaufsichtsgesetz (VAG)

Auszug, Stand: 25.1.2019

§ 232 Pensionskassen

(1) Eine Pensionskasse ist ein rechtlich selbständiges Lebensversicherungsunternehmen, dessen Zweck die Absicherung wegfallenden Erwerbseinkommens wegen Alters, Invalidität oder Todes ist und das

1. das Versicherungsgeschäft im Wege des Kapitaldeckungsverfahrens betreibt,
2. Leistungen grundsätzlich erst ab dem Zeitpunkt des Wegfalls des Erwerbseinkommens vorsieht; soweit das Erwerbseinkommen teilweise wegfällt, können die allgemeinen Versicherungsbedingungen anteilige Leistungen vorsehen,
3. Leistungen im Todesfall nur an Hinterbliebene erbringen darf, wobei für Dritte ein Sterbegeld begrenzt auf die Höhe der gewöhnlichen Bestattungskosten vereinbart werden kann, und
4. der versicherten Person einen eigenen Anspruch auf Leistung gegen die Pensionskasse einräumt oder Leistungen als Rückdeckungsversicherung erbringt.

(2) [...]

§ 236 Pensionsfonds

(1) [1]Ein Pensionsfonds im Sinne dieses Gesetzes ist eine rechtsfähige Versorgungseinrichtung, die

1. im Wege des Kapitaldeckungsverfahrens Leistungen der betrieblichen Altersversorgung für einen oder mehrere Arbeitgeber zugunsten von Arbeitnehmern erbringt,
2. die Höhe der Leistungen oder die Höhe der für diese Leistungen zu entrichtenden künftigen Beiträge nicht für alle vorgesehenen Leistungsfälle durch versicherungsförmige Garantien zusagen darf,
3. den Arbeitnehmern einen eigenen Anspruch auf Leistung gegen den Pensionsfonds einräumt und
4. verpflichtet ist, die Altersversorgungsleistung als lebenslange Zahlung oder als Einmalkapitalzahlung zu erbringen.

   [2]Eine lebenslange Zahlung im Sinne des Satzes 1 Nummer 4 kann mit einem teilweisen oder vollständigen Kapitalwahlrecht verbunden werden. [3]Pensionsfonds dürfen auch Sterbegeldzahlungen an Hinterbliebene erbringen, wobei das Sterbegeld begrenzt ist auf die Höhe der gewöhnlichen Bestattungskosten.

(2) [1]Pensionsfonds können Altersversorgungsleistungen abweichend von Absatz 1 Satz 1 Nummer 4 erbringen, solange Beitragszahlungen durch den Arbeitgeber auch in der Rentenbezugszeit vorgesehen sind. [2]Ein fester Termin für das Zahlungsende

darf nicht vorgesehen werden. [3]Satz 1 gilt nicht für Zusagen im Sinne des § 1 Absatz 2 Nummer 2 des Betriebsrentengesetzes.

[...]

(4) Als Arbeitnehmer im Sinne dieser Vorschrift gelten auch ehemalige Arbeitnehmer sowie die unter § 17 Absatz 1 Satz 2 des Betriebsrentengesetzes fallenden Personen.

(5) Pensionsfonds bedürfen zum Geschäftsbetrieb der Erlaubnis der Aufsichtsbehörde.

Abbildungsverzeichnis

Abkürzungsverzeichnis

AG	Aktiengesellschaft
AGG	Allgemeines Gleichbehandlungsgesetz
AltEinkG	Alterseinkünftegesetz
AltVDV	Altersvorsorge-Durchführungsverordnung
AltZertG	Altersvorsorgeverträge-Zertifizierungsgesetz
ArEV	Verordnung über die Bestimmung des Arbeitsentgelts in der Sozialversicherung (Arbeitsentgeltverordnung)
AVmG	Altersvermögensgesetz
BaFin	Bundesanstalt für Finanzdienstleistungsaufsicht
BAG	Bundesarbeitsgericht
bAV	betriebliche Altersversorgung
BBG	Beitragsbemessungsgrenze
BetrAVG	Betriebsrentengesetz, bis 2004: Gesetz zur Verbesserung der betrieblichen Altersversorgung
BetrVG	Betriebsverfassungsgesetz
BFH	Bundesfinanzhof
BGB	Bürgerliches Gesetzbuch
BGH	Bundesgerichtshof
BilMoG	Bilanzrechtsmodernisierungsgesetz
BMF	Bundesfinanzministerium
BRSG	Betriebsrentenstärkungsgesetz
BSG	Bundessozialgericht
BU	Berufsunfähigkeit
BZ	Beitragszusage, tarifvertragliche
DV	Direktversicherung
ErbStG	Erbschaftsteuer- und Schenkungssteuergesetz
EStG	Einkommensteuergesetz
EStR	Einkommensteuer-Richtlinien
EStÄR	Einkommensteueränderungsrichtlinie
EuGH	Europäischer Gerichtshof
GDV	Gesamtverband der Deutschen Versicherungswirtschaft
GewStG	Gewerbesteuergesetz
GG	Grundgesetz
GGF	Gesellschafter-Geschäftsführer

GmbH	Gesellschaft mit beschränkter Haftung
HGB	Handelsgesetzbuch
HZvNG	Hüttenknappschaftliches Zusatzversicherungs-Neuregelungs-Gesetz
KG	Kommanditgesellschaft
KStDV	Körperschaftsteuer-Durchführungsverordnung
KStG	Körperschaftsteuergesetz
KStR	Körperschaftsteuer-Richtlinien
LStDV	Lohnsteuer-Durchführungsverordnung
LStR	Lohnsteuer-Richtlinien
OHG	Offene Handelsgesellschaft
PSVaG	Pensions-Sicherungs-Verein auf Gegenseitigkeit
SGB IV	Sozialgesetzbuch Viertes Buch – Gemeinsame Vorschriften für die Sozialversicherung
SGB V	Sozialgesetzbuch Fünftes Buch – Gesetzliche Krankenversicherung
SVEV	Sozialversicherungsentgeltverordnung
TVG	Tarifvertragsgesetz
VAG	Versicherungsaufsichtsgesetz
VersAusglG	Versorgungsausgleichsgesetz
VVaG	Versicherungsverein auf Gegenseitigkeit

Stichwortverzeichnis

R

Die Autoren

Markus Keller, Diplom-Wirtschaftsjurist (FH), ist seit über 15 Jahren in der bAV-Beratung tätig, seit 2015 als Geschäftsführer der febs Consulting GmbH.

Andreas Buttler, Diplom-Kaufmann, ist seit 1989 in der bAV-Beratung tätig. Er ist Gründungsgesellschafter und war langjähriger Geschäftsführer der febs Consulting GmbH.

febs Consulting GmbH ist ein unabhängiges Beratungs- und Dienstleistungsunternehmen rund um betriebliche Altersversorgung und Zeitwertkonten. Das Unternehmen bietet

- Arbeitgebern umfassende Unterstützung bei der Neueinrichtung, Umstrukturierung und Verwaltung von Versorgungswerken zur betrieblichen Altersversorgung und Zeitwertkonten
- Produktanbietern (z.B. Versicherungsunternehmen oder Kapitalanlagegesellschaften) fachliche und konzeptionelle Unterstützung sowie bAV-Rechtsberatung
- Versicherungsvermittlern umfangreiche Unterstützung bei der fachlichen Kundenbetreuung, z.B. durch Bilanzgutachten, Erstellung von Versorgungsordnungen oder bAV-Rechtsberatung
- allen Marktteilnehmern qualifizierte Weiterbildung durch Inhouse-Seminare und -Trainings sowie durch offene Seminare in der febs Akademie für betriebliche Altersversorgung (aktuelles Seminarprogramm unter www.febs-consulting.de/akademie)

Kontakt

febs Consulting GmbH

Markus Keller

Am Hochacker 3

85630 Grasbrunn

markus.keller@febs-consulting.de

www.febs-consulting.de